中国秘书文化学

何坦野 ⊙ 著

浙江大学出版社
ZHEJIANG UNIVERSITY PRESS

序　言

　　以往人们谈论到秘书，政治似乎对秘书的影响甚大；而今却渐变成经济对秘书发展的影响尤巨。当下的秘书们，每每忙于琐事、烦事、细事之中，周旋于各位领导之间，又盘旋于酒席舞会之中……面对滚滚经济洪流，一部分秘书在工作岗位上呈现出转型期的浮躁、随意、游戏的情状。中国几千年来所形成的秘书精神、职业道德日趋失落，关心现实利益甚于关心文化与重任。为此，有些人睁大双眼注视着，有些人眯起双眼摇着头，也有些人索性闭起双眼漠然处之。面对此况，笔者每每为秘书传统文化的断裂而深深地忧虑。人文精神的失落，导致了一些秘书患了"文化的贫乏症""精神的缺钙症"和"行为的动物症"。笔者认为构建具有现代阶段特色的中国秘书文化学，确实是摆在我们学者面前的一个新课题。

　　掩卷展思，笔者想谈几点秘书文化与当下现实涉联的些许问题。首先，本书以中国传统文化为蓝本，其中又把儒家思想作为主线贯穿其间。这既是基石，又是思考问题的出发点与归宿。历史上的儒学是一种道德说教，它不是宗教，但与宗教有着极为相似之处。笔者认为，在中国几千年的历史长河中，儒学所扮演的角色一定程度上带有宗教的色彩，虽无宗教之名却有宗教之用，所以有人称之为"儒教"。儒教在历史上确立了秘书文化的一些基本的价值观念和行为规范。与其他宗教相比，儒教有着更为宏大的抱负，它要以现实社会为圣物，把彼岸的天国建立于此岸的人间，因而古代的秘书们往往饱学诗书礼乐，心怀经世济国之志，把自身的秘书事业融入恢弘大义之中。

　　其次，儒学的核心乃是道德。党中央提出要"以德治国"，极有远见卓识。秘书文化中，秘书道德是其核心，而道德是无国界的，那么就面临一个问题，就是全球化视野中秘书伦理的思考。中西伦理道德的鼻祖首推孔子与柏拉图。在本书中，笔者着重以孔子而言，事实上孔子是最早将仁爱作为人之内在本体并从中引出个人和公共道德准则的智者。孔子把仁义从美德而来，扩展到政治，进而提出"仁政"的观点。柏拉图的"爱"与孔子的"仁"虽概念不一，但殊途同归。总之,两人都把个人的修身养性与国家的和谐、有序贯穿起来,进而创立起人类的普世伦理。笔者在撰拟此书时,常常遇到一个很大的问题,即伦理道德中有大道理也有小道理、有高层次的也有低层次的。笔者认为,秘书的道德似乎应分为宗教性秘书道德与职业性秘书道德两大类。如直笔书法、君举必书、冒死以谏、忠君不二等都带有宗教性职业道德;而其他的如"合则留,不合则去""尽力尽言""勤勉慎独"等就成为普遍性职业道德。作为宗教性职业道德,则对秘书提出了较高的要求,它是成为优秀或较优秀的主要标准;作为普遍性的职业道德,对每一个秘书而言都是必须遵守的,它构成合格的重要标准。层次不同,其对象的要求也不同。为此,阅者在通览此书时应慎而对待,甄别取舍。

第三,对广大的秘书们来说,弘扬、光大中国几千年来已有的秘书文化与秘书精神是责无旁贷的。然而,当下的一些秘书似乎不愿意承荷起这一重任,斥之为"历史精神包袱"。把网络段子文化、官场厚黑学、人际庸俗学等视为秘书文化的主流,真是舍本逐末、数典忘祖。一个不了解秘书传统精神的人,不是一个优秀的秘书;而一个没有历史文化因子的秘书学,是一门学术涵养不高的学科。

第四,作为文化积淀甚厚的秘书们,当下应持"文化多元化"的原则。历史车轮已迈入 21 世纪的中国,文化、经济的变革日趋加快,随着社会民众的层次不同,其文化的表现形式也呈多样化。我国经济的多元化导致文化层次的多元化,因为经济的发展及其所带来的物质生存状况的改善,是中国秘书文化发展的前提和条件。

以往我们过分强调一统、一致,相信理性的力量,强调灌输宣教,似乎文化的传承延续需要一些文化工程师与施工员。对此,有人反对文化工程设计,且斥之为"文化乌托邦"式的主观意念。认为整体性社会文化及历史文化不会因某些人的设想而改变,需在文化传延、社会实践的过程中不断补充、修改、校正、积淀方能实行。笔者认为,在当下的秘书文化中,可渗入秘书语言艺术、秘书服饰美容、秘书办公环境设计、秘书人际关系处理等因子,这些是带有时代潮流与现实气息的文化因子,但它们不是主体与主流,仅是补充的填料而已。

第五,随着新媒体与高科技的到来,秘书不但是搭建人与人沟通的桥梁,还要扮演人与机器沟通的中介角色。这样势必增大秘书的技术、操作层面的含量,故秘书往往会陷入"机械操作"的泥淖中而不能自拔,把自己沦为电脑、手机、电话、复印、传真等机器的附庸,异化为无灵性的物体,这是要引以为戒的。

人类在实现现代化的过程中,只重视和发展"科学世界",而忽视和拒斥"价值世界",这是人类发展中的一个误区,也是人类的悲哀。现代人的"价值世界"

的失落,在人类生存的各个方面都表现出来,但最为突出和最为关键的,是"思想"的困境与危机。如果说人之为人的一个显著特征就是人具有"思想",人只有通过"思想"才能建立和完善"价值世界";那么,人的"思想"一旦停滞,人的"价值世界"的失落也就不可避免,人自身的存在也就面临混乱和危机。在对科学理性精神的弘扬中,我们还应注意克服大工业物质文明可能导致的人类精神文化生活的失落。具体表现在两个方面:其一,理性主义在把人从上帝的奴婢境地解放出来的同时,无形中又走到了另一个极端,即把人性还原成赤裸裸的个人利己性,这种价值理念客观上导致了人与人之间关系的冷酷对立;其二,面对自然,理性主义采取的是一种机械的、功利主义的自然观,把自然仅仅视为对人有用的纯粹物,进而在工具层面上改造与征服自然,这客观上也导致了人与自然的尖锐对立,使人失去了拥有生命体所赖以存在的自然家园,人与自然的和谐关系受到了不应有的侵害。为何"现代文化的性格"会造成"思想"的失落?现代文明是把从属于人所创造的机械物,转而异化为人的主人。由于大工业、大社会化,造成人与组织的紧密关系,只有配合、合作,缺少情感、缺乏思想、缺失价值。每个秘书,仿佛变成某一组织机构中的一个零件,作为一个主体性的"我",所拥有的思想价值、职业情感与个体特征随之消逝。秘书们的思想功能退化了,文化的意味淡薄了,然而秘书的操作技能却扩大了。新媒体的广泛运用更加剧此现状的恶化,令许多秘书的思想、价值成了无用之物。

　　从宏观角度看,21 世纪文化的演变态势是以审视 20 世纪以及之前的人类理性至上的传统为特征的。爱因斯坦曾说:"科学只能断定是什么,而不能断定应该怎样。"诚然,科学理性精神的弘扬为人类带来了巨大的物质财富,并改变了人类物质生活环境,提高了人类本身的素质;但是科学在使人类破除了宗教迷信的同时,却又代之以自己的科学迷信,认为科学理性是无所不能的,这便无形中抑制了人类其他文化形态的创造与发挥。生活的极端技术化常常会麻痹人类本身对生活的敏感性,技术操纵着生活的结果又使生活的活力僵化,扼杀了生命的活力。20 世纪后半叶,思想家们的一个重大使命就是对科学发现的社会价值进行重新思考和定位,再也不许它朝反人类的方向发展,要建立一种富有人文主义精神的新科学体系,从而弥合科学与社会、技术与自然以及人与人之间的冲突,促使文化的健康发展,促进社会的稳定进步。从文化哲学的角度看,对文化传统的继承是一个科学抽象和主体诠释过程。从继承和目的的程序上说,我们对中国传统秘书文化的理解与诠释,只是文化继承的一个方面;我们还应通过主体的能动介入和时代精神的渗透去丰富充实它,从而使传统秘书文化的精华获得新的生机。简言之,主体的介入和时代精神的渗透,是继承秘书传统文化精华、拓展秘书新颖思想外延和转化秘书时代观念的关键,这不是秘书文化函数的简单置换,而是一种秘书文化的再创造和新超越。

伴随着世界经济的一体化,一个多元的世界文化格局正在形成。全球化对于中国秘书文化,既意味着挑战,也面临着机遇。一方面,全球化通过各种不同的方式加剧了世界各发展中国家不同文化的差异性和根源性的同质化;另一方面,也应当看到,西方世界在自我批判和反省的基础上已提出重返德性的倡议,力主厘清道德和价值的脉络,这些都与中国儒学所主张的从社会关系、人群网络中建立和发展自我价值的理念具有某种相似性,为中国秘书文化加强与西方秘书文化的沟通、对话、交融提供了良好的契机。全球化已经令不同国度的秘书文化价值体系形成趋向性,这并不意味着泯灭不同秘书文化价值体系的多样性,相反,不同秘书文化之间的交融是在秘书文化的一体化和各国秘书文化多元化之间保持必要的张力与发展的平衡点。对秘书文化的统一性和多样性的双重确认,不仅有利于中国本土的秘书文化,也将有利于世界秘书文化的发展与探索。

秘书文化要以开放的姿态在汲取各国秘书文化精华的基础上,从原生的单一性发展成兼收并蓄式的、多样的复合性。本书仅涉及中国秘书文化,至于世界各国、各民族的秘书文化,因手头资料暂缺,只能阙而存之。笔者认为,首先应建立中国秘书文化的框架结构,然后才"中体西用""万物并育而不相容,道并行而不相悖""天下一致而百虑,殊途而同归"。我们需遵循"文化兼容论"的原则,摒弃"文化冲突论"的方针,将多元秘书文化看作是人类共有的精神财富与世界文化的宝贵资源。

注:作者曾撰著《秘书文化论》(中国广播电视出版社 2002 年版)。本文是著作中的"序言"。因该著与此有着一定的学术渊源;同时作者观点迄今基本趋同,仅对个别字词进行了更改,移录至此,仍作为本著的"序言"。

《秘书文化论》读后^①

常崇宜

何坦野的《秘书文化论》是秘书文坛的一枝奇葩。我曾经收集所有能收到手的文秘类书籍，上个世纪 90 年代前已经超过千种（其中秘书、档案、公文写作约占三分之一），只是近年来由于年过古稀加之书价奇昂，才停止收集而改为向外捐赠。然而，没有一本是专门研究秘书文化的，只见过天津的杨文起教授、吉林的黄纪华教授、安徽的潘林杉研究员等少数几位学者写的论文探讨过这一问题。如今，《秘书文化论》的出版，填补了秘书学科领域的一大空白，它的理论与现实价值都是很大的。就连提出与明确探讨"秘书文化"这一概念，以求引起学术界的重视，对于推动秘书学的建设，意义也是不小的。

秘书绝不能患"文化的贫乏症"，这是作者开篇就鲜明提出的至理名言。中国的秘书，特别是公务秘书与高级秘书，不能只讲技能，也不能只讲知识，知识与技能是很重要的，然而中国秘书要有中国的特色。主要是两条：一是政治性很强，这里不做论述；二是传统文化的影响特别浓，何坦野在本书中做了深入的剖析。作者认为儒家思想是贯穿秘书文化的主线，可谓切中实际。我们这一代人，青年时代大多参与过反孔的争论，就是进入不惑的中年后，也还卷入过"四人帮"掀起的"儒法斗争"狂潮。然而几十年后回过头来看，中国的一切领域似乎都没有脱离传统文化的影响，马克思主义与中国实际相结合，就包括了与"孔老二"的相结合，这个结合中有着扬弃，也有着取精。有人以为加入世界贸易组织后，一切都会"市场化"，秘书也只会向海外

① 该文是常教授对《秘书文化论》专著的书评，曾发表在上海大学的《秘书》杂志 2004 年第 3 期。作者为成都大学秘书学教授，我国现代秘书学开拓者之一，也是我国首位在秘书学界获得政府突出贡献奖者。

看齐,恐怕是大错而特错。任何国家都会尽量保护自己的"国粹",何况秘书这种政治性极强的领域,传统的、儒家的文化影响还会存在若干年,并有可能越来越强。我们的秘书学,不能回避这类问题。

本书的另一特色,是作者下了很大的功夫,阅读了许多书籍,搜集了大量的资料,因而使《秘书文化论》这本书内容丰富,论证有力。单就"文化"一词的概念,作者就指出共有260多种,并做出了自己研究后的精确意见。对于秘书文化的内容,作者认为应当包括文化心理、价值观念、思维方式、道德规范、处事原则等。这显然也是重要的全面见解。比如思维能力,对于秘书的工作与秘书的成长就十分重要,是非常值得研究的一个问题。我历来主张秘书必须在发散思维与收敛思维之间,保持"必要的张力",并且大多情况下,是以收敛式也就是保守式思维为主的。有的同志片面地强调创造性思维,如果强调过了头,对秘书工作也许是有害的。再如道德规范,也是从事秘书职业所必须考虑的重要问题,我们通常讲从事任何职业都应"德才兼备",这是不错的,是各种职业的共性;不过如果对于秘书来说,德是第一位的条件,恐怕也没有什么不对吧,这是秘书职业的个性。作者把这些问题提到秘书文化的高度,展开深入的探讨,理论价值自是很大的。

该书还有许多的论点,都是精辟而有所创见的。作者正确地指出了秘书职业的产生与祭祀的宗教文化的关系。作者明确指出,古代秘书文化的内涵,弘扬"有为"和"崇德"以及"尽忠"、"不二"等,这都超越了过去在这一领域的一般研究水平,在秘书学的建设上有所前进。

该书对茶酒、书画、文房四宝等均从秘书文化的角度展开论述,论述中有许多历史考证,充实了秘书学的研究领域。作者的考证,甚至包括鲜为人知的四川"青川木牍",使人信服。

当然,《秘书文化论》还只是秘书文化研究的开头,开创性的工作不会是绝对完美的。本书也有尚待进一步探讨的问题,如秘书的概念、类型,以及秘书文化历史上的经验教训等;还有些资料,也可以进一步挖掘,如虞世南是唐太宗李世民的"行秘书",是"活字典",又是著名书法家等,就颇有从文化角度挖掘的价值。个人才疏学浅,以上仅供参考,并求指正。

目　　录

上编　秘书文化本体篇

中编　秘书文化思想篇

下编　秘书制度文化篇

上编

秘书文化本体篇

第一章　秘书文化的内涵

　　文化是人类一切创造的总和,包括物质的文化、制度的文化等,而核心则是精神的文化。文化是有思想的人创造的。在广袤的华夏大地上,中华民族生于斯、长于斯,创造了历史悠久、源远流长、群星灿烂的传统秘书文化;同时,随着新中国成立与社会主义制度的确立、现代化全球化格局的形成,以及新媒体的迅猛发展,渐次形成了当下具有中国特色的社会主义秘书文化,这一切构成了我国绵亘千年、博大精深,而又独具一格的中国秘书文化学体系。

第一节　文化的蕴涵

　　"文化"的概念,是一个内涵异常丰富、外延极具宽泛的概念。迄今为止,国内外文化学者对此有 260 多种说法。1871 年,英国文化学奠基者泰勒在其《原始文化》一书中首次提出了文化概念,他说:"文化或文明,就其广泛的民族学意义来说,乃是知识、信仰、艺术、道德、法律、习俗和任何人作为一名社会成员而获得的能力和习惯在内的复杂整体。"[①]这里,泰勒给文化的定义下了两个界域:一是文化作为一个复杂的总体,包括艺术风俗等社会现象;二是文化作为一个复杂总体,包括信仰、道德、法律等能力与习惯。泰勒提出文化残存论,即旧有的文化既可以保留在较新的文化中,同时也是过去的见证。为此,他所强调文化作为一个精神文化综合整体的基本含义,对后世产生了重要影响。然而这一定义范围太宽,无所不包。1952 年,美国学者克罗伯和克拉克洪在《文化的概念》一文中,对 160 多种关于文化的定义进行了梳理与辨析,提出了自己的观点:

---

　　①　庄锡昌:《多维视野中的文化理论》,杭州:浙江人民出版社,1987 年,第 99 页。

文化由外层的和内隐的行为模式构成；这种行为模式通过象征符号而获致和传递；文化代表了人类群体的显著成就，包括它们在人造器物中的体现；文化的核心部分是传统的（即历史地获得和选择的）观念，尤其是它们所带的价值。文化体系一方面可以看作是行为的产物，另一方面则是进一步行为的决定因素。①

　　这一定义带有综合性，它确定了文化的符号传递方式和其历史与传统的构成核心，并强调了其动态的过程性：既是人类行为的产物，又是决定人类行为的某种要素。

　　在此基础上，美国学者罗伯和鲁柯亭认为，"文化包括各种外显的或内隐的行为模式，它们借符号之使用而被学习或被传授，而且构成人类群体的出色成就，包括体现于人工制品中的成就；文化的基本核心包括传统观念，尤其是价值观念；文化体系虽可被认为是人活动之产物，但也可被视为限制人类作进一步活动之因素。"这里，他们主要强调文化的基本核心是传统价值，尤其是价值观念。俄罗斯学者阿尔诺多夫则认为，"文化是人与人之间社会关系的反映，这种关系旨在建立、掌握、保存和传播物质和精神方面有着重大价值的东西，旨在满足人们的需求和利益；这是历史上发展着的、由人的创造性活动建立起来的精神价值和规范体系；同时，它也是由物质生产方式决定的，就本质而言，它是具有社会意义的人类创造的过程，这一过程的目的在于掌握和改造世界。"揭示和表明文化的本质是具有社会意义的人类创造过程。联合国教科文组织也提出了具有包容性的文化概念，即"一个社会的文化生活可以看成是它的生活和存在方式，通过它的感觉和自我表现"。

　　我国的一些文化学者认为，文化的含义应具有广义和狭义两类：广义的诠释如《辞海》等，"文化是指人类社会历史实践过程中所创造的物质财富和精神财富的总和"。这种广义说，实际上是从社会的物质文化和精神思想两个层面（其中蕴涵制度文化）来界定，本书也持这一观点。狭义的理解，认为文化仅指社会的意识形态，以及与之相适应的制度和组织机构。因而事实上狭义说，主要从制度建设和精神文化两个层面来界定。此外，还有一种更为狭义的文化概念，即仅指社会的意识形态。毛泽东同志在《新民主主义论》一书中指出："一定的文化（当作观念形态的文化）是一定社会的政治和经济的反映，又给予伟大影响和作用于一定社会的政治和经济。"这里所说的"观念形态的文化"，是指社会心理和各种社会意识形态的总和。总之，诸多学者从不同的角度来理解和诠

---

　　① 　傅铿：《人类的镜子——西方文化理论导论》，上海：上海人民出版社，1990年，第12页。

释:有的从物质文明的角度出发,有的从精神文明的视野阐释,有的将物质文明和精神文明融合在一起诠释,等等。我们认为:所谓文化,一方面包括每个具体的历史时期人类拥有的物质和精神方面有着重大价值的东西的总和;另一方面包括文化活动本身实现的过程,也包括对这一过程的形式和内容有影响的各种要素。

文化的本质是人在精神上或思维上的联系,而这种联系又总是通过特定的"文化形态"表现出来。中国文化是世界上唯一独立存在而未有中断的四大文明体之一,因而我国古代对文化阐释有着自己的视角与看法。古人认为"文"的本义是"错画",是指各色交错的纹理,即花纹。《易·系辞下》载:"物相杂,故曰文";《礼记·乐记》称:"五色成文而不乱";《说文解字》释:"文,错画也,象交叉"等,上述均指此义。在此基础之上,"文"又有若干引申义:其一,包括语言文字在内的各种象征符号,进而具化为文物典籍、礼乐制度,如《论语·子罕》所载孔子说"文王既没,文不在兹乎"等;其二,由伦理之说导出彩画、装饰之义,与"质""实"对称,如《论语·雍也》称"质胜文则野,文胜质则史,文质彬彬,然后君子";其三,在前两层意义之上,更导出优美善德之义,如礼制、礼治等。换言之,"文"引申为后天培养形成的品德、修养、善行等,与"质"相区别、相对立。如《礼记·乐记》所谓"礼减两进,以进为文"①,表明"质"为先天自然素质,而"文"则代表后天所得的人为修养。

"化"的本义是改易、生成、造化,如《庄子·逍遥游》:"化而为鸟,其名曰鹏。"《易·系辞下》:"男女构精,万物化生。"《皇帝内经·素问》:"化不可代,时不可违。"《礼记·中庸》:"可以赞天地之化育。"事实上,"化"包括从无到有的自然造化、创造,也包含人为之人的教化。前者为改造客观世界范畴,而后者属改造主观世界范畴。归纳以上例证,我们发现"化"是指事物形态或性质的改变,同时又引申为教化、迁善之意。国家通常有两种方式管理,一则"文治",二则"武功",这里文治在古代主要指礼治,产生社会的教化、礼化作用,是一种从量变到质变的移风易俗过程。《荀子·不苟》说:"驯至于善谓之化。"《易·贲卦·象传》曰:"刚柔交错,天文也。文明以止,人文也。观乎天文,以察时变;观乎人文,以化成天下。"文中的"文"字,即从纹理之义演化而来。日月往来交错,文饰于天,即"天文",亦即天道自然规律。同理,"人文"指人伦社会规律,即社会生活中人与人之间纵横交错的关系,如君臣、父子、夫妇、兄弟、朋友等,构成复杂网络群体,具有人类的纹理表象。在这里,"人文"与"化成天下"紧密联系,而"以文教化"为其最终目的。

---

① 郑玄注:"文犹美也,善也。"

西汉以降,"文"与"化"两字合成一词,如《说苑·指武》:"凡武之兴,为不服也;文化不改,然后加诛。"又如晋朝的束皙《文选·补亡诗·由仪》云:"文化内辑,武功外悠。"这里的"文化",或与天造地设的"自然"对举,或与无教化的"质朴"、"野蛮"对举。因此在汉语系统中,"文化"的本义就是"以文教化",它表示对人的情操的陶冶、品德的教养,本属精神领域之范畴。从过程的意义上看,文化不仅是一种在人身自然和身外自然的基础上不断创造的过程,而且是一种对人身自然和身外自然不断加以改造、扩充、衍变,是人不断从动物本能状态中提升出来的过程。在这个无限的过程中,作为基础的人本身的自然和身外自然也在不断地得到改造。从人类社会活动所创造的成果的意义上,文化是文,还不是文化。只有考虑到这些成果同时还意味着对人本身的自我改造,才是真正的文化。

我们从古代反观西方,文化一词,英语为"culture",德语为"kultur",均出自于拉丁文语源,原指农耕及对植物的培育。中国文化肇始就有一种精神和人文的指向;而英语的 culture 则是从物质文化的解说开始的。现代意义的汉语"文化"一词,是 19 世纪末中国学者从日本文献中翻译而来,它具有广义和狭义两种理解:广义的"文化"是指人类社会历史实践过程中所创造的物质财富和精神财富的总和,包括物质文化、精神文化、制度文化、行为文化等;而狭义的"文化"排除了人类社会历史生活中关于物质创造活动及其结果的部分,而专注于精神创造活动及其结果,也就是所谓的"小文化"。专指人类精神创造活动的智慧积累和表现形式,包括意识形态、文化传统、社会习俗、典章制度、宗教信仰、艺术创造等。我们通常把文化理解为广义上的文化蕴涵。

凡是文化均可分为两种类型:上层(精英、典雅)文化和底层(大众、世俗)文化,秘书文化应属于上层文化范畴。文化在历史中发展,文化即是历史,由历史形成的文化模式深刻地影响着人们的社会行为方式,但所处于某一种文化之中的人群,往往对某一文化业已形成的模式日用而不觉。文化是文化共同体所共同享有的,它绝不仅仅代表着某一个人的行为或观念。文化总是既作为人类在人本身的自然及外部自然的基础上,在社会活动中创造并保存的内容之总和而存在,又总是作为一种活生生的创造活动而演化。文化是人类在处理人和世界关系中所采取的精神活动与实践活动的方式及其所创造出来的物质和精神成果的总和,是活动方式与活动成果的辩证统一。

中国传统文化,指的是以中华文化源头、中国境内各民族共同创造的、长期历史发展所积淀的文化。中国传统文化与中国古代文化是从不同角度来指称的。中国古代文化是针对现代文化而言,它是对文化的时代划分;中国传统文化是对文化的传承而言,它强调的是文化的本源和沿着这个本源传承下来的全部文化遗产,它不局限于古代,而是迄今为止中华民族经过筛选、淘汰,不断丰富又不断增长的人文精神的总和。有人把传统文化等同于古代文化,从而认为提倡传统即是复古,认为传统与现代化是不能并存的,甚至认为要实现现代化必须反传统。"这种认识恰恰忽略了现代化进程仍然是传统文化发展的一个部分,一旦否定了传统,现代化与民族特点也就是中国特色就要脱节,与我们追求的目标是不一致的。"①

第二节　秘书文化的内涵

秘书工作历史悠久,源远流长。在我国,秘书工作有四千多年的历史。世界上几个古代文明,如古埃及、古巴比伦、古印度、古希腊等文化均在各自发展过程中遭到挫折,甚至被中断;而只有中国文化却源远流长、绵延不绝。英国哲学家罗素认为,中国与其说是一个政治实体,不如说是至今唯一幸存的古老的文明实体。中华文明,经历了人类五千年文明史的风风雨雨,从未中断,而且还在不断向前发展。② 在几千年的历史进程中,中华民族形成了自己优秀的秘书文化传统,这是一笔无形的、巨大的精神财富。古老的中华文明从未有过裂变,相反,它具有强大的同化力,使得那些入主中原的彪悍民族,无一例外地被它所熏陶与同化。这得益于中国国家政权的大一统延续,以及中华文明的源远流长,两者共同构成中国传统秘书文化的基石。

中国古代秘书初始就和文字、典籍、文体、文书、档案、编辑、整理、文献等文字实务工作联系在一起,他们是文化素养较高的文人群体之一。这些文人的精神气质、职业道德、工作秉性、办事原则、为人处世和他们的秘书工作融为一体,秘书活动也相应由一种文字为主的文人职业上升到一种特殊精神属性的文化活动范畴。原先秘书专业在我国又称为"文秘专业",其中文在先、秘在后,足见秘书在文化与秘密(可靠)上的次第排列。文在我国尤为重要,如文学、文艺、文化、文创、文秘等,都是以"文"字为开头,换言之,文秘与文学、文艺、文创等均具有文化领先的特殊地位。同时,我们也可察看秘书一词的"书"时,就会发现在我国能与"书"字相匹配的词组或学科,如书法、书艺、书生、书卷、书籍、书香、书记等,往往具有厚重的文化蕴涵。从远古的传说时代,到而后的信史时期,历代帝王身边、中央和地方政府各衙门里,凡是有行政活动的地方,无不活跃着一大

---

① 王宁主编:《中国文化概论》,长沙:湖南师范大学出版社,2000年,第11页。
② 杨叔子:《没有科学,文明就失去了源头;没有人文,文明就面临毁灭》,《钱江晚报·人文大讲堂》2012年4月30日。

批勤勉而忙碌的秘书身影。从尧帝任"龙"为纳言,到周代"掌官书以赞治"的史官;从任楚怀王左徒的屈原到任曹操主薄的杨修;从做孟尝君的门客冯谖到清代的"绍兴师爷";从起草《为徐敬业讨武曌檄》的骆宾王到撰写《佐治药言》的汪辉祖;从位尊任重的翰林到不入品秩的书启……与帝王、官员等共同构成一部中国行政管理史。我们甚至可断言,历代各种各类秘书群的近身综合辅助的代劳服务与参谋助手的工作,在中国几千年的历史演变过程中,充当了十分重要的配角,起到了应有的不可替代作用。

秘书文化是指在一定的经济、政治文化背景下,秘书职业活动、秘书行为方式中所形成的特有的认识态度、道德观念、制度规范、专用器具等有机综合体,其中以秘书职业价值观为核心内容。秘书文化不是政治、社会文化的简单分支,而是传统文化、国家行政文化等通过对秘书人员潜移默化的作用,在秘书职业活动中所形成的特定文化形式,因而秘书文化除具有文化的共同特性以外,还具备本身固有的特殊属性。秘书文化的特性主要有三个方面:首先,秘书文化具有政治性。秘书属于国家管理人员范畴,具有统治阶层的共同阶级属性。本质上而言,秘书与服务对象——上司的政治性是相同或相似的。其次,秘书文化具有时代性。每一个时代均具有自身特有的秘书文化性质,它深刻地烙上了那个时代的文化印记。最后,秘书文化具有承续性。不仅优良的,甚至糟粕的秘书文化均对后代产生或大或小的影响,因而作为后来者,我们必须剔除其传统秘书文化中的糟粕,吸收其优秀的精华部分。

秘书文化是历代富有睿智的秘书们所创造的,同时,秘书文化又是一个包含多方面内容的概念,是一个多层次的统一体。为此,我们可从以下几方面加以确证。

一、秘书文化的物质层面

秘书文化的物质层面是指秘书活动中所需要的或相关的物质要素,即表现为秘书文化的实物形态。它既包括秘书学家撰写的论著样本,如清代汪辉祖的《佐治药言》,以及涉及秘书学有关的博物馆藏品,如绍兴的师爷(秘书)博物馆等,也包括秘书工作所需的文房四宝、琴棋书画、书籍印鉴、酒茶饮料①等秘书工作工具和秘书生活相关的实物。降之当今时代,除了传统的笔墨纸砚外,秘书文化的实物形态还包括了秘书工作的实物工具,如文件柜、粉碎机、打号机、切割机、打孔机等,增加了电脑、移动手机、平板电脑、复印机、传真机、秘书机器人等各种新型电子办公用品。这一切,构成了庞大的秘书文化的物质载体,也是

---

① 古代秘书们常须伏案撰拟,又诵读校对等,因而常与酒茶等饮料打交道,是这两种饮料的主要消费对象,故秘书文化的物质性还体现在酒茶等饮料文化品性上。

秘书发挥自身职业技能的重要工具。换言之,它包括秘书作品、秘书学论著的"物",也包括物化形态的"物",即人工改造过的文化物质。随着物质文明的发达,秘书文化的物质层面也在不断地丰富和完善。

二、秘书文化的社会要素

秘书作为社会存在物,既是特殊的现实个体,同时又是社会的总体之一。无论是作为对象还是作为主体,人既是文化的结果,又是文化的起点。文化是全部社会关系的总和,马克思指出:"人的本质并不是单个人所固有的抽象物,在其现实性上,它是一切社会关系的总和。"[①]古代秘书具有深厚的文化蕴涵,无不具有广博的知识。比如历代帝王任用的辅助者,不仅要成为帝王与官员之间沟通的桥梁,而且还要充当帝王的谋士(智囊),甚至成为帝王之师。秘书与秘书主管之间、秘书与服务对象之间的社会关系是秘书文化得以产生的基础。在秘书工作的文化特征及社会要素中,应以综合辅助性为首要因素。秘书的社会性、工作性中突出表现为,它是上司眼、鼻、口、手、脑等器官的延伸,也是提高上司工作效率的助推器。秘书人员必须对政治文化等体制,以及整个社会运行机制要有深切理解,通晓各种办事渠道、办文程序和办会方法,世事洞明、人情练达。因此,秘书文化还应包括秘书心理嬗变、秘书写作特性、秘书反腐现象等社会文化的要素与内容。

三、秘书文化的制度要素

中国古代的秘书制度对当下仍然具有一定的影响,因为秘书制度具有继承性和历史性。新的王朝诞生后,都会相应地继承前王朝的秘书工作制度,并加以增补改进。各王朝对秘书制度的继承和发展,使文书拟制、运转、督办、催办、保密,以及档案的收集、整理、鉴定、保管等各个方面的制度都逐步地完善起来。如西周产生的副本制;秦朝的避讳、校勘制;汉代的收发文与转发制;魏晋时期的文书勾检、骑缝、押缝制与卷轴制;唐代的一文一事、签押、判署、誊录、折叠、装封、编号、移交与传递制;元代的照刷、磨勘、朱销与缮写制;宋代的引黄、贴黄制;明代的票拟、行移勘合制;清代的实封进奏与廷寄保密制,等等,构成了博大精深的中国历代秘书工作制度。确立制度与实施制度,是秘书工作的重要方面和内容,也是秘书文化的重要组成部分。秘书职业的产生本身就具有严密性、重要性、严格性之职业特征,它包括党政军、企事业单位、社会团体所规定的秘书制度和秘书职业操作规范。这些制度具有程序性、规范性、严密性,它要求秘

①　《马克思恩格斯选集》第1卷,北京:人民出版社,1972年,第18页。

书符合当时的法规和政策;同时还须吻合一整套规范程序和工作要求,后者将对秘书工作形成强制的行为约束力和有效的工作规范。

四、秘书文化的思想要素

秘书文化的精神层面,首先指它所包含的思想要素。秘书活动是人的活动之一,作为实践的主体,具有自己的思想意识、精神情感,同时秘书作为一种职业,必然会形成自己的职业道德准则和价值观念,如忠诚守信、严谨细致、严守秘密、清正廉洁等。在我国传统文化中,有着"君举必书"与"秉笔直书"的优良传统,有着冒死进谏、视死如归的大无畏精神,还有着"入幕作宾"的师爷做事原则,"合则留,不合则去"的僚友态度,以及奉行"仁爱为怀"品质的行事原则等。思想意识通常包含秘书价值观念和秘书思维方式两个方面。在浩瀚的传统秘书史料里,我们看到了诸多刚正不阿的谏臣、正直无私的史官、勤勉认真的师爷……他们给现代秘书学留下了众多宝贵的精神遗产。总之,秘书文化的思想要素,包括秘书工作者本身的价值观念、思维方式、道德规范、学说思想等方面。而秘书工作昂扬、勤勉、细致的职业精神与"重义轻利"的人格节操等,则是秘书文化的核心所在。

秘书文化之所以承续、发展,在于它无可替代的文化功能。秘书文化的功能是指秘书文化在秘书工作及所处时代的生活实践中释放出的文化能量。其具体表现在以下几个方面:

(一) 记录功能

秘书文化被人类所创造的肇始,就承载着记录历史的作用。20世纪80年代的秘书学界曾提出,秘书起源有两个必备条件,即文字的产生和社会组织机构的出现,这就说明了文字与秘书文化的表里关系,以及社会组织机构的建立与秘书文化之间的血缘关系。文字是人类文明的象征,是书写文书的前提。社会组织的首领为了颁布命令、制定宗法制度、验应占卜、记录大事等,需要有人为其制作文书,由此产生了以文书工作作为最早业务的秘书人员。上古黄帝除设置的六相外,还单独设置了史官,陪侍于黄帝左右,记录言行,汇编成册,承担备忘功能。《周礼》说宰夫有八职,其中"六曰史,掌管书以赞治"。郑玄释为"赞治,若今起文书草也"。《周礼》又载:"动则左史书之,言则右史书之",史官们记录下关于周王的言行以及当时的各种政治军事活动。

(二) 管理功能

秘书文化属于亚文化范畴,由于秘书职业的特殊性,他们既为上司服务,而其本身又属管理阶层,同时需要采用行政手段辅助上司来完成整个管理工作,具有既是决策者又是管理者的双重职能。故秘书文化是我国行政管理文化的一部分,与政治文化、宫廷文化、军事文化、行政制度文化等相互交错。

（三）内化功能

秘书群体,为了自身职业的需要和生存发展,在长期秘书实践过程中,自然会要求秘书必须遵守一定的行为准则和职业道德标准,使之明善恶、辨真伪、讲真理、重事实等共同趋向的职业内认可或默认的价值观、人生观,以保证秘书在其自身发展道路上和国家行政管理运作中得到健康而长足的发展。秘书的"君举必书"的职业道德原则本身就说明秘书担负了以手中之笔来约束君王亦即"法先王之法"的历史责任,这不仅表明秘书记录的不单单是历史事实,更重要的是秘书们还承担了中华优秀道德文化传承的应尽之责。

秘书文化影响着秘书主体的行为方式,规定着秘书主体内在的秘书心理、情感和价值倾向,可以使秘书行业内外的人更加清醒地对非法理的秘书行为弊端做出理性的思考和判断。个体所接受和蕴涵的秘书文化能够指导和决定个体行为。秘书文化既可以决定个人对秘书行业的态度和情感,也可以决定秘书共同体成员对共同的规范和标准的态度、举止,决定行业之外成员对秘书体系的总体看法及反映模式。因此,任何秘书主体的行为,都在不同程度上受着该社会特有的秘书文化的影响和制约,且这种影响和制约均与时俱进。

秘书文化在历史形成后,渐次形成了一种行业从业人员的精神力量与动力。它使秘书们不仅自觉地内化各类秘书文化,以及教化同行、继承者,而且更多的是耳濡目染、潜移默化地熏陶着一批批、一代代的秘书们。因为秘书文化可使群体中的秘书们在秘书文化中得到浸染、熏陶、内化,从而自觉地把秘书文化的精髓深深根植于自己的认知之中,内化于秘书的各种言行之中,作为其职业活动和职业准则的指南,构成社会官僚与文人中间地带的社会特殊文官群体。

（四）调控功能

纵观中国秘书史,历代的秘书除文书与档案的助手性事务工作外,还常常有参谋、咨询、督查、谏诤等职能。如尧舜时期的进善旌、华表木、敢谏之鼓等信访工作;殷商时期的史官要对重大行动、军国大政进行占卜和参谋工作;西周行人官摇着木铎替天子巡道、收集民情的调查工作;三国时蜀国的参署纠错工作、唐朝的进谏建议工作等,都是秘书文化调控功能的具体体现。此外,当下秘书工作中的公关工作、协调工作、信访工作等,也是秘书文化调控的直接显现。事实上,秘书文化的调控功能主要靠精神型文化和行为型文化来实施与完成。

以上四种功能又是相互联系的,在历史上的某一时段,其功能发挥的强弱呈现出不均的现象。总之,这四种文化功能构成了秘书文化的整体合力体系,并在社会环境的互动过程中,显示出了秘书文化的综合性、可塑性、承续性特征。我们认为,秘书文化是历代秘书工作者在长期的秘书实践中和在形成、发展秘书职业的过程中,以秘书职业价值观为核心的精神文化和行为规范,以及与其相适应的文化物质表现形式。秘书文化不是通过孤立的研究而实现的,而是必须放置到中国历史的长河中,与中国的历代政治制度、思想文化史,以及与秘书工作实践案例等有机结合起来,作为一个整体来加以研究,故秘书文化具有中华民族文化的亚文化属性。

第三节　如何理解秘书文化

秘书文化是以秘书这一社会职业而形成的文化事象。秘书文化既不能包罗万象,也不能仅此一点。在界定“秘书文化”的内涵时,我们应注意到它们之间(如秘书与社会、秘书与历史、秘书与制度、秘书与首领等)内在而微妙的关系和尊重秘书职业已有的、约定俗成的规范①。秘书文化的研究,所要解决的基本问题是:秘书文化的概念、内涵、特征、结构等;它发生发展的途径和规律;它与社会制度、生活方式、思维定式、写作特性等因素的内在联系;还有秘书文化的纵向与横向内容②,以及两者交叉的中间地带与交融途径。美国学者乌格朋曾指出:“‘文化累积’的原因由于两个性质:一是旧文化的保存,一是新文化的增加。文化之所以能保存,因为它有功用。一种文化的工具,其本身是要被破坏或遗失,但制造它的知识,却要继续保存着,因为它有它的功用。”③所以,传统秘书文化与新生秘书文化的产生,有一定的关联。我们必须探寻这两种文化的连接点,力争衔接好、锻炼好、承续好,使之成为一个完整而统一的中国秘书文化学链条。

秘书文化从本质上而言,是秘书文化同秘书个体、社会阶层、行政组织、文化习俗等文化现象紧密联系在一起的。它是支配秘书实践活动的价值基础以及这个价值基础被社会化的运行状态。中国秘书文化的研究,一是从中国秘书史的厘析中得到某些带有历史规律性结论的启迪;二是以中国传统文化的宏观探研为文化根基与诱因;三是以古今大量的秘书实践活动所产生的文化蕴义为例证。研究秘书文化的目的,在于研探与把握秘书文化中内在的蕴涵,借以指导我们创建新时期秘书文化的方式与形态。秘书文化研究的一个重要特殊性

①　如“入幕佐治”的民间秘书职业守则、“为首领服务而人格独立”的当代秘书职业准则等。
②　如几千年来中国秘书工作者形成、恪守的精神价值与职业道德、中国秘书文化与制度的关联,以及对秘书心态的变化、秘书文化层次的划分等。
③　乌格朋:《社会变迁》,费孝通译,北京:商务印书馆,1935年,第54页。

在于,我们只能通过大量留存于后世的典籍去研究几千年来那些孜孜以求的创造者们的秘书思想、观念、制度等内蕴,换言之,通过对记载秘书思想、制度、方法的文献资料去研究秘书文化。秘书文化的物质层面和精神层面一同构成了秘书文化的统一体系,因此要开展对秘书文化的研究,应从这两个方面着手。然而秘书文化的研究有一定的难度,因为对于传统秘书文化,我们只能通过古代的文献典籍去研究。这些典籍因年代久远而出现了散佚、缺失等情形,有的本身就记载不详、信息弥散,再加上时代、环境的变迁给我们造成理解上的障碍,使得我们对传统秘书文化的研究存在双重困难:其一是文献散乱,或记载不完备,再加上语言、时代、观念的变迁给我们理解上造成的障碍;其二是任何历史事实的记载本身都要经过主体的选择和加工,从而失去了些许真实可靠性。

我们认为中国古代只有三种秘书类型:第一,为帝王服务的内朝皇宫私人秘书;第二,为国家政权服务的外朝政务秘书;第三,为某一官员服务的幕友型私人秘书。秘书文化是历代秘书机构与成员、各类幕友与文人,通过有意识的与创造性的秘书劳动,逐步积累、保存下来的维系并促进秘书事业延续及发展的物质和精神文化财富。洪亮吉认为:"学古为入官之本,前事即后人之师。"我们要运用和掌握历史思维与方法,首先应具有长段的视阈,置于较长的历史时期进行分析;其次,具有整体的视阈,不能用局部的观察和个案的结论来替代全局的认识;再次,具有互相作用的视阈,要从纷纭复杂的多线索中理清思路,善于观察多重变化的因子、原委及条件,把握变化的本质。从当代阐释学来看,人类的传统就如同一条源远流长的河流,众多支流不断汇入其中,又有不少河汉分流而去。秘书文化正是在我们直接感悟到的、既定的、从过去继承下来的江河流动中推进。即日的秘书文化,是昨日秘书文化的延续,又是明日秘书文化的母体。所以传统的秘书文化总是活在行进中,活在当前各种秘书工作的实践中,活在新时期转化和新的诠释中。它总是将那些与当下秘书实践有密切关系的东西一代代地传下去,从这一意义上说,一切为我们今天所关注的传统秘书文化,都具有当代性与现实性。

中国近代的文化剧变可谓"千年之一变"。19世纪末到20世纪初,中国从传统农业宗法社会向现代工商社会迈进,表现为向西方学习,以引进与模仿西方文化为主。20世纪末期到21世纪初,中国又从计划经济到市场经济转变,表现为融合西方文化,在借鉴、模仿西方文化的同时,也从传统文化中汲取养分,突出主体意识,不被同化与西化。"中国文化现在是前现代、现代化与后现代混杂并存。"①前现代包含了些许历史文化遗产;现代化为主体,充满了功利主义;

---

① 章开源:《文明对话:告别激进民族主义》,《南方周末》2014年9月26日。

而后现代又不完善。现代与传统不能截然分开,创新与守旧共存。秘书文化作为中华文化的一个分支,走过了一段灿烂辉煌的历程。中华人民共和国成立以后,秘书职业又有了新的性质和职能,开拓了新的秘书方法和工作手段,渐次形成了具有中国特色的社会主义秘书文化,而传统的秘书文化和社会主义秘书文化共同构成了我国的秘书文化学科体系。

综观中国近代历史的发展,实质上是一场文化的革命,是一次先进文化与落后文化的较量,"五四"文化运动中催生了新民主主义文化。自此,中国共产党的秘书工作,开创了中国秘书工作的新纪元。在我党领导中国人民的漫长进程中,秘书工作发生了深刻的变化,在秘书性质、地位、任务、作用、机构设置、思想建设、职责分工、标准要求等方面与历史上的秘书工作有着本质区别。改革开放以来,建立了独特的有中国特色的社会主义秘书体系,把文化建设上升到战略的高度,提出了先进文化的定义、功能与作用。1981年至1990年,党中央召开第四次秘书长会议,提出了"三个服务"、"四个转变"的新内容和新要求。进入21世纪以来,我国秘书界又迎来了电子网络新浪潮,办公自动化、无纸化、网络化、移动化等扑面而来,并迅速占领了秘书实务工作的绝大多数领域。

正确对待中国传统秘书文化是我国秘书学首要确证的重大问题,我们应该做到阐释传统秘书文化的现代性,传承传统秘书文化的取舍性以及认识传统秘书文化的变迁性。当前已进入21世纪,我们既要超越西方秘书文化,又要超越传统秘书文化,根据实际和未来发展的需要营造出新的中国当代秘书文化。历史是人民创造的,文化也是人民创造的。对绵延5000多年的传统秘书文化,我们应多一份尊重、多一份思考。浩如烟海的中华传统文化,蕴涵着丰富的中华智慧,是中华民族的先人们馈赠给我们的瑰宝。"历史是过去传到将来的回声",能看到多远的过去,就能看到多远的未来。善于借鉴中国秘书史中的大智慧,继承秘书文化优良传统,是中华秘书学子们必备的文化素养。

当然,我们强调应从秘书文化、尤其是从中国传统秘书文化中汲取秘书工作中的智慧成果与文化结晶,但并不是因循守旧、食古不化,更不是"克己复礼"。正如东汉王充所说:"知今不知古,谓之盲瞽;知古不知今,谓之陆沉。"习近平同志要求我们:"对有益的东西、好的东西予以继承和发扬,对负面的、不好的东西加以抵御和克服,取其精华,去其糟粕,而不能采取全盘接受或者全盘抛弃的绝对主义态度。"英国学者汤因比在20世纪后期提出:"没有明确地把科学进步和精神上的进步,看成是截然不同的两回事。"换言之,有人把科学进步与社会精神看作将产生互动的促进作用汤因此认为这一观点显然是错误的。事实上,当下部分秘书存在信仰缺失、道德沦丧、官秘共腐的不良状态,恰恰是由于重物质而轻精神,重科技而轻人文的风气所结成的恶果。

亨廷顿提出的"文明冲突"现象依然存在,在21世纪的当下,我们既要面对中与西文化的冲突,也同时面对新与旧的冲突。在各种风潮的交汇中,学者李泽厚认为,真正的儒家精神,恰恰可以包容这些;中国未来可以而且应该做好"文明的调停者",在强劲发展中以平和谦逊的姿态出现在世界文坛上,正符合儒家精神,因为中国传统的儒家学说是具有世界性。① 我们对传统文化、西方文化均要采取一种建设性的理性态度。西方哲学中充满了理性的形而上学、思辨哲学、推理逻辑,严谨但缺乏生气;而中国哲学追求生活价值,提倡意义的终极追求,让诗意栖居在家园,充满了智慧和生命活力,但散漫而无次序,凌乱而无系统。从新世纪面临的时代问题出发,从中西思想文化发展的现状出发,整合中国人文智慧和西方文化精神,将为21世纪秘书文化开拓新的精神矢量。

今天的中国,尚未走出自身的"三千年来未有之大变局",又一脚踏进计算机信息时代的洪流,与全世界一起走进"旷古未有之大时代"。从人类文明进程看,这样的时刻,往往伴随着文化活力的迸发,如文艺复兴、启蒙运动、"五四"运动、互联网＋等,灿烂的文化成就,都长于全新的生产生活的土壤之中。文化认同、情感认同、理论认同等,这是我们需要探究的精神深度的严峻课题。认同感的提升需要深入人的心灵世界,使我们的主流意识形态和核心价值观以润物无声的方式,赋予受教育者向真善美的价值追求以及民族振兴的精神动力。惟其艰难,更显勇毅;惟其磨砺,始得玉成。

那么面对当下现时,如何构建具有中国特色的秘书文化学,这确实是摆在我们学者面前的一个新的课题。把追问的方式从"是什么"转变成"怎样存在",学术任务就从"什么是秘书文化学的开始或本原"转而为"怎样才能认识秘书文化学"这一问题,把先前的本体论转为存在论。"把文化研究设想成为一种单一的范式是最困难的,因为它的起源本身就是跨学科的,而且分析人员必须选择的文化现象也是十分宽泛的。"②我们认为,应从以下三方面加以汲取与获撷:第一,回溯历史,从中国传统文化中发掘宝贵的遗产;第二,放眼全球,汲取全人类的优秀文化养分;第三,立足现实、存精去伪,充实"互联网＋"文化新内义。在当前新媒体时代背景下,在纷纭杂陈的现实社会的发展中提炼和升华出符合时代进程的秘书文化及核心蕴涵。

---

① 李泽厚:《乐观者:李泽厚》,《钱江晚报·全民阅读》2014年11月2日。
② 隆·莱博:《思考电视》,北京:中华书局,2005年,第65页。

第二章　秘书起源文化论

秘书起源的同时,也发轫了秘书文化。从秘书起源的溯源寻根,来反观秘书文化的内涵,具有一定的理论价值与探源意义。秘书作为最古老的职业之一,它何时产生,其起源条件与环境是什么,等等,将是每一个秘书工作者所要关注的学理话题。

第一节　秘书与宗教的血缘关系

秘书职业的产生,初始就带有神秘的色彩。《广韵》云:"秘,密也,神也。""秘"正因为它具有不可预测性,所以早先秘书的职业就自然跟宗教的祭祀者联系在一起,成为一对难以分辨的孪生弟兄。

从现有的资料来看,秘书早在我国氏族社会后期[①]就产生了[②]。当时,秘书的功能与宗教的功能合二为一。秘,形声,从禾,必声,一种香草。上古祭祀、膜拜的对象主要是香草,对它具有一种神灵莫测的崇拜心理,从而把香草置于神化的地位。如《山海经·南山经》:"有草焉,其状如韭而青华,其名曰祝余,食之不饥。"祝余的"祝"就有"示"字旁,表明先人对这种能充饥的草加以祭拜。又如《山海经·西山经》云:"有草焉,名曰薰草,麻叶而方茎,赤华而黑实,臭如蘼芜,佩之可以已疠。"说明薰草是一种香草,具有药用价值,可作除病消灾之用。《广雅疏证·释草·薰草》:"古者,祭则煮之,以祼。"《周官·郁人·引王度记》:"天子以秬,诸侯以薰,大夫以兰是也。"秬草的"秬",古读必,说明它在古代属于高雅之物,专用于帝王级,比薰草、兰草要高贵。《国语·周语上》:"先时五日,瞽告有协风至,王即斋宫,百官御事,各即其斋三日。王乃淳濯飨醴,及期,郁人荐秬,牺人荐醴,王祼,飨醴乃行,百吏、庶民毕从。"表明大王巡游时,要把秬草展

---

① 氏族联盟前期。
② 相当于河姆渡文化、大汶口文化时期。

示出来,分发酒料,然后百官、百姓随从前进。为此,《订正六书通》的作者指出:"建首以长酿,郁草芬芳攸服,以降神也。"这些神秘的草可以充饥、佩带,也可防疾病。《山海经》还讲到一些使人"食之不劳""食之不忧""服之美人色"之类的植物,多少带有神秘的成分。我们认为,氏族社会后期,先人们很有可能是采用秘草、熏草来祭祀和神化活动的。

在原始社会,人类在长期的社会实践中,不知不觉地建立了一种认识事物的方法,即注意认识事物发展过程的前期现象——前兆,以求预知将来可能发生的事情,并预测自己行动将引至的结果。前兆迷信用神意或神秘力量来解释,原始前兆是古代占卜发生的基础。据《周易》《尚书》载,在伏羲、黄帝时期就有占卜活动。植物与古人的生产生活存在最紧密的关系,因此也是我国原始前兆最发达的领域。古人利用植物进行占卜的主要方式有筮占、竹占和枵蒲卜等。《太平御览》卷七百二十六载:"《博物志》曰:老子入西戎,造枵蒲。枵蒲,五木也。或云胡人亦为枵蒲卜。后传楼阴善其功。"《史记·龟策列传》:"蛮夷氏羌虽无君臣之序,亦有决疑之卜。或以金石,或以草木,国不同俗。然皆可以战伐攻击,推兵求胜,各信其神,以知来事。"台湾高山族就有两种竹占法,太平洋帕琉群岛土著人用椰果裂法等。先征兆迷信于它,然后发展成用它作为占卜的材料,形成特有的筮占。降至商周的蓍草占卜则是在上古香草神化的基础上衍变而来的习俗,所以"秘"字虽然战国时才出现[1],但香草、蓍草占卜这一"神秘"与"神奇"的隐义古已有之。此时秘主要指占卜作用的筮草,在巫术上起作用的一种植物。这种情况也反映了农业生产兴起以后植物崇拜的状况。我国古代的筮占是以奇数、偶数,或以一定数目、大小、长短等来判断吉凶的方法。筮卜辞是商周人判断占问某事与吉凶之词句,《周礼·春官》:"凡卜筮,既事,则系币以比其命。岁终,则计其占之中否。"这是说掌管卜筮的秘书,于每次占卜之后,将所得的兆象和占断的词句记录下来,连同礼神之币,藏于府库(天府)。年终,将积累的筮辞和卜辞加以统计和整理,看其有多少条已经应验。到《周易》时筮占已发展到用 50 根筮竹来取兆的复杂方法。而筮草在中国古人眼中是一种特殊的植物,所谓"蓍千岁而三百茎,同本以老,故知吉凶"。[2] 表明这一植物的特殊生态,引起古人的顶礼膜拜。实际上,《周易》就是当时从事秘书的官吏对筮辞的选择、编排和文字加工的集大成者。《周礼·春官宗伯第三》:"凡国之大事,先筮而后卜。"一般而言,史学家认为骨卜为殷商发明,筮占则为周族发明,因而先卜后占。学者本田成之认为:"卜法为最古者,而筮法之兴,决不能谓之

---

[1]　这仅仅是我们目前可见的已有材料。
[2]　《太平御览》卷七百二十八。

最古者无疑。"①"筮法之发达,当在卜法衰落之后。"②到周朝时,农业社会进一步发展,骨卜材料难以觅得,且骨卜法日趋复杂,一般人难以掌握。而筮占大量出现,取材便捷,使用方便,易于掌握。但不是说殷商有骨卜而无筮占,《尚书·虞书·大禹谟》中就有"龟筮协从"一说。至于不少学者所认为"殷有卜无筮"或"先有卜,后有筮"是不对的。因为先秦古籍中从来没有说殷有卜无筮,相反,在论述到上古时,常以卜辞连用。如《尚书·虞书·大禹谟》:"龟筮协从。"另外,夏商周的蓍占都有不同的用法。《周礼·春官》:"掌三易之法:一曰连山,二曰归藏,三曰周易。"其中,连山传说为黄帝之易,归藏乃为殷商之易,周易则为周代之易。易占这种占卜形式,从使用八卦发展到使用六十四卦,已成为巫觋、卜史垄断的工具。《易·系辞》中出现"蓍之德圆而神"、《易·说卦传》中也出现"幽赞于神明而生蓍"等描述。《群芳谱》云:"蓍,神草也。"把一种草视为神灵,那么为何这种荸具有神灵之功效?《孟子·尽心下》:"圣而不可知之之谓神。"

第二节　秘书与政权的亲密关系

上古时,秘书事实上是神权与政权的结合体,成为沟通天人的中介与桥梁。上古秘书主要来源于巫(贞人),传说中的伏羲、神农时期虽然有了首领,但在其管理过程中尚未出现文书,因而也就不可能出现秘书一职,"神农无制令而民从"③。只有到了轩辕黄帝时才产生了具有秘书性质的官职,为了管理的需要,黄帝设立"六相"④和"史官",分管各方事务。所以秘书工作产生需两个基本条件:第一,有了社会组织的领导部门;第二,有了文字和公务文书。黄帝以后,部落联盟继续发展,其后的联盟总部各部门与部落先后以少昊、颛顼、帝喾、尧、舜、⑤禹为核心,这时才产生了带有史官性质的秘书。史云:"自五帝始有书契。"⑥《世本》载:"皇帝之世,始立史官,仓颉、沮诵居其职。"黄帝设立左史和右史,仓颉为左史,记言;沮诵为右史,记事。其中,仓颉、沮诵就是黄帝时期的史官,"主书史之流""执青纂记"。《荀子·解数》:"好书者众矣,而仓颉独传者,壹也。"说明当时爱好文字者很多,仓颉对各部落的原始文字进行了一次整理和搜

---

① 本田成之:《先秦经籍考》上册,上海:上海文艺出版社,1990年,第47页。
② 本田成:《先秦经籍考》上册,上海:上海文艺出版社,1990年,第45页。
③ 《淮南子·氾论训》。
④ 即风后、太常、苍龙、祝融、大封和后土六相。
⑤ 即三皇五帝。
⑥ 《后汉书·祭祀志》。

集,并进行了文字规范的工作。还有大扰、沮诵、隶首、宾成、孔甲,"皆黄帝史官"。[1] 传说孔甲为皇帝作辞 26 篇,并刻在盘盂中作为法戒之词。"史官"这一称呼始见于商,黄帝设立史官可能是后人将最早文职的官职套用在黄帝时期。

夏朝已有左、右史负责记录国家重大事件和国王言行并掌管机要档案史料,如遒人掌管王命的传达发布,秩宗及巫祝是国王与鬼神沟通,为其解释天意的使者,故夏朝已具有政务文书,如《甘誓》等公文。在《尚书》中收录的《甘誓》是启王讨伐有扈氏时发布的檄文,《胤征》是启之子仲康命胤侯带兵征伐羲和而作的战争动员令,《汤誓》则是夏末商汤征伐夏桀发布的战前檄文。夏朝设六卿分掌各方事务,称"六事之人"。《吕氏春秋·先识篇》载:"夏太史令终古,出其图法,执而泣之。夏桀迷惑愈甚,乃出奔如商。"说明在夏朝时已有较为完整的图书档案管理。

商朝笃信鬼神,"殷人尊神,率民以事神,先鬼而后礼"。[2] 这时在商王殿前簇拥着一批占卜问神的秘书官,占卜官在神权统治下,起到辅助商王决策军政大事的高级助手作用。吕振羽认为:"从事占卜书契等文化工作,具有较高而复杂的思维力与构想力和从事宗教活动的僧侣们(通称史官),其知识、其作品,已表现为一种专业。"[3]后来占卜逐渐分化成两种专门职业的人群:一种是偏向鬼神代言人的巫,如祭祀官、占卜官等;另一种则偏向为记录天象、掌管典籍、奉王册命的史,如作册史官、记事史官等。而作为后者的秘书比较接近史的职业,因为史官主要承担文书档案类工作,属于上层社会"劳心"阶层,且世袭相承。商初确定了"龟甲占卜、兽骨记事"的国事原则,到了商末积累起来的资料越来越多,学问要求越来越高,于是为了适应记录和档案工作的发展,设立了太史寮机构,其主官称"太史",这也是我国历史上最早诞生的中央秘书机构。西周时期的太史寮主要由太史、小史、内史、外史、御史所组成,总称"五史"。后来太史寮与卿事寮合并,组成"卿史寮"。这时的秘书机构开始偏向政务工作,卿在前,史在后,逐渐倾向于当代的秘书工作与文书性质,并与史官逐渐分流。其中,太史是太史寮的长官,如同当下的中央政府秘书长。《左传·襄公四年》载周朝初年太史辛甲撰写一篇告诫周王的箴辞《虞人之箴》;周康王的太史毕公受命安抚东部地区的骚乱;小史是太史的助手;内史负责拟制简册、宣示天子的诰命;外史"掌书外令,掌四方之志,掌三皇五帝之书,掌达书名于四方";御史,又称"柱下史",负责文件传递。

世界主要文明古国大多奉行"以神为本",我国殷商也一样。但到了西周初

---

① 杨剑宇主编:《中国秘书史》,北京:高等教育出版社,2013 年,第 22 页。

② 《礼记·表记》。

③ 吕振羽:《殷周时代的中国社会》,北京:人民出版社,1962 年,第 29 页。

期,文化转为"以人为本",人的地位越来越高,正如孔子所说的"敬鬼神而远之",人事比神事更重要;同时强调礼仪礼节制度,这样巫、史的地位和作用日渐下降,而专治人事、军事的文书档案的"卿"的地位越来越高,不仅在从事人员的数量上,而且在地位与作用上,都达到前所未有的高度。卿既掌管政务,又掌管文书档案、天文立法等;同时还设立"天府",作为收藏保管文书档案机构,并实行副本存档制度和用印制度。

我国地方最早出现的秘书主要由"家宰"发展而来。我国最早的国家制度是由氏族机构逐渐演变成氏族联盟机构,一直到国家机构的最上层,这就出现了我国国家机构中带有的自身特点,亦即血缘宗法和国家机构混合制。如殷商进入奴隶制度后,其统治阶级内部仍然保留着氏族组织,靠同性宗族来掌管天下。周王朝也是宗法分封制,"天子建国,诸侯立家,卿置侧室,大夫有贰宗,士有隶子弟"。① 换言之,周天子自为大宗,分封各诸侯为小宗;主宗的子女、亲属、功臣为卿大夫,他们相继为"侧室"或"分族"。这里卿大夫以邑为家,诸侯则以国为家,天子就把天下视为大家,这就形成一套政权与族权、君统与宗统的混合制。各诸侯在建立诸国之后,需要有一帮人掌管分封"邑""国"内的各种管理事宜,这就催生出"家宰"这一专门的职业。不过"家宰"秘书通常不能由外人担任,而必须是内部同宗、同姓或亲信,故秘书也就渐渐形成具有"可靠人"充当的条规与词语义项。

中国古代之所以采取君主专制的道路,是因为上古国家残存的父系家长制与血缘宗族制有着密切关联。正因为宗法血缘制,古代要求"君君臣臣、父父子子",皇帝俨然把自己看成"家天下",是国家的大家长。然而在分封领域中所有的人都听从其诸侯,而不听从天子。事实上,天子的权力在逐渐减弱,如东周王朝的衰落与灭亡就是逐渐从政治权力的重心下移的过程。到了春秋中期,一些诸侯世族内部停止了内部宗族的再分配,而改为郡县制,派自己得力干将或亲信去担任家臣,管理其领地。这些家臣与殷商人不同,他们没有自己的宗庙,不能自统一宗,失却了宗法权力与权威。如春秋末期,孔子曾为鲁国司寇,但他只受谷禄6万,却无尺土之地。孔子的高徒为官作家臣(宰)者也不在少数,有的地位还相当高,例如曾经"帅左师"以败齐师的冉求,曾经为鲁国重要的世卿大夫季氏之相的冉有、子路,还有曾经被魏文侯尊为师的子夏等,无一例外,均无封地而只受禄而已,成为仅享受食租税的官员。这样消除了宗族血缘的分封,一切权力又回到了天子身上。

而后诸侯与天子的关系也发生了变化,他们有一定的权力,但没有了世袭

---

① 《左传·桓公二年》。

权,仅有上供租税关系。此外,君主还实行了符玺制,用符来控制武官,以玺来控制文官,由于出现大量的符玺,从而形成行文制度,政令得以畅通,"天下之事无大小皆决于上"。① 至于日后汉唐的外戚宦官专权,是君主高度集权的衍生物,是一种寄生的权力,也是从皇帝最高权力衍生出来的分权副产品。

秦汉时在中央设立"三公九卿",即丞相、太尉和御史大夫。丞相是中央最高的行政长官,协助皇帝处理全国事务;太尉协助皇帝处理全国军务;而御史大夫协助处理各级官吏的考核以及奖惩事宜。在地方上统治者实行郡县制,直接受中央政府节制。隋唐出现的"三省六部"制、元代实行的"行省"制、清代采纳的"军机处"制等,均为进一步减缩包括丞相在内的各级秘书权力而扩大皇帝自身权力的结果。"明君如身,臣如手;君若号,臣如响;君设其本,臣操其末;君治其要,臣事其详;君操其柄,臣事其常。"②权力是指一个人根据其意愿而对他人的行为加以控制或决定的能力。在中国古代,皇帝的权力包括所有一切,如土地、财富、名誉、官衔以及生命。君主集权制是我国几千年来的执政制度,这就决定了君臣关系不会出现西方那种民主政治或贵族共和的现象。

第三节　解读"秘"字词义的蕴涵

我们若从"秘"字词义演变的发展过程来探寻,便可窥见肇始秘书工作发展的关键环节。

"秘"与"祕"是两个对秘书起源关系甚大而饶有趣味的汉字。"秘,神也",这是不争的事实。《汉书·文帝纪十三年》:"夏,除示秘祝。"注释为:"应劭曰:'秘祝之官,移过于下,国家讳之,故曰秘之'。"《诗·毛长诗传》曰:"秘,闭也。"说明"秘"字早已有之。"秘"字在《说文》里就已经出现,《说文·序》:"秘书说曰:日月为易。"段玉裁注:"秘书,谓纬书。"在战国的一些印玺符号里已有"秘"字③。从现有资料来看,"祕"字不可能早于"秘"字。"秘"(用香草占卜与祭祀的行为,神也),"祕"(用香草占卜,并记录占卜的纬书,神也),"閟"(收藏记录占卜纬书的部门,神也)。后两字都是从"秘"字中孳乳出来的,秘义要大于祕义。从历史源流来看,"秘"字在先,"示祕"字置后。

从上,我们可以得出如下结论:

(1)"秘"字在《说文》及战国时代已有之,"秘"字产生于夏代,"祕"字则产生

① 《史记·秦始皇本纪》。
② 《群书治要·大体篇》。
③ 《订正六书通》。

于殷商,"閟"字有可能产生为周代。"祕、閟"二字乃由"秘"字孳乳分化出来,后来人们把这两字视为异体字。

（2）秘书职业的产生,初始就带有神秘、神化的色彩,与香草占卜、祭祀功能的宗教文化紧密相连。

（3）在上古氏族社会后期,先人最早把香草及功能①加以神化,作为膜拜的对象。所以,秘书的起源与发展跟香草的占卜神化、宗教祭祀等有着极为密切的关涉,可以说两者合一。

接着,我们将考察秘书词义发展几个重要发展过程和阶段。

第一,秘书起源于原始宗教,关于这一点不再赘述,从略。

第二,"秘"为祝官记录占卜的文字资料。《说文·序》:"秘书说曰:'日月为易'。"段玉裁注:"秘书,谓纬书。"事实上秘书是观察天象、占卜预验的谶纬图箓之书。俞正在《癸己类稿》中论道:"纬书论纬者,古史书也。孔子定《六经》,其余文在太史者,后人目之为纬。"谶纬之类图籍,大多涉及天文、历象与占卜。顾炎武曾说:"三代之上,人人皆知天文。"《史记·天宫书》:"昔之传天数者,高辛之前重黎,于唐虞羲和。"《左传》中有"重黎之后,羲和、和氏,世掌天地四时之官。"高邮茆泮林所辑的《世本》佚文中曾言:"太史皇作图。"总之,上古封以"纳言""南正""火正"等官员,就是指那些在大王身边协助管理事务、纳言谏议、参谋咨询、预测决策的臣官,其工作特征已初具秘书职能。《广韵》云:"秘,密也,神也。""秘"由于具有不可预测性,所以它具有神秘、神奇之特征。《后汉书·郑玄传》:"遂博稽六艺,粗览传记,时睹秘书纬术之奥。"有所隐蔽、有所朦胧、神秘莫测,因而今天我们用的"秘术""秘方""秘计"等词语中还保留着这一义项。

第三,"秘"指宫禁中的秘藏之书。文化"是一种象征的、连续的、累积的进步的过程"。②谶纬图箓由于记载了一些神奇、神秘的内容,所以历代帝王都把这些记录占为己有,为其统治服务。从甲骨文资料来看,殷商时期历代王朝都设有秘府。《晋书·荀勖传》:"得汲郡冢中古文竹书,诏勖次之,以为中经,列在秘书。"《汉书·艺文志》:"建藏书之策,置写书之官,下及诸子传说,皆充秘府。"

第四,"秘"指谶纬图箓之书。"谶"是巫师或方士制作的一种隐语或预言,作为吉凶的符验或征兆;"纬"与"经"相对而言,是方士化的儒生编集起来附会儒家的经典著作;因谶纬源于古代关于河图洛书的传说,故以"谶纬"连称此类书。《说文》中说:"秘书说曰:日月为易。"段玉裁注解认为:"秘书,谓纬书。"从谶纬图箓之书衍变为宫禁里的一切藏书,除天文、地理、占卜、预测之外,还包括文书、文章、文学、赋税等内容。

---

①　充饥、沐浴、香化、治病、占卜等。

②　美国 L. A. 怀特之语。

第五，"秘"从王府宫禁之书又孳乳为守藏、整理秘府之书的官员。秘书的功能是保存文化，而文化积累是文化成长的一种过程，即新的文化元素产生或借用而增加到原有文化中，结果导致原有文化元素总和的增加。由于日积月累，宫中收藏的图书越加增多，于是就需要专门有一批守藏、保管的文员。《周礼》中记载周公时有"大司徒之职"，相传老子也曾在周朝秘府供职。宫中守藏的图书较多，其内也形成了一套严格的保管制度。然而春秋战国的动荡，秦朝的大肆焚书，使宫中秘府的图书流散不少，甚至有的被焚毁殆尽。所以迨之汉代，朝廷自然发起了一场整理古代典籍的运动。据《文献通考》载："后汉图书在东观，桓帝延熹二年，始置秘书监一人，掌典图书，古今文字，考合异同，属太常。"

以《周礼》为例，此书或策言立法之意，或粗率治国之方，包罗万象。贾公彦《周礼正义·序周礼废兴》云："《周官》孝武之时始出，秘而不传。……既处于山岩屋壁，复入于秘府。五家之儒，莫得见焉。至孝武皇帝，达才通人，刘向子歆校理秘书，始得列序，著于《录》《略》。……时众儒并出，共排以为非是，惟歆独识，……知其周公致太平之迹，迹具在斯。"汉代形成的大规模古籍整理活动，成就卓然。《后汉书·苏竞传》："走昔以摩研编削之才，与国师公从事出入，校定秘书。"东汉桓帝时创设秘书监一职，掌管宫中图书秘籍。曹操改秘书监为秘书令，掌尚书奏事，与今天的秘书长类似。以后许多王朝均设有秘书监、秘书丞、秘书郎等官职，或从事典籍修撰，或执掌文书图籍，其职责范围多变不定。从此，以整理王室秘府为职业的秘书官秩出现了，如《汉书·刘向传》："诏向领校中五经秘书"，具有了正宗的官秩品第。

第六，"秘"从秘府之位的官秩又引申为替国家政权服务的行政秘书机构。自汉以来，王朝中央就设立了秘书郎（或丞、或监）等秘书机构，专营收受天下之书，颁发皇帝诏令，掌管各级官员皇帝奏事的奏章函牍，以及收藏、保管宫禁的图书与重要档案等工作。班固在《汉书》中多次提到"御史掌秘书""刘歆校秘书"等，表明设立了具有行政秘书功能并与秘书名称相对应的办事机构。

第三章　秘书定义文化论

要研析秘书文化,首先应对研究对象的本体——秘书的定义进行阐释,因为下定义是明确概念内涵与外延的逻辑方法,也是研究秘书学的起点和基石。由于历史演变,以及中西方文化的不同,我们对"秘书"两字的认识与理解存有多种偏差,需要对此进行厘析与辨清。如今,秘书是我国党政机关、企事业单位普遍设置的一个行政职位,它在世界范围内成为最普遍的社会职业之一,也在各行各业中起着不可或缺的重要行政助手作用。然而,秘书是什么? 秘书的特征是什么? 这引起了我们的思索与探求。

第一节　秘书的定义与理解

众所周知,定义是明确概念内涵与外延的逻辑方法。"秘书"这一概念,是秘书学学科的逻辑起点,也是秘书文化中最基本的构成要素。由于人们对秘书定义理解的角度与方法不同,迄今为止对"秘书"定义的界定仍是众说纷纭、莫衷一是。我们归而析之,主要有以下五种主要观点和看法。

（一）助手说

助手说是当今秘书界最流行的诠释。如詹银才在主编《涉外秘书学》一书中论述道:"秘书或秘书工作者,是各级领导机关及领导人员的参谋和助手,主要职责是协助决策,承办业务,搞好行政工作。"他偏重于行政秘书,强调决策在秘书工作中的重要性。张述主编的《外企秘书》中也认为:"秘书是上司的助手,充分了解上司的活动和工作范围,能发挥其主观能动性,具有不在上司的直接监督下承担其任务的才干,运用判断力在其职权范围内对公司工作做出决定,充当着内外人与人及人与机器的中间角色。"这一定义有模仿国际秘书联合会所下定义之嫌。事实上,国际职业秘书联合会下的定义为:"秘书应是主管人员的一位特殊助手,他(她)掌握办公室工作的技巧,能在没有上级过问的情况下表现出自己的责任感，并以实际行动显示出主动性和正确判断的能力，并且在所给予的权力范围内做出决定。"国际职业秘书组织的定义是："秘书具有熟练的办公室工作能力，不需上级敦促即能主动负责、积极进取、干练果断，能在授权范围内做出正确决定的经理助手。"①美国全国秘书协会认为，行政秘书是"高级官员的助手，掌握机关职责并具有不在上司直接监督下承担任务的才干，发扬积极主动性，运用判断力在其职权范围内对机关工作做出决定。"成都大学常崇宜教授也认为："秘书是领导机关首领或特定领导人员个人的工作助手。"

　　"助手"的说法，在我党十一届三中全会以前还没有提到。直到1985年1月的全国秘书长办公厅主任会议上，才提出各级办公厅（局）的秘书要加强领导助手的作用。我们认为，"上司（领导、经理）的助手"的这种说法欠妥当，因为其他部门的人员也是上司的助手，而此说法体现不出秘书的特征。张希林在《文秘学》一书中说道："在实际工作中，为领导工作服务的，起参谋与助手作用的工作人员，不只是秘书和文书，而是一个庞大的队伍。"至于"特殊的助手""领导的门户"等定义含混不清。秘书的特殊性在哪里？领导的门户就一定是秘书？等等，语义模糊。

　　（二）参谋说

　　最早提出秘书的参谋论是田真先生，他在1986年《秘书工作》杂志上就撰文指出："在社会主义制度下，秘书……是各级领导机关或领导人员的参谋和助手，协助领导处理日常政务。"处理政务，这仅适合公务员秘书的范畴，但不宜作为整个秘书的定义。事实上王兆国在1985年全国秘书长会议上的《充分发挥办公厅的参谋、助手作用》报告中就指出，办公厅要充分发挥参谋作用。李欣在1986年第2期《秘书工作》杂志上发表的《试谈秘书工作的四个转变》一文中，强调"四个转变"的实质是加强秘书工作的参谋作用，把"参谋"作用放到了"助手"作用之前。

　　1987年12月在四川成都召开的首届"全国秘书学与秘书工作学术讨论会"上，重点探讨了秘书的参谋问题。"事实上，人们从站立的角度不同而得出不同的结论。第一，秘书长会议文件突出了强调参谋作用；第二，从事实际秘书领导工作的同志认为不宜把秘书的参谋作用过分强调；第三，部分理论界人士探讨参谋作用，提出'补偿论'等。"这里，笔者认为王兆国强调参谋作用，是针对秘书长这一层次而言，并不扩大为对所有秘书的职业要求。常崇宜教授在《秘书学

―――――――――――――

　　①　安娜·埃克丝蕾，安娜·约翰逊：《韦氏秘书手册》，上海大学文学院中文系译，北京：中国新闻出版社，1985年。

概论》①中指出："我国政府机关的秘书部门是机关的枢纽，是领导的耳目、助手和'参谋部'。"又提到行政秘书，"一般来说，……还常起着类似部队的参谋、国外的'智囊团'的作用。"同年上海《秘书》杂志第1期发表了《王中同志谈秘书》一文，提出"秘书的最高权限是给领导当助手、做参谋"的观点。此后，不少学者也纷纷发表论著，表示赞同或采纳其观点。如朱传忠、叶明主编的《秘书理论与实践》一书认为："秘书是一种职务名称，指处于中枢地位，主要以办文、办会、办事来辅助决策并服务于领导的人员，是领导的参谋和助手。"②又如方晓蓉等著的《秘书学》教材认为："秘书是领导者、主事者身边的综合辅助者和公务服务人员，他们以辅助决策、综合协调、沟通信息，办文、办事、办会等为主要职能，是领导者、决策者的参谋和助手。"③

　　有人把"参谋说"与前面的"助手说"组合在一起，提出了助手动手、参谋动脑的观点，而这种说法同样是错误的。李欣认为任何一个秘书既要动手又要动脑，"秘书向领导提建议、出主意、起参谋作用，这本是分内之事。"1985年1月中办座谈会明确提出秘书的参谋作用之后，有人便将此夸大，把秘书和秘书部门等同于智囊人物和外国的咨询机构，这样不仅混淆了视听，更不利于秘书和秘书班子的建设。王山而在1996年第3期《秘书》杂志上发表了《关于"秘书谋论"若干问题之我见》，提出了自己的看法："秘书是领导者的参谋和助手，表明以'参谋和助手'为职能赋予秘书，社会已经认同。""秘书学使用的'参谋'，不是秘书学独自拥有的专用术语，秘书的'参谋'职能不等于军队的参谋职务，前者是'借用'，后者才是'正宗'，两者不宜相提并论。""'参谋'的中心词是'谋'，不是'参'，不宜把参与领导决策的事务性工作的'参'与'谋'平起平坐。"有人提出要讲清秘书是"参谋"还是"参与"？是"献策"还是"决策"？是"办文"还是"主事"？笔者也非常赞同王山而同志的观点，因为不少学者放大了秘书功能，秘书关键和基本职责是参与决策，主要是准备材料、收集信息、决策会议的筹划等基础性、事务性工作；而军队的则是直接介入参谋中，并在决策中起到决定性影响的人物。"参谋"这一说法，我们认为不甚妥帖，因为古代秘书基本上具有"谋"的职能和功能；而现在的秘书应该说很少或无"参谋"的职能与功能。故对于现在有人提出一般性的普通秘书要"寓参谋作用于日常工作之中""在服从中参谋"等语句，我们认为是不对的，是一种误导。

　　（三）职务说

　　1979年《辞海》"秘书"条释为"职务的名称之一，是领导的助手。秘书工作

---

①　常崇宜主编：《秘书学概论》，成都：成都大学出版社，1990年。

②　朱传忠、叶明主编：《秘书理论与实践》，杭州：杭州大学出版社，1995年，第1页。

③　方晓蓉、方国雄：《秘书学》（修订版），北京：高等教育出版社，2012年，第2页。

是一项机要性的工作,它的任务是收发文件,办理文书、档案和领导交办的事项,各机关和企业、事业单位,一般均设有秘书工作部门或秘书工作人员。"职务的名称外延太宽泛,此外,机要性并非是秘书工作的唯一特性,故可删除。1979年《辞海》(修订本)词语分册说秘书是:"职务名称之一。协助领导综合情况,研究政策,密切各方面工作的联系,办理文书、档案工作、人民来信以及其他日常行政事务和交办事项。"对比上述修订后的定义较为科学。《现代汉语词典》认为职务是"工作中所规定担任的事情"。秘书不属于某一行业,但又为任何一行业所必须。常崇宜教授认为:"秘书是领导机关首脑或特定领导人员个人的工作助手,它是一种职务名称,也是一种社会职业,各种秘书的具体助手作用各不相同,但都是通过辅助领导,直接为领导服务去体现为人民服务、为社会主义服务的。"[①]换言之,秘书既是一种职务,也是一种职称。张家仪1986年在《秘书》杂志上提出:"秘书是身处领导机构或附着个人,撰制掌管文书,辅助决策,并处理日常事务的服务人员。而秘书从事的工作也就是秘书职业,秘书职业也是服务性的。所以秘书绝不是一种职务,而是一种职业。"我们认为秘书是一种职业较为科学,但不一定是职务。

(四)人员说

《美国职称词典》解释:秘书这一词语的正确含义,是指工作水平高超,能全面处理机关的或公司的行政工作,以减轻政府官员或负责人的较次要的行政事务及办公室工作……的人。我国国家劳动和社会保障部颁发的《秘书职业技能标准》中将秘书界定为"专门从事办公室程序性工作、协助领导处理政务及日常事务并为领导决策及其实施服务的人员"。《现代汉语词典》对秘书的解释为:秘书是掌管文书并协助机关或部门负责人处理日常工作的人员。

日本学者认为,秘书就是帮助上司处理杂务的工作人员。这一定义揭示了秘书的本质特征是一种工作人员,不过太宽泛了。苏联卡捷琳娜认为:"秘书是一项普通的职业,其职责主要是为机关提供称作秘书的辅助性、事务性和信息性的服务。"我们国内持"人员说"这一观点的人不多,他们主要是王银清、瞿麦生等。他们都认为,企业秘书是指在企业经营和日常生活中,直接协助企业领导综合处理各种事务的人员。张家仪认为,秘书是身处领导机构或附着个人,撰制掌管文书、辅助决策,并处理日常事务的服务人员。我国《秘书职业技能标准》指出:"秘书是专门从事办公室程序工作、协助领导处理政务及日常事务并为领导决策及其实施提供服务的人员。"我们认为,把秘书仅仅视为一般的工作人员,外延似乎太宽泛了一些。

---

① 　常崇宜主编:《秘书学概论》,昆明:云南人民出版社,1984年。

（五）职务说

最有代表性的是常崇宜教授,他在主编的《秘书学概论》一书中认为:"秘书是领导机关首脑或特定领导人员个人的工作助手,它是一种职务名称,也是一种社会职业。……通过辅助领导直接为领导服务去体现为人民服务、为社会主义服务。"1979年版《辞海》的"秘书"条目诠释为:"职务的名称之一,是领导的助手。"同年《辞海》修订版依然为:"秘书是职务名称之一。"

对此张家仪持不同的意见,他在1986年《秘书》杂志上撰文指出:"秘书是身处领导机构或附着个人,撰制掌管文书,辅助决策,并处理日常事务的服务人员。而秘书从事的工作也就是秘书职业,秘书职业也是服务性的。所以,秘书绝不是一种职务,而是一种职业。"常崇宜教授针对张家仪提出自己的观点:"说'秘书绝不是一种职务'也有些勉强,在我国现实中不少秘书是国家正式任命的职务。"我们认为"职务"说法不可取,因为随着我国市场经济的进一步深入与发展,大量受雇于私人或民营企业、民办企业的私人秘书不断涌现,现已成为人才市场受聘于秘书职业的主要生力军。

（六）比喻说

在实际工作中,人们往往用某些有类似点的事物来比拟他们想说的概念与认识,对秘书这一职业也不例外,如社会上有些人把秘书比喻成"领导的传话器",跟在领导身后提公文包的,在办公室爬格子的,幕后摇鹅毛扇的,政治舞台上吹喇叭、抬轿子的,比喻为领导的耳目、心腹、智囊等。也有人说,"秘书不过是看领导眼色行事,忠实执行命令却不能多嘴多舌、评头论足的职业人。"时下,出于某些秘书的越位现象时有发生,也有人把秘书喊为"二首长""二书记""黑军师"之类。当然,也有人把秘书比作"孺子牛",勤勤恳恳干事、忠诚努力为领导服务。总之,秘书概念包含着多面性,秘书工作实践的差异性、秘书内容和范围的不确定性、扮演角色的复杂性、秘书职权和责任的模糊性、秘书与领导的微妙性、秘书与领导形象的关联性、秘书政治影响的敏感性等。秘书一词,看来是一个多层次、多侧面的组合概念,秘书常常扮演着军师、随从、收发、管家、参谋、幕友、助手等多种角色,很难用一种角色来替代和说明之。如秘书党政之内的要职,最高者称为"总书记";又如写字楼及商业机构内的办公室人员,专长速记、打字、安排日程、会议实务、公文处理、档案管理等工作,则称为"初级秘书"或"文员"。

秘书们常称自己是上司和其他领导者的桥梁,起纽带作用,是单位和领导的"窗口""门面""耳目""手脚",是传达上级领导、指导精神、反映基层部门工作情况的"二传手"等。我们认为,比喻仅仅是一种形象性说法,不能作为科学的准确定义。按逻辑学原理,定义项中不能有比喻性词语。比喻虽然富于形象性,但它不能直接明确地揭示出秘书的内涵与外延。

事实上秘书的本质是综合辅助性和直接服务性,其特点是近身综合辅助。美国人强调秘书的创造力和判断力,以及在一定范围内代表领导决定问题的能力。日本人形象地称秘书为"全能运动员";原苏联人概括秘书是辅助性、事务性、信息性的服务人员。我国劳动和社会保障部制定的《秘书国家职业标准》,将我国的秘书职业设为四个等级,分别为:五级秘书(国家职业资格五级,原初级)、四级秘书(国家职业资格四级、原中级)、三级秘书(国家职业资格三级、原高级)、二级秘书(国家职业资格二级)。只有高级秘书才具有一定的参谋与咨询功能,但助手作用要大于参谋作用。

现代秘书在世界范围内已成为最广泛的社会职业之一,属于第三产业体系,有其广泛的服务性。如在美国,秘书属于"文书、事务、一般管理"这一职业大类。其人数约占全部脑力劳动的 4%,在全部 438 种职业种类中人数排名最多的前 10 种占第 3 位。在日本,秘书则是刚毕业的青年学生(尤其是女学生)最乐于选择的职业之一。除了较高的工资待遇和较为舒适的办公室工作环境之外,在秘书职位上最能受到企业或机关的内部教育,最能得到多能型管理能力的培养,最容易晋升为高级管理后备人员。

第二节　秘书定义的正确理解

我们认为,面对上述繁复不一的诸种观点,应透过现象看本质。换言之,我们要找出其中最本质的特征。我们认为,作为"秘书"的特征主要有以下几条:

(一)可靠的职员

英语"秘书"一词,源于拉丁文的"secretaries",意为"可靠的"职员。秘书的英语名称是"secretary",其中"secret"是"秘密"的意思。中文的"秘"字,也包含了"秘密、绝密、不对外示人"之义。要传之以秘,保之以秘,这是非可靠与信任之人可以想象的。

(二)专业性的职员

所谓"职业",就是个人在社会中所从事的作为主要生活来源的工作。换言之,秘书就是以秘书职业为生活来源的一种社会职业。而作为一种全球化的职业,它主要依靠其自身专业化为基石。秘书具有一定的专业技能,主要体现在两大方面:第一,人与人之间的桥梁与纽带作用,如接待工作、会务工作、谈判工作、信访工作、社交礼仪工作等;第二,是人与机器之间的桥梁与纽带作用。具体落实在操作技能上,后者主要是复印机、传真机、电脑、移动手机、接听电话等。在日常事务中,秘书随着计算机的普及,秘书利用实现办公自动化条件,迅速而便捷地处理各种日常事务,提高工作效率和服务质量。绝大多数的秘书,都从事人与人、人与机器之间传递的中介角色。美国的秘书类细分为 41 个种类以及 14 个工资等级。在我国劳动部划分的 60 种专业性职业中,秘书列为第 41 位。

(三)脑力为主

且不说高级秘书属于"白领"阶层,就是初级秘书也属于"灰领"阶层,在单位中属于管理阶层。纵观古今中外的秘书史,我们可以发现秘书这一职业始终属于脑力为主的范畴:从殷商时期的"贞人"到春秋战国时期的"门客";从清朝的"绍兴师爷",到现在社会中各种各样的秘书,无不是提供脑力劳动。

(四)近身综合辅助

秘书是单位内唯一与上司靠得最近、与上司打交道、交流接触最多的员工,因为秘书本身就是把服务上司作为自己本身应有的职责,这无疑增进了秘书与上司的距离。另外,秘书服务上司不是单一性的,而是综合性的,范围之广、内容之繁杂、要求之高,这些都是单位内其他职员难以望其项背的。

从上我们得知,秘书是一种提供脑力劳动为主的、为雇佣者综合近身服务而获信任的、具有沟通人与人和人与机器桥梁功能的专业技能与文化素养的社会职业。高级秘书还兼有对上司谋划、谏议、督查、咨询等参谋职能。

第三节 "秘书"词义的演变

秘书的"秘",最早指的是具有神秘性质的书籍或文字材料,主要指王府的档案、天象、占卜、爻卦、河图洛书、算术、堪舆等文字资料。这些文字材料归王府所有,不能示人,秘而藏之,故为"秘书"。由于这批守藏秘密书籍的人士,只对王府、贵族负责,不与旁人接触、联系、交流,所以列为"可靠之人"。

"秘书"一词,古已有之。在我国,"秘书"一词最早出现在东汉,《汉书》有多处叙及:"光禄大夫刘向校中秘书"[①]"诏向领校中五经秘书"[②]"及歆校秘书,见古文春秋左氏传,音大好之"[③]"游博学有俊材,……与刘向校秘书"[④]等。不过,

---

① 《汉书·成帝纪》。
② 《汉书·刘向传》。
③ 《汉书·刘歆传》。
④ 《汉书·叙传》。

彼时"秘书"的含义与今天相去甚远,主要指宫禁之秘籍,指秘藏的物品(书籍),可见"秘书"初始指的是物而非人。事实上刘向、刘歆主要从事校理群书,条其篇目、删其重复、定著篇名,首创校雠义例,属于编纂之事。

到了东汉桓帝时,秘书从指称物品开始向指称人物转移,渐由物及人。至公元2世纪,东汉桓帝始设秘书监。秘书监既指朝廷的藏书机构(图书馆),又可指掌管秘籍的官职①,因而这时的"秘书"一词,不仅指官署机构,而且还可指官员官职。

魏晋曾置秘书令,主要从事"典尚书奏事"②。当时还有秘书丞、秘书郎等官职名称。曹操称魏王之时,"置秘书令典上述奏事",秘书令协助魏王处理政务、制定法令。曹丕称帝后,撤秘书令官职,改为中书令。隋唐时,均设置了秘书省,"典司经籍"③"掌邦国经籍图书之事"④。唐朝设置秘书省,分掌经、史、子、集。由上述简要勾勒可见,我国古代名称上与"秘书"有直接关联的机构和官员,多与掌管经史秘籍有关。

古今秘书含义有一定的差别,古代秘书主要指一种官署和办事机构。另外,在古代真正的秘书,一般不用秘书名称,而代之以中书令⑤、中书舍人、翰林学士、翰林供奉、掌书记、主簿、记事令史、录事、书佐、判官、文案、押司、稿案师、幕僚、师爷、书启、钱谷等,鲜用"秘书"称谓。因此古代大多数"秘书"一词,与秘书并不涉联,而现代"秘书"一词恰恰受西方词义影响。清光绪三十三年(1907),光绪皇帝批准安徽巡抚冯煦上书,同意在巡抚衙门中设置秘书、助理秘书等官职,这也是我国首次使用具有现代意义"秘书"的记载。

辛亥革命之后,"秘书"一词才具有比较接近当下的含义。当时的南京临时政府仿效欧美国家的行政体制,在总统府下设置秘书处,各部设承政厅(即秘书厅),各省督府则设秘书室。"孙中山在海外组织反清活动时聘请私人秘书,并在南京临时政府中实现西方秘书体制。这是我国现代意义上的秘书的直接源流。"⑥

古时,我国并没有"秘书工作"这一词组,只有"秘书"两字的词组(不是一个词),它的本义与当今的"秘书"名称,在含义上并不完全相同,如今是把它作为一个词看待,内涵明确、指代单一。笔者认为,古代"秘书"词组的含义,在不同时期具有不同的含义,主要如次:

---

① 相当于当今的图书馆馆长和档案馆馆长。

② 《文献通考》。

③ 《隋书·百官志》。

④ 《旧唐书·职官二》。

⑤ 曹魏时曾设"秘书令"一职,曹丕称帝后旋即更名为"中书令"。

⑥ 李玉峤:《秘书素质与修养通论》,北京:中国社会科学出版社,2011年,第9页。

第一,在先秦时期秘书被称为"谶纬图篆"等"纬书"。中国古代文献可划分为两类古籍,即经书与纬书,而纬书在数量上大大超过经书。纬书是与经书相对而言,是方士化的儒生编集起来附会儒家经典的著作。纬书中以谶纬、河图、天文、药方、堪舆、算命为主,其中"谶"是巫师或方士制作的一种隐语或预言,作为吉凶的符验或征兆。因谶纬源于古代关于河图洛书的传说,故以"图谶"来称此类书籍。《说文解字·序》曰:"秘书说曰,日月为易。"段玉裁释为"秘书,谓纬书"。

第二,汉代时秘书被指宫禁中的秘藏之书籍。"秘"而后写成"祕",后衍变为"閟",许慎解释其本义为神秘。《汉书·刘向传》:"诏向领校五经秘书。"《后汉书·郑玄传》:"遂博览六艺,粗览传记,时睹秘书纬书之奥。"《晋书·荀勖传》:"得汲郡冢中古文竹书,诏勖撰次之,以为中经,列为秘书。"都是指宫中秘藏之书,这也是"秘书"一词的最基本的含义。

第三,汉代时秘书指官署及其官员。公元 2 世纪,东汉桓帝时创设秘书[①],掌宫中图书秘籍,其负责官员也称为"秘书监",相当于皇家(国家)图书馆馆长或档案馆馆长。下设秘书丞和秘书郎,相当于副馆长。晋时始设秘书寺,南梁时改为秘书省,领有国史与著作两局,主管国史编修与著作事务。曹操改秘书监为秘书令,掌尚书奏事,与今天的政府秘书长接近。直到魏晋南北朝,各王朝或小国均设有秘书监、秘书丞、秘书郎等官员,或从事典籍修撰,或执掌文书图籍,其职责范围多变不定。此后历代沿置,至明时并入翰林院。满清入关前后,于内三院中设内秘书院,掌撰拟与外部往来书札及敕谕、祭文等,并抄录各衙门奏疏及词状。清末设有秘书科,孙中山在南京总统府下设有秘书处。

在国外,"秘书"一词也有不同的含义。英语中的秘书"secretary"在词源上与秘密"secret"有关联,可译为"可靠的职员""大臣""书记"等。它有两层含义:其一为大臣,原指在英国国王身边参与机要政务、掌管机密文件或玺印的辅臣,后来沿用为英美和英联邦国家主管政府机关事务的部长或常务副部长。如"The Secretary of State",在英国为国务大臣,也即国务(部会)秘书;在美国则为国务卿;美国陆军部长为"The Secretary of Army",意指陆军的秘书长。其二为书记,原指从事记录文字的人员,后泛指文书和事务工作人员。法语的秘书"Lesecrétaire"、英语的秘书"secretary"和俄语的秘书"секретарь"均包含了拉丁语中"秘书"一词的基本词根"secret",其蕴涵着机密、秘密之意。在欧美等国,秘书职业分类中,秘书隶属于"一般管理、文书、事务"职业大类,这一职业大类的名称也概括说明了秘书的基本职责和主要工作内容。《朗曼当代英语词

---

① 藏书机构。

典》解释为"为他人起草信件、保管档案、安排会见等事务的人员。"《韦氏秘书手册》认为:"今天的秘书绝不再是单纯的接待员兼打字员,因为越来越多的经理指望自己的秘书成为行政管理的助手。""一个精干而可靠的秘书不仅是经理和工作人员之间的桥梁,而且还应当是协助经理的左右手。"国际职业秘书协会确定的定义:"秘书应是主管人员的一位特殊的助手,她(他)掌握办公室工作的技巧,能在没有上司过问的情况下表现出自己的责任感,以实际行动显示出主动性和正确判断的能力,并且在所给予的权力范围内做出决定。"

日本秘书学者田中笃子教授在《秘书的理论与实践》一书中认为秘书应具备三方面条件:第一,是担任重要职务者的助手;第二,是起草文件为主的信息处理方面的专家;第三,是有良好教养的人。一般而言,在日本,秘书通常应具有两种含义:含义之一是指政府机关或社会团体日常事务的负责人,如内阁官房长官,中文直译为"首席内阁秘书";另一含义是指帮助上司处理各种事务的工作人员,如使馆中介于参赞和随员之间的外交人员,分一等秘书、二等秘书、商务秘书、军事秘书等。

中编

秘书文化思想篇

思想历来是文化学的核心部分,既是文化的根,也是文化的魂。历代以来我国秘书先辈们一直遵循中庸、和谐、有为、仁义、尊礼等秘书思想,坚持贯彻儒学为本、法学为用、礼法结合的秘书工作原则,并视其为中国传统秘书文化的总纲。这不仅因为它在中国秘书文化中占主导地位、不仅因为它是秘书们处理各种关系的总态度,还因为这种秘书思想在几千年秘书发展史上起到推动秘书文化发展和秘书历史进步的积极作用;同时在不同历史时期,还产生出如孔子、李斯、毛泽东等众多伟大的秘书思想家。内容博大,领域宽广,深度精髓,体系完备。

第四章　秘书文化以儒为本

　　我们分析秘书工作时必定离不开自身民族传统因子，它是一种浸润在我们骨子里的"活着"的文化，同时它还存在于我们的无意识之中。中国传统的儒道其实都在追求一种宇宙自然之中的"道"，是一种事物的内在必然规律。而我们所接触的、感悟的只能是局部的"道"，因而"言"难以尽道，"道可道，非常道"。中国文化中的人文是与天文相对应，是指人和人事相关的社会伦理道德，文化的"文"是指纹理义。古人的"文"有形而上含义，提倡仁义，天人合一，顺其自然，追求人与人、人与自然之间的和谐关系。

　　在先秦诸子百家中，以儒家对中国秘书文化的影响尤巨，儒学与秘书学从源流来看有着内在的天然联系——秘书学与宗教的神秘性相吻合。随后宗教与政治分野，儒学与政治伦理逐步接近。至此，两千年来秘书学越来越脱离"神秘"色彩，显示出有实效的政治行政功能的作用。

　　中国传统文化的主干是儒、道、释三家思想，然而对于中国秘书文化影响最大、至深的为儒、法两家思想；而其中儒家思想是"核心"，为其体；法家思想是"躯干"，为其用，两者缺一不可。历代秘书们一直遵循"外儒内法""儒主法辅"的办事原则，构成了完整的中国传统秘书文化中精神思想部分的主体框架。

第一节　儒学是治理国家的官学

　　"儒"最早是指商朝那些从事祭祀活动、掌握祭祀专业知识与技能的人，是当时社会主要的文化人，"通天地之人曰儒"①。传统儒学之所以成为我国两千多年的官学：第一，儒学乃是有双重的制度来促进与保障，即汉代的五经博士制和唐宋之后的科举制。儒家是皇权钦定的官方意识形态，儒家士大夫也成为帝

---

① 《法言·君子》。

国官僚阶层的唯一来源。第二,儒学包括宗法家族社会的风俗、礼仪和民间祭拜等。儒学是古代社会的文化精粹,在社会的各个角落,乃至民间都有深厚的土壤,成为百姓"日用而不察"的纲常伦理。儒家与基督教、佛教、道教不同,不仅是入世之学,且具有很强的政治性,其最高的圭臬就是经世致用,实现平天下之目的。

"儒"在中华传统文化中是人们德行修养的一个重要标志,以儒为官,称为"儒官";以儒为秘,称为"儒秘",以及"儒商""儒将"。秘书之所以喜好在职业名称前加上一个儒字,是因为它不仅仅是知识渊博的代名词,更是德行高尚的同义词。《礼记》和《孔子家语》中均记载了《儒行》,文中两次提到"自立",分别一次提到"特立""特立独行""刚毅"和"忧思"。我们从上述中就感悟到儒者的"修身平天下"的家国情怀,"和而不同"与刚毅卓绝的风骨品格。儒者不以黄金美玉为宝,而以忠信为宝;不企求广占土地,而以合乎义理为精神追求;不企求积蓄丰厚,而以博学多闻为富有。儒学认为,身外之物是可以从外界得到,也可能失之于外界,因而没有长远的价值,不值得花大力气去企求。财富有聚有散,生不带来死不带走,只有忠信仁义等德行才是真正的"不动产",是任何人都无法剥夺的。"德者本也,财者末也。"①儒学秉持中正而不偏倚的立场,可以亲密而不可以劫持,可以亲近而不可以胁迫,可以杀害而不可以侮辱,生活居处贫陋而不骄奢淫逸,饮食只求果腹而不铺张浪费。君王采纳其建议,不居功自傲;君王不采纳其建议,也不谄媚求宠。儒者出任秘书的目的是为国家效力、为民造福,他们对自己的生活恬淡自适,毫不介意,对自己的仕途也进退自如,秉持"宠辱不惊,去留无意""苟利国家生死以,岂因祸福避趋之"的为秘之道。儒秘不因财物赠赐而见利忘义,即使面临威胁与恐吓也不贪生怕死,改变操守;恪守善道而一以贯之,以忠信为护身盔甲,以礼义为抵御诱惑和侵蚀的盾牌,行动居处都以合乎仁义为准则,即使遭遇暴政、淫杀也不改所坚守的忠义原则。

这些儒秘的德行准则启示我们:不能因外在的诱惑而丧失气节,不因外在的压力而改变主见;能够做到"富贵不能淫,贫贱不能移,威武不能屈",才是真正的人格自立与高尚情怀。儒秘能理性看待形势,见贤思齐,与时偕行,始终以心中的道德标准要求自己。即使时运不济、屡遭困顿,他们也不改志向,而是坚忍不拔,努力实现抱负,因为他们念念不忘的是"天下兴亡,匹夫有责""先天下之忧而忧,后天下之乐而乐"的责任意识与担当精神。正因为有着强烈的责任意识与担当精神,他们才会苦读圣贤之书,深究经世济民之道,积极为君谋利解难,为国家和民族分忧尽责,做到"鞠躬尽瘁,死而后已"。

---

① 《大学》。

在国难当头、民族危难时,民族气节更显得重要和珍贵。两宋的秘书官位低微,又无实权,但他们敢于发表坚持抗战、反对投降的言论。是否具有高尚的民族气节对秘书人员的品质人格起到决定性作用,尤其体现在秘书的外事活动中。起居郎仅为六品官,按宋代规定欲发表政见,必须求得中书省长官的允准。为此,作为起居郎的王存请求高宗,取消这一不合理规定,最后皇帝采纳了这一建议。另一位起居郎王居正原与秦桧是好友,但他发现秦桧卖国求荣时,毅然决然向高宗检举。最后虽然他被秦桧逐出朝廷,但他揭露的事实被学士院写于制辞,布告民众,从而在一定程度上阻止了秦桧的投降政策。还有中书舍人胡安国,曾上《时政论》二十篇,劝谏高宗。当他发现高宗要晋升投降派朱胜非时,毅然向高宗建议停止擢官,并被高宗所采纳。同时,他坚决反对求和,多次上疏,并当场拒绝拟制称臣诏书,愤然辞官离朝。

建炎三年(1129),起居郎胡寅上疏,痛切地指出:"目下两帝被俘,国家蒙辱,陛下理应纠合义师,北上收复失地。然却只顾偷安,畏缩怯敌,唯思远眺,致使军民怨愤、失望。"他建议,"罢和议而修战略""大起天下之兵以自强""存纪纲以立国体""务实效、去虚文",整顿内政,修明政治,然后恢复故土。虽然胡寅为此而被免职,但他不顾个人安危,敢于直言不讳地指责皇帝,慷慨激昂地陈述复国之策,实为可嘉。南宋秘书人员在民族灾难当头之际,置个人生死荣辱于度外,大胆进言,怒斥投降派,没有坚贞不屈的民族气节,是不可能有这样的义举。

孔子创立的儒家学说以及在此基础上发展起来的儒家思想,对中华文明产生了深刻影响,是中国传统秘书文化的核心部分。公元前11世纪,在渭河流域发展起来的周人灭掉了殷商,提出"德"和"孝"的伦理观,并作为礼、乐文明的核心理念。春秋时孔子提出"克己复礼"的主张,在周礼的基础上创建了儒学,成为"百家争鸣"中的主要代表,因而司马迁在《史记》中称孔子为"至圣"。"儒学的实质是士人精神与西周礼乐文化的结合。从士人精神的角度看,儒学要求强烈的社会批判意识与进取精神,要求重新安排社会秩序,建立一个符合士人阶层利益的政治体制。从礼乐文化的角度看,它要求君君臣臣、父父子子的严格等级制,要求以血亲关系为纽带的宗法式政治体制。"①汉朝执政后开始形成大一统的文化思想政策,研究《春秋》的公羊学派大师董仲舒曾三次向汉武帝上书《天人三策》,建议"罢黜百家,独尊儒术"。建元五年(前136)朝廷任用布衣儒生公孙弘做丞相,开设五经②博士,打通了平民儒生通往国家各级官吏的上升通道,从而儒学成为官方主流文化思潮。董仲舒的儒学是熔阴阳家、黄老、名法家

---

① 李春青:《在文本与历史之间——中国古代诗学意义生成模式探微》,北京:北京大学出版社,2005年,第39页。

② 《诗》《书》《易》《礼》《春秋》。

等多种学说为一炉的新儒学。他宣讲的这些内容有明显的限制皇权之用意,但是汉武帝对此无意用之。对当时的民众特别是读书人影响最大的是任用布衣儒生公孙弘做丞相,以及设五经博士之官职。东汉章帝建初四年(79)在京都洛阳白虎观举行经书统一讨论会,把儒学经义统一在"三纲五常"之中,把民间甚至皇权维系的关系包括宗法关系、人际关系等纳入。西汉初,朝廷依靠一批建国武将功臣,而从汉武帝开始儒学之士被提拔任用,特别是元帝以后经学兴盛,儒学起家的士人开始分享国家的权力,同时儒学之士又形成以家族为中心的地方势力,这意味着通晓儒家经典已成为入秘做官的主要途径。《汉书·何武传》:"疾朋党,问文吏必于儒者,问儒者必于文吏,以相参验。"表明从事秘书一般须学习儒学,这是晋官入秘的先决条件;同时也反映出两者所掌握的专业知识和技能略有不同。《汉书·左雄传》附录阳嘉元年左雄上书云:"请自今孝廉年不满四十,不得察举,皆先诣公府,诸生试家法,文吏课笺奏。"这里我们可看出文吏主要掌握笺(建议书)和奏(报告)等公务文书,因而文吏事实上是汉朝标准下的政府秘书群体。宋人真德秀在编撰《文章正宗·纲目》中曾云:"汉世有制,有诏,有册,有玺书,其名虽殊,要皆王言也。文章之施于朝廷,布之天下者,莫此为重,故今以为编之首。""到了秦汉之后,天下一统,统治者为了江山社稷的长治久安,开始寻求最有效的政治体制与统治方法,他们渐渐发现,只有与士人阶层分权共治才是最为可行的策略,于是他们选择了儒学学说作为国家意识形态,而将士人阶层视为最紧密的合作伙伴和社会基础,让出相当大的一部分权力给他们,终于得到他们的全力支持。君主集团与士人阶层最终达成了永久性的'共谋'。两千余年间中国古代社会的政治制度、文化学术本质上都是这种'共谋',即君主集团(君主本人、皇室成员、外戚、宦官等)与士人阶层权力角逐与分配所构成的张力平衡的产物。"①两汉儒学独尊养成了士族阶层,东汉时已形成"累世公卿"的局面,许多家族的成员连续数代以"家学"做政府的高级秘书官,而儒学之士是国家庞大秘书队伍的主要来源。由军政官员和秘书官组成的士族阶层逐渐形成,门阀制度固化了社会阶层的流动。士群虽然肇始于春秋战国,但真正构成一个享有实际权益的社会阶层,则是两汉时期。

然而,在南北朝时期开始兴盛的道家,以及东汉传入的佛教,形成儒、释、道三教并驾齐驱的局面。陈寅恪曾说:"南北朝时,即有儒释道三教之目,至李唐之世,遂成固定之制度。如国家有庆典,则召集三教之学士,讲论于殿廷,是其一例。故自晋至今,言中国之思想,可以儒释道三教代表之。"这里所言的"三教"也有不同看法,道、释为教没有争议,关键是儒学是"学"而非是"(宗)教"。

① 李春青:《在文本与历史之间——中国古代诗学意义生成模式探微》,北京:北京大学出版社,2005年,第41页。

如果硬要说"教"的话，也是教化之意。

自从曹丕实行九品中正制以来，逐渐形成"上品无寒门，下品无势族"①的局面。"尚书陈群，以天朝选用不尽人才，乃立九品官人之法，州郡皆置中正以定其选，择州郡之贤有识鉴者为之，区别人物，第其高下。"②由此看来，实行九品中正制的目的，就是试图网罗天下英才贤士，为国所用。然而，它很快就演变成以门第划分等级，按等级高低授官，产生了一种新的腐败制度和现象。"据上品者，非公、侯之子孙，则当涂之昆弟也。"③东汉以后，士族操纵地方权力，从西晋到东晋中央权力几乎都操纵在大族手里，正所谓"平流进取，坐至公卿"。大族在政治及其他方面的得势更助长他们的门阀观念，士庶之别，判若云泥，高门与寒庶不相往来，不共交游，更不可能通婚，造成"上品无寒门，下品无世族"的状况，从而形成新的世袭制的复辟与社会倒退。如西晋时代门阀制度森严，地主阶级中有士族与庶族的划分。士族可充任高官，而庶族只能任下级官吏，除有殊功，否则难以高升。宋、齐、梁政府甚至在法令上作出"甲族以二十登仕，后门（寒门）以过立试吏"④的明文规定。那时士族、庶族之间不通婚姻，不穿同样衣服，不得随便往来。士族为保持其特殊身份权利，防止庶族冒充士族，还专门撰写《百家谱》《十八州士族谱》之类的士族家谱，以用来辨别门第的高低。

这种制度还导致士族们在政治事务上变得极其懒惰，不想也不愿充当繁杂的低级秘书职位，结果大量的基层秘书职位由寒门子弟充任。高傲的世家开始标榜清闲雅趣，喜玄学，善阔论，把大量的时间集中于学术、文学和艺术，风流自赏，放浪形骸，醉生梦死，甚至个别达到"肤脆骨柔，不堪行步，体羸气弱，不耐寒暑"的境地。⑤ 这一时期开始形成贬笔尊文的不良社会风尚，虽对应用文写作产生消极作用，但同时在客观上也促进了寒门子弟充任基层秘书职位，从而大大提升了中下层民众在整个政府秘书队伍中的比重。"世胄蹑高位，英才沉下僚"，形成"寒门掌机要"的局面；同时，皇帝也发现寒门秘书办事能干，故大量使用他们。如宋武帝刘裕靠武力夺取政权后，也有意起用寒门秘书辅助自己。

唐代诗歌的鼎盛在很大程度上恰恰是由南朝奢靡、崇清、喜玄的社会风尚带来文化遗风的产物；同时，唐太宗命孔颖达等人撰写《五经正义》，唐高宗永徽四年（653）颁行全国，继承儒学传统并发扬光大。宋朝产生了理学，代表人物主要有北宋的周敦颐、张载、程颢、程颐、司马光、吕大临等，加上南宋的朱熹、杨万

---

① 《晋书·刘毅传》。
② 《资治通鉴·魏纪》卷六十九。
③ 《晋书·段灼传》。
④ 《梁书·高祖纪》。
⑤ 《颜氏家训·涉务》。

里、陈淳等。

儒学随着国家政权的介入，从原先的一种学问、学术，滋生出一种国家主义的倾向，宣扬忠孝仁义。在专制主义中央集权体制下的古代中国，政治权力与当时文化的关系也是非常密切的。这首先表现在权力对文化在行政上的直接干预，如文字狱等。中国文化具有浓重的政治人伦色彩，《四部备要》收录的书籍中占首位的经学除小学外，几乎全部是政治伦理学；史部的著作绝大部分是政治管理史；由于儒家思想的指导，子部和集部的大部分著作也都渗透了封建的政治伦理内容。从焚书坑儒到文字狱，封建专制政体与文化专制主义，是一个不可分割的整体。早在战国时代，商鞅提出焚毁《诗》《书》，彰明法令。韩非子首次提出言轨于法的口号，要求"禁奸之法，太上禁其心，其次禁其言，其次绞脑其事"。①　他还提出以吏为师的主张，取消教育的认识价值，使教育完全变成了政治的附庸。秦始皇在 34 年（公元前 213）采取李斯的建议，下令焚书，除《秦纪》，以及医、农、卜筮之书外，凡六国史书、民间收藏的诗、书、诸子等书籍一律限期 30 天内交由官府烧毁。同时对不满秦政府的儒生 460 余人实行活埋。焚书坑儒不仅烧毁了大量珍贵的古籍资料，而且开创了一种不良的政治干预文化的邪风。董仲舒建议汉武帝采取"罢黜百家，独尊儒术"的政策，也是一种对文化的干预，把儒学上升到国家文化政策的"经"，甚至儒学内有分歧时，也需要由皇帝来主持定夺。②　明清时期，统治者利用权力强行查禁、销毁大量不利于其专制政权的图书文物，如乾隆诏谕编辑的《四库全书》中被焚毁和被禁绝的书籍就达 2400 多种，文网密、文祸惨、文忌多、株连广。清代梁诗正曾告诫当时的读书人："不以字迹与人交往，无用稿纸亦必焚毁"，独尊的儒学影响了几千年的中国秘书文化史。

儒学从来不把自己推至"神"的高度，它不是神学，而是人学。始终围绕"人"这一核心而展开。张岂之教授认为："儒学宣传如何做人，做有道德、有理想、有担当的'君子'；与人讲公正诚心，讲和睦友善，讲互相尊重，讲'己所不欲，勿施于人'，讲人们只要努力修身和践行即可达到'成圣成贤'的目标……儒学是讲爱心的文化，从'亲亲'到'泛爱众而亲仁'……儒学为'君子'树立了认识论标准，这就是排除言行上的极端，遵循和践履不走极端的'中庸'之道，反对'过'与'不及'……儒学重视教育，相信人们经过教育和自身努力，都可以成才。"③

---

① 《韩非子·说疑》。
② 如石渠阁会议和白虎观会议。
③ 张岂之：《从儒学认识今人精神历史由来》，《人民日报》2015 年 1 月 19 日，16 版。

第二节　儒学是秘书文化之体

　　夏代开始形成中国的官僚体制和国家形态。由于商代重视祭祀占卜,"国之大事,在祀与戎"①,形成了一批专事祭祀礼仪等活动的专职人员,他们被称为"儒"或"术士"。东汉许慎《说文解字》对儒解释为"术士之称",是具有专业祭祀知识与技能的人。儒家是孔子创立的思想、学术流派,产生于春秋晚期。由于孔子早年曾从事过儒的工作,所以由他创立的学派被称为"儒家"。

　　儒学是以孔孟思想为核心的学说。儒学的内容博大精深,按不同时期分为先秦儒学、两汉儒学、宋明理学、清代朴学。孔子提出"克己复礼""仁者爱人"等一整套对后世产生巨大影响的政治理论思想体系。战国时期儒家学派分成八派,主张性善论的孟子学派和主张性恶论的荀子学派是最主要的两派。② 迨至汉代,儒家思想经过董仲舒的改进而神学化,并由民间的一种学说上升为官方的统治意识,取得了思想政坛上的独尊地位。然而,儒家思想在魏晋时受到玄学和佛教的挑战,一度衰落,但儒家的纲常伦理思想却深深地扎根在国人的脑海里。降至唐朝,儒学又一度复兴。唐代孔颖达等人为了弘扬儒学,撰写了《五经正义》,儒学再度被罩上了神圣的光环。宋代时,儒学吸收了佛、道思想,更加完善和哲理化。明代儒学朝心性方向发展,先成理学,继而发展为心学,并成为官方显学。清代又出现提倡考经据典的朴学。

　　秘书与儒学,从源流来看两者有着天然的血缘关系。"儒",据胡适考释,早在商代初期就已存在,是对一种宗教礼仪为职业人员的泛称。③ 这种"儒",其主要职责是协助和维护祭祀,以及进行接待和服务宾客的活动与仪式。与此两项职责相适应的,"儒"就必须掌握有关天文历法和礼仪规范。随着西周宗教与政治的分野,儒学与政治伦理越来越接近,日益面对现实实际问题的思考;而秘(书)学与宗教在神秘性方面进一步靠拢。降至春秋战国,秘(书)学开始脱离神秘宗教性,逐渐向世俗国家治理迈进,与政治开始"联姻"。换言之,随着历史的发展,秘(书)学越来越脱离当初神秘、崇敬的色彩,而愈发显示出强大的政治功能与国家行政管理的中心地位和工具作用。

　　孔子学说事实上就是两大部分:第一,确立世人立法,尊礼等级;第二,确立

---

　　①　《春秋左传·成公十三年》。
　　②　《史记·孟子荀卿列传》。
　　③　吴龙辉:《原始儒家考述》,《中国社会科学博士论文文库》,北京:中国社会科学出版社,1996年,第3页。

自己立法,克己复礼,自觉成圣成贤。换言之,这是从内圣最后达到外王的途径。然而,大量的事实告诉人们,内圣很难达到外王的效果和目的。为此,在孟子、荀子期间儒学开始走向内外兼修、合内外之道的路径,于是大量吸收易、庸之学;而同时走外王路径的则倾向于法家,减弱心性修养,强化社会规范。尤其是荀子学说,构成儒法融合、政治哲学的新儒学。

儒家是中国传统文化中占有统治地位的官方哲学学说与学派,但自魏晋直至隋唐时期,由于老庄玄学的兴起,加速了外来佛教的昌盛,自然地,儒家失去了汉代时期那往日辉煌盛极的气势。然而儒家的政治伦理思想是我国封建宗法等级制度的集中反映,是我国封建社会治国安邦的基本指导思想,而释、道两者较出世,又各有宗教的形式——佛教和道教,这就与儒家的伦理政治,譬如忠、孝、仁、义、恕等发生了矛盾与冲突。但与佛、道两者的哲学比较,尤其是佛学的心性学说相比,儒学的哲学就显得苍白。① 因此为了提高儒学的地位,发展儒学的学说,就必须吸收释、道两家的哲学思想,以充实儒家自己的心性论和宇宙论。宋明儒学反对汉唐经学的训诂特征,自称“新儒学”。② 他们重振被魏晋玄学和隋唐佛学搞乱了的儒学纲常伦理,在学术上凭己臆说经书,除重新演绎儒学伦理外,还编织起以理气、心性等为本体的哲学体系。“新儒学”主要有程朱的“理本论”、陆王的“心本论”和张王的“气本论”三家。

宋明时期“新儒学”走向疏空,沉迷于虚无和内心,学问与实际严重脱节,有空谈误国之嫌。于是清初,出现了朴学,在本体论上强调实体达用,重视现实,学问要经世致用。孔子所创立的儒学,历经两千多年演变、衍化,变成了一种官方学说、正统说教。儒学作为一种思想、意识形态、官方学说,对中国秘书文化的影响尤为深刻而远大。主要表现在以下方面:

一、确立了秘书的仁义观

儒学与其说是哲学思想,毋宁说是一种伦理观。孔子的核心是“仁”,“仁”就是协调,关注人与人、人与自然的关系。“仁”的本意是指古人的美好德行,其含义宽泛,包括恭、宽、信、敏、惠、智、勇、忠、恕、孝,其实质是人的社会行为的最高范畴。《论语》中“仁”的出现有 109 次,儒学强调礼,推崇道德,重视人伦和社会等级制度,行忠恕之道。“上下相亲,谓之仁。”故后人把儒学称之为“仁学”。孟子则在与“杨(朱)墨(翟)”的争鸣中强调“仁爱”的级差,将孔子的仁学发展为仁政说,主张经济上“制民之产”,增加百姓财产与收入;在政治上实行“王道”反对“霸道”,用宽容、恩恤治理国家;在法律上强调民贵君轻,民众利益永远处于

① 北京大学哲学系中国哲学教研室编:《中国哲学史》,北京:北京大学出版社,2001 年,第 271 页。
② 陈正夫、何植靖:《中国现代化与儒学孔子》,福州:福建教育出版社,1992 年,第 209 页。

首位;在行为规范上,强调礼仪礼节,实行有序和等级。荀子则从现实出发,视人性为丑陋,须后天教化,强调一统,天人两分。董仲舒用"三纲五常"之义重振被秦朝所践踏的社会规范,用"天人感应"保证君权又不过分忽视民权,并在人性论上提出"性三品"。即,先天性善、不教而成的上品,"圣人之性"(源于孟子的性善);先天性恶、教亦不能善的下品,"斗筲之性"(源于荀子的性恶);先天有善有恶、教化而后能善的中品"中民之性"(源于先秦的"性有善于恶")。董仲舒对儒家人性论的重要改进,在于以孔子的"性相近也,习相远也"来阐释中民之性;把孔子的"唯上智与下愚不移"改进为上智的性善和下愚的性恶,两者都是先天所成,不可移易。性三品仍然体现着构成社会的三个基本等级:君主、臣吏和民众。

仁学的社会功用起到了"治国安邦"实效,使社会成员有了安身立命的理论依据,增强了社会成员的心性约束与道德取向,体现出公平理念与民本思想。秘书的尊君、仁政、忠恕、义节、宏道等都在孔子儒学中得到生发,如秘书崇尚正道、保持气节等,不胜枚举。刘知几《史道》曰:"夫为于可为之时则从,为于不可为之时则凶。如董狐之书法不隐、赵盾之为法受屈,彼我无忤,行之不疑,然后能成其良直,擅名今古。……足以验世途之多隘,知实录之难遇耳。"又曰:"盖烈士徇名,壮夫重气,宁为兰摧玉折,不作瓦砾长存。若南、董之仗气直书不避强御,韦、崔之肆情,奋笔无所阿容,虽周身之防有所不足,而遗劳余烈,人到于今称之。"斯言诚哉。

二、明确了秘书的知行观

在古人看来,自然常态谓之"道",而万物对自然的顺应为"德"。换言之,"道"是万物的本原,而"德"则是万物对"道"这个本原的顺应。只有道德实践,才是真正契合了天地的精神,实现"大同"的理想境界。

知行理论——作为知识和认识理论的重要组成部分,它要解决的是主客体之间的关系问题。但与一般知识论强调主要以满足人的理性的知识需要和人对世界本质、人生真谛的领悟的目的有别,秘书知行观所侧重的是理性目的,即如何通过行而与对象性世界相互契合的问题。知行的先后则是从本体论和认识论的角度来判断知与行的逻辑先后和时间先后关系,两者是对立统一的关系。对立在于对知行两者的本体论和认识论先后问题上的不同看法,知行双方各自地位、特性是有差别的,有着不同范畴的功用,知行双方谁为重、谁为先的问题不能回避;统一在于两者最后都强调知行统一,此先后之序在认识的全过程中是相互促进、相互转化的,没有一方绝对在先,知行双方是有分有合、并进有功、知行互发,强调知与行必须都落到实处。明代王守仁提出"知行合一"是针对程朱学派的"知先行后"的一种实践观点。他认为,知行双方本相互作用:知是行的主意,行是知的工夫;知是行之始,行是知之成。知行合一将深化为致良知。致良知可以包容心理为一、知行合一。

正因如此,儒学非常提倡"行"字,要把所有宏旨、抱负等落实到实践中去。"经国之大业,不朽之盛事。"因而,作为秘书,须对国家记事、对君王记言。"究天人之际,通古今之变",郑樵《通志·总序》曰:"自书契以来,立言者虽多,惟仲尼以天纵之圣,故总《诗》《书》《礼》《乐》而会于一手,然后能同天下之文;贯二帝三王而通为一家,然后能极古今之变。是以其道光明,百世之上,百世之下不能及。"儒学为后人留下了一座丰博浩繁的历史文化宝库。儒家以重政务为特征的经世"知行"观,经过历史积淀,转化为一种秘书职业心理。中国历代的秘书们怀抱经世之志,以天下社稷为己任,有深沉的爱国情怀和浓厚的社会忧患意识,注重立德、立功和立言。中国秘书知行观尽管在知行的难易、先后、轻重等方面存在不同的看法,但重行无疑是问题的中心,重行主义是秘书知行观最重要的特征。知先行后和重行在古代秘书思想家那里并不认为是矛盾问题。知行先后讲的是知对行的指导,而轻知重行则是针对认识活动的实际效果,认识要取得预定的成果,必须通过行,也只有在行之中才有可能实现。而更重要的是,秘书对世界可能存在许多不知,但秘书工作事实上证明了不可能不行,行是秘书职业的基本条件。也正如此,行较之于知来说,具有绝对意义。《春秋》曰:"智者虑,义者行,仁者守。"中国秘书思想家,无论在知行的难易、先后上采取什么观点,均以重行为特征。但重行并不等于就忽视知,知作为行之指导,它的意义也很重要。因此,中国传统秘书知行学说一直强调知行的统一。

三、强调了秘书的修养观

儒家的诚意正心、格物致和、明德亲民、止于至善等道德内容对秘书人格的完善、修养等道德实践具有重要意义。儒家的道德人本主义,把道德实践提到至高地位,极大地促进了秘书们重情操、讲修养的自觉性。儒家哲学是秘书关于自身生存和生活的基本问题的思索,它既是指对人的本体意义的探索,同时也包括对秘书工作中的一些主要问题的概括。

儒学素来重视道德践履,强调道德主体在完善自身中的能动作用。孔子曰:"苟志于仁矣,无恶也。"他认为,"仁"这一最高的道德品质和道德境界,对君子来说并不是不可求的;只要坚持不懈地修养,就一定可以达到这种最高的道德境界。一个秘书只要下定决心去追求"仁",就不会因为力量不足而无法达到。秘书如果不能达到道德理想的最高目标,则主要是因为种种原因半途而废而没有执着追求的结果。秘书只有沿着不同阶段的不同要求,一步一步地向上攀登,才能达到最终的道德高峰。为了达到道德理想境界,秘书就必须"三省吾身",或如孟子所言的"养性""养气"。一个人只要有了这种浩然正气,就能经受住各种考验,就可以临危不惧,做到杀身成仁、舍生取义。宋明理学的"省察克己""操存夜气""惩忿窒欲""静坐持修",以及"居敬穷理""先立乎其大"等修养方式,对秘书们来说有莫大的启迪。王阳明认为,人的道德理论、意识必须与自己的道德行为相一致,因此言行一致、笃实躬行等就成为道德修养的根本要求。

儒家的人性善恶论,实质上也隐含了道德践履问题。性善论认为善是人之本性,人只需发挥本性即可为圣人;性恶论则认为恶是人之本性,善是后天教化的结果,人可以通过教化成为圣人。孟子的性善论立足于内在和外在,荀子的性恶论则侧重于先天和后天;二者虽然本质上都属于先天论,但前者的重点在内心,而后者的重点却在后天。内在论立足于仁义本有的、道德的自觉,要求自觉"尽才"以发挥本有的道德良知,摒弃外在因素特别是物欲对本心的干扰。圣人礼义教化虽然有作用,但从根本上说,人之为善与否取决于自身。性善论无论在价值上还是在事实层面都是肯定的;性恶论则是以在价值上否定和事实上肯定作为矛盾综合体为基础来加以判断,认为人性如果任其发展则必然为恶,后天人为的礼义法度虽然违背人的本性,却又是必须的,它可以教化人性向善的方向发展。性善与性恶既对立又具有相对性,两者对于善、恶的规定无根本分歧。孟子肯定善的实质在于仁、义、礼、智、信,荀子强调礼义教化是向善的前提。孟子认为通过本性的自我扩张,"人皆可以为尧舜";荀子讲依靠人为的努力,"涂之人可以为禹"。作为儒家的思想代表,孟子和荀子的最高目标都是塑以圣人为典范的理想人格,至善的境界是他们的共同指向。性善与性恶相异亦相济,殊途而同归,最终所追求的是一种共同的理想人格。

儒家学说与西方哲学学说相比,究其实质而言,乃是道德学说。道德,从其现实性上看,是一定的社会存在和社会需要的现实反映;就其理想性而言,道德又是人类对理想社会生活和理想人格的追求,具有一定的现实超越性。这种理想性与超越性,推动现实社会向更高的精神文明阶段进步;同时,它也引导秘书们提高道德人格,升华人生境界。秘书,作为蕴含深厚文化因子的职业来说,历来把"修己"和"安人"作为人生的两大要务。《大学》中曾说:"自天子以至于庶人,壹是皆以修身为本。"从这个"本"出发,进而可以齐家治国平天下。秘书在岗位实践的过程,也就是修养和完善这个"本"的过程。

四、确立了秘书的中和观

古代秘书们喜用"合和"一词,所谓合和取向,就是人与自然、人与人之间相互依存、和谐相融的思想观念。"和"是和谐、融洽之意,"合"是统一、完整之意,

"合和"就是天与人融合为一、相互依存、共为一体。

依据这一观念,古代秘书看待问题时,往往不是简单地以人为目的,而是以天与人合理相容为最高原则。他们在处理问题、看待问题时,不会仅仅拘泥于个人的小圈子、以个人立场来看待,而是采取远大的目标、长远的利益方针,用整体性、包容性去整合差异性与矛盾性,用和而不同、求同存异的方式去化解暂时无法解决的冲突与分歧,在国家和个人之间,常常舍弃小我(个人、家庭),追求大我(国家、社会)。和而不同、求同存异、以和为贵是秘书和谐观的集中体现。古代秘书们不会追求小利而放弃整体大利,强调服务主人与秘书之间的利益共同体。

中庸的"中"是中正、中和之义,而"庸"乃是"用中为常道也",①就是采取协调的处事原则。儒学要求"过犹不及",②追求最为恰当的方式和合理的方法。中庸的"中"不是折中,因为折中的"中"是从量上考量,而此处应从哲学的高度来把握,是处理事物所持的适度、恰到好处的态度。秘书持"中"的原则,主要体现在决断事物和人际关系上,遵循合宜而无所偏倚的原则,求大同、存小异以及和而不同。秘书要将局部利益服从整体利益,把小我融入大我,化解纷争,不以小利为取,而以大用为宗;同时以适度为原则,不过分、不走极端,适可而止与恰到好处,保持社会各个层次、各个成员友好相处,使自然资源得到合理开发与利用。

总之,儒学是中国传统文化中的显学,它以探究天人之际、本末作用、心性之辨、知行互动为根本动力,与道、释相比,儒学重实际、面现实,在治理国家、传承文献等方面发挥了重大作用,构成中国传统秘书文化的重要张力。

第三节　法学是秘书文化之用

中国古代法律制度自夏、商、周到明清4000多年间,逐步形成了一整套特色鲜明的法律体系。中国古代没有今天的"法律"一说,"法律"是从西方借鉴而来的现代意义。古代主要有刑、法、律三大内容。商周时期主要使用"刑",指的是"君王派兵对不轨或反叛的惩罚";到了春秋战国开始大量使用"法",而后到了秦代开始使用"律"。古代的"法"主要讲规定和惩罚之意,侧重于对违法者的处罚。

法家在战国时期是显学,至秦始皇时达到了鼎盛阶段。事实上,佛、道对

---

① 郑玄:《礼记·中庸》。
② 《论语·先进》。

秘书学的影响远远不及法家,因为秘书时时处于国家行政枢纽之中,要实行社会改革,就必须变法。所以从某种意义上说,古代的秘书大多是法家的拥护者和实施者,明清县府衙门的师爷就是一批儒、法结合的忠实执行者与完美调和者。

法家思想是传统秘书文化的外衣。秦朝全面继承法家思想,实行严刑酷法。汉朝推行"与民休息""约法省禁"政策。汉武帝时由于独尊儒术,产生了"礼律结合""德主刑辅"观念,于是采取西汉的"引经决狱"、魏晋的"据经解释"、唐代的"援礼入律"等策略。法的内容渗透了儒家的理论精神,成为中华法律体系的一大特色。

秘书因站在现实社会的基石上,所以他们更强调的是"经世致用"原则,幕友师爷们需常常立案、判案、结案等刑法事务,所以他们须臾离不开法学条规与刑律学说;同时,历代大批的幕僚秘书们也常需替君主出谋划策、指点江山、弄权国事,而这些均离不开法家的"权""势""术"的运用与实施。

"法家",名称最早出现于《孟子·告子下》一文。古代思想流派之一的法家,最早见于汉代司马谈的《论六家之要指》:"法家不别亲疏,不殊贵贱,一断于法,则亲亲尊尊之恩绝矣。"文中将法与儒、道、墨、名、阴阳五家同日而语。法家起源于春秋初期的管仲、子产,发展于战国时的李悝、商鞅、申不害、慎到,集大成于战国末期的韩非。法家在中国传统秘书文化的思想构成上占有较为重要的地位,约占三分之一。主要表现在以下方面:

一、强化法用思想

法家开山之功者李悝所著《法经》,是中国古代首部成文法,虽已失传,然"秦汉旧律,其文起自魏文侯师李悝。"尔后其弟子商鞅发展了李悝的法治思想,明确表示:"法令者,民之命也,为治之本也。"[1]韩非曾言法的特征:"法者,宪令著于官府,刑罚必于民心,赏存乎慎法,而罚加乎奸令者也。"[2]法就是公开之意,法是统治者公布的统一法令、制度,这些条文由官方公布,实施办法要让民众都知悉,遵守法令者就赏,违反法令者就罚。"法者,编著之图籍,设之于官府而布之于百姓者也。"[3]法家早期人物管仲在《管子·白心》说:"无不为一物枉其时,明君圣人亦不为一人枉其法。"换言之,任何人包括贵族都应受到法的约束;同时,他认为:"名正法备,则圣人无事。"这与后来韩非所讲的"圣人执要,四方来效,

---

① 《商君书·定分》。
② 《韩非子·定法》。
③ 《韩非子·难三》。

虚而待之,彼自以之"①是一脉相承的。管仲认为君主只要掌握了法,就可以驾驭臣民。商鞅认为社会制度是随着社会的变化而变化的,没有不变的法和礼。他说:"当时而立法,因事而制礼。"②所以他明确提出"不必法古""反古者不可非""治世不一道,便国不必法古"等观点。商鞅把法家理念传到了秦国,却把法改为律,故韩非在《定法》中批评他:"商君未尽于法也。"

二、研习君主"驭术""权势"技艺

韩国宰相申不害专门研究君主行之术。所谓"术",实为君主之权术,并借此驾驭群臣、巩固君主的统治地位。"术"的特点是隐蔽,不能令臣子察觉。为此,申不害要求君主"藏于无事,窥端匿迹,示天下无为"。只有这样,方能辨别臣子的忠奸。韩非要求法与术并重,缺一不可。

慎到专门研究"势"。"势",就是权势,他曾在《慎子》中说:"尧为匹夫,不能治三人;而桀为天子,能乱天下;吾以此知势位之足恃而贤智之不足慕也。"韩非则把"势"提高到与"法""术"并列的地位,故而把"法、术、势"三者进行有机组合,构成了秘书法文化的基础。司马谈《六家指要》论述法家时曾说:"严而少恩,然其正君臣上下之分,不可改矣。"法家要求秘书手执"二柄",即刑、德也。除"德"与儒家相似外,法家主要的不同在于"刑","有功则君有其贤,有过则臣任其罪"。而行政赏罚制度要求对待所有人必须一律平等:"刑过不避大臣,赏善不遗匹夫。"③所以,"严刑峻法"的法家思想对传统秘书文化产生了极为深刻的影响。历代秘书撰写公文,颁行法规,处罚奖赏等工作无不在法家思想的指导下得以具体实施与运作。秘书在整个传统文化框架与背景下,采取的是明儒实法、外儒内法原则。我们可从师爷本身断案与诉讼刑名工作中,以及幕学专著的论述中,均感受到浓厚的法家意识。

三、提出"法治"的秘书管理思想

古代"法治"与"礼治""德治""人治"等同样被认为是一种治国方略。同时,"法治"是一种法制模式,即法律制度及其运行秩序的统称,包括立法、司法、执法和守法。④ 中国的历代秘书都主张"法治"并直接参与实施,但当时的历史条件并不具备民主的精神,所以他们所谓的"法治"仍是人格下的法制、专制下的法制。

① 《韩非子·扬权》。
② 《商君书·更法》。
③ 《韩非子·有度》。
④ 武树臣等:《中国传统法律文化》,北京:北京大学出版社,1994年,第408页。

譬如,古代秘书在行政职涯中,突出法家思想的职责相称原则。由于秘书所处的地位有其特殊性,所以作为秘书,最忌讳"越位"现象。职权是履行职责的必要权力,即执行任务的决定权。职责是个人承担的任务和应负的责任,即必须履行的义务。作为一名秘书,职权以职责为依据,职责以职权为保证,互相依赖,共寓一体,不可分离。没有不履行职责的职权,也没有无职权的职责。换言之,授予秘书组织机构的权限和该组织机构应承担的责任必须相一致。承担什么样的责任,就需要有相应的权力;而行使什么样的权力,就必须承担什么样的责任。历代秘书尤其明确秘书本身的职责和行使其应负的职责。

当然作为秘书来说,法治既是一种社会理想,也是一种理想的社会秩序和结构。韩非认为凡人都是为利而来,否认用仁、义来治国,主张通过"严刑""重罚"来治国。在赏(德)和罚(刑)两者之间,特别要罚"严"和刑"重"。同时指出,无论赏和罚,都只能由君主一人来把控,否则君主将反受制于臣子们。韩非总结出一套以"法"为主,"术""势"为两翼的君主集权制的统治术,这成为我国古代秘书思想与行政体系中管理理论的支柱之一。

四、确立"礼法结合"的秘书工作方针

管子在《心术》中说:"礼者,因人之情,缘义之理,而为之节又者也。故礼者谓有理也。理也者,明分以谕义之意也。故礼出乎义,义出乎理,理因乎宜者也。"这就是说,顺乎人的情欲并用来表明等级身份差别的就是"礼"。这与后来荀子所说的"礼义文理之所以养情也"的观点是一致的,却同孔子的"礼"有一定的区别。"当时而立法,因事而制礼。"[①]从立法内容和法典结构上,"诸法合体,民刑不分"是中国古代法律制度的特色,都是以刑法为主,兼有诉讼、民事、行政等方面的内容。

法律的特征是法律本质的外化,它调整的对象是社会关系。法律与道德的关系,即道德标准的正义性问题。从道德标准来看,法律符合正义性是至关重要的,但是正义性又是一个十分复杂的问题。历史上各种类型的法律都有自己的正义性标准,这就印证了"思想决定言行"的箴言。

在长达两千多年的文化运作中,儒学渐趋吸收了法家的某些合理观念,形成了儒法合一、儒主实辅、儒体法用的秘书文化思想。因为纵观我国法制制度史,基本上以儒家伦理学说作为立法的指导思想。如以"三纲"为核心的封建礼教作为指导立法、司法活动原则;严刑实施中贯穿"德主刑辅""明刑弼教""礼法并用"的精神;制订家训、族规中以家庭伦理观为主线;服务君主、报效国家中尊

---

① 《商君书·更法》。

奉"皇权至上、法自君出"的理念；不同等级实施法律时主张同罪异罚，等等。儒家思想居于主导地位，儒家思想及其施政原则始终指导着法律的构建进程与司法的总体规范，这是由秘书背后的宗法社会的道德理想土壤所决定的。汉以后的外儒内法，则表现了以儒家思想为主导的诸子百家学说的融合。由于儒家思想是一种官方主流思想，所以法律儒家化渐趋演变成礼仪法律的合一、人本主义的法律化、法致中平的价值取向、天人合一的法律诉求、德礼为本的道德支撑、缓法断罪的司法责任、法为治具的治理方略为内容的传统秘书文化精髓和实施原则。

第四节　秘书遵循儒体法用原则

中华祖先在黄河领域创建古代文明时，采取的不是战争而是结盟和臣服的方式，即德主刑辅。夏禹一次召集了上万诸侯们，商汤时诸侯有三千，到周武王伐纣时《史记》载有八百诸侯[①]。这些诸侯事实上就是大小不等的部落族长。结盟、怀柔、教化等方式不仅制约着中华文化的方向和形态，更重要的它是催生出中国早期秘书文化至柔内涵的必要温床。

法家在先秦明显分前后期。法家的兴起于春秋战国之际，政权的交替更迭之时，早期齐国的管仲、魏国的李悝，以及楚国的吴起、秦国的商鞅等，他们试图对宗法社会的旧结构及礼法进行革新。《商君书》和《管仲》记载，早期法的精义是"尚公义"，即建立普遍的法度，上约君主，下约黎民，以一种公平的法度治理国家。但商鞅只解决了后者部分，导致我国两千年来只做到"下约民"。后期法家代表人物韩非，把商鞅的"法"、申不害的"术"和慎到的"势"结合在一起，发展出一套专为君王权力斗争服务的法术之学。结果非但没有起到"上约王"，更是变本加厉地"下约民"，对民众实行严刑峻法。

在实际工作中，秘书虽以儒学为宗，但不得不遵从法家办事原则，即"以吏为师"。韩愈曰："君者，出令者也。臣者，行君之令而致之民者也。民者，出粟米丝麻、作器皿、通财货以事上者也。君不出令，则失其所以为君；臣不行君之令而致之民，则失其所以臣；民不出粟米丝麻、作器皿、通财货以事其上，则诛。"[②]君权一元化的国家体制造成君臣之间为虎狼关系，官民之间为鹰雀关系。君臣关系中的利与弊，有彼此与共的一面，又有相互对立的一面。但两者的出发点和共同点是一致的，即各自所拥有的权势，并不断扩展它。由于儒家思想

---

① 强大的首领有时虽不强迫他们服从，但要求他们承认其为大家长的合法地位。

② 《昌黎先生集·原道》卷十一。

的正统地位,法律逐渐儒家化,礼法结合,皇权至上,士大夫与黎民同罪异罚,家国相通,君父相连,伦理与政治紧密结合。

法家事实上要求社会平等化,强调法律面前人人平等,以及在不分亲疏贵贱的情况下选拔人才,认为道德在社会中处于多元化,人们追求的"利"是正当权利,国家可通过赏罚来加以强化。古代法家的"法"事实上是自然法,自然法则被称为"道",这就与儒家的道又统一在一起,构成儒主法辅的管理手段与格局。法家设定人首先要有自私的、追利逐权的天性;必须让天子作为"道"的化身——法律与制度来管理国家,天子就成为绝对的权威;而天子又靠"道"本身加以管控政治规则与法律条文。"传统中国政治下,通过儒法的不同混合,古人其实一直在寻求这些问题的答案。"①

孔子认为,"道之以政,齐之以刑,民免而无耻"不是理想的治国方法,只有"道之以德,齐之以礼,有耻且格"才是理想的社会。因此儒家提出"以德为本"的治国理念,主张以德治国,强调道德重于法律。孟子主张先德而后刑,"杀一无罪非仁也"。在《孟子》一书中,管理社会、与人打交道以及从政有两个原则相互对立:一是"以德服人",称为"王道";另一是"以力服人",称为"霸道"。"民为邦本"虽然在《尚书》中已有,但没有得以详细论证。到孟子时,阐释了"民为贵,社稷次之,君为轻",强调民众尊于君王、重于君王。

先秦时期产生的诸子百家中,以儒家和法家的治国策略最具有可行性;但秦汉时这两家的治国策略却形成了激烈的竞争。儒家以德治为本,法家以刑治为本,从治国的根本而言,两家始终站在彼此对立的立场上。儒法之争就是在治国方略上的"德治"与"刑治"的交锋,而儒家的"德治"与法家的"刑治"又各有长处与局限。儒家的"德治"思想不可避免地有其各种局限性,他们从治人和治于人的关系上立论,在理论上表现出片面夸大道德作用的道德决定论倾向,这是在现实社会的政治生活中难以真正实现的。尽管如此,他们强调对民众实行道德教化和要求从政者、从秘者具备良好的道德品质等主张,有利于社会的发展,客观上有利于民众。法家的"刑治"主张的局限性在于片面夸大法令控制与刑罚强力的作用,秦朝的覆灭是不言自明的例证。但法家思想中的有价值的合理因素及其对社会发展所起的积极作用也是不应抹杀的,它在反对和打击奴隶制的旧制度、推动社会变革方面曾发挥过巨大的历史作用,而它所强调的明法审令、循名责实、信赏必罚等主张,则是治国经验的总结,凝结着人类政治文明发展的积极成果。

儒法之争的本质,表面上看是道德与法律的关系问题,深层次考察却是人

① 白彤东:《被冤枉的法家》,《南方周末》2014 年 12 月 4 日。

性之争，即人性是善还是恶。正是对这个问题的不同回答，导致了儒家思想和法家思想犹如两股道上跑的车。“德治”与“刑治”的理论基石是各自的人性论。儒家认为人性是有善端的，可以通过施政者的教化去其劣端，以德服人，从内心深处唤醒人们的“羞恶之心”，形成一道防御犯罪的堤防，使社会安定。尽管荀子提出“性恶论”，但严格地说，这只是一种有条件的“性恶论”，事实上他并未彻底抛弃孟子主张的一些核心观点。正如儒家的“德治”主张是基于其对人性的估价，法家的刑治思想也是建立在对人性的认识上，只是其表现为绝对的“性恶论”。它不仅认为人“不免于欲利之心”，还认为人心总是利己而害人的，不但君臣之间，甚至父母与子女之间都是一种利害关系。所以“用法之相忍，而弃仁义之相怜”“不务德而务法”，民可安，国可强。儒家的“德治”和法家的“刑治”在各自人性论的基石上建构，以人性论来解释和维护其治国方略，这样“德治”与“刑治”就有了各自存在的理论根据。

历史证明，单独的、孤立的德治或刑治都是不可能将国家治理好的。历史上，将儒法两家所持的不同思想运用于政治领域，本质上体现为儒家主张施行政治教化，而法家推崇严刑峻法的治国方略之争。儒家主张对民要“道之以德，齐之以礼”，[①]孔子认为民众皆有礼义廉耻之心，通过道德和礼教管理民众，民心所向，才是政治统治的最高境界，而理想的政治应当是免刑、无讼、去掉残暴与虐杀。但在现实生活中孔子的观点也不是绝对不要刑，而是倾向于重德轻刑，刑只能是不得已而用之。孟子继承了此观点，主张“省刑罚”，提倡以教化为主，如“善政，民畏之；善教，民爱之”。[②] 荀子在这个问题上有所改良，他主张“重法”，提倡“禁之以刑”，但其“重法”是同“隆礼”相联的，二者并重；同时他也把刑看作是减少犯罪、进行教化的一种手段：“凡刑人之本，禁暴恶恶，且惩其未也。”[③]荀子“德刑并重”的主张显然有别于孔子，这表明荀子开始向刑治靠拢。后来的儒者，在如何运用法刑治民的问题上，也随社会历史的各种变化，在侧重点上各有不同，但总的倾向还是以“德”为主。《佐治药言·序》中江西新城鲁仕骥曾说：“夫君子之佐人与其自为，一也。为吏之道，安静不扰，悃愊无华，遇事加详慎焉。不得已而用刑罚，其哀矜怛之意，寓于讯谳精核之中，此所以为慈惠之师也。今君之所著者，大旨不越乎此，而其要尤在以义正己，而即以义处人。”他认为在动用刑罚时，仍以儒家为宗旨，不能使秘书成为酷吏而要成为惠师。汪辉祖在《佐治药言·自序》中开篇就说道：“昔我先君子（父亲）业儒未竟，治法家言，依人幕下，不二年罢归，曰‘惧损吾德也’。后尉淇，以廉惠著称。”他认为

---

① 《论语·为政》。
② 《孟子·尽心上》。
③ 《荀子·正论》。

父亲早年因科考未就而不得不去从事刑名师爷,但干了不到两年就辞职,原因是刑名师爷涉及人命血案,还要动用刑罚,似乎离惠民仁义很远,故告老还乡。因此,历来士人仍以实施儒家仁义道德为首选职业标准,而刑名师爷似乎离法家的严刑峻法较近,故士人从事刑名师爷具有"损德"之蕴涵,实乃不得已而为之。

而法家认为学识才智是贫弱败乱的根源,不希望被治者有独立的思想,特别欣赏愚民政策,从商鞅所云"民不贵学则愚,愚则无外交,无外交则勉农而不偷"①到韩非所云"事智者众则法败,用力者寡则国贫,此世所以乱也。故明主之国,无书简之文,以法为教,无先王之语,以吏为师"②等言语中,可以清楚地看出法家对知识传播的恐惧。在建立和整顿社会秩序上,法家则主张"不别亲疏,不殊贵贱,一断於法",应遵循"尊主卑臣""分职不得相逾越"③之势,用严刑峻法保证治国策略的贯彻以及社会机制的运行。在当时的历史条件下,法家的主张确实发挥了显著的作用,有其合理性的一面。当秦面对六国初平、天下扰攘的混乱局势时采取强制手段以建立统一的秩序,这应该说是一种必然的历史与政治选择。但秦以法家学说称霸天下,将法家之术推向极端后,却显现出法家"刑治"的缺陷。史称秦法绵密,秦代的法规规定十分细致,试图以精细的条例法规规范平民百姓的日常行为。中国是地域广阔、风俗差异极大的国家,秦法之绵密是在秦还以关中为核心地域的战国七雄之一时,尚可做到运转得宜。但秦快速吞并六国,统一天下后,这种缺乏弹性的绵密规定就与各地的生产生活实践产生了格格不入的冲突。而冲突产生后,法家的"刑治"又以毫无弹性的酷刑峻法格杀镇压,终致"天下苦秦久矣"。"刑治"作为维护大一统中央集权统治的手段,却导致秦二世灭亡。秦之亡,其实际亡于其君主和上层秘书官执行的无弹性的法家路线。

儒家的"德治"与法家的"刑治"这相反的两股力量在彼此压制对方的同时,另一方面却是在相互吸收,支持和促进对方的发展与完善。儒家与法家虽然思想上有很多对立,但其最终目的都是为了维护统治。因而在思想和治国方略等方面,儒、法之间既有争胜的事实,也有整合之发展趋势。

秦因法令绵密、横征暴敛、严刑峻法导致灭亡的历史也给了新的治国者以深刻教育,促使他们寻求稳妥的统治方略。汉承秦制,为避免重蹈秦以暴政而亡的覆辙,儒家学说渐行,宣扬德治,同时也更多地吸收了法家思想。一方面强调"君之所以位尊者,身有义也";另一方面又提出"义者,君之民,法者,君之命

---

① 《商君书·垦令》。
② 《韩非子·五蠹》。
③ 《史记·太史公自序》。

也。""夫法令者，君之所以用其国也。君出令而不从，是与无君等。"①儒家进而强调君权、政令与仁政相连，刑罚与治世相连，儒、法在历史发展上趋向整合。汉代"引礼入法"，汉儒们认为"礼者禁于将然之前，而法者禁于已然之后"，提出"原其德而减其刑""以刑辅德"。刘向曾说："教化所恃以为治也，刑法所以助治也。"

从儒、法之争的本质出发，秦灭汉兴的历史进程进一步证明，在治国上"德治"与"刑治"应二者并举，缺一不可，必须紧密结合起来。"德治"与"刑治"，道德和法律，确如车之两轮、鸟之两翼，一个靠人们的内心信念和社会舆论，一个靠国家强力机器和威严，殊途同归，其目的都是要达到调节社会关系、维护社会稳定的作用，对于一个正常社会的健康运行，各自起着独特的、不可替代的作用。因此，它们只有相辅相成、相得益彰，才能确保社会调节手段的完备和有效。在儒、法合流的基础上，"德主刑辅""礼法合治"的治国策略最终成型，它是道德教化与法律强制的结合、贤人政治与以刑治国的结合，一方面表现了"礼法"在制度上由原先的对立走向统一，另一方面表现了"礼法"在统治方法上的相互补充和交替使用。同时，在"礼法"结合的基础上，还吸收了其他有利于维护统治的观点和主张。"德主刑辅""礼法合治"的形成标志着儒、法这两家思想及政治方略经过长期的斗争与融合形成了一种成熟的治国策略：它代表了一种兼容并蓄的政治心态，这样既避免了儒家的迂腐柔弱，也避免了法家的苛察严酷之弊端。公开倡导儒家思想"德治"，说明治国者已经清楚地认识到教化人心和宣传思想的重要性，这是治国技巧更加圆熟的标志。在实际政治活动中推行并依靠法家"刑治"，说明治国者已经告别了传统儒家的空洞的政治理想主义，而具有了清醒的政治现实感。由此"德主刑辅""礼法合治"最终成为传统中国秘书治理方略的主流思想。

秦朝是忠实践履法家精神而开国和建国的，然而存不过二代。为此汉朝建立之初就开始探索一条与秦朝不同的治国路线。起初采用了黄老道学，汉朝提倡"无为而治"，从而带来了初期的恢复经济繁荣的景象。"汉兴之初，反秦之敝，与民休息，凡事简易，禁罔疏阔，而相国萧、曹以宽厚清静为天下帅。"后逐渐采用了儒家思想，尊崇道义之学。可到了景帝时，社会的各种利益与矛盾迭生，朝廷豪取夺利，商人贩盐私治铜铁，农民缺失生存的田地，富豪兼并土地和山林……此时政府认为仅仅采取孔孟儒学是远远不够的，必须把儒家与法家相结合，构成"儒表法里"的治国方针，才能达到长治久安。"儒法合一""儒表法里"的治国原则，一直影响到我国两千多年来整个封建政体，不管朝代如何更替，这

---

① 《潜夫论·衰制》。

一治国原则始终未变。然而，从黄老道学到儒道兼容，再到儒表法里，尤其是后者的转变是何时兴起？我们发现早在景帝时就已开始治国理念的嬗变。

我们可先从公孙弘为例谈起，《史记·平津侯主父列传》曰："于是天子察其（公孙弘）行敦厚，辩论有余，习文法吏事，而又缘饰以儒术，上大说之。"公孙弘"少时为薛狱吏"，本身已具有一定的法治能力，然而他还要继续学习法学，为何？因为公孙弘在辅助治理国家中认识到，要实现治国久安，不能依靠黄老道学，也不能光靠孔孟儒学；而必须儒法融合、儒表法里，这样才能汲取两者之所长，产生 1＋1＞2 的效果。其中在儒法融合过程中，必须强调以儒驭法，儒是外衣，带有温柔温和的面纱，而法是内衣，具有严酷严厉本色。这里的"缘饰"不仅具有装饰、修饰之意，而且还有以儒统法之意。不过汉朝的法术与秦朝的法术本质上并无差异，只不过汉朝的法术必须以儒学为统领，它仅仅是儒学的衍生物，不能单独存在和使用。

公孙弘为了使"儒表法里""儒主法辅"达到理论的合法化，他采取了偷换概念的变术伎俩。他在策拜博士的策文中就说道："仁者爱也，义者宜也，礼者所履也，智者术之原也。致利除害，兼爱无私，谓之仁；明是非，立可否，谓之义；进退有度，尊卑有分，谓之礼；擅杀生之柄，通壅塞之途，权轻重之数，论得失之道，使远近情伪必见于上，谓之术。凡此四者，治之本，道之用也，皆当设施，不可废也。得其要，则天下安乐，法涉而不用；不得，其术，则主蔽于上，官乱于下。此事之情，属统垂业之本也。"①这里公孙弘把儒家的"仁、义、礼"与法家的"术"结合起来，构成一个完整的封建社会治理国家的基本方略。由于汉朝奉行尊儒国策，为此公孙弘把法家的"术"进行偷换概念，换言之，把法家的"术"转换为儒家的"智"，而智是儒家的五常（仁、义、礼、智、信）之一。这样原本法家"法、术、势"作为汉朝所遗弃唾弃抛弃的"术"，在公孙弘的嬗变下，终于堂而皇之走进了正规的官方治国的典章之中，甚至变成国家理念和治国方略。

有了公孙弘的这一文字游戏和伟大创举，从而导致汉武帝开始正式提出"罢黜百家，独尊儒家"的口号，把法家从正式文件中加以废除，然后再进行文字的转换，把法家的"术"的内蕴进行整体迁移并最后融入儒学。这样治理国家，不仅有仁义的软实力儒学，而且其内还增加了严酷威严法学的硬实力，软硬结合，强大无比。历史上汉武帝一方面尊儒，征召贤良文学，立五经博士，开设太学；另一方面又大量重用刀笔法术之吏，以及深习文法的儒者为各级官吏。如汉武帝任用儒者张汤为廷尉长，但是张汤所在廷尉内却"尽用文史法律之吏"。②而张汤等辈也绝非是纯粹的儒者，"时少能以化治称者，惟江都相董仲舒、内史

① 《汉书·公孙弘传》。
② 《汉书·儿宽传》。

公孙弘、儿(ní)宽,居官可纪。三人皆儒者,通于世务,明习文法,以经术润饰吏事,天子器之。仲舒数谢病去,弘、儿至三公。"董仲舒、公孙弘、儿宽三人在历史上似乎为正宗的儒者,而事实上他们却花去大量的时间去刻苦学研法学,切实掌握行政管理事务的能力,故这三名为名副其实的儒法融合者。而儒法融合者,皇帝大为嘉赏,并许之重要岗位。之后昭帝的霍光,宣帝的魏相、吉丙、黄霸,成帝的翟方进等均为儒法融合者。如吉丙"本起狱法小吏,后学《诗》《礼》,皆通大义",又如黄霸"少学律令,喜为吏",再如翟方进"知能有余,兼通文法吏事,以儒雅饰饬法律,为明相,天子甚器重之",等等。

　　振兴、光大儒学这在历史书上基本被认为是出现于汉武帝时期,历史学家吕思勉曾言:"汉崇儒之主,莫过于武帝;其为治,实亦儒法杂。"①汉朝整个思想意识采取的是尊儒原则,而在治国中则采取儒法融合的实效方略。最典型的案例就是宣帝,"(元帝)八岁,立为太子。壮大,柔仁好儒。见宣帝所用多文法吏,以刑名绳下,大臣杨恽、盖宽等坐刺讥辞语为罪而诛,尝侍燕从容言:'陛下持刑太深,宜用儒生。'宣帝作色曰:'汉家自有制度,本以霸王道杂之,奈何纯任德教,用周政乎!且俗儒不达时宜,好是古非今,使人眩于名实,不知所守,何足委任!'"②结果大批文法官吏以及杂学者得以晋升封爵,而同时许多儒生通过习文法吏事而得以重用,国家用人政策明确地宣告了儒法融合者为最佳秘书官吏的人事原则。

　　在此情形之下,汉朝结果出现了两种类型的秘书:其一是具有儒法融合的秘书——儒秘,其二是仅仅具有文法精神的秘书——文秘。前者具有儒家道义的意识,而后者仅为纯工具性治国机器的零件。"显然,专制君主喜用文吏(文秘)而戒备儒生(儒秘),前者既'实干'又'放心',后者则既'无用'又'多事'。"③东汉王充在《论衡》中以《程材》《量知》《谢短》《效力》《别通》《超奇》《状留》七篇对这一问题进行评论与解说。学者李军为此进行了梳理,认为王充从四个方面加以辨析与诠释:

　　　　第一,儒生拥有"先王之道",能够恪守政治道义,这正是文吏多缺乏的。王充说:"文吏、儒生笔同,而儒生胸中之藏,尚多奇余。""儒生受长吏之禄,报长吏以道;文吏空胸,无仁义文学,居住食禄,终无以效,所谓'尸位素餐'者也。"(《论衡·量知》)由于儒生怀藏先王之道,

　　① 吕思勉:《吕思勉读书札记》,上海:上海古籍出版社,1982年,第648页。
　　② 《汉书·元帝纪》。
　　③ 李军:《士权与君权——上古汉魏六朝政治权力分析》,桂林:广西师范大学出版社,2001年,第154页。

所以能够在政治中"其身简练,知虑光明,见是非审"(《论衡·量知》),体现知识分子的价值理性。

第二,儒生的政治价值理性还表现在敢于对上抗言直谏,发挥"论道议政"的作用。王充说:"儒生不习于职,长于匡救,将相倾侧,谏难不惧。案世间能建蹇蹇之节,令将检身自敕,不敢邪曲者,率多儒生。阿意苟取容幸,将欲放失,低嘿不言者,率多文吏。"(《论衡·程材》)

第三,从内在素质修养的角度上看,儒生之所以在政治德行、操守方面优于文吏,是因为儒生重视求知问学,深厚文化积淀、涵养和构筑起特有的政治价值理性的内核。

第四,正因为儒生恪守内在价值理念,"锐意于道,遂无贪仕之心;及其仕也,纯特方正,无员锐之操。"(《论衡·状留》)①

王充特意把两者进行了比较:"儒生之性,非能皆善也。被服圣教,日夜讽咏,得圣人之操矣。文吏幼则笔墨,手习而行,无篇章之诵,不闻仁义之语;长大成吏,舞文巧法,徇私为己,勉赴权利;考事则受贿,临民则采渔,处右则弄权,幸上则卖将;一旦在位,鲜冠利剑,一岁典职,田宅并兼。性非皆恶,所习为者,违圣教也。"②当然,当政者也考虑到两者的优劣点,为此采取融合的方针,即秘书儒学化和儒生秘书化。如《后汉书·陈球传》载:"球少涉儒学,善律令。"《后汉书·循吏传》记王涣"敦儒学,习《尚书》,读律令,略举大义。"《酷吏传》中称黄昌"就经学,又晓习文法"。为此,王粲在《儒吏论》中,把通过秘书儒学化和儒生秘书化举措而呈现的新现象进行评说:"士同风于朝,农同业于野,虽官职务殊,地气异宜,然其致功成利,未有相害而不通者也……至乎末世则不然矣,执法之吏部窥先王之典,缙绅之儒不通律令之要。彼刀笔之吏,岂生而察刻哉?起于几案之下,长于官曹之间,无温裕文雅以自润,虽欲无察刻,弗能得矣。竹帛之儒,岂生而迂缓也?起于讲堂之上,游于乡校之中,无严猛断割以自裁,虽欲不迂缓,弗能得矣。先王见其如此也,是以博陈其教,辅和民性,达其所壅,祛其所蔽,吏服雅训,儒通文法,故能宽猛相济,刚柔自克也。"③

汉朝总结了秦二世亡朝的教训,使汉武帝认为光靠法来治理(严刑峻法)国家远远不够,暴力威慑虽然可以得逞一时,但无法得到长治久安,无法安抚民心。儒家的民本思想和王道政治,以法补儒,可以为王朝统治取得长久的合法

① 李军:《士权与君权——上古汉魏六朝政治权力分析》,桂林:广西师范大学出版社,2001年,第154页。
② 《论衡·程材》。
③ 《艺文类聚》卷五十二,《全后汉文》卷九十一。

性。对于秘书而言,儒学永远是体之本、事之内,而法才是为其所用的"器"与"具"。中国古代的法律,从传统秘书文化视角来看,从本质上讲是一种儒(礼教)与法的混合物。中国古代的法,只是一种判断善与恶的伦理标准,从不涉及是与非的逻辑判断。法律的作用就是惩恶扬善,结果法超越了自身的界限,纳入到道德的运用范畴;同时法律肆意扩大使用领域,法大而无当。中国的法是道德统摄下实施的,其结果为法末而道(儒)本、法表而道(儒)里。如儒家的"忠、孝、仁、义、礼、智、信、和",无不处处体现在中国历代法典条文之中。

丞权以及秘权在几千年与王权、君权既联合又斗争的历史实践中,达到了道统与政统的双重标准,秘书与君主共治天下、民间的清议传统、文官考试与御史制度等,使得以天理为最高价值,以儒家士大夫为社会中坚力量,在一定程度上限制了皇权独霸天下的局面。某些朝代甚至出现了清明、理性的社会。但反过来,在国家层面上形成两套法律,一套是专对黎民百姓,实行苛法严律;而对士大夫、贵族以上的则实行宽法松律,"刑不上大夫"。由于刑罚涉及生命,故在儒学盛行的中国封建社会,刑名师爷常常被人们视为"不德""作孽"的职业,普通人家、礼仪世家尽可避趋。汪辉祖在《佐治药言》的自序中说道,他在23岁时始学书启师爷,后在常州太守胡公馆从事书启师爷时,习刑名。由于在师爷名下的几类工作中,刑名师爷的收入最高,地位也最贵,这也是汪辉祖孜孜以求学习刑名的原委。然而,他的生母和嫡母听说他要从事刑名师爷后,对他"同声诫止"。因为刑名具有杀生之嫌,他家三世单传,万一有个三长两短,闹出人命血案,难以向长眠于地的父亲交代。于是汪辉祖"跪地而对"说,我"惟誓不敢负心造孽,以贻吾母忧"。这就存在一个悖论:治理国家要靠法学,而治理精神文化靠儒学。秘书表推崇儒学,里却实行法学,既满口仁义道德,骨子里又严刑酷法。故秘书常常需要儒法两手都要抓,左手抓儒学,右手抓法学,两者不能偏废;同时秘书们还处处显示出儒在外、法在内的外慈内严的欺骗假象。

法制精神是指一个社会尊重法律权威和尊崇法制的精神状态,它表明社会成员对法律以及法制的理性认知和价值确证。民众相信法律,自觉运用法律,使法制成为铭刻在民众内心的价值准则和行为规范。礼治是以利义和礼制为核心,用以维持社会秩序,调整人与人之间关系。礼治源自于中国人对人与人、人与社会关系的理解,"仁、义、礼、智、信"是尊崇的道德标准。法制精神和礼治精髓从不同层面和角度规范人的行为,维系社会秩序,实现国家治理,二者虽缘起不同,但殊途同归。法律是制度化的道德映像,失去道德基础的法律如同失去灵魂一样成为一具空躯;道德需要法律的刚性约束,没有法律作为保障的道德是空中阁楼。没有法制的滋养,礼治精髓会趋于腐朽;离开礼治精髓的浸润,法制精神才会常青。两者互为依存与促进,具有内在统一性。

第五节　儒学是学问而非宗教

儒家的创始人是孔子,儒学的文化背景是鲁国礼乐文明。儒家的思想核心是"仁"。"仁义"的含义在孔子的言论中并未给出明确的定义,但通观《论语》及其他儒家文献,"仁者,人也"的说法最为基本,就是要公正而尊重地对待他人。至于"礼",孔子把它看成是维系社会和谐、上下之间的保障物,"人而不仁,如礼何"。孔子"仁"的观点,由孟子发展而为"仁政",就是要求君主"制民之产"。儒家学说大多涉及人生理想方面,孔子不谈超越形而上问题,重点论述道德人伦。儒家认为世界统一在"道"中,生生之道。孟子认为人性是善的,即人是天地创生的,含有天地之德。而这种德性需要培养(修身养性),才能充分发展,最终成贤成圣。

北大教授张千帆认为:"儒学之所以一直作为官方正统而依托国家力量,很大程度上是因为儒学是以'学'的姿态出现,自己不在民间普及并立足。儒家既不像墨家那样有较强的宗教色彩,也不像道家那样在各个地方设道观。作为一种学术,它一直只是学者的产物,缺乏民间的传播渠道。只有和国家结合在一起,依附国家强力推行,儒家才能将自己的信念传播到民间。"[①]独尊儒学,不仅表明儒学成为官方正统学问、思想意识,而且成为国家的管理工具;这种管理的实效性使得它本身难脱依附性、阶级性之干系。儒学、儒家、儒教、国教造成了与国家主义的直接密切的关联,历史上有过尝试将儒学改为儒教。明末左派阳明学泰州学派,改变了朱子学的王官学传统,转到民间讲学。民国初年,康有为、陈焕章的孔教会按基督教模式设计孔教,还赋予其若干现代内容与仪式,试图把儒教抬升为国教,但最终失败。而作为辅助政府官员的秘书,自然而然采取"与官同步"方针,也相应把儒学的要求作为自身职业的最高道德指南。

儒家的最主要成果就是强调道德以及力量,把人群分为君子与小人,其中以视为"义"还是视为"利"做甄别。这事实上就是一种官吏学,与黎民百姓毫无关联。虽经几千年的国家道德论的强化,但在民间一直没有提高道德的高度,"仁、义、礼、智、信"等悬挂在国家的官方文书中。中国统治阶级均喜儒学,皇帝上任伊始的任务就是要祭孔尊孔。而作为国家机器的成员——秘书自然就需要把儒学作为自己奉行的高标,把强烈的道德责任感作为人生与职业的信条。

秘书的最高标准就是"内圣而外王",然而"圣"与"王"具有一定的差别:圣人强调是内心修炼,属道德伦理层面上修炼;而"王"则为现实政治军事上的作

---

① 张千帆:《儒教不等于国教》,《南方周末》2014 年 8 月 7 日。

为,故"王"高于"圣",天子高于圣人。董仲舒认为:"古之造文者,三而连其中,谓之王。三画者,天、地与人也,而连其中者,通其道也。取天地与人之中以为贯而参通之。非王者孰能当是?"①秘书通过自身道德修养的提高,就可以达到圣人的高度,而无法到达王者之地步。"圣人者,明于治乱之道,习于人事之始终也。"②儒家强调人治,反对法制。人治既靠道德修养,又靠贤人治理与自身实践;同时还要靠明君的认同。《中庸》曰:"文武之政布在方策。其人存,则其政举;其人亡,则其政息。"

世界上有三种类似于宗教的现象:其一是以信仰为最高追求的心灵宗教,如佛教、回教、基督教等;其二是王学宗教,如商朝时期的国家祭祀宗教等;最后是倡导伦理道德之学的宗教,儒教。事实上,儒教不是宗教,它仅仅是一种文教,用文化教化、道德宣扬与践行的伦理道德学说。具体而言,主要有五个方面的区别:第一,儒学并非采用信仰与启示的方式,而是采取文教的形式,润物细无声;第二,儒学不是采取祷告、礼拜、跪拜等宗教性的仪式与神祇进行沟通,而是注重在现实世界之中,形成一种大美含义的世俗化礼仪;第三,儒学不是以建立一个天国社会来安顿心灵与解决终极价值,而是构筑一个现实世界,把"礼"化成仪式、礼节来建立公共伦理秩序;第四,儒学强调从日用、生活细节之中来贯彻伦理道德学说,而其他的宗教则需要建立神坛、神龛、庙宇、教堂等标志性建筑等外在物来显示与宣告;第五,儒学致力于公共秩序的伦理社会,没有试图建立一个独有的宗教天国,所以它可以包纳任何外来的宗教,持有开放性。因此,所谓的"儒教"有一种超越任何宗教之上的宗教特性。它一方面将外来宗教本土化、儒学化;另一方面也从其他宗教文化之中汲取养分而扩大自身内蕴。因此我们可以得出结论:儒学与儒家不是宗教,虽然在后期出现了类似于西方宗教的名称如儒教、孔教,而这恰恰是中国人为了对抗西方宗教侵入所采取的一种保种扬己的措施和称呼。

中华文化是个大包容性概念。每一种文化都不是单一的,而是多种成分共生的,呈现多种文化成分相融合的状态。事实上中华文化就包括黄河文化和长江文化等。自古以来,黄河和长江这两条大河所凝结成的两源文化相互交融而又各自发展,哺育着中华民族。文化的多元化还体现在文化起源的多元化,百家争鸣,儒、道、释三家并存共生。儒家在汉代地位隆起,并一直成为几千年来社会的主流思想;但老子、庄子的道家思想也对中华文化产生重要的影响。在中国哲学史上,"道"被理解为最高的存在原理。老子的"道"是至于自然存留之

---

① 《春秋繁露·王道通三》。
② 《管子·正世》。

道；而孔子不言天道，"夫子之言性与天道，不可得而闻也"①，而言人道。他认为"道"必须在人的日常行为中才能体现出来，换言之，"道"存于人与人之间的交往之中。《中庸》就是他确证"道"在人间的大理，"道不远人，人之为道而远人，不可以为道。"②荀子则更为详解，"道者，非天之道，非地之道；人之所以道也，君子之所以道也。"③这与庄子的"道"在自然间有着根本性区别。得"道"，儒、道两家都认为必须通过体验的方式，儒家重在人际交往中实现，道家注重自然界洗礼中实现，然儒、道两家重视体验、体悟、体认的理念却是相同的。古代秘书重整体，把天、地、人看作一个密切贯通的整体，而人（自我）仅仅是这个整体的一个环节，必须服从整体需要，这样秘书自古就有一种个人绝对服从整体（国家、家族）的大局意识。

　　通常古代，秘书在朝时选择儒家，尽忠报国，鞠躬尽瘁；然而在野时，常常选择道家，因为道家遵从自然，保身安命，故被贬而失落的秘书可以纵情投入山水，超脱于残酷现实，保持自己纯自然状态，体现自身本真的人性。"儒家讲究积极入世，道家讲究超然物外；儒家的影响在道德、在世功，道家的影响在超脱、在艺术。"④道家对秘书思想和文化也有一定的影响，道家思想要早于儒家，道家人物主要是老庄。然而老子与庄子之间略有不同，在人生观上，老子"清虚自守，卑弱自持"；在政治上，他则崇尚"无为而无不为"；在宇宙观上，他认为天地自然就是道法。庄子的实质在于个体精神的解放，采取"逍遥"态度，即无矛盾地生存于世界之中。庄子的解放是主观性的解放，要超越就需要"齐物"，不要用自我的主观倾向来看待外物，因而他既有强烈的现实感，又有面对黑暗纷争社会而显示出无奈之感。儒家向前看，道家往后看；儒家持积极有为态度，道家采取以弱制强的态度；儒家主要解决人伦关系，强调"礼、忠、仁、义"；道家则主要解决人与自然的关系，主张人与自然合为一体，以自然为旨归，此外还有佛教思想。唐以后，我国三教合一，互相并不排斥，而且各自相互取长补短，这也看出主流思想的儒家具有相当的包容性，反过来也证明儒家并非想独自尊大。儒家作为主流思想，没有对各种外来文化、域外文化采取一种主动的、侵略性的、排外的政策，宽厚、容纳、和谐是它的一贯方针。《易经》曰："天下同归而殊途，一致而百虑。"孔子也明确指出要遵循"和而不同"的文化原则。

　　秘书，可从两个层面上来理解：一是名词，它是一种社会职业、一种身份、一种职务，因而也属于具有文化、高技能和职业道德的管理（白灰领）阶层；二是动

① 《论语·公冶长》。
② 《中庸》。
③ 《荀子·儒效》。
④ 王宁主编：《中国文化概论》，长沙：湖南师范大学出版社，2008年，第46页。

词,它代表一种社会管理方式,即秘书工作。我国传统教育主要体现在人文教育,《周易》说:"观乎人文,以化成天下。"优秀传统文化的人文价值与"化成天下"的教育活动是紧密联系在一起的。我国先贤不赞成将秘书教育仅作为传授具体知识、培养生存能力的手段,认为秘书教育的主要目标是建设一个合乎道德理想的和谐群体,因而更多关注精神人格的培育与完善。他们将中国文化之"道"作为追求目标,既强调以道修身,完善自我人格,所谓格物、致知、正心、诚意、修身;又强调以道治世,规范社会秩序,所谓齐家、治国、平天下。

　　古代的儒学,它的目标不是寻找或建立一种知识体系,而是维护和建构一种生活方式。比如所谓"六艺"①,事实上是一种文化能力,其中"礼"为分寸节度,"乐"为合和同一,"射"为对象的确定,"御"为主体的掌控,"书"为典籍的教养,"数"为逻辑推理;同时儒家提倡"智、仁、勇"也是一种素养,"智"是清明的思路,"仁"是人生命生活本真的活水。生命的通感,只有超越了理性的羁绊,越过知识分类甄别的藩篱,才能获得生命的真谛。忠厚传家久,诗书继世长。所以我们一直认为儒学是一种文化能力、一种文化生长创造的能力,这种文化能力哺育了我们古人的秘书写作能力、交往能力与认知能力。

　　儒家赞美耕读、尚贤、举才的思想,而这恰恰吻合中国古代两千年之久的农业社会发展水平。血缘社会的文化以血缘家族共同体为基础,结合地缘关系和社缘关系,形成集体观念和行为事象。它维系个人与群体、家庭与社会之间的平衡关系,提倡祖宗观念、孝养观念、家庭观念和乡土观念,营造亲睦祥和的气氛,培养善良、正直、奉献的人格风尚,对形成中华秘书优秀文化曾起到积极作用。隋唐以后实行的科举制,使寒士弟子的秘书们崛起,塑造了秘书们的工作心态和职业道路。在社会各阶层中,耕读成了一种社会理想,也成了一种进仕入秘前的理想途径,人人都可以有选择的机会和对前途的自信;同时它还形成了中国历代优秀寒门秘书的奋斗传统,他们藐视社会等级,以天下国家为己任,满怀昂扬的自我意识、强烈的民族气节和奔放的爱国激情建功立业……这也给中国秘书文化带来了高亢、博厚、勤勉、自信的气质。

　　牟宗三曾言:"中国本有之学的意义,以及基本精神则限于道一面,亦即德性之学。"秘书与其说是一个名词,毋宁说它是一个动词,它的本质是"道",生命意义的道,是对社会意义和生命认定和关系的确定,这是一种积极、向上的态度,它没有救赎、十字架、原罪的蕴涵。几千年来,秘书们构成了自己独特的思维模式与表述方式,构筑起天命、道、名实、礼、和、义等观念,上至天文道统,下至地理人文,这些都具有生命探究之义,但无终极意义。古人培养的是士人秘

---

① 礼、乐、射、御、书、数。

书,追求修身性命之学,完善人格,打通天人性命的本体之智、太极无极之智、体道悟道的道智,进而阐明宇宙万象、阴阳五行之智,是一种调适身心、安顿心灵的应对万变生活的智慧,因而中国古代的儒学、幕学(秘书学)是一种具有生命活力的、生机勃勃的工作与生活、矛盾与和谐相统一的人生之学。

第五章　秘书文化的精神内核

秘书文化的精神内核是由秘书的社会实践和意识活动长期孕育而成的价值观念、思维方式、道德情操、审美情趣、宗教情结、民族性格等因素构成,它所反映的是古今秘书们的内心世界,潜伏在整个秘书文化系统的最深层次。对此,我们将从五个方面加以展开与阐释。

第一节　"有为"和"崇德"

历代的秘书们身处国家及地方各级行政运转枢纽,时时面对繁复的社会矛盾和充栋盈车的案牍典册,故常常形成双重人格:一是学者,二是政客。观察他们的一生职涯,可以说都是把这两者如何有效与有机杂糅在一起的人生历程。正如学者李春青所言:"中国古代知识分子的主要才智与精力没有用于探讨自然宇宙的秘密,也没有用于创造物质财富,他们的全副精神都用在两个方面:一是如何对付君权,一是如何对付自己。前者的目的是寻求与君权合作的最佳途径;既从君权那里得到信任与倚重,又能够在一定程度上对君权有所约束。后者的目的则是寻求最佳生存方式,主要是使心灵充实完满,平静和乐。用今天的术语来表述就是,前者的核心是权力,后者的核心是幸福感。"①同时他又说:"中国古代知识阶层——士人阶层在政治上是处于统治阶级(君权系统)与被统治阶级(庶民阶层)之间的一个特殊社会阶层。他们一半在民之中,一半在官之中:未登仕途之时他们是民;进入仕途之后他们是官。"②张载"为天地立志、为生民立道、为去圣断绝学,为万世开太平"的名句,也是秘书们心境的真实写照。

---

① 李春青:《在文本与历史之间——中国古代诗学意义生存模式探微》,北京:北京大学出版社,2005 年,第 10 页。

② 李军:《士权与君权——上古汉魏六朝政治权力分析》,桂林:广西师范大学出版社,2001 年,第 33 页。

历代的秘书工作者,不管职位高低,都脱离不了为上司服务性质之圭臬。他们大多守时、爱岗、敬业、谦和;有时还出现忍耐、屈身、卑恭、唯喏等情状。然而,他们又都是皓首穷经、学富五车的饱学之士,常常以儒家的刚健有为、崇德中和为精神归依。

"崇德"思想,就是解决秘书自身的关系,即秘书的精神生活与物质生活的关系。《周易·大传》的"敬以直内,义以方外"就充分概括了此中内涵:敬以直内,就是秘书们要专心一致不旁逸,能控制自己对外来刺激的反应并加以抉择;义以方外,就是秘书们使自己言行皆符合道德原则。《周易·爻传》又说:"地势坤,君子以厚德载物。"坤即顺,地势顺,载物就能包含许多物类;君子(秘书们)应效法大地的胸怀,包容各个方面的人,接纳不同的意见,使他人和万物都得以各遂其生。古代秘书大多崇尚道德修养,忠实践履"马不伏枥,不可以趋道;士不素养,不可以重国",①以及"内圣而外王"的人生信条。

"中和"思想,主要解决秘书与他人的关系,君臣、父子、同事、朋友等人伦关系,注重和谐统一的本体论;"致虚极,守静笃",从动静的统一中把握动静的对立。"中"是中间、中庸、中和,不偏不倚,"中和"是对一种行为方式的把握,这种行为方式的核心是持中守衡,两全其美。张载曰:"两不立则一不可见,一不可见则两之用息。两体者,虚实也,动静也,聚散也,清浊也,其究一而已。"②于一观其两,于两观其一。换言之,"中和"包含着两层意思:其一是不偏不倚,中正办事;其二是和同、和谐。古代秘书"执中谓之史",贯彻"礼之用,和为贵""君子和而不同,小人同而不和"等处事原则。事实上,秘书就是在写文章中也蕴涵了"中和"结构观,要求文章写得中规中矩,无偏无颇,言辞不能犀利尖刻,又不能庸俗无趣,即格式规范、排列整齐、左右对称、主次分明、结论公允、上下通贯。总之,"中和"要求秘书们把差异和矛盾当作统一体的固有内容来把握,同时把统一和和谐当作差异与矛盾的本来根据来把握。然而一味地"中和"事实上是很难做到的,所以秘书必须根据具体实际情形加以把握、斟酌、权衡。

"有为"思想,是上述思想之纲。在中国传统秘书文化中,在几千年的秘书实践活动中,始终充盈着一股奋发向上、主动进取、积极入世的精神,这就是"刚健有为"思想的集中体现。在古籍《周易》中首先提出"刚健有为"的思想,《周易·大传》曰:"天行健,君子以自强不息。"其中"健"就是运行不止,坚强不屈;而"自强不息"为孜孜以求,绝不懈怠。《周易·大传》提出"能止健,大正也。"意思就是说强健而不妄行,可止则止,不走极端。"大哉乾乎,刚健中正,纯粹精也。"虽刚健而又不过刚,这才是君子应取之道。总之,自强不息是自立之道,厚德载

---

① 《汉书·李寻传》。
② 《正蒙·太和》。

物是立人之道,自立是立人的前提,立人是自立的引申。可见,刚健有为的思想是以自强不息为主,同时包含着厚德载物的系统。

我们之所以把"刚健有为"思想视为传统秘书文化基本精神的总纲,不仅因为它在中国秘书文化中占主导地位,是秘书们处理各种关系的总态度,还因为这种思想在历史上起了一定的推动文化发展和历史进步的积极作用。"刚健有为"精神在历代的秘书文化中都占有主导与统治地位,所以,那时的秘书们个个"善养浩然之气",在文牍篇什中,在从军幕僚中,在地方秘书行政中……无不跳动着一颗建功立业、保家卫国的滚烫红心,如"请君暂上凌烟阁,若个书生万户侯"的豪迈气势,"海县清一,寰宇大定"的宏伟抱负。就作为从事秘书的个体人格的独立和人生价值的实现而言,或在强暴淫君面前表现英勇不屈,坚持事实,誓死不与污浊势力同流合污;或在人生遭遇的挫折面前表现为奋发图强,决不灰心,坚定不移地追求自己的理想。如号称"史笔"的董狐,不曲笔投降就范。秘书史官以"君举必书"为首要法则,凡国君的一言一行都要予以记录在案,起到了监督、垂范作用。据载,唐太宗和明成祖为了表明他们继位的合法性,就曾篡改了不少史实,也留下了当朝秘书曲笔的劣迹。君王必须"慎言行,昭法式",一旦有所违背,秘书史官就毫不留情地加以记录。比如鲁庄公有一次准备赴齐国游玩,这与周礼的要求不吻合,会受到指控。鲁庄公听说这件事要被秘书记录在案,只得放弃了此次游玩。

秘书职业决定了他们常常跟首领在一起,替他们谋划、撰拟、行事等近身服务。尤其是在朝廷工作的秘书们,一切为皇帝服务,这就决定了政治上的君臣关系、服务与被服务的关系。历代的秘书们非常看重道德主体的完善,个人的价值判断定位于通向"理"的心性完善途中,将一切作为实践主体,所从事的"齐家治国平天下"事业,都必须是具备了完善心性的道德主体才能承担。只有"内圣"才能"外王";只有"意诚""心正",才能"修身",而后才能"平天下"。秘书们不在于个人物质欲望的满足,也不着眼于个人精神的愉悦,而是从个人与对国家、对皇上的关系上来肯定个体心性的完善。如汉成帝时,国势日衰,朝廷腐败,这一切引起了一位小秘书朱云(朝廷的翰林,后被贬为小县令)的愤怒。他上书面见皇帝,手指文武百官对皇帝说:"请陛下赐给微臣一口尚方宝剑,微臣要杀一个大奸臣的头,给满朝文武作个警戒!"并手指着贪官张禹的嘴脸,结果引起成帝的愤怒,皇帝认为一个小小的翰林秘书,竟敢羞辱重臣,无法无天!况且张禹还是帝师(皇帝的老师),于是喝令侍御史把他拉出去斩杀。这时朱云一把抓住殿上的木栏杆,死不肯放手,侍御史用力一拉,结果连坚固的栏杆都折断了。朱云大声喝道:"微臣倒并不怕死,这样死了能和龙逢、比干齐名。可国家怎么办?朝廷怎么办?"边嚷边流泪。此时左将军辛庆忌立即跑到皇帝面前,磕起头来,向皇帝求情说:"朱云说话率直,恳请陛下不要杀他。如果他说得对,请陛下可怜他一片忠心;如果他说得不对,请陛下宽容,微臣愿以一条老命来为朱云争取他性命!"辛庆忌边说边磕头,磕得满脸是血,于是皇帝气消了,免了朱云的死罪。后来汉成帝下令"破栏杆不得修理",以表彰忠直秘书朱云。道德完善作为一种人格特质,作为主体的一种优良素养,使深受传统文化熏陶的秘书们具有一种执着与和谐相统一的品格。为"道"、为"义"、为"德"的要求,完善且固守自己的心性天地,使他们不受世风动摇,不为淫威左右。

从中国秘书史来看,中国历代秘书们大多忧国忧民,以天下为己任,以"修身、齐家、治国、平天下"来自我约束、自我激励和自我塑造。《礼记·大学》:"古之欲明明德于天下者,先治其国;欲治其国者,先齐其家;欲齐其家者,先修其身;欲修其身者,先正其心;欲正其心者,先诚其意;欲诚其意者,先致其知;致知在格物。"以格物为起点,层层递进,把格物、致知、诚意、正义作为"修身、齐家、治国、平天下"的基础,加强个人自律,然后由己及人,从格物到修身都是为了实现治国平天下的人生理想。比如南朝江淹,起初为宋始安王刘子真的幕僚,刘子真给朝廷的奏章公文皆出自江淹之手。刘子真命丧于皇权之争,江淹就转至建平王刘景素幕中,因才高气盛被同僚所忌,受诬下狱,狱中作《诣建平王书》,此文历来被视为书表类文章中的名篇,打动了建平王而获释。后任徐州刺史桂阳王刘休范和巴陵王刘休若的幕府。不久,他又重归建平王府中做秘书长。这时期江淹所作的《报袁叔明书》,被视为可与《报任安书》齐名的篇章。刘景素有夺皇权之野心,江淹再三谏疏,无效,江淹与刘景素的关系渐次疏远。不久刘休范起兵叛乱,朝廷大臣萧道成、袁粲等均以皇帝的名义叫江淹起草《赦为朝贤答刘休范书》,这篇公文指斥刘休范背叛朝廷。但因撰此檄文,江淹被刘景素赶出幕府。萧道成代宋之前,江淹转入萧府,帮其剪除沈攸之,为建齐代宋出了汗马功劳。萧府绝大多数的公文均出自于江淹之笔,后任尚书左丞、中书郎,永明以后任御史中丞。明帝后期任秘书监之要职。江淹少时文名显赫,后期则鲜有文学佳作问世,因此落下"江郎才尽"之贬名。事实上,他一生都在努力奔波,倾其所力做好秘书工作,安邦治国、佐王施政是他的报国理想和人生追求。

当然历史上有些秘书职业道德败坏,如公元前 210 年,秦始皇在出巡途中病危,命中车府令①兼符玺令②的赵高起草诏书,令在上郡监军的长子扶苏将军与大将蒙恬进行权力交接后,立即赶回京都料理丧事,继承皇位。诏书拟就,秦始皇病死。赵高是始皇少子胡亥的心腹,为胡亥与己利益而计,利用掌握的遗诏和玉玺权力,串通李斯,伪造遗诏,逼令扶苏、蒙恬自杀,扶立胡亥为秦二世皇

---

① 掌管皇帝车马。
② 掌管皇帝印玺。

帝,自任中书令,后又杀李斯,自任丞相,操纵朝政。他唆使胡亥行暴政,终至秦朝的迅速灭亡。

第二节 "仁义"与"尽忠"

儒家认为"仁者,人也。""仁"是人之所以为人的本质属性。人的行为与人生态度都必须遵循"仁"道的原则。《中庸》曰:"仁者,人也,亲亲为大。"其中"亲亲"就是父慈子孝、兄友弟恭;同时由亲亲而"仁民",就儒家人生理想而言,所追求的是"求仁得仁"的圣人境界。"仁"的境界之所以是一种主客交融、物我两忘的最高人生理想境界,就在于"仁"的实现是本于天理的至理、至德和至善。"仁"的基本精神就是"己欲立而立人,己欲达而达人。"具体说来,"仁"既是自强不息,也是助人有成,是人己兼顾,是对他人的尊重,是由己及人,是以自己为起点,从我做起。"仁"既包含情感上的爱与物质上的维持,更注重他人道德品质的提升。"仁者"对他人的爱助,其目的在于使自己成为有仁德、有成就的人。这种"博施于民,而能济众"的"仁者",也就是极高人生理想境界的实现。正如哲学家杜维明所言,"西方很多学者都认为'礼'是儒家思想的核心,但实际上起重要作用的应该是'仁'。儒家对于人本质性的理解,不是希腊哲学里讲的'人是理性的动物',也不是'人是利用工具的动物',也不是'人是利用语言的动物',而是'人有感情、有同情心'。这个'仁'是有主体性的,就是孟子讲的'治德也讲大体'。1993 年马王堆出土的文物,把'仁'字写成上面是身体的'身',下面是心脏的'心',身心为仁。其实,儒家的人文精神,是西方启蒙运动开始的重要资源。伏尔泰、莱布尼茨等大家深受儒家文化的影响,儒家的反迷信、反神权,通过政治精英的介入,使社会秩序井然,生产力、商业发展,这与启蒙思想是相通的。"[①]

总之,以孔子为首的儒家圣人实际上给秘书们设计了很高的人生理想,它强调了对内心仁德的自觉,肯定了主体精神的伟大和崇高,要求秘书们为了实现自己的人生理想应终身不懈地努力,要以天下为己任,不怕任何挫折和磨难。孔子的弟子曾子说得好:"士不可以不弘毅,任重而道远。仁以为己任,不亦重乎?死而后已,不亦远乎?"可以说,达到"仁"的理想境界,也就是"圣人""大大夫"。爱人以德,立人达人,忠孝信义,而宽厚敏慧,智勇刚朴,心胸坦荡,有浩然之气,对社会、对人生都有强烈的责任感。

---

① 杜维明:《"学而优则仕"是对儒家的误读》,《钱江晚报》2013 年 6 月 30 日。

　　气节是我国固有的道德标准,是秘书工作者的立身处世之道。在位的秘书要做忠臣,这种忠节或表现在冒犯君主尊严的直谏上,甚至因此而捐躯;或表现为不做新王朝的秘书官而以身殉国;或表现在各种淫威下仍秉笔直书,以至亡身,等等。先秦时"从道不从君"①高举"道义"大旗,从历史角度出发,维护文书的正义,而不囿于某一君主,秉笔直书,"屈于身兮,不屈其道,任百谪而何兮。"②重气节历来是中国历史上秘书们的一种人生态度。早在先秦时期,内圣外王之道便成了古代秘书们所遵从的理想人格。秦汉以后,内圣的感召力也一直作为秘书们内心修养的动力和推力。特别是由于这种内圣的理想人格与封建社会的政权联系在一起,往往又与"忠"的人生范畴相联系,构成了一个比较完整的人格体系。但是由于不同历史时期的特点,中国秘书官员的气节具有了不同的形式与蕴涵。

　　首先,这种气节表现为忠臣,即臣下对君主的忠顺。"事君不贰""竭忠尽力""无有二心"。南宋时,洪迈曾历任起居舍人、起居郎、中书舍人兼侍读学士、直学士院、翰林学士等秘书官职,绍兴三十二年(1162),受遣出使金国,国书中对金国持强硬态度,以敌国相称,宋高宗亲手将国书交与其手中寄予厚望。洪迈至金国,金主见国书不悦,命令洪迈删改,并须以臣礼拜见,洪迈坚决拒绝,金国遂封锁使馆,三日不给水食,洪迈仍不屈服,金人无奈,只得放他回宋。在涉外活动中,秘书人员应时刻以自己的忠诚来维护国家的尊严和民族的利益。

　　降之明清、民国时期,这种气节则发展为"君要臣死,臣不敢不死"的愚忠。譬如蒋介石首席秘书陈布雷,早在1927年北伐战争期间,就开始跟随蒋公,直到1948年底,如影随形地服务22年,在解放军占领南京前夕吞服安眠药自亡。陈布雷,原名陈训恩,1890年出生于浙江慈溪县,距蒋公老家溪口直线距离仅为40千米。蒋公用人有内部标准,即"黄浙独一",其中"黄"为黄埔军校,"浙"为浙江籍人,"独"为陆军大学毕业,"一"为第一军经历。陈氏显然满足了蒋公的用人标准。陈氏起先为蒋公撰写的文书《告黄埔同学书》,初稿阅后蒋公甚为满意,于是决定召陈氏为总统秘书。可陈氏的初衷仍是新闻事业,他在接受秘书职位时对蒋公说:"我的初衷是以新闻工作为终身职业,若不可得,愿为公之私人秘书,位不必高、禄不必厚,但求对公能有涓滴之助。""九一八"事变后,蒋公设立侍从室,陈氏正式担任主任,从此成了一人之下、万人之上的首席秘书长。"西安事变"后,陈氏还为蒋公撰写了《西安半月记》,后附宋美龄《西安事变回忆录》。③ 在与蒋公共事的20多年生涯中,陈氏常常处于困苦、矛盾之中,"余今日

---

　　① 《荀子·子道》。
　　② 《三黜赋》。
　　③ 蒋中正、宋美龄:《蒋委员长西安半月记 蒋夫人西安事变回忆录》,正中书局。

之言论思想,不能自作主张,和灵魂已渐为他人一体,人生皆有本能,孰能敢于此哉?"一个一辈子俯仰他人,没有自由,失去灵魂的秘书长,在躯体去留、生命处置上,终于做出了"终结我的生命"的决定。"回忆许身麾下,本置生死于度外,岂料今日,乃以毕生尽瘁之初衷,而蹈此极不负责之结局……"善始而不善终,而不"终",便是不"忠"。陈布雷的初衷,正如他给王芸生信中所说是"从一而终"。无论是他本人还是外界,都把他与蒋公关系看作"圣君贤相"。在政府的庞大秘书群中,陈氏被举为秘书的楷模。"介公再鉴……我心纯洁质直,除忠于我公之外,毫无其他私心。""蒋介石虽然有缺陷,总是'明主';国民党即使再腐败,总是'正统'。"①死前仍表自己"效忠",守静虚名,不要因他的死而有损党国声誉。

> 蒋介石对陈布雷特别敬重,陈布雷对蒋介石绝对忠贞。爱蒋之所爱,憎蒋之所恨,写蒋之所思。蒋未就寝他就不就寝,蒋未起身他已起身。曾经说:"我如同一个已经出嫁的女人,只能从一而终。"临终前还上书蒋介石,表明效忠、尽忠、愚忠之心诚。②

当时南京的《中央日报》消息中称道:"噩耗传来,各方人士对陈氏学问事功之成就,公忠体国之精神,无不同深景仰……"

对于秘书忠君思想而言,有可取的一面,也有消极的一面。秘书们大多知书识礼,从小受儒家思想的熏陶,遵循大而一统、等级观念、世袭制度等古训,这也必然造成了秘书们的忠带有一定的愚忠色彩,"君使臣以礼,臣事君以忠。"③在漫长的中国几千年的秘书史中,确实存在着由国家政权大力倡导的愚忠思想,也出现了许多令人完全不能接受的愚忠行为,这是我们后人应剔除的糟粕内容,但忠于国家、忠于上司和忠于秘书事业的思想在今天仍有一定的现实意义。

尚"忠"是夏朝的文化特征。《礼记·表记》说:"夏道遵命,事鬼神而远之,近人而忠焉。"夏朝的"忠道"我们从鲧、禹治水故事中可略作推测,鲧因治水不当被治罪,而禹仍然恪守职命,劳形天下,这就是"忠"。柳诒徵曾在《中国文化史》所言:"夏时所尚之忠……谓居职任事者,当竭心尽力求利于人而已。""忠",在中国古代留存于一种"报恩"思想,学者杨联生认为在中国传统文化里"忠"蕴含了"报"的观念,视之为构成中国社会关系的重要基础,代表了对人和人之间行为的交互性肯定。换言之,"忠"的"报"义具有普遍性与分殊性,根源于帝国

---

①　陈布雷:《陈布雷自述》第五卷,北京:华文出版社,2013 年,第 147 页。
②　罗炯光等编著:《蒋介石首席秘书陈布雷》,长春:吉林文史出版社,1994 年,第 3 页。
③　《论语》。

制度和家族制度,君子和父母有权享受臣民和子女的尊敬和服侍。而儒家事实上是反对这种观念的,认为不能是单向性,而应是双向性,子女对父母犯错时,有权责备,同样臣民也有权反对暴君的言行。刘永华教授则提出,不是"报"的观念,而是"恩"的观念才是传统文化的基础,并强调中国皇权制度的重要支撑点是"恩"的观念。君子被视为民生和社会秩序的提供者和保护者,据此,臣民有报答君恩的义务。王东杰教授则认为"恩"是非根基性观念,而是依赖于"产权"观念。西晋经学家杜预说:"君臣有义,而与父子家人以恩合不同。"说明"恩"适用于家人之间,属于天伦范畴;而"报"使用于君臣之间,属于人伦范畴。"恩"需要"情"来培育;而"报"需要用"义"来浇灌。《白虎通》云:"君臣以义合,不可则去。""天伦无可逃避,而人伦可以选择。因此,即使是具有明确等级性质的君臣关系仍具有一定的协商色彩,有赖于双方互动和选择,不只是单方的效忠。"①因为臣要效忠的不仅是君子,在其上更有高大的天道需要效忠。

对于秘书而言,"忠"还与"贰臣""遗臣"名称有涉联。清雍正皇帝在对待吕留良案件中就反复使用"忠"这一武器。岳钟琪审问张熙时,张熙供认:"我辈同志之人素所宗者,系吕晚村,号东海夫子。我曾亲到其家,见其著《备忘录》并《吕子文集》。惜其子孙不肖,忽背先志,贪慕荣利,已作仕宦,可为痛恨。今行李中所有抄录诗册,即晚村作也。"这里所谓"不肖子孙"系吕晚村的大儿子吕葆中②,甚至吕晚村本身也考过清初的科举。这里所言,既然你吕晚村标明是明朝遗民的话,那么,你就不该参加清廷的科举;既然你已被清廷录取为秀才,那么,你就是清廷天子的门生,就更不应该自称明朝的遗民了。然而,如果真的投靠清政府做事的贰臣,清政府也是严加防范。为此类人,清朝专门编修了《贰臣传》。"统治者需要的是死心塌地的忠顺奴才,恨的是反复无常见风使舵的角色。贰臣既然背叛了前朝,那就不可能是新朝的可靠帮手。为了统治者的利益,是不能不表彰前朝的孤忠,正是为了效力前朝的榜样。清初隆重为明遗臣赐谥予祭,做的就是这个题目。也就是说,主人虽然换了,奴才固有忠的道德是不能变的。而吕留良却是考中过清朝秀才的,一入黉门,君臣之分就定了,再行反复就将不齿于士类。"③

其次,秘书有时还表现为杀身成仁、舍生取义的精神。古代从关系来说,秘书虽然有在家与亲友,在外与同僚、朋友的社会关系;但关系最重要的无疑是秘书与上司的关系,尤其是与掌握生死大权的皇帝之间的关系。诚然,秘书喜欢与自己的上司,乃至最高统治者——皇帝的关系是和谐一致的,然而在现实中,

---

① 王东杰:《"名分"不是恩德》,《南方周末》2014 年 12 月 4 日。
② 指吕葆中考中清廷进士。
③ 黄裳:《笔祸史谈丛》,北京:北京出版社,2004 年,第 7 页。

往往失之平衡,有时会奏出两者之间极不和谐的音符来。

秘书所处的社会阶层的特殊性,使他们的人生充满了荣辱休戚、潮起潮落的境况,或许能青云直上,得以伴龙颜而邀得恩宠;或许触犯龙颜而身首异处。秘书,古代称为"君子之儒",他们跻身国家行政管理阶层,把人生重心转移到政治舞台。

历来君主是秘书最为关切的对象,因为他们是秘书服务的最主要对象。君主历来有圣君、明君、昏君、暗君、酷君、暴君、亡君等之别。除了忠君思想,还有恩赐观念。在封建社会,所有一切,包括秘书的凡身肉体都属于君主,都是赐予所得,甚至连死都称之为"赐死",直到被杀戮时还要叩头谢恩。科举制强化了专制王权,以"天子门生"自居,依附且效忠于皇帝。秘书成为一个缺失自主的驾驭文书的高等动物与擅权国治的得力工具,为了拜官而折腰、为了生存而屈膝,缺乏主体意识与自由理念。科举制在历史上确实比世袭制要进步,除了征召大批下层广大饱学之士外,在国家行政执行过程中,也以讲理、论理、说理、行理为主要依据,而这一切又为秘书建造了自身佐治的职业舞台。皇帝要执行重大活动时,通常要询问一批资深秘书,同时秘书们又会献出他们自己研究的几套不同方案与对策。然而由于中国一直以来执行专制独裁政策,秘书即使进入国家行政机构或宫廷行事,仍然成为封建社会庞大官僚机器中的一颗螺丝钉,成为皇帝手中治理国家的一枚行政工具的棋子而已。

皇土恢恢,皇恩浩荡,皇帝代表国家,忠君就是忠国。所以古代有两极:一是皇帝,另一是国家,两者常常混同一个概念。秘书和皇帝一样,从来都以代表国家民族利益、百姓利益自居,常以我为"国"、以我为公作为自己的政治标签,实际上从来都是在"国家"的旗帜下,最大限度地实现着各自的私欲。王亚南在《中国官僚政治研究》一书中指出:"官僚政治是一种特权政治。在特权政治下的政治权力,不是被用来表达人民的意志,图谋人民的利益,反而是在'国家的'、'国民的'名义下被运用来管制人民、奴役人民,以达成权势者自私自利的目的。"位居高官者,以贪污治罪,大凡是在政治上失势所造成。清末何启、胡礼垣曾说:"中国与受贿一节,办法为天下之至严。而终无以清其源、绝其流者,则非意之不美,而实法之未良。"①秘书们常常怀着善良的愿望、美好的理想,然而现实的残酷和复杂,以及各种关系的盘根错节,令许多秘书们始料未及。对待两者,历代的秘书们常常恪守"事君不贰""竭力尽忠""无有贰心"等处事原则。到明清时期,则发展为"君要臣死,臣不敢不死"的愚忠。所以每当我国历史上朝廷更替、皇帝继位等重大变化时,都伴随着大批秘书们的退位、流放、淫杀、自戕等的悲惨情状。然而在"尽忠""愚忠"的感召下,他们却觉得虽死犹荣,面对

---

① 《新政真诠》:《戊戌变法》第 1 册,第 190 页。

屠刀、面对自尽,从容而坚毅。总之,"效忠""尽忠""愚忠而烈",这是支撑他们精神世界的重要信念与价值支柱。

第三节　"清正"与"廉洁"

古代秘书,处于行政中心的核心地带,是国家机器的重要零件,因此不少秘书,尤其是处于国家核心部门或中央秘书官,都拥有大小不等的实权、特权。可是古代的秘书们常常以奢侈为耻辱,表现出清贫乐道的风范。如汉朝公孙弘担任御史大夫时,粗布糙饭,每餐只有一菜。后升任丞相,他在家中开客栈招贤纳士,"故人宾客仰衣食,俸禄皆以给之,家无所余"。一生奉行节俭,清廉自居。在他死后百年,朝廷念他丰功伟绩,特下诏表彰:"汉兴以来,股肱在位,身行俭约,轻财重义,未有若公孙弘者也。位在宰相封侯,而为布被脱粟之饭,俸禄以给故人宾客,无有剩余,可谓减于制度,而率下笃俗者也,与内富厚而外为诡服以钓虚誉者殊科。"又如南北朝的裴子野(469—530),一生历任录事参军、中书舍人、中书侍郎等秘书高官。他工于制、诏、章、奏、表类公文,写公文时不打草稿,独成于心,落笔似有神助;所拟公文语意贯通,首尾相应,却文辞朴实,有天然去雕饰之功。虽屡居秘书高位,他却为官清廉,鄙视钱财,生活节俭,从不伸手。自己终身"麦饭食蔬",而妻室家人也过着"恒苦饥寒"的日子。临终,他还嘱子女须"俭约,务在节制"。梁武帝对裴子野赞赏有加,闻其死而落泪,下诏"即日举哀",评价其是"文史足用,廉法自居",加谥号"贞子",为中国秘书们树立了一个廉政清正的楷模。

再如唐代的李降,他任尚书省户部侍郎时不以公肥私。有次皇帝问他:"根据以往的惯例,户部侍郎都要向宫廷进献盈余的钱财,只有你一人不进献,为何?"李降回答:"守护疆土的地方官,加重向百姓征收赋税,进献朝廷用来为自己换取恩宠,天下人尚且都要非难他,何况户部所掌管的,都是陛下府库中的钱财,支出和收入都记录在账簿上,哪有什么盈余? 如果把钱财从朝廷的左藏中送到宫廷中去,作为对陛下的一种进献,那就是把东库的东西转移到西库一样,我可不敢沿袭这一弊端!"皇帝很赞赏他的直率,更加重视他。李降作为朝廷的秘书重臣,不因贪图私利而丧失理智,表现出固守正道的可贵精神。

古代秘书写公文得赏赐虽然是天经地义的事情,但也有不少秘书看轻钱财,谢辞润笔。唐敬宗继位,路隋被任命为中书舍人、翰林学士,专门为朝廷起草公文。然而,唐朝有一潜规则:被任命者通常要拿出一部分钱财作为润笔送予撰写升迁公文的秘书。可是,路隋每次对别人送上的润笔钱财都分文不收,而且还把送财者骂出家门："写公文是我的工作,怎么能接受私谢呢?"史书记载他为"学行大度"。①

当然历史上,少数秘书见钱眼开、见利忘义者有之,如秦代的赵高、清代的高士奇等,余不赘述。现代亦有此类,如 1995 年轰动一时的北京市王宝森和陈希同犯罪案件无不与他们的秘书有关联。王宝森的秘书阎振利,原在市财政局工作,因经济问题几乎被开除公职。但由于和王情投意合,他被王拉过来当了秘书,成了王宝森进行犯罪活动的得力助手。阎振利可以随便扣压请示与报告,甚至代替王宝森发号施令,被市政府机关的干部私下判评为"最次的秘书"。陈希同的秘书陈健,原为市委办公厅副主任,大肆受贿,其中一次收受原首钢总经理助理周北方就有港币 20 万元。机关秘书队伍中,虽像阎振利、陈健一类人物只在少数,但他们问题之严重、影响之恶劣是空前的,在社会中给秘书形象抹黑添丑。尤其是在政府部门工作的秘书们,以及为主要领导服务的秘书们,身居机要岗位,具有较大的政治影响力,同时旁人对他们也退让三分,所以很难有一张真正监督他们的网;如果自身素质不高,很容易走向歧途,给党和人民造成重大损失。

清廉就是儒家所言的"节",本意是止、操,指人对欲望要有节制、节度;后衍生为行为高尚的意思,如节操、品节等。古代秘书讲气节操守,强调在生死关头要有静气与定力,不随风摇摆。孔子曰:"志士仁人,无求生以害人,有杀身以成仁。"曾子曰:"临大节而不可夺也。"孟子疾呼:"富贵不能淫,贫贱不能移,威武不能屈,此之谓大丈夫。"今天我们强调秘书的"节",事实上就是要求秘书做人要有原则立场,不能因眼前的名利而舍弃大节,不做实用主义、功利主义的墙头草。

著名科普作家高士其秘书高仰之,在上级派来两位秘书不适应而调离后,主动承担起高士其的秘书工作。从 1950 年直到 1982 年,默默无闻,无私奉献。虽没有惊天动地的伟业,但唯其平凡具体,才反映出他高尚的思想情操和美好的精神境界。他把高士其 20 世纪 30 年代的往来书信,均一一归档。高士其在美国芝加哥大学医学研究院实验时,由于受甲型脑炎病毒感染,严重影响了手足活动和口语能力,写出的字常常被人称为"天书"。为此,他天天琢磨,细细揣摩,最后大多数的"天书"都被他认得。高士其是位博学多才的科普作家,谙熟英、法、德三国语言。这就要求秘书必须懂得数理化、文史哲、医农工商,并相应具备外文的基本修养。高仰之尽管早年曾行医、教书,知识面较宽,但他清楚意识到需要不断学习,才能胜任秘书工作。作为秘书的同时,他还是高士其作品的第一位读者,并常常发表自己的中肯意见。老作家也十分赏识他的见解,时

---

① 《旧唐书·路隋传》。

时根据他的意见改稿,甚至不惜推倒重来。高仰之是 1956 年入党的老党员,时时处处都以党员标准要求自己,注意以身作则,严于律己。上级给高士其的"红旗"小汽车由他保管,可他私事再急,也从不动用公车。就是他女儿结婚,他都不准动用公车,且对女儿说:"青年人结婚要简朴,不要讲排场,汽油的指标是给高伯伯用的,不能因为我是他的秘书,你们就可以用车。"他在跟随高士其的 24 年中,为其整理出版了十几部科普著作和数十篇科普论文以及许多会议的书面发言,并代写了大量的往来信件。这些辛勤工作,却没有为他留下片刻自己的名字。既不居功自傲,也不满足停息,他被人们比喻为"科普天空的一颗无名星"。

当下有一些秘书因腐败而落马后,后悔当初入错行选错道,不该从秘,并告诫子女"千万不要从秘"。从秘如同当教师、清洁工等一样,职业本身并无尊卑贵贱之分,也无风险高低之别。某些秘书滑倒在油水处爬不起来,思想防线有裂缝是主要内因。正如有人说:"人一旦有了权力,往往会产生一种错觉,以为自己因此变得伟大起来。"某些秘书走向贪腐之路,正是因为这种错觉,把权力之强制力当作自己的个人力量,把权力掌握的公共资源当作自己名下的个人财产,其结果也必然被这种错觉吞噬。为秘之要,曰公与清。清廉乃居秘者的立身之本,从秘之基。人不清廉莫从秘。从秘的本义,就在于无私地为组织服务。无私,并非无视秘书正当的个人利益,而是不能用公权谋私权。既然担任了公职秘书,自身就要断掉腰缠万贯、富贵荣华的贪念。对秘书而言,风险不在于反腐,而在于辨别不清为公还是为己之次第;危机不在于制度约束,而在于内心中缺少对权力的敬畏、对清廉的认同。事实上,清廉不只是从秘者的应有品质,更是做人的基本品性。君子爱财,取之有道,这个"道",说到底就是内心对"清"的一种信念、一种信守。

立身之道,往往见之于进退、取舍的选择之中。而身在秘书官位的人往往最容易改变本来的志向。原因在于如果不改变志向,其就只好中止秘书岗位工作。这样荣辱、生存、利害等就摆在面前需要裁决;有时,有的秘书一念之差,导致违背正道,贪财忘义,自取其辱;有的秘书兢兢业业,克尽职守,成为人民的"好公仆"。

第四节　"面谏"与"幕谋"

历代秘书的品格首先体现在坚守谏责,极言陈谏的行为方式上。谏官,又称"言官",通常是由秘书承担的对政府各部门所制定或推行的政策法令等提出建议。古代向皇帝规谏的是文职官员。《孟子》曰:"君有过则谏。"谏官,即"可谏诤之官也"。秘书从事谏官制度始于周代。西周王朝的开国者从商朝的灭亡中得到教训,认为维护统治并非易事,所以必须形成一套政府谏言制度,其职责将由秘书承担。如周武王时西夷曾进贡一只巨獒,并整日与此犬玩耍,召公认为武王这样下去容易玩物丧志,于是写了上书《旅獒》来劝谏。结果周武王不仅听从谏言,而且还主动征询谏言,并要求臣下进谏。这样一来,中国的秘书分为两类:一类记事秘书,逐渐与史官靠拢;另一类为记言秘书,渐次形成了另一个完整的谏诤秘书制度。

自古秘书就充当主事者的参谋助手。黄帝时设六相,而到了舜时扩大为九相,其中一相为"纳言",长官为"龙"(人名)。帝曰:"龙,朕疾谗说殄行,震惊朕师。命汝作纳言,夙夜出纳朕命,惟允!""纳言"负责听下言纳于下,具有上下沟通,调查研究之职。孔安国曰:"纳言,喉舌之官也,听下言纳于上,受上言宣于下,必以信。"郑玄也认为,"纳言"乃"如今尚书,管王喉舌也"。这实际上就是秘书官,因当时主要为口语系统,上传下达、下情上呈。"人臣之纳言于君也,事未然而言之,则十从八九。无事则游畋般乐日相亲,比一旦有所不可,乃左遮右挽,极其力以救之,殆未见其济者。政使或允,亦必出于勉强,而非其本心。若夫善于纳言者则不然,或因进见,或因讲读,或因燕居,先事陈说,如是则国安,如是则国危,如是则为圣君,如是则为暴主,或引古昔,或援祖宗,必使之心悟神会,表里耸然,乃可陈善而无扦格之患。昔孟子三见于齐王而不言事,曰:'我先攻其邪心。'大臣事君,职当如此。古人甚至有难于自言者,往往旁召耆年宿德,置诸左右,使人君有所畏惮而不敢恣,则其为虑亦深远矣。虽然,臣之于君也,入则恳恳以尽忠,出则谦谦以自悔,凡所白于上者不可泄于外而伐诸人,善则归君,过则归己。其若是者,非欲远嫌避祸,大臣之体所当然也。坤之六二,含章可贞,盖亦此意。尝见近代执政有所建白,咻咻焉惟恐人之不知,卒至谗(言僭)乘之,中途见弃。《易·大系》所谓'君不密则失臣,臣不密则失身',谅哉!"①

《尚书·告诰》云:"惟王受命,无疆惟休,亦无疆惟恤,鸣呼,曷其奈何弗敬!"意思是周王受天命建国,固然是美佳之事,但也有无限的忧虑。而要消除忧虑,以保周朝万世,就必须"明德慎罚"。为此,以周公为代表的西周建国者们开始制定一整套维护其奴隶制统治的《周礼》。它是所有人都必须严格遵守的"法制",包括周天子在内。如有违背,违者则要受到指责乃至惩罚,于是就有了《康诏》《召诰》等训诫周王的公文,设立了专门指出天子过错的秘书谏官。周文王时设置的"保氏"官职就是中国最早的谏官。《周礼注疏》卷十四"地官保氏"释曰:"保者保安之义,故使王谨慎其身而归于道。""谏者以礼义正之文王。""王

---

① 张养浩:《为政忠告》,沈阳:辽宁教育出版社,1998年,第37页。

有恶则谏之,故云掌谏王恶。"换言之,"保氏"的职责是司掌规谏君王的过错。周文王庶子召公就担任过"保氏"一职。王安石在《谏官》一文中谈道:"尝闻周公为师,而召公为'保矣'。"春秋时期,以"谏"命官,称为"谏官"。齐桓公设"大谏"之职,其他各国均有类似的设置。谏净就是要直言敢谏。所谓直言,就是发现君王有错,敢于直言相告,"切其过失,曲折廷净,以救其非。"秘书工作肩负着沟通信息、辅助上司和参谋咨询的职责,因此及时而准确地把信息传递和汇报给领导,甚至提出不同意见,是秘书应尽之职。

唐太宗李世民对秘书官员要求:"中书门下,机要之司。擢才而居,委任实重。诏敕如有不稳便,皆须执论。"[①]意思是中书、门下两省皆为执掌机要的部门,其责任重大,必须敢于直言。因此,他十分重视秘书机构和官员上下沟通的纽带作用,以及敢谏常谏的参谋作用,这成为后世仰慕"贞观之治"的重要因素;反之,秘书则会招致国家机器运转不灵,祸害国家。如南齐萧宝卷在位时,秘书机构职责不明,荒怠职守,全国各地上呈的奏章经常被秘书官任意拿去包鱼包肉,一时朝政混乱,社会动荡。

其二,历代秘书的品格表现在宁死不屈、直言敢谏上,而这成为衡量一名优秀秘书官员的主要标准。《荀子·臣道》:"君有过谋过事,将危国家,殒社稷之惧也,大臣、父兄有能进言于君,用则可,不用则去,谓之谏;有能进言于君,用则可,不用则死,谓之争。""事圣君者有听无从无谏争,事中君者有谏争无谄谀。……以德复君而宣之。大忠也;以德调君而补之,次忠也;以是谏非而怒之,下忠也;不恤君之荣辱,不恤国之臧否,偷合苟容,以之持禄养交而已耳,国贼也。"如三国时,魏太祖想攻打吴国,可是阴雨连绵,下个不停,三军将士都不愿行走。魏太祖自然知晓其中原委,可是他执意要实施攻打计划,恐遇有人前来谏议,于是下令:"有谏者死!"身为秘书谏官的贾逵认为魏太祖的决策有严重错误,认为自己应肩负起谏言的职责,便勇敢地向前进行谏净,结果太祖大怒,将贾逵下狱。

面对此景此况,不少秘书谏官们仍然执意正直敢谏、冒死以净,表现出大义凛然的英雄气概。又如南宋的曾开,官居翰林直学士院。绍兴八年金国派使者入临安,要南宋以称臣的条件谈和。高宗、秦桧接受条件,命曾开起草国书。此时仅作为一个普通秘书,曾开当面直陈其弊处,无效,乃请求辞官,拒绝起草。秦桧劝他识时务,他凛然回答:"士人所争的是义,不义之事,虽高官厚禄也不干!"并反诘秦桧为何南宋要采取称臣求和的政策,秦桧无耻地答道,这就和当年高丽臣服大宋一样。曾开怒斥道:"你身为大臣,理当尊主庇民,辅助陛下富

---

① 《贞观政要·政体》。

国强兵,想不到你无耻到这等地步,真是闻所未闻!"秦桧恼羞成怒,将曾开降职处理。虽为义而丢官,曾开却继续联络许多朝臣,联名上书,反对屈膝求和,表现出坚贞不屈的民族气节。

又如宋代的胡寅,身为起居郎,秘书职位虽不高,但忠于职守。建炎三年,他上疏宋高宗,痛切指出,日下两帝被俘,国家蒙辱,陛下理应纠合义师,北上收复失地,然却只顾偷安,畏缩怯敌,惟思远逃,致使军民怨愤、失望。他提出七大建议:"置合议而修战略""大起天下之兵以自强""存纪纲以立国体""务实效、去虚文"等,整顿内政,修明政治,然后收复大宋故土。胡寅虽然为此遭受免职,可是他不顾个人荣辱,敢于直言不讳地指责皇帝,慷慨激昂地陈述复国之策,其拳拳爱国忧民之心,实在可敬可嘉。

因着朝廷的更迭、王君的好恶、谏官的艺术等,谏官制度虽然被保留了下来,然却屡屡受到破坏与践踏。中国历史上,"昏君者多""拒谏者多",这就给谏官们带来了许多不幸与灾难。当谏言从根本上触犯了统治者利益时,谏者往往会招致"杀身"的下场。早在先秦时我国就有一套进谏风尚,秦汉时还专门设立谏官制度。中国古代有一条规定,秘书必须随时随处向主人进谏服务。然而由于双方地位的不同,秘书进谏程度与效果往往要看主人的内在修养品行,因为君主对秘书的谏议可听也可不听,主动权往往掌握在君主手里。如果情况到此为止,那秘书还算幸事,有时甚至以善为恶,换言之,不是秘书之福而是祸!"万一碰上个专断昏庸、听不得不同意见的君主,(秘书)进谏非但改变不了其决断,恐怕连进谏者(秘书)自己的性命也难保。纵观中国历史就会发现,在君主专制制度下,犯颜诤谏者的结局多为悲剧。像商代遭到剖心的比干,春秋时头颅被高悬于国门之上的伍子胥,汉代被处以宫刑的司马迁,这些人就是诤谏者的下场!""在家天下的君主专制时代,贤君少见而昏主多有,没有任何措施可以保证每个上台的皇帝都是贤君,都能纳谏。况且,即使是贤君也未必都爱听谏,魏征不是差一点就被李世民杀掉吗?贤君尚且如此,何论那些昏君!从谏君主可听可不听、甚至进谏者还可能有生命危险,我们就可以想见进谏在中国政治制度中的位置了。"①

秘书谏官在谏诤时,通常以社稷为重,置自己的生死于度外,大义凛然,决不畏死。例如明朝秘书御史王朴,遇事强谏,朱元璋要处其死刑,待赴刑场后却把他召回,问他改不改?王朴答道:"今日请愿速死!"朱元璋大怒,把他碎剐而死。几千年来,这种悲壮的惨剧不知演绎了多少。是什么力量支撑着他们视死如归?因为历代秘书们都把道德和人格完善看作是实现人生理想的阶梯。当

① 刘泽华、汪茂和、王兰仲:《反思专制权力与中国社会》,长春:吉林文史出版社,1988年,第19—20页。

生命与道义不可兼得时，宁可"舍生而取义"，体现了秘书们对人生的积极进取精神和奋斗有为的人生价值。

第五节　"诚信"与"谨慎"

　　秘书作为具有较高文化素养的职业群体，常常践履古代君子言行诚信的为人处世准则。诚信是中华民族所极力推崇的美好品德之一，"诚"有多种含义，如诚实、诚恳、忠诚、诚信等，但其核心意义是真实而不虚妄。"诚"是作用于人的内心道德规范，要求秘书能保持内心的本真，做到表里如一。《大学》说："所谓诚其意者，毋自欺也。""诚"就是首先不欺骗自己，然后才能不欺骗他人。《庄子·渔父》说："真者，精诚之至也。不精不诚，不能动人。"人达到精诚高度，就会体现出本真状态。"信"，"诚故信"[①]就是"真"的意思，《老子》说："信而不美，美言不信。""信"具有两层含义：一是讲信用，二是信任。两者之间具有因果关系：只有自己遵守信用，别人才会信任你。"信"侧重外部言行，而"诚"强调内心的态度。犹如"仁与义气"一样。孔子提出："人而无信，不知其可也。"[②]董仲舒则把"信"列入五常之内，与"仁、义、礼、智"相提并论。

　　实际上，在古代，"诚"与"信"本来是两个意义相近、可以互相训释的名词概念。《说文》就以"诚"释"信"，"信，诚也"。"诚"的本义是真实、真切，引申为人的道德、情感和社会行为，有诚实、诚恳、真挚实意、童叟无欺等含义。"信"的本义是求真守诚，引申为人的道德、情感和社会行为，其内蕴涵了信守承诺、笃守约定等。

　　从思想文化史的角度观察，儒家"诚实"思想的内涵主要有三点：一是以"诚"为真实无妄的本然之道；二是以"诚"为道德之本，行为之源，而以"信"为德的目的之一；三是重视"诚"的实践，强调言行一致，知行合一。政府是国家信用的代表，政府失信是最具破坏作用的病毒。信用，是以社会成员之间相互信任为基础的广义信用。信用的核心在于信任，一方面是指主观上自身是否具有值得他人对其履行义务、能否给予信任的因素，包括诚实、守信的良好品格等人格方面的因素；另一方面是指履行义务中能为他人所信任的程度，是来自社会的评价。传统儒家所说的"诚"是一个很高的道德修养与为人境界，只有通过不断的修炼才能达到。所以这是古代对君子的要求，不是对普通人的要求。

　　当今社会，讲究信用、信守不渝的秘书被称为有道德修养的人，这在古代则

---

　　① 《张载集·正蒙·天道》。

　　② 《论语·为政》。

被称为"君子";背信弃义的秘书,在古代被视为不可交往的小人。所以历代以来,讲信用成为秘书人格修养的重要体现。"信"字从"人"、从"言",从字面上说就是人言为信。它转化为伦理学的意义是真诚无欺、讲究信用。在儒家倡导的"仁、义、礼、智、信"的五常之中,"信"是较为重要的道德原则。作为秘书,信用是秘书人品道德的基本准则之一,同时"信"字的来源与使用恰恰与秘书职业有一定的关联。在《左传·桓公六年》中载随国大夫季梁曰:"忠于民而信于神,祝史正辞,信也。"它最早指祭祀时对上天和祖宗所说的诚实不欺之语。秘书所录之辞,就是神祇真心之语。祝史是黄帝时的一位秘书史官,他兼有诠释对祖先祭拜的礼仪与观察解读天象的重任,这些工作要求严肃、庄严。祷告、祈求、祝福、咒诅之语,必须要求诚实可信,绝无虚假、欺诈之情。自儒家提倡五常之道后,"信"才摆脱宗教色彩,成为纯粹的伦理道德规范。

在传统的秘书人格特质中,突显出古代力量的君子人格,而"信"则是其中一项重要的内容。儒学的核心是"仁","仁"是体,"信"是用。"仁"是"信"的基础和实行的旨归,"信"是秘书人格主体的处世法则。诚实守信是秘书的本分,"不信不立,不诚不行"。① 就是说,秘书对同事、上司、天子乃至社稷,应推诚置腹。正如孔子所说的:"人而无信,不知其可也。"②宋代理学家程颢、程颐认为:"进学不诚则学杂,处事不诚则事败,自谋不诚则欺心而弃己,与人不诚则丧德而增怨。"③换言之,作为秘书,在求学路上、做事途中、待人问下之间,应矢信矢忠,始终不渝,推而广之就是取信于民。"诈害民信,怒害民恩,贪害民财。三害,乱之原也。"④治国先安邦,安邦需治民心。得其心者得其民,得其民者得其国。

春秋战国时期,战事频繁,礼崩乐坏,因此人们要求国与国之间订立一些边境条例和结盟誓言。《春秋古传》:"盟以昭信也。"作为一名秘书,当知信用对于国与国之间的重要性,并以执笔"约书"为自己神圣的天职。所以秘书格外信奉盟约,它是大至国家、小至乡邦制胜变强的法宝。如公元前 562 年(襄公十一年),晋、卫、宋、曹、齐、鲁等伐郑,会盟于亳。载书曰:"凡我同盟,毋蕴年,毋壅利,毋保奸,毋保匿,救灾患,恤祸乱,同好恶,奖王室。或间兹命,司慎,司盟,名山、名川、群神、群祀、先王、先公,七姓十二国之祖,明神殛之,俾失其民,坠命亡氏,足字旁赔其国家。"⑤这明确说明,若违反大家共同订立的盟书,那么,违反者

---

① 晁说之:《晁氏客语》。
② 《论语·为政》。
③ 程颢、程颐:《二程集·畅潜道录》。
④ 张弧:《素履子·履信》。
⑤ 《左传·襄公十一年》。

要受到神的诅咒,要造成坠命、亡国、亡族、失民的后果。作为当时盟约国的秘书,必须信奉信约,把执笔约书作为自己神圣的天职。为了防止他日违约,秘书们常常把盟书放置在一些永久存留的地方,或以金石为质地,或以沉河底为珍藏,或以勒石为见证等。

　　孔子认为,讲信用不是毫无原则的,必须有一定的是非标准作为前提条件。"好信不好学,其蔽也贼。"①这里的"贼"就是伤害,既害别人,也害自己。秘书不能挟气轻诺,违法乱纪,不讲是非原则。同时古代秘书须替君行事、替君虑国,故儒家强调和告诫君王们需信履约践的处事治民原则。司马光在《资治通鉴》卷二阐释道:"夫信者,人君之宝也。国保于民,民保于信;非信无以使民,非民无以守国。是故古之王者不欺四海,霸者不欺四邻,善为国者不欺其民,善为家者不欺其亲。不善者反之,欺其邻国,欺其百姓,甚者,欺其兄弟,欺其父子。上不信下,下不信上,上下离心,以至于败。"所以信用历来是秘书待人处事、治国安邦的重要手段和有利的管理武器。"言行忠,信笃敬"②"朋友有信"③"民保于信"④等就是最好的写照与注脚。万维翰在《幕学举要》中说:"大约主人信任一分,则勇往一分,可以任劳,可以任怨。"汪辉祖在《佐治药言》首条《尽心篇》中诠释道:"食人之食,而谋之不忠,天岂有福之?""故佐治要以尽心为本。"

　　一生历经宋、齐、梁三代的秘书家沈约,24岁时被蔡兴宗推荐为安西外兵参军兼记室,宋末入朝后任尚书度支郎,38岁时,任萧道成的长孙萧长懋的专职记室。后萧长懋被立为太子,沈约升任为东宫书记,校四部图书。43岁时他又兼著作郎,后晋升为太子家令,属太子的专职私人首席秘书。44岁时褚炫当吏部尚书,沈约撰写了《代褚炫让吏部表》,次年又写了《代安陆王谢荆州表》,这两份公文已成为历代公文名篇。46岁时,他受命撰写《宋史》,47岁时书成,后呈送天子。之后,他被竟陵王萧子良招为属下,成为"竟陵八友"之一。为了唱和萧子良的《永明乐》一词,他创作了《谢竟陵王示〈永明乐歌〉启》一文,与人共创著名的"永明体"诗歌体式。49岁时,他任中书郎、尚书左丞、御史中丞等秘书机构要职,其间所写的意气凌厉的弹劾文《奏弹王源》,影响甚大。明帝死时,还为其撰拟遗诏。61岁时,萧衍称帝以梁代齐,沈约被封为中书令领太子少傅,梁武帝的大部分诏令皆出自于他之手。沈约精通典章制度,上书建议将晋代咸和二年(327)以后的谱籍须加以整理并保存,梁武帝接受了他的建议,命令王增孺改定《百家谱》。他又上书论选举,批评当时秀才、孝廉应试中的对策考试内容,主张

---

①　《论语·阳货》。
②　朱熹:《朱子大全》。
③　孟子:《离娄》。
④　司马光:《资治通鉴》。

切合时政,并强调不分士庶,一律必须学而优则仕,这些举措与建议都发挥出较大的历史作用。沈约一生为人正派、品质高尚、坚持信用、才干非凡。虽不曾贵为"三公"行列,但已达到秘书们梦想升迁的最高秘书官衔。文章显赫,才贯南北,他是当时秘书界的道德楷模和标志性成功人物。

时至今日,"诚实守信"作为一条重要的秘书道德条目被人们摆到议事日程上来。诚实与守信,二者互为依存:诚实是守信的基础,守信是诚实的表现。只有内心诚实,待人诚恳真挚,做事才能讲信用、有信誉。在秘书文化中,秘书职业道德具有核心地位。这就要求各级秘书的言行与思想必须保持一致,不伪装、不虚假;不欺上瞒下,不越位擅权,不阳奉阴违;埋头苦干,不计名利,信守自己的诺言。我党几代领导人都非常重视秘书的诚信原则,并把它纳入党的思想教育之中。如毛泽东同志要求他身边的秘书们须讲真话;周恩来同志强调秘书必须遵循"三老"原则,即说老实话,办老实事,做老实人;邓小平同志告诫秘书在处事治国、为民办事中,必须实事求是,不轻易许诺,说到做到;江泽民同志提出各级秘书必须信守于党、取信于民,代表他们的最大利益等。总之,不欺人、不自欺;不说违心话,不做违心事;赴会遵时,许诺守约;表里如一,言行一致,光明磊落,一身正气。归而言之,诚实是秘书的立身之本,守信是秘书的正秘之根。

古代秘书由于工作属性,处于从属地位和"伴君如伴虎"的工作环境中,因而渐渐形成一种谨慎细致的工作态度和作风。秘书界常说"公文无小事",秘书固然做事要勤勉,但是我们认为更重要的是谨慎,心细如发,谨言慎行。《易·系辞》中说:"夫易,圣人之所以极深而研几也。唯深也,故能通天下之志;唯几也,故能成天下之务。"作为上司的助手,要善于观察、善于察言观色、善于利用环境的一切有利因素,慎始慎终。秘书任何时候都处在一个管理组织之中,其上有各级官员,他们意味着权力、权势,在我国古代官本位的体制下,在官场中包含巨大的是风险、政治是非风波。为了保全自己、保护自己,秘书通常采取谨慎地独处,尽量避免招惹是非。汪辉祖在《佐治药言》中反复提到这一点,也是他从事师爷几十年的处世之道。为了达到谨言慎行,大多时候秘书需采取忍让观。所谓"忍",就是忍让,作为辅助角色,处于管理阶层的被动处境,所以秘书不能处处领头、时时炫耀,而要有意地加以埋没,甘于幕后,心甘情愿地充当配角、绿叶。"杨修之死"充分说明秘书的角色意识是何等重要,否则要遭遇杀身亡命之祸。

忠诚、诚信是秘书的首要处事标准,这也是从历史上大量的反面案例中得出的血的经验教训。赵高通晓狱法,擅长书法,善于察言观色,见秦始皇宠爱少子胡亥,就投其所好,教少子书法、法律,以博得秦始皇好感,成为秦始皇的机要秘书，既而首开中国封建王朝宦官秘书专权乱政的先例；汉代皇帝重法制，任用官吏都通晓律令，石显于是投其所好，攻习法律，一切应对都合皇帝心意，后被委任为掌机要文书，元帝时又被升任中书令，他大权在握，遂横行不法；隋时虞世南以文学知名，被隋炀帝用为内史侍郎，诏敕全出自其手，参与朝政，他却欺上瞒下，专以谄媚取宠于隋炀帝，利用职权诬陷忠良，卖官鬻爵，大肆聚敛，可谓"祸国殃民"。

　　然而，当今社会已进入法制社会，要求每一个人必须具有一定的伦理基础和要求。"诚"是对法律、法规而言，必须自觉自愿地尊重、恪守的愿望和意志，"立约以诚"；而"信"，就是要信守法律，不得作伪。当今社会处于转型期，很多制度不健全、不完善，尤其是规则缺失、制度不完善、监督不到位、制裁乏力等，一方面使得秘书有时无规可循，另一方面使得秘书不诚信的各种行为得不到有效的遏制。长期以来，我们秘书队伍中普遍存在秘书事务繁杂琐碎、无足轻重、低人一等的观念；参谋辅助时，只说上司爱听的溢美之词，不敢纠正上司的失误和疏漏，不敢发挥劝谏作用；"怕"字当头，害怕风险，怀揣回避矛盾的心理。

　　社会主义初级阶段，不管在国内任何政府团体还是在企事业单位，对秘书的政治道德要求基本一致。秘书机构事实上是一个要害部门、重要岗位，它接近上司，涉及机密，处于组织运转枢纽，故要求为人正派、做人可靠；同时由于服务对象为上司，它还需符合上司的管理意图与做事要求。因此，秘书要有远大理想，献身精神，真正做到政治上可靠、思想上敏锐、工作上勤奋、学习上刻苦、作风上严谨。秘书在工作中勇于承担责任，不推诿、不敷衍了事，严格认真，忠诚守职，尽责尽力。诚，就是真诚、真挚；信，就是信任、信誉。这不仅仅只是秘书个人的道德品质问题，更重要的是秘书工作作风建设的一个重大问题。

第六章　秘书人格文化论

中华民族的道德规范和传统美德,在加强个人修养方面发挥了重要作用,培养出了无数被历代传颂的贤良秘书,塑造了广为尊崇的秘书理想人格。秘书工作近些年来已从注重文书处理、接待来访的经验为主,转向注重文化素养、合作沟通的智慧为主;秘书与领导者关系,也由一般上下级关系向伙伴关系和团队关系相结合方向转变。与此相适应的是,对秘书人员的遴选从重视性别和外表到注重文化内涵与综合能力的提升,也相应决定着秘书人员素质和智能结构朝着复合性、人文性和综合性的方向转变。

第一节　秘书人格君子论

在中国传统文化的语境里,人格主要是指人的道德品质,即人的品行、操守、境界、道德水准以及尊严等。然而在现代科学语境里,"人格"是指一个人与社会环境相互作用中表现出来的一种独特行为模式、思维模式和情绪反应的特征,也是一个人区别于他人的特征之一。心理学上所言的"人格",主要是指人的性格和气质。因而同样的"人格"一词,所蕴涵的意义存在着较大的差距。心理学所指的"人格"与我国古代儒学所言的"人格"内涵有区别:心理学上所指的性格、气质等均是天性的,带有自然属性,主要是指人的血型、人种、基因等自然差异;而儒家所言的人格更多的是指向伦理学蕴涵。

（一）古代秘书人格提倡贤臣君子

儒家所推崇的理想人格是圣贤,而圣贤包括两个层次的人格追求,即圣与贤。圣指圣王,主要是最高统治者所追求的人格目标,如尧、舜、汤、文、武、周、公等;贤指道德修养水平较高的臣和吏。秘书一生所追求的高标准就是贤臣良吏,而贤臣良吏在儒家经典中通常是用"君子"一词来表示,如《论语》一书中提到"君子"达107次之多。君子必须具有高尚的道德品质和优秀的个人修养,以及对"仁义"具有内心恒定的追求与向往。"仁"是判别君子与小人的重要分水岭。君子胸怀坦荡,光明磊落,团结他人而不结党营私;君子不怕穷困,即使身处逆境也能固守节操;同时君子"临大节而不可夺也"①,为了保全自己的完美人格,甚至可以牺牲自己的生命,"无求生以害仁,有杀身以成仁"。② 无恒产而有恒心,有恒产而无德养,是为君子与小人之分。前者的最佳注解,是颜渊的箪食陋巷而不改其乐;后者的最好说明,是石崇的金谷比富,粗俗残忍。古人所言的"君子"与"小人"不是以财富来划分的,而是以道德来分伯仲。恒心就是良心,基本的人类道德与良知。只有慎独,敬畏天地与民众,无密语室,慎独其行;而小人,尤其是那些自以为是的小人则异行,在大庭广众之下口吐莲花,高谈道义,然在密室内,则若城狐社鼠,纯粹地追求蝇头微利,背叛朋友。

人格力量的培养,有助于秘书的品德升华。中华文化传统就十分注重人格力量的作用。孔子的"三军可夺帅,匹夫不可夺志也",孟子的"富贵不能淫,贫贱不能移,威武不能屈",以及要求秘书培养"浩然正气",都是强调人格力量的巨大作用。通观中国秘书史,我们发现,古代秘书主要追求祸福相倚的辩证思想、过犹不及的中庸思想、宁为玉碎不为瓦全的民族气节、君臣等级尽忠报国的忠君理念、科举考试光宗耀祖的功名思想、棋琴书画慎独内省的儒雅风范等。每一位秘书都自觉地从本民族优秀文化中吸取营养,培养自己的高尚人格。张养浩曾告诫后人云:"人之有死,犹昼之必夜,暑之必寒,古今常理,不足深讶。第为子死于孝,为臣死于忠,则其为死也,大身虽没,而名不没焉。太史公谓死有重于泰山,有轻于鸿毛。非其义则不死,所谓重于泰山者,如其义则一切无所顾,所谓轻于鸿毛也。呜呼! 夫人以眇焉之身,倏耳之年,使之嵩华耸而星日揭者,非节义能尔耶? 况人之贵贱寿夭,天所素定,而谓附此人则得官,违此人则失官,言事则身危,不言则身无所患,此世俗无知者所见,士君子岂以是为取舍哉! 然正直亦有时而被祸者,君子以为不幸;奸邪亦有时而蒙福者,君子以为幸。一以为幸,一以为不幸,则其是非荣辱,不待别而可知矣。故节义者天下之大闲,臣子之盛德,不荡于富贵,不蹙于贫贱,不摇于威武,道之所在,死生以之。彼依阿典忍,枉己徇人者,所谓不关得丧,徒缺雅道,政使获荣宠于一时,迨夫势移事易,起前日之荣,电灭风休,漠无踪迹,其昭昭在人耳目者,奸佞之名千古犹一日,其为辱也庸有既既乎! 呜呼! 宁为此而死,不为彼而生,以是处心,庶无愧于古人矣。"③

封建贵族体制的逐步瓦解,带给秘书们某种意义上的自由和平等。孔子所

①　《论语·泰伯》。
②　《论语·卫灵公》。
③　张养浩:《为政忠告》,沈阳:辽宁教育出版社,1998 年,第 29 页。

言"有教无类",孟子所谓"人皆可以为尧舜",大批自由知识分子"士"奔走列国,实现自己人生的远大抱负。民为重、君为轻,秘书强调"天视自我民视,天听自我民听",把上古天、君、人的次序转变成民、天、君。然而这种民主与自由的精神是相对的、狭隘的,它与现代的民权、民有、民治、民生、民享是有一定差距的。其主要差距在于民可否治国? 主体以民为先还是以君或以天为先? 整个儒家强调的是贤人治国,而非是民众治国,民众作为小人利益,与作为道德利益的贤人君子们是相对立的。换言之,就是主权在王,治权在贤。"饿死事小,失节事大",乃道德至上论。"士当求进于己,而不可求进于人也。所谓求进于己者,道业学术之精是己;所谓求进于人者,富贵利达之荣是己。盖富贵利达,在天而不可求;道业学术在我,而不可不求也。况古之人不以富贵利达为心也,其所以从仕者,宜假此以行道也。道不行而富贵利达者,古人以为耻,而不以为荣。呜呼! 非诚有致君泽民之心者,其孰能与于此?"①

(二)提出秘书人格培养途径

我们认为在当下培养健全优良的秘书人格主要有如下途径:首先,秘书应具备较高的政治素养。秘书群体属于社会管理阶层,为"劳心者"职业,具有阶级性和政治性。秘书工作直接服务于上司工作,是一项政治性很强的工作。因此,秘书要有良好的政治素养,最根本的是在政治上、思想上、行动上与党中央保持高度一致;同时,要有远大的人生职业理想、强烈的事业心、较高的理论政策水平、较强的法制观念、高度的工作责任感和较高的纪律性。只有保持优良的政治思想品格,秘书才能自强不息,在工作实践中忠于职守,坚持原则,经受住考验;只有充分理解党和政府的路线、方针和政策,秘书才能因地制宜,在工作中将宏观大局与微观实践相结合,创造性地开展工作,真正当好上司的参谋和助手。

其次,秘书应实事求是,坚持独立不迁的人格尊严。不随波逐流,不悦世媚俗,不沽名钓誉而趋炎附势,同时具有强烈的批判、反思意识,这些是铸就现代秘书人文品格的重要内容。对传统文化的叩问,对西方文化的批判,对现代文化的反省,都应成为自我修养、个人完善的重要环节。元代张养浩在《为政忠告》中开篇就说:"命下之日,则扪心自省,有何勋阀行能,膺兹异数,苟要其廪禄,假其威权,惟济己私,靡思报国,天监伊迩,将不汝容。夫受人直而怠其工,僭人爵而旷其事,己则逸矣,如公道何? 如百姓何?"②对于秘书人格内涵,孔子认为主要由"仁、义、礼、智、信"所构成。"礼义廉耻,国之四维,四维不张,国乃

---

① 张养浩:《为政忠告》,沈阳:辽宁教育出版社,1998年,第20页。
② 张养浩:《为政忠告》,沈阳:辽宁教育出版社,1998年,第1页。

灭亡。"如何守住四维？只有慎独。慎独但不孤独，一重人格；不慎独而孤独，是为双重人格，故慎独是成为一名优秀秘书人文素质的重要因素。

第三，秘书要正确处理与领导的关系。秘书部门是各级领导机关的办事部门，它直接为领导机关服务。秘书部门的工作是否得力，直接关系到领导机关的指示能否正确贯彻，指挥作用能否充分发挥和各项任务能否很好地完成。秘书为领导服务的同时，应严格遵守服务规则，如不得越位与擅权、不欺上瞒下、不阳奉阴违、不计名利等。在政治上、法律上，以及秘书与领导的人格上，他们之间是平等关系，故应气节刚正，独立自主，实事求是，坚持真理。

第四，秘书要重视家风的建设。家庭是社会的细胞，是人生的第一所学校。在中华文化传统中，"家"具有独特地位，所谓"修身、齐家、治国、平天下"，从个人到国家，"家"是其中最重要的一环，也是传承祖辈文化的精神与纽带。"欲治其国，先齐其家"，有什么样的家风，就有什么样的精神状态、价值追求。"不论时代发生多大变化，不论生活格局发生多大变化，我们都要重视家庭建设、注重家庭、注重家教、注重家风。"①经营好家庭、维护好家风、涵养好家教，是每一个秘书所要面对的人生课题。② 对秘书而言，家风正，则作风淳，就能为廉洁奉公提供精神支撑；相反，家风不正，家教不严，家属亲属相互影响，恶性循环，最终会突破道德底线，走向腐败的深渊。我党领袖很重视家风家教的建设，如在长子毛岸英从苏联留学回国后，毛泽东把他送到农村和工厂接地气；又如刘少奇长女刘爱琴读大学回家时要专车接，他知道后严肃批评道："坐电车和公共汽车不一样吗？"忠厚传家久，读书继世长。

（三）评析秘书诸错误人格观

在秘书人格上也有陈腐、落后观念，我们须加以批判与剔除。首先，依附观。依附的本质是缺乏独立的秘书人格，有人称作"影子人格"。有人把自身秘书工作看作领导的附庸品和管理工具，缺失自主，缺乏主动性，唯唯诺诺，没有自我特色和标签。有人把"秘书"一词误解为是领导的"奴仆""拐棍"，甚至是"奴隶"，唯命是从，点头哈腰，献媚取宠，有话不敢讲，有意见不敢提，不敢越雷池一步。有的秘书人员总觉得低人一等，没大出息，自感悲观。某些领导心目中，也认为秘书工作是"唯命是从、伺候人的工作"，是"为他人作嫁衣"，因而些

———————————

① 习近平：不论时代发生多大变化都要重视家庭建设，在 2015 年春节团拜会上的讲话，2015 年 2 月 17 日。

② 与中国注重内蕴的理性精神有所不同，西方秘书文化的修养（教养）似更重视"外秀"。美国《韦氏秘书手册》中曾提出 21 项要求：礼貌，举止文雅，友好，公允，考虑周到，合作，谦虚，宽容和体谅，忠诚，敏感，勇敢，诚实，自制，灵活性和适应性，交际中严守礼节，注意边幅，准时，乐意培养别人来接替自己的工作，有幽默感，热情，负责。

许秘书觉得即使混上一官半职,毕竟还是"听差"的,感到是"萤火虫的屁股——没大亮"。

其次,越位观。明明秘书自身是一员"僚",一名普通的没有权势的职员,一位领导近身综合辅助的助手和参谋,由于得到了领导的授权,就把自己俨然当成自然领导。然而授权具有时效性,尤其是以临时性居多;且在权力消失了后,有些秘书仍然把自己当成"二首长",自我感觉良好,甚至对下属部门指手画脚,打起官腔、端起架子。有时为领导代言,他们甚至擅自作主。越位行为属于权势膨胀的超前发育,是一种缺乏自知之明的行为。工作有成绩,群众称颂领导,而最辛苦的秘书被晾在一边。在这种情形下,秘书如果不甘寂寞,较真,不服气,到处宣扬自己的成绩,显示自己的才能,与领导争功,最后只能落个"被辞退"的结果。故秘书不能过多表现自我,要谨小慎微。

第三,界限观。秘书把自己工作的界限分得异常清楚,认为分内的事要认真地去做,分外之事,就看自己的精力与能力了,而在大多数情形下却是不闻不问,事不关己,高高挂起,熟视无睹。如我们秘书常言的"不在其位,不谋其政",是可以理解的,也是被允许的。但秘书还要"不在其位,亦谋其政"。秘书虽然不处在领导的岗位、没有领导的地位,但是秘书要时刻具有领导地位的思维、谋略与思考;同时还要超越领导岗位,如从受众角度考虑、从民众角度考虑、从上级领导角度考虑等。秘书要具有敏锐的洞察力,善于分析并预测事物的发展趋势,当好"未雨绸缪"工作,及时向领导提出防患于未然的对策建议,做好"事前诸葛亮"。秘书也要始终摆正自己的位置与身份,处处维护领导的权威与形象,恪守本分,自尊而不自傲,大胆而不狂妄,顺从而不盲从,主动而不越权。

第四,膨胀观。自以为是、自我吹嘘、自我膨胀、目中无人,这样俨然把自己列入高人一等的行列。"你的身份是领导决策的服务员,一旦你受权接受某项任务或处理某个问题时,你的身份马上发生了变化,你不再是秘书,而是领导的代言人或代理人,是秘书身份的化身,此时应自觉地离开我,否定自我。比如为领导撰拟讲话稿,你是厂长的秘书,就应站在全厂的高度来看问题、讲措施和提要求,以至下命令。但是你要知道,你不是领导者,不能有领导者的幻觉。秘书人员应该对这种心境保持警惕性,一旦完成某项任务或某一件事干得很出色,也可能滋生出居功自傲的情绪,由此导致自我膨胀,必须进行自我批判。"①秘书由于常常处在行政枢纽之中,这种独特环境容易使其产生"唯我聪明"的自我良好感觉,环顾四周,会冒出"领导昏聩""群众愚昧",而"我聪慧"的念头,目中无人、目空一切,成为自大狂和偏执狂。

---

① 杜军:《现代秘书素养》,长春:吉林人民出版社,2013 年,第 68—69 页。

第五，共奸观。有的秘书借着接近领导的良机，攀附领导，争名夺利，事事不问是非曲直，看领导的脸色行事，应和讨好，胁肩谄笑；即使领导说错了，也要捧场，惯于给领导唱赞歌；领导讨厌哪个人，便向哪个人使坏水，攻击诬蔑；领导有缺点也不敢提出，随着领导指鹿为马。他们截流上传与下达，扣压和随意增减上行与下行的意见，挟天子以令诸侯，借领导压群众，逼宫就范，借群众围攻领导；甚至结党营私，谋取私利。如原河北省委书记程某两任秘书李某、吴某狼狈为奸并为虎作伥。李某利用秘书这个特殊岗位进行违法乱纪，释放了远远大于他职务的能量。他曾毫不掩饰地说："权力就是金钱，给我1000万元，我也不换秘书这个位置。"还有，曾经轰动全国的原洛阳市委书记武某因受贿罪锒铛入狱的背后，就有他的那个秘书牛某，两人共同参与了以权谋私的罪行。

秘书事实上是在政府、企事业部门中最具有文化素养的职业群体。做一名称职的秘书不仅要有文才、有较强的现代意识和较高的办事能力，更重要的还要具有良好的政治文化素质。这种素质素养主要体现在政治信念、知识结构、文化蕴涵、道德理念及思维方式等人文精神上，既体现了中华民族的优秀传统文化，又融合了当今时代精神与核心价值观。远大的志向需要高尚的人格和道德作保障，要实现人生价值，就必须保持自己的人格，具有高远的道德修养，以实现弘道行仁的志向。在秘书工作中，灵魂必须获得净化，才能形成其厚重的人格。拉丁语曾有谚语曰："比完成活儿更重要的是完善干活人的人格。"办公室是磨练秘书意志的场所，日常秘书工作就是最好的修行方式。认真工作带来的果实，不只是成熟感和充实感，还能磨练人格、陶冶性情，起到修行的作用。

第二节　秘书与上司关系论

秘书工作是人类社会的一种实践活动，和其他社会工作一样，也存在着它自身具有的内在规律。秘书工作的基本规律，是秘书工作诸要素间内在的本质联系，它贯穿于秘书工作过程的始终，并规定和制约着秘书工作的性质和发展趋势。其规律内容如下：领导者的辅助要求是推动秘书工作基本运动的决定因素，因为领导者的辅助要求是秘书工作产生和存在的客观动因，领导者辅助要求的日益强化，是促使秘书工作不断发展的根本动因；同时，秘书工作者辅助水平的日益提升，对提高领导效能有直接而重要的影响，因为领导与秘书这一对孪生姊妹，他们构成一对特殊的矛盾体，相互影响、相互作用。通常在实际工作中，主事者与秘书两者必须合作才能完成任务，然而在秘书实践中却存在着以下四种现象：

其一,和谐共振关系。这也是最佳关系,两者密切配合、有效合作、相互协商、互为促进。

其二,主事牵引关系。秘书工作缺乏主动性,或不善于领会主事者意图,缺乏经验和能力,这通常是秘书初期工作或年轻秘书的工作特点。

其三,秘书主动关系。秘书常常驾驭主事者,后者在工作中却处于被动状态。秘书干政、主政、代政、专政,一般而言,主要原因在于:或主事者能力不强,水平不高;或主事者偷懒,故意让秘书专事,省心省力;或秘书故意强化自己,个人私欲膨胀,欲取而代之,等等。

其四,秘书与主事失调关系。两者难以配合,缺乏沟通,常常摩擦,处处碰壁,这是由性格习性、文化背景、工作习惯、个人经历、情感导向、人生价值观等不同所致。

以主事者为核心是秘书的一切职能活动原则,这是因为秘书最直接、最主要的具体任务就是近身为主事者综合服务:如在工作目标上,与主事者目标必须保持高度的一致;在工作计划上,以完成主事者计划为依归;在工作方式上,围绕主事者展开工作,树立和维护服务对象的权威性,突出主事者,隐藏自己,甘居幕后英雄;在工作谋划上,围绕主事者目标出谋划策,拾遗补阙;在工作性质上,做好主事者的代劳、铺垫、拓展等性质的工作;在沟通联络上,要充当桥梁与纽带作用,充当主事者的耳目等。

尤其是相对于领导工作和其他业务工作,秘书工作具有潜在和隐匿的职业特征,是一种幕后角色,这是由秘书工作的特殊地位和性质所决定的,这就决定了秘书工作的成果隐含于领导活动的成果之中。领导的各项职能实现,均隐含了大量秘书工作的劳动成果。以领导者最基本的职能决策为例,在确立目标时,秘书要进行调查研究,收集各种相关资料;在拟订方案时,秘书要提出可供领导参考的多种设想和依据;在方案优选时,秘书要协助领导进行评价分析,做出正确选择;在决策实施时,秘书还要及时确证信息,为领导决策服务。由此可见,当领导者的一项决策取得成功,或一纸公文获得成效时,秘书工作的成果已然融入其中了。

秘书与领导的关系,对于秘书而言尤为重要,因为它关系到秘书个人的前途命运,关系到秘书工作能否如期完成,而且还关系到秘书工作的效率。同时,秘书与领导的关系也是秘书工作的诸多关系中最重要的关系,我们必须正确认识和有效对待。

首先,在人格上,秘书与领导是平等关系,在法权上是平等的,是国家的公民,双方均要承担公民的义务和责任,而不存在人身依附关系;这就要求秘书们气节刚正,独立自主,实事求是,坚持正义。

其次，在工作上，两者是目标相同的一体关系，固然具有上下级关系，但他们又是目标相向的伙伴与同事，为了一个目标，走到一起，他们之间需要密切配合才能出色完成任务。他们在工作绩效上紧密关联，换言之，秘书工作的绩效，隐含在领导工作的绩效之中。他们工作成功与否的关键，就是如何有效配合的问题。

再次，在责任上，他们是主辅关系，领导具有主动地位——发动、推动工作，秘书处于被动地位。秘书工作的被动性是由秘书工作的辅助作用所决定的，因为秘书工作是为了满足领导活动的需求而产生的，也是围绕领导活动展开的。领导活动为主，秘书工作为辅，秘书工作总是以领导活动的目标为中心，受到领导活动的制约和支配，具有鲜明的受动性特征。秘书不是"我要做"，而常常是"要我做"。这就要求秘书们在工作方式上讲究工作艺术，多做"幕后工作"，尊重领导的隐私，信守自己的诺言，当好领导的助手，委婉阐明自己的观点，维护领导集体的团结，主动沟通并极力化解与领导的矛盾，回避领导层之间的矛盾等。

当然理论上讲较为容易，而事实上是极为复杂而微妙的。我们试以蒋介石的秘书张治中为例进行诠释。张治中多年追随蒋介石左右，处在众多文武高官注目之中，是蒋介石的秘书与心腹。他明知蒋终必失败，却忠心耿耿，甚而为其吹喇叭抬轿子，"讴歌谀颂"提高蒋的威信。而蒋介石对张治中也不薄，"淞沪之战"后，张屡递辞呈，蒋不批，最后准了还要他先履新职①后再走。抗战中，长沙战役之大火，给长沙百姓带来深重的灾难，张自请"严予处分"。蒋宽恕了张，枪毙了长沙警备司令酆悌等三人，只给张一个"革职留任"的处分。1949 年蒋介石发表元旦文告，宣布下野，准备国共和谈。张治中拟返回西北，蒋介石再三挽留："我既然决定下野，以后就要谈和，你怎么能走？你应该听我的话！"尔后，张治中作为国民党谈判组组长，处境微妙与尴尬，特务毛森生扬言"准备用手枪对付他！"凡此种种，足见蒋介石对张治中的垂青。难怪，1949 年 6 月 26 日张治中发表《对时局的声明》时，蒋介石在台北听到后摇头叹息："别人背叛我犹有可说，文白②竟然如此！"一言道出蒋、张关系之深厚。

张治中的机要秘书余湛邦说："(他)是一个充满矛盾的复杂人物。他的主要矛盾在于：一方面和中共有长期密切的关系，另一方面又与蒋介石血肉难分；既一贯主张联俄联共，又同时为国民党右派政治路线出力；政治上既有自己的主观愿望与实践，又无法摆脱国民党反动统治的桎梏。"张治中任蒋介石侍从室主任(一处)多年，素有"君劳臣忧，君辱臣死"封建思想的他，竭力为蒋排忧解

---

①　大本营管理部部长。
②　即张治中。

难,化解矛盾,①可谓鞍前马后,鞠躬尽瘁,往往还吃力不讨好。因此有人说张唯蒋命是从,是蒋的"灶下婢"。但张治中曾说:"在蒋的面前肯说话和敢说话的人很少,而在军人当中,我算是最肯也是最敢说话的一个了。"故此,不时爆出"婢"而不是"卑"的话题来。

蒋介石喜欢大权独揽,全国军事学校校长他要统兼,还兼过中央大学校长、教育部长、行政院长。令人发笑的是,抗战时因战争需要设一个"交通运输统制局",人事部门请示局长人选时,蒋在签呈上大笔一挥:"自兼"。张治中见了很不以为然,不客气地签上一条:"这个运输统制局,以最高统帅兼任,实在不成体制,可由何总长兼之。"蒋无言以驳,批了一个大大的"可"字。蒋介石一度兼任四川省主席,张治中与陈布雷都认为不可,向其条陈利弊,蒋介石还是兼任了。蒋介石每每去成都执行省主席职责,都要张治中、陈布雷随同,实在名不正、言不顺,以至闹到两人要"同盟罢工"的地步,蒋才被迫辞了省主席一职。

1942年,蒋介石突发奇想欲访问印度。张治中首先表示反对,历数利害,认为蒋是大国元首,这不是应邀访华盛顿、伦敦,而是主动访印,接受英殖民地总督招待,不合适,无意义,还会引起英国人的猜疑。但蒋介石一意孤行,结果带一肚子闷气而归。重庆岁月,敌机常来轰炸,某日,蒋、张等坐在防空洞闲谈,张说现在有种现象不好,大家不肯讲话也不敢讲话,认为:"这不是一个革命党内应有的气氛,希望他(指蒋介石)多多鼓励大家讲话,发扬自我批评与相互批评。"蒋介石连连点头,宋美龄在座插话:"讲话是可以,但不能乱讲!"②

任侍从室主任期间,张治中与蒋介石相处得不错。张治中也有失误,某次一战区送来作战计划厚厚一摞,本应先交军令部审核,他考虑到那是一个重要计划,便立刻签字呈蒋。蒋见之,批了一段:"这样厚的一本给我看,究竟你们是我的参谋还是我是你们的参谋?"张治中自感疏忽失职,但又觉得蒋有时挺幽默的,批评人也挺艺术的,不伤感情。张治中对蒋介石的指令,有时"阳奉阴违",有时也擅权,"越俎代庖",也敢担当。比如一些级别不大官员的任免,他代蒋批示,不劳蒋费神,蒋也不问。

蒋介石性情急躁,好冲动。一次外出,蒋介石见四个人坐一辆军用三轮车,车上坐着一个穿便服的。蒋介石下令"把那个人抓来!"侍从副官奉命办了。蒋介石批示:"将那个搭三轮车的人枪毙!"副官请示张怎么办。张治中说:"我负责任,把那张批示交给我吧。"张治中在蒋介石的批示后加上一批:"此人有无死罪,应交军法执行总监部依法审讯。"他同时电告军法总监说:这不过是委员长一时动了气,并非是大事,"关几天就够了,有什么事我负责任。"某日张治中陪蒋介

---

① 调和蒋与邓演达、白崇禧的关系。
② 当时参政会正有人检举揭发孔祥熙、宋希濂。

石游重庆老鹰岩,途中四川公路局一卡车撞坏了同行的一辆车。蒋介石说,要判那肇祸者 15 年监禁。张治中将肇事者关了几个月后,悄悄地将其放了。还有许多蒋介石处罚人的事,张治中认为不尽合理,设法转圜,大事化小,小事化了。张治中很注意方法和策略,在批件上说一些得体的话,给蒋留足面子,让蒋听了悦耳,蒋就不语,签个"阅"字拉倒。张治中认为蒋不作声就是默认。

在国民党的高级将领中,张治中是从未带兵与共产党对阵的一位。1947 年张治中由新疆到兰州,遇到一些反共的军事案件不好处理,他干脆到郊外兴隆山上避风。1948 年蒋介石要把西北行辕改为绥靖公署,绥靖,剿共之别名也。张治中不干,请求出国。蒋介石不得已"允准",把绥靖公署改为西北军政长官公署,这大概是全国唯一的例外。蒋介石对张治中的"偏共"心中有数。在国共谈判中,国共双方为整编后保留军队的数字问题论争激烈。张治中向蒋介石汇报时,坦率地提出自己的意见,蒋介石不悦,两人争得面红耳赤相持不下,马歇尔刚好进来,见此大愕:"到底发生了什么事情?"蒋介石愤愤然地说:"我正在同共产党的代表谈判!"张治中忙向翻译示意,不可直译,杂以他语,遮掩而过。此事一时成为内部人谈资。[①] 可见,秘书做事、办文都要注意当时的实际情况和主官的情感态度,见机行事、有效应对。

就秘书工作的本质而言是辅助性,这点毋庸置疑。秘书工作是上司工作的延展,也是提高上司工作效率的助推器。秘书部门是各级领导机关的办事机构,它是直接为领导机关服务的。秘书部门的工作是否得力,直接关系着领导机关的指示能否正确贯彻、指挥作用能否充分发挥和各项任务能否很好地完成。秘书与领导的关系,从职权的角度上说,是领导与被领导、为主与从属、决策与参谋的关系。简言之,秘书要直接为领导服务。但秘书为领导服务的同时,应严格遵守服务的规则,不得越位和擅权,不欺上瞒下、不阳奉阴违,埋头苦干,不计名利。为此,我们应从以下五方面入手:

1.贴近上司,辅助主事。我们从秘书与上司的工作关系来看,就会自然得出秘书工作是直接为上司工作服务的结论。所以作为一名秘书,应时时在认识上与上司保持一致,甚至在志向人品、气质习性、兴趣爱好等方面尽可能达到志同道合。从两者的时间特征来看,秘书对待特定对象的服务是贯穿于该对象所辖的各项工作的阶段之中,同步运转和全程伴随是秘书工作的一大特色。

2.不谋其政,提供外脑。秘书不是领导,所以应时刻提醒自己:"不在其位,不谋其政。"当上司明确要求和需要你参谋时,应尽可能提供各方面、多层次的材料,为上司决策提供服务。作为一位秘书而言,首要的是使自己具有超前意

---

① 《张治中:蒋介石侍从室主任好当又不好当》,《文史博览》2011 年第 11 期。

识,想上司之所想和所未想的,知上司之急和所未急的,这样就不会发生秘书角色错位现象。

3.没有领导权力,隐含领导权力。领导者的权力包含两个方面:其一,为有形手段,如行政处分、经济制裁等;其二,为无形手段,如人格的力量、出色的才能等。领导如果把两者有机结合起来,就形成较大的权力,并且具有一定的工作权威。秘书工作作为领导直接服务之辅助工作,对上是为领导权力运行服务工作,其本身就客观地隐含着一定的权力,同时有时还会得到上司授权的临时权力。所以,作为一名秘书切忌越位擅权,更不能狐假虎威。

4.领会领导意图,切实做好综合服务。领导意图是领导者指导、部署实现组织目标所提出的确定意见的实质和目的。秘书要紧随领导、服务领导,必须时时领会领导意图,尽可能按领导意图办事,这样才能使服务对象满意。

5.注意幕后工作,切忌台上演戏。秘书工作不仅具有辅助性的特点,而且它还有秘密、保密、守密之特征,这就决定了秘书工作是一项幕后工作、无名英雄。所以作为一名秘书,必须时时身居幕后,甘当无名英雄,默默无闻地为领导服务,切忌出风头,恃才放旷;否则,要遭"炒鱿鱼"之厄运。

从秘书服务于主事和组织管理工作的地位看,其工作的性质是被动的,大约占秘书工作属性的十分之八左右。秘书工作的被动性,具体体现在为上司工作铺垫、代劳、拓展等方面,换言之,是上司手脚、耳目、大脑等的延伸。为此,这就要求秘书甘居幕后,不好大喜功,不显山露水,不肆意炫耀。然而秘书工作又不是百分之百属于被动性质,事实上秘书在工作中还具有一定的主动色彩,约为十分之二左右。秘书工作的受动性特征并不是完全被动的,更不是应付,而应该在被动中求主动。被动性质虽是常态,而主动性质却是非常态,如建议、劝谏、论证、争论、说明、说服、抗争、提醒、规劝、警告、参谋、咨询、代理等时,秘书就显示出主动特点,自觉在应变性和超前性上做文章。

第三节　秘书双重角色论

领导是领导者为了实现预定目标,采用一定的组织形式和方法,率领、引导、指挥、协调和控制被领导者完成预定任务组织的活动过程。中外秘书史表明,领导需要秘书工作的辅助和服务,秘书工作是领导活动不可或缺的辅助环节,两者是紧密联系在一起。领导者需要秘书工作从智力、精力、时间、空间等诸方面补充和拓展,需要秘书与领导者沟通、反映实际情况。

1.秘书双重角色的成因

领导授权秘书办理超越"三办"基本职能以外的其他工作,从而发挥出更大的作用,体现出秘书具有更宽泛的职能,如过去秘书只有催办职能,而现今已具有督促、检查的职能。由于秘书综合素质高、眼界开阔、政治觉悟高,故领导常常把一些棘手复杂的事务交给秘书办理,自然被赋予各种特定任务,有时会超越秘书本身职能范围之外。例如,毛泽东于1952年叫秘书陈伯达去调查东北"五反"情况,1962年叫秘书田家英到湖南去调查农村工作情况等。综合辅助性是秘书工作的本质属性,中介性是秘书活动的现象,授权性则是秘书工作的特殊属性。

秘书的受权理事双重角色,主要指秘书在受权办理特定工作事务中,兼有"主事者代表"和"秘书"的双重角色。因而秘书受权理事是领导者根据工作的需要,将自己权限范围内的事务,授权秘书代表自己去处理,秘书根据领导的意图和授予的权力及要求,代表领导去处理交办的事务。由于工作内容和领导需要不同,授权方式也不尽相同。

2.秘书双重角色的类型

一般而言,授权方式主要有三类现象。其一,确定受权。这时秘书只需依照领导规定的要求、步骤、目的不折不扣完成就行了。其二,弹性授权。这时秘书就要相机行事,在执行或办事过程中应实际形势和环境的变化而变通理事。其三,不确定授权。领导对秘书去理事仅仅给一个笼统的要求或目的,至于内容、步骤、方法等均不确定,因为事实上或许领导对这件事本身也不太了解或不知详情,这时秘书就可在办事中灵活运用,在一定的条件下或范围内,自主理事。

无论是何种授权方式,领导对秘书授权理事都是一次性针对办理特定事务的授权,该事务办理完毕,所授权力自然消失。同类事务再次出现,需经领导再次授权后秘书才能办理。

秘书授权理事,完成领导交办事项,是秘书的近身综合辅助地位和参谋助手职能所决定,也是领导工作拓展和延伸的重要方式;同时更是领导对秘书高度信任的直接体现。在工作上,秘书要代表主事者在委授权力的范围内行使职权、处理问题;同时在工作态度和待人接物上要以秘书原身份,不能以主事者自居。这里关键是领导必须授权于秘书,因秘书本身没有权力,而且这种授权是一次性的;如果要继续使用,还需再次授权。秘书其职务和身份仍是秘书,在授权后秘书仍然没有改变自己的身份和职权,所以这种授权通常是处理特定事项,不是常态。

3.摆正秘书的双重角色

正因如此,秘书在受权时要摆正自己的位置,不能自称"上司",不能"代表上司"以势压人,随意发号施令。在心理上和工作态度上,秘书要始终保持自身角色,不要以上司自居表态和做指示,不折不扣地完成上司的代表职责。尤其在传达上司指示、受权主持会议或接待来访者时,秘书更应明确自己的身份,否则容易用权失范、态度失当。同时秘书要准确把握上司授权的职权范围,处置权的大小,如果超出范围时必须随时请示,须获得再次授权后方能办理行事。

秘书应当有鲜明的角色意识,对自身的地位、工作性质、工作内容有明确的认识。秘书作为上司的参谋助手,虽然不处于决策、指挥地位,但不在其位,要谋其政,凡事要从上司的位置上考虑问题,要有强烈的责任意识——多谋、善划,得法、得力、得当。此外,秘书要树立起一种甘当配角、乐于当好配角的意识。不要以为自己有点见地、又会写点文章、能为上司办成几件事、得到上司一定的赏识,就忘乎所以,自以为是。秘书工作是领导工作的一部分,但秘书不是领导,并不拥有领导所具有的法定地位和权力,要有自知之明。在为上司服务中,秘书要努力学习领导的各种长处和处理问题的经验,要真诚坦率,有情有义,敢讲真话。上司与秘书既是上下级关系,又是伙伴(合伙性、利益一致性)关系。上下级关系提醒秘书,要尊重上司、服从上司;而伙伴关系,则时刻告诫每位秘书,你与上司在政治上、人格上是平等的,只是在团队中分工不同、肩负责任不同而已。秘书与上司不能搞人身依附关系,不能形成一种吹吹拍拍、拉拉扯扯的庸俗关系,败坏社会风气。故秘书必须增强角色意识,强化角色行为,注重提高正能量和正效应,真正做到"自觉、自省、自重、自警、自励",于完善自我中发展自我,于服务领导中寻找自我。

秘书角色还具有时代特征。在封建社会,秘书角色具有附庸特征,"君要臣死,臣不得不死"。在资本主义社会,秘书角色具有被雇佣特征,买卖关系、金钱契约,反映出上司与秘书之间一种雇佣与被雇佣关系。在社会主义社会,人人生而平等,两者不仅在法律上而且在政治上具有平等关系,因而反映出秘书与领导之间仅仅是一种社会分工不同、职权范围不同,是一种遵从与被遵从的上下级关系。秘书虽然以配角的身份为上司服务,但在人格上是同事关系、朋友关系和团队分工关系。李荫臣在《秘书工作基本功》一文中,谈到秘书"要有端正的思想路线,贵在人品"这一问题时,提出了"六要六不要"要求:(1)既要靠近领导,又不要搞小动作,搬弄是非;(2)既要反映情况,又不进谗言;(3)既要尊重领导,又不投其所好;(4)既要贯彻领导意图,又不唯上;(5)既要勤奋好学,又不唯书;(6)既要有严格的组织纪律,又不僵化保守。秘书角色的时代特征是一定时代的产物,当其时代特征形成后具有一定的持久性与稳定性。

第四节　君权与秘书士权论

权力是行为主体根据一定的利益需要和价值理念,通过必要的途径对行为客体施加影响、进行干预与改造的能力。在我国历代政体中存在君权与士权两股力量,他们之间存在相互利用、相互牵制,以及相互影响。在君、官、(士)吏、民中,君自身并没有直接治理民众,而是通过各级官员来实施管理与统治民众。作为朝廷的官员,自身没有直接治理民众,师爷和谋士等也没有直接治理民众;只有地方政府的吏则完成直接参与管理民众的使命。朝廷的官员、师爷、谋士职位的秘书,则存在于君权(官权)与士权的矛盾运动之中,当双方力量与关系处在制衡时,他们需要一定的合作协助成分;然而当他们双方的力量与关系处于非制衡时,秘书们则需要用士权来支撑抗衡的勇气和保护秘书职业的正当权利。

考察我国两千多年的秘书史,发现古代秘书在政治生活中具有三种基本特性:首先,中国古代秘书普遍具有强烈的政治参与意识,学而求仕是秘书最重要的人生追求。其次,古代秘书多以遵循道义价值的士权,来抗争以势压人的君权。再次,古代秘书们作为文化创新与传承的主体,往往对社会风尚、民间习俗、审美态度等进行改造与批判。

秘书服务对象的君权与秘书士权的关系一直以来处于一种悖论式矛盾之中。一方面,秘书士权的产生和扩大是君主集权的结果;另一方面,秘书士权的扩大又对君主集权构成严重的威胁。在春秋战国时期,谋士、客卿等秘书的产生就是为了填补贵族阶层退出历史舞台后留下的政体空白。他们在行政与文化两方面发挥着自身的优势,在"仕"与"学"、"政"与"德"之间有着天然的关联。同时在"上下交征利"的年代,德行的要求被降低而专业化素质要求越来越高,这样,秘书作为基本政治素质和专业化人才必然被迫参与国家政治管理行列。正如韦伯所言:"官僚体制的行政管理意味着根据知识进行统治:这是它所固有的特别合理的基本特征。除了受专业知识制约的巨大的实力地位外,官僚体制(或者利用它的统治者)还倾向于通过公务知识,进一步提高其权力:在公务交往中获得的或者是'熟谙档案'的实践知识。"①秘书们自身以知识技术换取权力、利禄,为此到了战国后期君主与秘书存在一种契约关系,政治雇佣和经济俸禄。"主卖官爵,臣卖智力。"②君主与秘书事实上是一种雇佣关系,君主与秘

---

① 马克斯·韦伯:《经济与社会》上卷,北京:商务印书馆,1998年,第250页。
② 《韩非子·外储说右下》。

相互利用,合作共谋,同时君主与秘书双方均可自由选择。

君权与士权最合理的状况,孔子认为应该是"君使臣以礼,臣事君以忠"。①君权应以礼仪礼节为规范,而士权则以忠义为准则。孟子曾言:"君之视臣如手足,则臣视君如腹心。君之视臣如犬马,则臣视君如国人。君之视臣如土芥,则臣视君如寇仇。"②"忠"就是不枉道徇私,在君主有违道之时,应挺身而出,犯颜谏诤,如比干、微子、箕子、史鱼等。"臣闻:……知而不言,不忠。"③孟子认为如果君主不能做到谏行言听,则秘书可以弃之而去。荀子为此总结道:"大臣父兄有能进言于君,用则可,不用则去,谓之谏。有能进言于君,用则可,不用则死,谓之争。有能比知同力,率群臣百吏,而相与强君挢君,君虽不安,不能不听,遂以解国之大患,除国之大害,成于尊君安国,谓之辅。有能抗君之命,窃君之重,反君之事,以安国之危,除君之辱,功伐足以成国之大利,谓之拂。故谏、争、辅、拂之人,社稷之臣也,国君之宝也,明君所尊厚也,而暗主惑君以为己贼也。"④

到秦汉一统天下时期,秘书以道义价值作为自己最高目标,参与政治无非是实现道义的实现,而非仅仅参政分权。他们继承儒学传统,发扬"学以为己""学以致其道"精神,体现"君子谋道不谋食"的实质。秘书参政、议政是符合儒家原则,但必须分清"义"与"禄"的次第。"士志于道",而非"志于权""志于君",这就是秘书们从道义中获取精神力量,借以抗衡君权的淫威、保持自身人格的独立。当然现实是残酷的,君权是至高无上的,这就更需要外借道义之力来提高政治勇气。"义之所在,不倾于权,不顾其利,举国而与之不为改视,重死而持义不挠,是士君子之勇也。"⑤由原先的"择主而仕""士无定主",转变成"定主而事",从而降低了秘书人格的独立性,以及增加了对王权的依附性。原先的君臣人格的平等性变成绝对的等级性和人格的奴性。法家们认为君臣不谋道而谋利,颠倒了先秦君臣人格平等关系,代之而起的虎狼之争,充满利益血腥争斗。韩非说:"君不同于群臣。……道无双,故曰一。是故明君贵独道之容。君臣不同道,下以名祷,君操其名,臣效其形,形名参同,上下和调也。"⑥

在汉初,一些有识之士看到秦暴亡的历史教训,提倡先秦的谏诤精神,如贾谊曰:"当此时也,非无深谋远虑知化之士也,然所以不敢尽忠拂过者,秦俗多忌讳之禁也,忠言未卒于口而身糜没矣。故使天下之士倾身而听,重足而立,阖口而不言,是以三主失道,而忠臣不谏,智者不谋。天下已乱,奸不上闻,岂不悲

---

① 《论语·八佾》。
② 《孟子·离娄下》。
③ 《韩非子·初见秦》。
④ 《荀子·臣道》。
⑤ 《荀子·荣辱》。
⑥ 《韩非子·扬权》。

哉！先王知壅蔽之伤国也，故置公卿、大夫、士，以饰法设刑而天下治。"①他还告诫说："士民者，国家之所树而诸侯之本也，不可轻也。轻本不祥，实为身殃。戒之哉！戒之哉！"②在"道"与"势"中，秘书官员应秉持"忠臣之事君也，言切直则不用而身危，不切直则不可以明道，故切直之言，明主所欲急闻，忠臣之所以蒙死而竭知也"。③在这帮忠臣言论之下，汉文帝二年下诏曰："古之治天下，朝有进善之旌，诽谤之木，所以通治道而来谏者也。今法有诽谤妖言之罪，是使众臣不敢尽情，而上无由闻过失也。将何以来远方之贤良？其除之。民或祝诅上，以相约而后相谩，吏以为大逆，其有他言，吏又以为诽谤。此细民之愚，无知抵死，朕甚不取。自今以来，有犯此者勿听治。"④这使得汉初一些秘书们把"辅弼之臣"与"直谏之士"两者融为一体，在道义与权势之间保持一种相对的张力。汉兴之初，萧何、曹参、王陵（右）、陈平（左）、审其昌（左）、周勃（右）、灌婴等丞相都是开国将帅们担任。到了文帝四年，丞相一职才由文官张苍、申屠嘉等担任。可是这时期丞相的权威还是很大的，《汉书·翟方进传》师古注："《汉旧仪》云皇帝见丞相起，谒者赞称曰：'皇帝为丞相起。'起立乃坐。皇帝在道，丞相迎谒，谒者赞称曰：'皇帝为丞相下舆。'立乃升车。"《后汉书·郭陈列传》载陈忠上疏："故三公称曰冢宰，王者待以殊敬，在舆为下，御坐为起，入则参对而议政事，出则监察而董是非。汉典旧事，丞相所请，靡有不听。"

到汉景帝时，皇帝开始重用近臣，如晁错，以制约相权。《汉书·晁错传》："景帝即位，以错为内史。错数请间言事，辄听，幸倾九卿，法令多所更定。丞相申屠嘉心弗便，力未有以伤。"然而"丞相遂发病死，错以此愈贵"。到汉武帝时，丞相的作用就越来越弱，君权压制了相权。同时我们发现，一旦相权影响了或触犯了君权，那么，其结果就是丞相本人被迫自杀，如萧望之、翟方进、朱博等。于此相对应的则是丞相的高频率更换，更加重了丞相作用的递减和权威的式微。随着汉朝政权的日益稳固，君权的日益强大，秘书日益沦为附庸的角色。降之朱元璋洪武二十八年，丞相一职被彻底废除。

这种士权的丧失是随着君权强化的必然结果。我们考察并发现秦汉时期，秘书们大都缺乏谏诤的权利与勇气，如秦代赵高的"指鹿为马"，使得黑白颠倒、是非不明。汉代大司农冯异因直谏而得罪汉武帝，于是"天下不说。（张）汤又与异有隙，及人有告异以它议，事下汤治。异与客语，客语初令下有不便者，异不应，微反唇。汤奏当异九卿见令必变，不入言而腹诽，论死。自是后有腹诽之

---

① 贾谊：《过秦论》。
② 贾谊：《大政上》。
③ 贾山：《至言》。
④ 《汉书·文帝纪》。

法比,而公卿大夫多诌谀取容"。① 即使不发言,官员也可以以腹诽之罪被论处,在这种情景之下,秘书们怎么敢谏诤直言呢? 梅福曾在给汉成帝的上书中说:"自阳溯以来,天下以言为讳,朝廷尤甚,群臣皆承顺上指,莫有执正……折直士之节,结谏臣之舌,群臣皆知其非,然不敢诤。"②"阿意顺指,随君上下。"③"自孝武兴学,公孙弘以儒相,其后蔡义、韦贤、玄成、匡衡、张禹、翟方进、孔光、平当、马宫及当子晏咸以儒宗居宰相位,服儒衣冠,传先王语,其醖藉可也,然皆持禄、保位,被阿谀之讥。彼以古人之迹见绳,乌能胜其任乎!"④最终产生了政治上的佞顺化,人格上的臣仆化。谏诤本身是秘书应有的神圣职责,自古皆然,可是在秦汉时秘书们被迫放弃了这一应有的权利,结果必然在秘书与上司、士权与君权、相权与君权之间产生了不平衡现象,导致向君权一边倾倒。秘书们包括相卿御史大夫等均不敢谏诤,"人主自用其刑德,则群臣畏其威而归其利矣"⑤,结果丧失了秘书群臣最基本的辅助功能,也缺失了自身秘书该有的谏诤职能。没有了先秦往日为士的节气,更缺失了那时秘书的人格自尊和自由权利,这是大一统国体政体带给秘书们的一大悲哀之处。

---

①　《汉书·食货志下》。
②　《汉书·梅福传》。
③　《汉书·贡禹传》。
④　《汉书·匡张孔马传》。
⑤　《韩非子·二柄》。

第七章　秘书职业道德论

　　品德是指人的品质、道德，主要包含政治品质和职业道德两个方面。其中道德品质是人们在道德问题上的品格、行为的本质表现，它是调整人与人之间以及个人与社会之间关系的行为规范的总和。职业道德是指一种被社会普遍认可的职业人员必须遵守的道德规范，是与某一岗位人员的职业活动紧密联系的符合职业特点所要求的道德准则、道德情操与道德品质的总和。它既是对本职人员在职业活动中行为的要求，同时又是职业人员对社会工作所负的道德责任和义务。职业道德是一种长期以来自然形成的职业规范，它没有确定的形式，通常体现为观念、习惯、信仰等。一般而言，职业道德大多没有实质约束力和强制力，而是依靠文化、内心信念和工作习惯等支撑，通过职业人的自律来实现。它对某一职业人员的职业道德进行了全面的规范和保证，同时也细化了从业人员在行业岗位所应承担的道德责任。恩格斯曾说："每一个阶级，甚至每一个行业都各有各的道德。"即每个行业与岗位都有各自不同的职业道德，相应地代表了该行业和领域里不同的价值观。职业道德承载着一个行业和领域内的文化和影响力，甚至能关乎一个行业、部门及企业的命运和长远发展。

第一节　古代秘书的职业道德

　　人们的苦痛与快乐在一种人类普遍道德下显现，这是一般的公民道德观。鲁迅曾言："道德这事，必须普遍，人人应做，人人能行，又于自他两利，才有存在的价值。"道德以善与恶、是与非、正义与非正义、诚实与虚伪、公正与偏私等行为为衡量标准，通过教育和舆论的力量，使人们逐渐形成一定的信念、习惯、传统而发生作用。如我们所熟知的中国公民道德就包含了七条内容。① 爱因斯坦曾在《给妹妹的信》中写道："道德是人类全部价值的基础。"

构成人类文明基础的道德，主要由职业道德、社会公德和家庭道德三部分所组成，其中职业道德是道德体系中最重要的层面。正因如此，中央在培育和践行社会主义核心价值观的《意见》中，特别强调我国当前加强职业道德建设的重要性。职业道德具有层次性，底层是对某一种职业从业人员均无条件遵循，是从事秘书工作的必备条件，这是秘书职业道德观，它构成合格与不合格的条件。上层则是把这种道德上升到一种自觉自愿的行动纲领，它上升为优秀与不优秀的先决前提。随着社会分工越来越细，岗位的职业化要求也越来越高。秘书作为辅助人员协助领导进行组织管理，并为该部门领导提供综合服务，其职业道德水准的高低直接关系到秘书工作的质量与效率。所谓秘书的职业道德是指秘书人员在其职业范围内所需要遵守的一切行为规范的总和，是秘书在工作中应该具备的职业责任、职业情感、角色定位以及应遵守的职业纪律和职业操守。当今虽然科技越来越发达、办公硬件条件越来越完备，但对秘书职业道德这一软件的要求，却一点也没有降低，甚至比以往提出更加全面、具体的要求。秘书是秘书道德实践的主体，秘书职业道德简称"秘德"，它是秘书运用自身专业进行近身综合服务、或被授予公共权力去管理组织事务时应具有的道德素养和道德准则。秘书比社会上一般职业更需要具有强烈的社会责任感和良好的职业道德，这是秘书职业人员承担的社会管理职能和所处阶层具有的道德风范所决定的。

从道德发展来看，秘书职业道德具有历史承续性。我们今天秘书职业道德建设，应当大力继承和弘扬中华民族秘书职业道德的优秀传统。古代秘书职业道德是从古代秘书儒家思想大树中衍生出来的枝权，换言之，它来源于儒学的"崇德""不二""中和""有为""谏诤"等博大精深的思想宝库之中。

一、秉笔直书，辅君死谏

中国古代的秘书，按其职能可分为两类：一类是记言秘书，另一类是记事秘书。早在西周时，就自然形成了左史、右史制度。《礼记·玉藻》曰："动则左史书之，言则右史书之。"而《汉书·艺文志》曰："左史之记言，右史之记事。"黄以周在《礼书通故》中认为，左史就是内史，掌记言；右史就是太史，掌记事。秘书史官在记录历史时，他们不以天子的意志而左右，严格按照上古传沿下来的"秉

---

① 《公民道德建设实施纲要》：(1)谦虚谨慎，文明礼貌；(2)办事公道，热情服务；(3)实事求是，讲究时效；(4)兢兢业业，甘当无名英雄；(5)忠于职守，自觉履行各项职责；(6)钻研业务，掌握秘书工作各项技能；(7)奉公守法，不假借上司名义以权谋私。

笔直书"的职业守则来执行记录,具有一定的书写独立性。对后人而言,有了这一职业守则,使得我们今天能有大量而接近史实的文典。为守护这一职业准则,不少秘书遭到撤职、查办,乃至殒身,其历史功绩不可埋没,难怪章学诚得出"六经皆史"的结论。他认为:"或问,周官府史之史,与内史、外史、太史、御史之史有异义乎? 曰,无异义也。府史之史,庶人在官供书役者,今之所倡书吏是也。五史则卿大夫士为之,所掌图书记载命令法式之事;今之所谓内阁六科翰林中书是也⋯⋯皆守掌故而以存先王之道法也。"①作为中国传统文化标志之一的"六经",是由秘书史官们所创造的,可见秘书对中国传统文化的贡献是多么巨大。

从史料记载来看,秉持"秉笔直书"守则的首位者为西周秘书史官太史佚,又称"史逸""伊佚""伊逸"等,曾为文王、武王、成王三代君主服务。汪中《墨子序》曾说:"周太史伊佚实为文王所访,可商营洛,祝荚迁鼎,有劳于王室。成王听朝,与周、召、太公同为四辅,数有论谏,身没而言立。"史佚博闻强记,知识丰富,为人旷达。明朝陶宗仪《书史会要》中曾说,史佚在文王时就创制了"虎书",在武王时又创造了"禽书"和"鱼书"。史佚忠于职守,工作认真。据说周成王早年曾与幼弟叔虞玩耍于王宫院内,随手捡起一片桐树叶赐给虞并说:"我以此封你。"史佚就把此言行记录在册,并事后督促成王践言——封赐幼弟。成王惊诧说:"这是我与弟弟闹着玩的呀!"史佚正色劝谏道:"天子无戏言,言则史书之。"成王没有办法,只好假戏真做,封叔虞为唐侯。史佚是遵守"君举必书""信守诺言"传统职业道德的首位楷模。

又如秘书官董狐,被孔子称赞为"古之良史""书法不隐"。董狐,又称"史狐"。公元前607年,晋灵公企图杀死总是与他作对的执政者赵盾②。赵盾被迫出走,未及晋国国境,他的族弟赵穿就把晋灵公杀了。赵盾闻讯立即返回国都,迎立成公继位,自己继续执政。时任太史董狐在记录这一事件时,书写道:"赵盾弑其君夷皋于桃园。"③古代的"杀"字为遵礼而杀,"弑"字则为背礼而杀,显然董狐在这里选择"弑"字,用义深刻,春秋大义。写完之后,将这一记录向朝廷官僚们宣示,以正视听。赵盾当然不服,反复辩解自己并未杀晋灵公。董狐说:"你身为正卿,避难逃亡未出国境,返朝后又不捕杀乱臣,反而默认既成事实,杀君的罪名当然该由你来承担。说此事不是你主谋,有谁能够相信呢?!"同时阐释了史官的职责:"是就是,非就非,这才是称职的太史。我的头可断,但这个简册万万不能改!"赵盾听了叹息道:"唉! 太史的权力重过了我这个相国呀! 现

---

① 章学诚:《文史通义·史释》。
② 赵盾:即赵简之子。
③ 夷皋:灵公的名字。

在我的恶名不免要传于后世,真是悔之不及。"由此,秘书史官体现出"秉笔直书"的优良书写传统。

再如公元前 548 年,齐国大臣崔杼杀齐庄公,立庄公异母弟杵臼为景公。齐太史直书"崔杼弑其君"。崔杼命令他删改,太史坚持不改。崔杼大怒,遂杀太史。太史二弟、三弟闻讯,继承兄长遗志,继续直书,又连遭杀害。太史的四弟仍然坚持直书如故,崔杼慑于太史兄弟们的凛然正气,只得让太史记下自己的恶行。四弟严正警告:"根据历史事实而如实地记载简册,这是做太史人的天职。如果不守天职而活着,(太史)远不如死去好! 即使我不如实记载,天下还是有人要如实记载。你弑君的事已经成为无法洗刷的历史事实,即使按照你的意思淹没了记载,也未必能掩盖你的罪行……"崔杼听后只好罢休,叹口气就把简册还给了太史四弟。与此同时,正在外面的史官南史氏听说国内太史因据实录而被杀,毅然手执竹简赶回都城,继承太史遗志,走到半路获知太史兄弟已拼死记录在册,才返身而去。齐太史兄弟们和南史氏为了维护"秉笔直书"的真实,不畏强暴,前仆后继,令后人尊崇不已。古代"君举必书""秉笔直书"等书写的精神原则,即所谓的"书法",强调了秘书人员记录帝王言行、国家大事时必须遵循书写真实的原则,它使史官撰拟文书和记录大事时始终保持事件的原貌,体现出记载的真实性和可靠性。

春秋之际诸侯割据,史官的地位日趋下降,职能被削弱,但作为秘书队伍中的一分子——史官们,在春秋时期仍然存在。各诸侯国的秘书史官,都能在风云突变的时代潮流中固守秘书传统,忠于职守。在中国秘书史上,敢于冒死以赴,坚持直笔的秘书官代代有之,"若齐史之书崔弑、马迁之述汉非、韦昭仗正于吴朝、崔浩犯讳于魏国"等。为何在秘书领域里会出现这种直笔载史、视死如归的现象?

首先,历代的秘书们出于一种神圣的责任感,一种类似于对宗教膜拜的虔诚。如前已叙,秘书起源于拜神草之原始宗教。他们为了保存、记录真实史料尽职尽力,视之为自己神圣的职责,是一种如同信徒对其教旨的神圣般虔诚。这种精神和信念,使他们在淫威前内心自然升腾起一种不惧权威、宁可杀头也要按事实撰写历史的强大精神动力。《左传》载:"齐太史书崔杼弑其君,南史闻太史尽死,执简以往。"这个南史明明知道太史兄弟们因直笔而尽死,为何不惧砍头,还要执简以往? 他就是出于这种神圣的责任感与宗教般的虔诚。当然在秦汉以前相当明显,魏晋以后逐渐消退,这不能不说是一件憾事。

其次,直笔也是统治阶级"鉴往知来"的可靠保证和工具载体。历史上有作为的统治者也要求秘书们应直笔修书。如唐太宗在贞观十七年(643 年)浏览高祖节录的材料时,就说:"所记玄武门之变,'语多微文'""史官执笔,何须有隐?

宜即改削浮词,直书其事。"有些皇帝还对直笔载书者加官晋爵,这对秘书功能起到了强化与催化作用。

第三,一些秘书官也认识到必须直笔,才能垂训鉴戒。孔子称赞董狐之"书法不隐",在于董氏之书写真实可靠,对历史负责。北魏高允曾经和崔浩一起撰修《国书》,当崔浩因直笔犯讳,被魏主拓跋焘处死之后,高允经太子营救,从死神中逃出。然而他仍忠实于直笔精神,对太子说:"夫史籍,帝王之实录,将来之炯诫,今之所以观往,后之所以知今。是以言行举动,莫不备载,故人君慎焉。"①后来他又续《国书》时,依然秉承了崔浩的直笔精神,这不能不令人深思,感慨长叹!

第四,直笔后来慢慢地衍化成秘书史官的书写原则和文化传统,这也成为历代秘书史官们"仗气直书、不避危难"的精神支柱。郭璞所言的"忝荷史任,敢忘直笔",②就反映了直笔的这种继承性。而孔子对于直笔举止的褒扬和指向儒家人文精神的内蕴以及"圣主明君"的提倡,使这种精神和传统经久不绝,光大弘扬。

直笔和曲笔是两种对立的观点和传统。所谓直笔,就是"不虚美、不隐恶",实事求是,尊重客观事实,还其本来面目;所谓"曲笔",就是从主观需要出发,"爱憎由己,高下在心"。从道德观来看,直笔是秘书史官的一种职业和学术道德。"德者何?谓著书者之心术也。"③它体现了数千年来人们就知道的一切处世格言上反复谈到的公共准则——直道。在中国五千年的历史长河中,我们透过现象看到这样一个事实:直笔往往与统治阶级的整体利益、长远利益相联系,曲笔则与统治阶级的局部利益、某一集团利益以及短期利益相联系。统治者尤其是"天下之君"的皇帝,因所处的地位不同、站立的角度不一、涉及利益关系不等,故有时与秘书史官发生曲道与直道的矛盾。前者希望"曲笔阿时""谀言媚主";而后者却要奉守直笔之传统,于是有时会发生抵牾。一旦矛盾升级,成为不可调和的矛盾时,前者往往惩罚后者。自古以来只有"直笔被诛",未听说"曲笔获罪",这也造成了历代以来多少秘书史官的奇古冤案。

直笔历来是秘书史官们遵循的职业道德与精神支柱,那些可歌可泣的事迹激励后辈秘书史官们前赴后继、视死如归。它被誉为秘书文化核心中最重要的道德价值与优良传统,世代秉承之、宣导之、发扬之!如隋唐时期,朝廷会议记录制度较为健全。每当皇帝召集大臣议事,都有"起居郎一人执笔记录于前"。而记录的内容必须真实,后人不得更改。记录日积月累,按季转交于史官,被编

①　《史记·魏书》。
②　《晋书·郭璞传》。
③　章学诚:《文史通义》。

撰成册,一般人员不得阅读,连皇帝也不易查阅。唐文宗李昂在位时,统治集团骄奢淫逸,为此文宗特地召集宰相们讨论过此事。起居郎郑朗在场记录,宰相们的谈话中涉及不少集团内部丑闻,郑朗本着求实原则,都一一记录在案。事后,文宗担忧这些丑闻日后见诸史书,会受到后人耻笑,想查看一下记录原本,郑朗据理拒绝道:"微臣所记录之事,要编入史书,按照制度规定,陛下是不能索取翻看的。"文宗只得作罢。有一次文宗想看《起居注》,命人去取,负责记录文宗日常生活的起居舍人魏暮拒绝说:"记录陛下言行是为了监督告诫,陛下有善行,臣不会不记;陛下有错事,即使臣不记,天下人也会记下来的。"文宗不甘心,再命人传话说:"朕以前曾经取阅过。"魏暮据理答复道:"那是因为史官废坏制度,渎职行事,这样做是陷陛下于非法,会导致善恶不辨;同时也使《起居注》失去了记录的真实性,后人不会相信它。"文宗自知理亏,只得作罢。

由于有了秘书文化的"直笔"精神,它不仅为后人留下了大量的真实史料,也留下了许多精神财富。简言之,主要有以下五个方面:

1. 正是历代秘书史官的直书实录,这才给我们今天留下了大量基本可信的历史资料,是我们民族最宝贵的文化遗产之一;

2. 直笔强调以事实为依据,反对歪曲和伪造,因此其思想基础是唯物的;

3. 直笔反映出的道德观,也为历代所讴歌、所秉承,成为中华优秀道德中的一个重要内容;

4. 直笔也反过来显衬、突显那些年代曲笔的种种劣迹:无耻的文人、可恶的皇帝、颠倒的事实、弥天的谎言、阿谀的奉承等。直笔对促进秘书文化的纯洁、社会历史进步起到了垂鉴作用;

5. 直笔对统治者,以及最高当权者,也是一种心理震慑和历史评析。即使禁书、焚书也无济于事;即使坑人、砍人,也无人不晓。书网恢恢,疏而不漏;直笔耿耿,传而不绝。

除了"秉笔直书"外,古代秘书们还遵循"辅君死谏"这一职业道德。集中表现出两种状态:其一为婉言相谏,其二为直言死谏。所谓"婉言相谏",就是秘书根据现实状况,采取针对性、有效性的原则进行谏诤,其目的是最大限度地产生谏诤的实际效果。如宋代的田锡(940—1004),一生担任左拾遗、知制诰、右谏议大夫等秘书官职。他敬仰魏徵,一生以谏议为己任,屡次上疏直言时政得失,先后上疏 52 件,规劝皇帝,为时人所敬重。临终前,他亲自焚毁上疏的全部底稿,说:"直谏是我的职责,岂可将谏书副本藏于家中,传于后代,以标榜自己敢于直言呢?"他死后,宋真宗十分惋惜,对大臣感慨地说:"田锡是一位正直的净谏秘书,每当朝廷稍有过失,我们还在思索,而他的谏书已经送来了。"

再如刘秀称帝前担任行营中主簿的陈副,刘秀征河北时要依法处死一名亲信侍卫,为之怒气冲天,满面阴冷。这时陈副勇敢地站出来,认为刘秀不妥,需要谏诤。秘书陈副虽然觉得当场谏诤或许会给刘秀产生某些消极影响,但认为此事事关大局,不能等闲视之。于是上前劝谏道:"凡是贤明的君主都力求军纪严明,上下划一。现在祭遵公正执法,不因违法者是主上的亲兵而徇私原避,这是正确的。"听罢,刘秀醒悟过来,不仅立即收回成命,还把陈副从祭遵升任为刺奸将军。陈副之所以在上司发怒的情形下,仍能从容进谏,最重要原因就在于他能坚持秘书必须以国家社稷为重的谏诤原则。

但君主有时坚持自己的主张、一意孤行时,为了国家大局,秘书们往往只能采取直言死谏的办法。如唐太宗在位时,中牟县县丞皇甫上奏抨击朝政,说太宗不应修建洛阳院,也不该加重盘剥地租,还说民间百姓梳起高高的发髻,是受了宫廷中的影响。太宗阅后大怒,要治以诽谤之罪。魏徵进言道:"自古上谏多言辞激烈,如言辞平缓,不会引起君王注意。激烈不等于诽谤,望陛下冷静明察。"太宗冷静下来后说:"还是激烈些好。"

然而直言进谏的效果不仅取决于秘书,而且也有赖于主官的态度与胸怀,二者不可或缺。"如果秘书人员看风使舵,只顾自己得失,不管国家安危,那就不可能有直言(冒死以谏)的勇气。如果领导者刚愎自用,只顾自己的面子,不愿听取不同意见,也有秘书人员或许会因自身难保而不得不放弃直言的职责。例如由于君主专制的作用,秦代的博士失去了春秋战国时期游士的'行不合、言不用,则去之'①的独立人格,与皇帝的附庸关系加强,'备员不用',所言不合皇帝心意即遭受冷眼,甚至镇压(如秦始皇的坑儒),故博士们往往商议对策,30 多个博士一致劝二世迅速出兵镇压,'二世怒,作色'。叔孙通见状,忙改口说:'诸生言非也。''二世喜,乃厚赐,拜为博士。'②如此,博士们的咨询参谋作用哪能得到发挥呢?"③

二、佐治辅君、法辅德实

从"崇德""有为"的秘书思想出发,古代秘书们形成了三种秘书职业道德观:其一,义务先于权利。中国古代的秘书职业道德没有公众利益的体现,并不把民权作为自己神圣的职责,而是在皇权下,维护君主的利益,将国家的、民众的利益都转换成皇权的利益,在道德要求上,以一种超乎个人的、时代的成贤义务作为标准。如南朝江淹做过宋代始安王刘子真和建平王刘景素的幕僚,任职过朝廷的御史中丞、尚书左丞、中书郎等秘书高级职位。他不但恪守清正廉洁

①　《史记·魏世家》。
②　《史记·刘敬叔孙通列传》。
③　史玉蛴:《秘书素质与修养通论》,北京:中国社会科学出版社,2011 年,第 101－102 页。

的准则,还具有不屈权贵、追求正义、直言敢谏的秉性。面对混乱政局,他对刘景素敢于直言谏议,并且作诗进行讽谏。面对刘休造反的行径,江淹又奋笔疾书,直言呵斥其背叛朝廷。他在担任御史中丞一职时,敢于弹劾中书令谢月出、司徒左长史王绩等权贵。齐明帝就曾当面称赞江淹是从宋代以来难得一见的严明御史中丞。相比于强调权利优先的近代西方文明价值观,中华文明的价值观在人与人关系中主张义务为先,强调以对方为重。佐治辅君就形成了幕后秘书们的职业特征,默默无闻,没有鲜花与掌声,为他人作嫁衣,台下忙煞,台上无位;同时秘书还需及时为上司补充、修改、参谋、书写、发文、办事、上传、下达等事宜。

其二,道德重于法律。相对而言,道德管辖的区域要比法律宽泛得多,很多法律解决不了的事,道德却可以管辖。道德的主体是人,人的道德素质和自律是道德发挥作用的主体基础。秘书遵循传统美德,不仅能提升自身素养,更能成为一种价值信仰,并凝聚成一种强大的精神力量。每一位秘书均强调自身的道德修养,将道德情操作为自己精神支柱的构成因素,用至诚的道德力量去认真地做好秘书工作。中国秘书遵守的道德中,很有中国特色的是家国不分,关系网密布,重视人伦及亲和关系,在这种情形下,法律规则、条分守则等就在一定程度上被稀释、消解。"三纲五常"是儒家道德的基础,"它所表示的是一个完整的关系网,每个人都不过是这个关系网中的一个小结。在这个关系网中,没有个人独立价值和地位,每个人只是当作一个从属物而存在。"① 从家庭的父子关系上升到国家的君臣关系,其结果是把每个秘书均看成治理国家机器中的一颗螺丝钉,且成为皇帝手中的一个得力的治理工具。儒家向来强调个人主体意识,同时还强调个人修养和道德追求,如"我欲仁,斯仁至矣"。② 然而在"三纲五常"中,这种主体意识常常荡然无存,显示主体的无奈与道德成就的虚无。其先是遵从、顺从和盲从,然后就无法获得个人主体的自由性。就是在宋明理学心学中,古代秘书们也无法突破这一观念上的藩篱。

其三,"以理制欲"。理就是道理的理,欲就是欲望的欲。在道德修养中,儒家贯彻"无欲"方针,认为人欲是破坏道德的罪魁祸首,孔子曰:"君子谋道不谋食。"③他号召要像他弟子颜回学习,"一箪食,一瓢饮,在陋巷,人不堪其忧,回也不改其乐"。④ 孔子提倡寡欲、少欲,甚至无欲。宋明理学主张存天理灭人欲,张

---

① 王宁主编:《中国文化概论》,长沙:湖南师范大学出版社,2000 年,第 251 页。
② 《论语·述而》。
③ 《论语·卫灵公》。
④ 《论语·雍也》。

载曰："徇物而丧心，人化物而灭天理乎？"①程颐提出："灭私欲，则知礼明矣。"②
"父子君臣，天下之定理，无所逃乎天地之间。"③《荀子》提出"以道治欲"，认为每
个人的欲望必须在理性和道德的控制之下。

北魏时中书侍郎高允与崔浩秘书监一起共事，撰写《国记》，然而崔浩的部
下吹嘘崔浩的才能与胆略，并把国史刊于石上，立在郊区祭坛东面。路人看后
无不愤懑，认为篡改历史，泄露宫事，"以为暴扬国恶"。结果皇帝大怒，把崔浩
抓了起来，同时波及高允。太子知高允清正耿直，亲自带他面见皇上，想减轻高
允的罪行。说："高允小心慎密，且微贱，制由崔浩，请赦免其死！"当皇帝亲自问
高允："国书皆为浩所为乎？"然而出乎太子意料的是，高允回答皇上时居然说：
"至于著述，臣多于浩。"皇帝大怒，太子也开始惧怕起来。皇帝问高允："你认为
太子评价你的话可信吗？"高允回答说："微臣确实达到了灭族的罪行。太子因
微臣经常给他讲课，所以同情哀叹微臣的处境，想让微臣被赦免死罪。事实上
太子也没有问微臣，微臣也没有对此回答过，微臣断断不可乱说。"皇帝对太子
说："正直啊！这是一般的人很难做到的，而高允却能做到。临死都不改事实，
确实可信。作为臣而言，不欺君这就是忠贞。为此朕将免以其罪并树立一个榜
样。"而后皇帝命令高允撰写诛杀崔浩五族的诏书，可高允认为（无辜者）罪不至
死。皇帝又大怒，命令侍卫把高允绑起来，这时太子又为高允说情。皇帝的怒
气才稍稍缓解，也理解了高允的深义，叹息道："如果没有高允的话，恐怕几千人
的头要无辜落地了。"某日，太子对高允说："本宫常常为你开脱罪状，而你常常
不依本宫说的话行事，弄得皇上大怒，本宫每每想到这，都令本宫惧怕心惊。"可
高允却回答道："夫史者，所以记人主善恶，为将来劝戒，故人主有所畏忌，慎其
举措。崔浩孤负圣恩，以私欲没其廉洁，爱憎蔽其公直，此浩之责也。至于书朝
廷起居，言国家得失，此为史之大体，未为多违。臣与浩实同其事，死生荣辱，义
无独殊。诚荷殿下再造之慈，违心苟免，非臣所愿也。"④太子听后深为感叹。过
了几年后，皇帝被一些奸臣所怂恿，决定建造太华殿，大兴土木。这时高允就向
皇上谏诤，最后皇帝采纳谏议。高允每次遇到"朝廷事有不便"时，挺身切谏，甚
至有时从朝到晚一直直陈相言，使得皇帝常常为此激怒愤懑，也使得皇帝每每
反省自责。后来皇帝常常对群臣说："君、父一也。父有过，子何不作书于众中
谏之？而于私室屏处谏者，岂非不欲其父之恶彰于外邪！至于事君，何独不然。
君有得失，不能面陈，而上表显谏。欲以彰君之短，明己之直，此岂忠臣所为乎！

① 《正蒙·神化》。
② 《遗书》卷二十四。
③ 《遗书》卷五。
④ 《资治通鉴·宋纪》。

如高允者,乃忠臣也。朕有过,未尝不面言;至有朕所不堪闻者,允皆无所避。朕知其过而天下不知,可不谓忠乎!"①当年与高允一起被任用的人,都不同程度地升官发财,而高允27年来一直没有升官,仍然还是一名郎官。为此皇帝对群臣说:"你们虽在朕的身旁,事实上是摆虚架子的,没有一人谏净。在朕周围侍候朕,其目的是封官许爵,以至没有功劳而当上王公。高允作为一名太史用笔佐治国家几十年,功绩显赫,但职位却仅仅是郎官,你们看到这,难道不觉得羞愧?!"于是皇帝颁发命令,任命高允为中书令。当时北魏的百官们很少有俸禄,高允就常常与打柴人一起,自给自足。司徒陆丽把这事告诉了皇帝,并且说:"高允虽然受到陛下的恩宠,当上了中书令,可是他家仍然很贫困,妻子与儿女们生活上都难以自给。"皇帝听后立即说:"你为何不早一点告诉朕。现在朕任用高允,可你却告诉朕他家很贫困!"当天皇帝就到他家察看,发现仅有几间草屋,厨房里也只有盐与野菜而已。面对此况,皇帝不由得感叹,于是赐高允五百匹布、粮食千斛,同时任命高允的长子高悦为长乐太守。高允坚决不肯接受,皇帝态度坚决,最后高允只得受赐。皇帝非常重用高允,见到他时不叫名字而常常尊称他为"令公"。②

三、敬业忠诚、重义保密

从"忠君""不二"的秘书思想出发,古代秘书们形成了三种秘书职业道德观:其一,忠君重义。"忠者,用心一也。"儒家强调"忠",而"忠"的本意是敬,即尽心。所以"忠贞"与"不二"联系在一起,俗言"忠贞不二"。《左传》载,随国大夫季梁强调"所谓道,忠于民而信于神也。上思利民,忠也。季梁认为,社会管理者对百姓要忠诚。《礼记》载,孔子赞扬虞帝治天下,无私,不厚待其子民,爱护百姓如同父母爱护子女一样,对民众有出自天性的爱心,有忠厚而利民的教诲,使民众富庶而有礼。可见"忠"指对待别人尽己之心,特别是居职任事者应尽心竭力为百姓谋利益。孔子讲"君仁臣忠""君惠臣忠",表明他主张的"忠"是与"仁"和"惠"等密切联系的双向要求,而不是"君为臣纲"的单向要求。忠贞品质,在不同时代、不同社会有不同要求。封建社会用"忠"的纲领,来规范臣对君所应有的思想行为。我们今天倡导的"忠",不是封建社会的愚忠,而是待人忠诚、忠贞不二、忠于职守、爱岗敬业,以及忠于国家和人民。我们倡导秘书的忠诚度,涉及每个秘书对自己的配偶、家庭、事业、岗位及单位的态度。倘若为了个人利益出卖国家和单位的机密,那就是不忠。传统忠德虽然有忠于君王之臣德的糟粕,但同时也包含着一种尽心竭力、利人利公的为人做事的态度。忠具

---

① 《魏书·高允传》。
② 《资治通鉴》,第4035页。

体到岗位就是敬于职事，"执事敬"是中华民族的优秀道德传统，敬业而不懈于职，勤奋而谨慎地处理公事。相比于近代西方文明价值观的重视个人自由，中华文明价值观则的强调个人对于他人，对于社群甚至对于自然的责任。秘书人员的忠诚品质就是时刻牢记自己是领导的参谋和助手，必须全心全意为领导进行综合辅助服务，立业应以至诚为本，是秘书恪守本分之所在。

忠与孝存在一种亲密关联，人们常说"爱于亲者忠于国""忠臣必出于孝子之门"。"孝"的本意为尊重父母，它是人从身边最近处做起的善行，因此有"百善孝为先"的说法。孝是最基本的爱心，儒家的仁爱不限于爱亲，而是以这种天伦之乐作为生命之爱的最初体验，以此为养育人性之起点，进而推己及人，爱他人、爱天下，即孟子说的"老吾老以及人之老，幼吾幼以及人之幼"。仁义之士能把爱亲的体验推之于爱民爱国。一般情况下，忠与孝是顺向的联系。在特殊时空条件下，忠孝面临冲突，难以两全，忠诚义士就服从大义，为国尽忠。清朝则大力提倡"移孝作忠"，利用宗族道德对普通的民众进行控制，族长权力也因政权的支持而变得牢固。结果朝廷的专制与宗族专制联成一气，儒学的教义变成政权的帮凶。当然，历代秘书们虽有形而上的义理、有治道层面的技艺，然而缺乏政道的实施，离不开贤君圣相的个人德行，无法从根本上解决统治的合法性、权力的限制性和权力的有序更替这三个问题。

其二，重义轻利。古代的秘书们重视义气，所谓"义"本意是宜，指适宜、恰当。孔子说，"君子义以为上""见利思义""不义而富且贵，于我如浮云"。孟子说："不该由自己所得的东西，却去取了过来，是不义的。"义是人们的行为准则，义行指合宜、得当的行为，包含有恪尽职守、发挥才能，对社会国家尽法律和道德上的责任与义务等内容。义是对是非善恶正确果断的裁决，既是道德情感，又是道德判断。义行则是人们责任感、义务感的外化过程。行义即自觉自愿地按义这种道德原则行动，是高尚的道德行为。唐朝宰相卢怀慎，一生历任多处高位，但一直保持着清正廉洁的作风。家中不仅没有积蓄和值钱的财物，连一块像样的窗帘都没有，甚至身边的妻子和儿女的温饱问题都难以解决，并且从不接受他人赠予的财物，清贫清苦。在他去世两年后，有次玄宗皇帝去郊外打猎时路过他那破旧的茅屋，得知是宰相之家时，大为感叹，立即停止了打猎活动，当场赠送了他家细软绢帛。质言之，精神需要高于物质需要。生命的需要是一种物质需要，很重要，但是精神的需要更重要，所以要舍生取义。涉及生死的问题，从孔子到孟子都表达了人格的尊严、人对道德理想的追求比仅仅保存生命还重要。

由于秘书工作的职业特点，历代都对秘书提出了一条苛刻的要求：严守秘密，严守保密纪律。秘书要做到不该问的绝对不问，不该看的绝对不看，不该说的绝对不说;对上司在讨论中的一些不同观点、意见和尚未做出决定的问题,不外传、不泄密;对机要文件不私自带出办公室或擅自抄写、复印与摘录;提高保密警惕、执行保密法规、严守秘密内容,模范执行保密法规和制度,养成良好的秘书职业保密素养。

四、中庸遵礼、宽容忍让

相比于对待冲突以抗暴为主的西方近代文明价值观,中华文明对待冲突,则侧重协调和解,主张"和而不同、融合化解"的方针。从这秘书思想出发,古代秘书们形成了两种秘书职业道德观。其一,折中调和。古代秘书们做人讲究中正周全,平和方正;讲究中规中矩,不偏不倚、做事不走极端、不轻易断案;既要通盘考虑,立足现实,又具有继后和超前意识。其二,尽心尽力。古代秘书官员大多对秘书工作认真负责,能严格遵守秘书工作制度。如唐高祖李渊时的内史令萧瑀,敢于驳正高祖批示的诏令,甚至把高祖的诏令扣押下来,后来高祖知道后大怒。然而他借隋朝灭亡的教训,谏净道,每当他看到高祖批示与以前下发的诏令不同甚至抵牾时,他就擅自扣押下来,其目的是保证政令的一致性和连贯性。高祖听后怒气大消,并嘉奖他尽心尽职的职业精神。

秘书的中和思想还体现在"不能恃才傲主",历史上不少政府秘书因此而惨遭杀戮,而服务东家的师爷,则被东家无情解聘。譬如三国的杨修,好学能文,才思敏捷,为曹操的高级秘书。但杨氏口无遮拦,喜炫耀自己的才能,常揭曹操的政治内幕,导致曹操从反感厌恶到不留后患而除之。恃才傲主是秘书工作的大忌,因为上司决定论是秘书工作的原则。在工作中,秘书始终是处于辅助与被动地位,秘书必须找准自己的位置、认清自己的身份,不能越权越位,是台下工作、幕后岗位,切忌自以为是、自作主张,这是血的教训。何况杨修还是曹操死敌袁绍的外甥,曹操因慕其才而用之,杨氏更应深谙此复杂关系。然而他故意在曹操前逞才、恃才、慢君,曹操当然不能容忍,于是杨修成为刀下鬼。再如祢衡,年少才高,不到 20 岁就被朝廷重用,孔融的举荐书《荐祢衡表》中称他为:

> "淑质贞亮,英才卓砾。初涉文艺,开堂睹奥。目所一见,辄诵于口;耳所暂闻,不忘于心。性与道合,思若有神……忠果正直,志怀霜雪;见善若惊,疾恶若仇……飞辩骋辞,溢气坌涌;解凝释结,临敌有余。"

然而他看不起曹操,托病不往,还口出不逊之言。秘书与上司是被领导与领导、服务与被服务关系,秘书需忠于职守,精心服务,不能掺杂个人私心杂念,也不能因为个人恩怨和得失而背离上司工作的需求。秘书要真诚地与上司相处，表里一致，堂堂正正，光明磊落，不搞阴谋诡计，不搞阳奉阴违，因为秘书如果不忠于、不配合上司工作是不道德的行为。曹操在大宴宾客时，让祢衡击鼓，没想到祢衡故意当廷脱衣、不修边幅去击鼓，失去礼仪与礼节，让主人难堪。于是曹操就产生了舍弃祢衡的念头，把他送给荆州牧刘表。祢衡又与刘表不合，刘表又送给江夏太守黄祖。在一次宴会上，祢衡又顶嘴谩骂黄祖，后被黄祖警卫武夫腰斩，时年才 26 岁。所以杨修、祢衡等人为后代秘书们树立了一个真实而惊心的反面典型。

　　还有历史上有些秘书喜欢揭别的秘书之阴私，打小报告甚至捏造罪名，虽得逞一时，然其终被历史所唾弃。如明代的黄淮，明成祖时任中书令，与解缙常立御榻之侧，以备顾问应对。后黄淮常常借机打解缙的小报告，说解缙言语放荡、言行不轨等。果然解氏被贬，黄氏取代解氏而迁为右春坊大学士。

　　秘书职业在我国具有悠久的历史，我们对秘书从业人员职业道德水准可进行层次上的甄别：如果从传统秘书文化道德角度来探究，秘书的道德可以划分为宗教性秘书职业道德和职业性秘书道德两大类。如直笔书法、君举必书、冒死以谏等都带有宗教性秘书职业道德范畴；而"合则留，不合则去""尽力尽心尽言"等就成为职业性道德。作为职业性道德，对每一位秘书来说都是必须遵守的，它构成合格的标准；但作为宗教性道德，则对秘书提出了更高要求，它是构成优秀的主要标准。其中职业性道德是基本的道德层次，是合格的秘书所应具备的；宗教性职业道德体现的是道德的更高层次，是优秀秘书需要具备的。我们从秘书的道德层次出发，通过道德修养里面蕴涵的文化精神，就能判定这个秘书合格或优秀的层次等级问题。

五、勤奋好学、谨严慎独

　　古代不少秘书出身低微，靠自己的勤奋而出人头地。譬如汉朝的路温舒，自小牧羊，无钱供书，于是他就"取泽中蒲，截以为牒，编用写书"，后谋得狱小吏职位。此时，他又刻苦自学法律与司法文书，后成为县狱吏。郡守发现了他的才华后，升他为郡府决曹吏。后上《尚德缓刑书》，他深得皇帝的赞许，当上广阳私府长。还有儿宽，出身寒门，谋得牛羊馆。有一次他回府送牛羊报表，正好碰上廷尉府的秘书们面对退回来的奏章一筹莫展、不知何答的情状，儿宽于是上前一一点出错处。此时那些平时趾高气扬的秘书们都惊呆了，就请儿宽代为重新起草公文，儿宽也不客气，一挥而就，令人叹服。而后秘书们把这件事告诉了张汤,张汤召见后认为他是"奇才",升为椽吏①。汉武帝看了儿宽写的奏章,叹为"非俗吏所能及"。张汤升任御史大夫后,继续让儿宽当椽史,随后举荐他当侍御史。不久,汉武帝任儿宽为中大夫,后迁至左内史、御史大夫。路温舒、儿宽等靠的是个人的勤奋与刻苦,才取得出色的秘书成就。

　　事实上从事秘书工作者必须具有较高的文化素养。《隋书·经籍志》中强调,选拔任用秘书,"必求博闻强识,疏通知远人士,……前言往行,无不识也;天文地理,无不察也;人事之纪,无不达也。"要求综合知识,知书达礼。柳宗元的《送邠宁独孤书记赴辟命序》,是对被邠宁节度使杨时聘用为掌书记的友人赴任前的临别赠言。他说:

　　　　则曳裾戎幕之下,专弄文墨,为壮士捧腹,甚未可也。吾子历览古今之变,而通其得失。是将植密画于借箸之宴,发群谋于章奏之笔,上为明天子论列熟计,而导扬威命。然后谈笑罇俎,赋从军之乐;移书飞文,谕告西土劫胁之伍。俾其箪食壶浆,犒迎王师,在吾子而已。往慎辞令,使谕蜀之书,燕然之文,柄烈于汉史,真可慕矣。

柳氏认为,作为"俾职文翰"的掌书记,要熟悉历史的变化与得失;要像汉代张良那样善于为府主出谋划策;要能将众人商定的战略撰拟成有表现力的奏章,上呈皇帝,供皇帝决策;要善于宣读、解释皇帝颁发的诏书;要在庆功宴上赋诗;要能写出各种文书公示;甚至,在叛乱的将士被平定之后,还要"箪食壶浆,犒迎王师"。多才多艺,能言善辩,秘书要具有多种文化素养与才华。

　　不仅具有较高的文化素养,古代秘书基本上个个是写作高手。他们大多具有才气,落笔成文,文采四溢,而不仅仅伏案守时。如汉代秘书枚乘,有赋九篇,今存《七发》等三篇。后人沿用此体,其文体被称作"七体",足见对后世大赋创作的影响。再如三国的秘书陈琳,为文洒脱,著名的《为袁绍檄豫州》大为曹操称赞,后为曹操的高级秘书。曹丕分别在《又与吴质书》和《典论·论文》中对陈琳的文笔倍加赞扬:"孔璋章表殊健,微为繁富。""琳、瑀之章表书记,今之隽也。"阮瑀文采也出色,他受命作《为曹公作书与韩遂》,于大军待发之时在马背上一挥而就。曹操阅审时,竟无法增损一字,足见他文字功底到了炉火纯青的境地。曹丕曰:"书记翩翩,致足乐也。"②

　　秘书的谨慎,既体现在谨言慎行,确保言行无误;又表现在言必有据有理,行必可行有效。秘书应注意没有确凿的话不说,没有把握的事不做,细致、周

---

① 文档秘书官。
② 曹丕:《与吴质书》。

密、严谨、严格;办事做到不能在小节上坏己,也不能从小节上坏事;未经领导同意,不能随意表态与许诺;未经领导授权,更不能代替领导发命令下指示;每个环节、每道程序、每个词语、每项任务,都要细心过目,查核清楚,谨慎细微。

第二节　幕友师爷的职业道德

幕友在衙门中是一种特殊角色,非官非吏,与上司之间则存在亦宾亦友的关系,故幕友在政府管理机构中,地位特殊,身份多样。他们有自己的职业道德——"佐治之道":"循其名,则成名幕;背其道,则成劣幕。"学者史玉峤论述道:"明清时代至民国,师爷成为中国秘书队伍中的一支重要力量。师爷的历史渊源,可以追溯到先秦时代的门客、舍人和秦汉以来将帅幕府中的参谋、记室等职,以及汉、魏、宋、元时的主簿、长吏等幕职官。师爷通常指的是明清时代地方官署中主管官吏聘请的帮助自己处理刑名、钱谷、文牍等事务的佐理人员。师爷是社会上对幕友的俗称。师爷发端于明朝中晚期,兴盛于清朝,衰亡于清末民初。在清代地方官吏上至总督、巡抚,下至知州、知县,一般都要聘请若干位师爷辅助自己处理政务,这就形成了一支庞大的师爷队伍。"[①]对于历史上的幕友、师爷的职业道德,我们归而析之,主要体现在以下四个方面:

1. 合作自重

名幕汪辉祖认为秘书应当具有合作精神,在就职前必须对主人有所了解,只有你与主人的兴趣爱好志向等"深相契合"时,你才能赴任,说明秘书工作不是一般器物制造的简单流水线工作,而是具有深厚文化蕴涵和人类精神道德的灵魂工程师特征的工作。汪辉祖的好友鲁仕骥在《佐治药言·序》中说道:"今君(汪辉祖)自述三十余年所佐凡是余人,皆深相契合,有师友之义,而君尤凛然自重,不苟去就,庶几古人之风也哉,君今自为也。"只有主人与秘书两者相近、相似、相当时,两者才能深交、做朋友,才能形成共事合力。汪辉祖在自序中说:"所主者凡十四人,性情才略,不必尽同,无不磊落光明,推诚相与,始终契合,可以行吾之素志。"说明他在服务十四位主人而充任师爷中,均与主人建立了相互尊重信任的良好关系,因此能在其师爷的职位上有所建树。反过来说,这也表明主人与秘书的契合程度是首要条件,带有一点缘分的关系在内,正如古人所云的"可欲而不可求"之意。如果配合不默契,秘书就要断然离开。

自重就是要自己看得起自己,既不要妄自菲薄,也不要自高自大,以真诚的

---

① 史玉峤:《秘书素质与修养通论》,北京:社会科学出版社,2011 年,第 5—6 页。

朋友之心来对待东家。这就提出幕友必须是真材实料,货真价实。师爷肚里必须有真货,不能是冒牌货。因为师爷是靠专门技能吃饭,必须精通幕学,足以佐治,才能立足稳固。自尊自重才不会流于自高自大,这是清代很多幕学指导书所强调的一项重要原则。万维翰说:"幕友如果胸无成技,人云亦云,委蛇进退,碌碌无为,滥竽充数,就只能是'莲花幕客',与保姆佣人之类为伍。"《佐治药言》中特立"立品"一条,提出:"自视不可过高,高则意气用事;亦不可自视过卑,卑则休戚无关。"同时幕友还要顾官声、留幕名,"卖文度日,以才佐人,并非快意事,但绝不能有寒乞相,使主人菲薄"。尤其不能唯利是图,见钱眼开,"岁脩无论多少,是分所赢得,此外多取主人分毫,便是情分"。如要急用,可预支岁脩,并有限度,否则遇有不合,"势必不得洁身而去"。这就要求秘书必须具有"凛然自重"的秉性与风范,否则畏缩不前,或成为上司工具,或成为主官奴婢,或成为贪官帮凶。难以成为主官的师长和无法分清宾主的身份,师爷就不能实现和完成佐治辅助的作用。友人张廷骧也同样指出:"幕道断宜自重。"

2.尽心、尽力和尽言

幕友是一群具有一定文化水准的人群,他们知书达理、遵循道统学说,明尊儒暗实法,受聘于主官,尽忠东家,受钱出力。

(1)尽心

所谓尽心,就是要认真履行幕友应承担的职责,做好每一件东家交办的公事。《入幕须知·赘言十则》中称:"幕友既称佐治,则惟主人私事不必与闻,其他凡属在官之事,以及官声之所系,皆宜关心。例如门丁之有无舞弊、书差之有无蒙混、押犯之有无淹滥,都应随时精神贯注,留心稽察。"《佐治药言》首条就是"尽心"。汪辉祖说:"然幕友岁脩所入,实分官俸亦在官之禄也。食之人食,而谋之不忠,天岂有以福之?且官与幕客,非尽乡里之戚,非有亲故之欢,厚廪而宾礼之,什伯于乡里、亲故,谓职守之所系,倚为左右手也。而视其主人之休戚,漠然无所与于其心,纵无天谴,其免人谪乎?故佐治要以尽心为本。"幕友拿了别人的分内工资的一部分,获取了本该是主人之"耗银",又不尽心做事,这要遭良心的指责,也要受到上天的谴责。

尽心就是按主人意旨办事,又要发挥自身独立判断能力,不能人云亦云,对主人唯唯诺诺。"官为政一方,百里之内,惟己为大。"[1]因此当全县州内没有对官员说反对时,师爷只有站出来,明于事理、拨非反正。师爷往往是旁观者清,主官为当事者迷。此外,"官声日著,幕名亦显",师爷与主官的真正利益是相一致的,换言之,他们之间是一种利益共同体的关系。《幕学举要》曰:"官与幕相

_____

① 《佐治药言》。

表里,有能治之官,尤赖有知治之幕,而后可措施无失,相与有成。"当然幕友在尽心时,也要考虑主官为人。如果东家主观骄傲,自高自大,幕友也就要审时度势,不必竭忠尽言,以免造成主宾相怨。譬如乾隆二十一年(1756),汪辉祖当时的主人胡文伯受差遣至山东临清督运漕粮,汪氏不欲远行,托病拒聘。经胡推荐,汪转至无锡县向一位姓秦的绍兴刑名师爷见习刑名幕学。后来在办案中,汪与秦出现了严重的分歧。案情是无锡县①的农民浦阿西的童养媳与浦的小叔父通奸,被人发现,抓到官府。秦师爷缓引清律——侄媳与叔父通奸,为十恶大罪中的"内乱",拟判两人充军;而汪师爷认为应按常人通奸论处。无锡知县魏廷夒赞同汪氏。详文送到常州府后,常州知府以两人为有沾带亲属不得同常人相同驳诘。汪氏以议禀顶复:"妻之服制由夫而推,王氏童养未婚,夫妇之名未定,不能旁推夫叔。"知府勉强同意此说,仍持原议。后转至江苏按察司,又遭驳诘。认为"王氏一直称浦阿西之父为'翁',翁之弟即为'叔翁'。"汪氏议道:"翁者,对媳妇之称,王氏尚未为媳妇,则浦阿西之父尚未为翁。其呼'翁'者,沿乡间惯例分尊卑长幼之通称,乃翁媪之翁,非翁姑之翁也。"按察司默认后,又转到江苏巡抚庄有恭手里,他系乾隆四年状元。庄认为王氏不应与常人看待,对此汪辉祖顶议道:"童养之妻,虚名也。王习呼阿四为兄,阿四习呼王为妹,称以兄妹则不得科以夫妇。"庄巡抚又指摘此案:"礼:'未庙见之妇而死,归葬于女氏之党。'以未成妇也。今王未庙见,妇尚未成。且《礼记》曰:'附从轻。'言附人之罪,以轻为比。《尚书》云:'罪疑惟轻。'妇而童养,疑于近妇。"强调王氏没有正式成婚同房,与浦阿西并没有夫妻名分,与他的叔父就没有叔父、侄媳的亲属名分,应该从凡(常人)论罪,从轻论处。不过为了表示考虑到上司屡次驳诘的意见,汪氏认为王氏与奸夫应按凡论罪之从重论处。按清代律例,和奸罪男女同罪,各杖一百、枷号一个月,王氏和奸夫则从重判处各杖一百、枷号三个月。王氏归母族另嫁,浦阿四另娶。汪辉祖的建议得到了庄巡抚的首肯,最终以此终审执行。庄巡抚还称赞汪辉祖拟详文,以及几次驳诘,"合情合法"。② 无锡知县魏廷夒也得到上司的赏识,这一切的功劳无不受益于汪氏的忠心与尽心。

(2)尽言

所谓尽言,就是知无不言,言无不尽。尽言的本质也在于以公心为前提。《佐治药言》曰:"宾主之义,全以公事为重。智者千虑,必有一失;愚者千虑,必有一得。"汪辉祖认为,幕友首先应该做到尽言,然后才能做到尽心。"故必尽心之欲言,而后为能尽其心。"同时他还分析幕友尽言的重要性,认为其他官员、亲友和下属中虽然也有尽言者,但虑及所处的地位、身份、利益等,很难打动官员。

---

① 今江苏无锡市。
② 《病榻梦痕录》,卷上。

"惟幕友居宾师之分,其事之委折既了然于心,复礼与相抗,可以剀切陈词,能辩论明确,自有导源回澜之力。"不过幕友的尽言也要看对象,万维翰在《幕学举要》中说:"大约主人信任一份,则勇往一份,可以任劳,可以任怨。若是主人有疑心隔阻,则退缩收敛,不必图功,立身于无过而已。"譬如乾隆二十七年(1762),当时汪辉祖在给浙江平湖县县官刘国恒当刑名幕友,那年湖州府孝丰县境内运河段发生一起抢劫商船的案件。按清律规定,在江河要津行劫属于严重刑事案件,要立即通报附近州县协助缉拿罪犯。邻近的刘国恒知县得到通报后,派出民夫、捕快至码头、水道巡查,结果没有发现线索。时近年底,刘知县按惯例封印,这一桩邻境的重案也就暂时搁置。汪氏也回家过年。就在过年时,平湖县有个叫盛大的逃犯,纠结一伙流民打劫,还没得手就被捕获。刘知县在开印后立即提审犯人盛大,在审清这件抢劫未遂案件后,又顺便审问盛大年前在孝丰县的运河抢劫案是否是他干的,盛大只是略作辩解就承认了。刘知县不禁心中暗喜,赶紧下令把盛大一伙关入监狱严加看管。次年提审时刘知县又追问赃物的下落,盛大供认年前卖给一个过路客商,得到的钱财已挥霍一空,只剩下一条蓝布被。刘知县再提审盛大同伙,果然也都一一供认不讳。刘知县觉得这次无意中破了一次大案,暗中窃喜,移交孝丰县,请遭劫的客商前来认赃。那位客商到后,看了半天才说那条棉被是他的。刘知县把盛大等人押来请客商辨认,客商也只是说那天黑夜被劫,没能看清劫匪的面貌,无法辨认。刘知县有点失望,请客商回孝丰等候,一面赶紧派人请汪师爷回署商议此案。

汪师爷回署后发觉此案蹊跷,供词如出一人,使人怀疑,建议晚上再审。汪氏则躲在屏风后细听,情形与上次如同一辙。汪氏建议明日再审,并把轻犯讯为重犯,结果漏洞百出,出口冤枉。刘知县一拍惊堂木,厉声喝道如实招来,原来这些人都是盛大的死党,认为盛大这次死定了,多认一个死罪其结果也是一样。案情结束后,汪氏判主犯盛大发遣边疆,其余从犯行劫未成,分别为充军、徒刑。可是其他幕友纷纷责难汪氏,认为他"曲纵枉法"。汪氏听后,就向刘知县表示要辞馆,另谋他就。刘知县不允诺,汪说:"大人如果想留一条可疑的蓝布被就定几个人的死罪,非但鄙人可能大损阴德,贻祸子孙,就是大人也会后患无穷。"刘知县就按汪氏呈文。两年后苏州府元和县捕获一伙江洋大盗,他们承认孝丰县案也是他们干的。刘知县当时已升任江西九江知府,而汪氏也转任杭州仁和县刑名师爷。刘氏在赴任途中特意到杭州与汪氏会面。两人相见,提起旧事,刘说:"你当时力主反盛大一案,真是神了!"汪笑着说:"这只是大人不该抵诬陷之罪,鄙人不该做绝嗣之事。"①

---

① 《续佐治药言》。

（3）尽力

所谓尽力，就是全力支持官员，克俭克勤，任劳任怨。譬如，钱谷师爷要为官员选择殷富户书、银匠，管理解送赋税银两等事宜操劳。将所有征收到的零碎银两铸成 50 两一锭的标准大银锭，运时将圆木一剖为二，中央挖空，嵌入银锭后合上，打上三道铁箍，封上封条，打上暗记，这就成为"银肖"，每肖 10 个银锭，共 500 两银子。每一起解送习惯上称"一杠"，所以又称"杠解"。直送钱谷师爷至指定地点的称"长解"，按站轮换护送师爷的称"短解"。每杠起运，钱谷师爷都要通知当地驻军派兵护送，并行文照会沿途州县接应守护。解送到指定地点后，他要与当地主管的钱谷师爷接收，当晚先行押运进库。第二天当场开拆银肖，逐一称量，称为"弹兑"。经称量与批文核对无误，接收人就发给"库收"。① 钱谷师爷不仅要自制"解支本"②的上下部，而且要亲自押送库银，劳心劳力，何况稍不注意，就要铸成大错。

3. 不合则去

幕友在佐治时，会遇到不同的情形：一种是幕友与主官的意见相左，而且主官往往固执己见，幕友此时往往采取"辞馆他就"来处理。主官若愿留幕友，则幕友留之；若不留，幕友则去之。汪辉祖书写至此时，叹道："嗟乎，尽言二字，盖难言之。公事公言，其可以理争者，言犹易尽，彼方欲济其私，而吾持之以公，鲜有不龃龉者。故委蛇从事之人，动曰匠作主人模；或且从而利导之，曰箭在弦上，不得不发也。嗟乎，是何言哉！颠而不持，焉用彼相。利虽足以惑人，非甚愚暗，岂尽迷于局中。果能据理斟情，反复于事之当然，及所以然之故。抉利害而强诤之，未有不悚然悟者。且宾之与主，非有势分之临也。合则留，吾固无负于人；不合则去，吾自无疚于己。如争之以去就，而彼终不悟，是诚不可与为善者也，吾又何所爱焉？故欲尽言，非易退不可。"③汪辉祖最后提出，尽言也有风险，幕友如果坚持尽言，就要做好辞馆之备，"幕客因人为事，无功业可见，言行则道行，惟以主人之贤否为贤否，主人不贤，则受治者无不受累。""必行其言者，弊或流于自是，则又不可宾主之义，全以公事为重。……况幕之智，非必定贤于官也。特官为利害所拘，不免摇于当局，幕则论理而不论势，可以不惑耳。"④

清末光绪年间，顺天府武清县曾有一段奇案。当地杨村农民杨天宝，为儿子杨红玉娶得时年 13 岁的童养媳柳蕙姑，3 年后两人正式完婚。不料圆房之夜，蕙姑突然昏迷，气息全无。新郎吓得魂不附体，还以为是自己弄死了蕙姑，

---

① 即收据。
② 类似于今天的发票与收据。
③④ 汪辉祖：《佐治药言》。

择荒而走。次日杨天宝见媳妇赤身死在床上,而儿子又不知去向,痛苦之余想到暑热季节尸体不可久留,当天就草草安葬了蕙姑。可是几天后蕙姑的父亲受人挑唆,到县衙门喊冤,告杨天宝逼奸儿媳妇未遂杀人灭口。县官何知县下令起棺验尸,可棺材里却躺着一具中年男尸。经查此人是邻县木匠阮阿毛。知县认定是杨天宝连杀四人,动用大刑,迫使杨天宝认罪。知县取得杨天宝认罪口供后,自认已是铁证如山,就请刑名师爷李厚斋起草上报的公文,没想到李师爷却执意辞馆另行。何知县连忙阻拦并追问原委。李师爷说:"老公祖办此案为赶破案期限,而不顾人命关天。阮木匠尸体来得蹊跷,杨红玉生不见人,死不见尸,柳蕙姑尸体不翼而飞,这样结案能免上司驳诘?对得起一方百姓?"何知县这才觉得事情严重,赶紧连赔不是,请李师爷出主意。李师爷说:"我也别无良策,只是一个缓字。"何知县只得压下案子,暂且不审。一月余,杨红玉在外地听说父亲被抓,奔回家乡自首,声称是自己连杀二人,与父亲无关。何知县以为此案水落石出,又要结案,可李师爷又要卷铺盖而走,何知县只得再做调查,最后经四方查找,终于在承德附近的建昌县①找到了活着的柳蕙姑。原来柳氏当晚苏醒,喊叫救命,阮木匠与侄子阮祥正巧经过,救出了柳氏。阮祥贪图女色,杀死阿叔放进棺材,胁迫柳氏连夜逃亡,来到距武清有七百里之遥的建昌。想不到柳氏的父亲之后也迁居建昌,而杨天宝怀疑柳家移尸讹诈,跟踪前来,正好找到儿媳。疑案终于真相大白。阮祥杀叔理应被凌迟,柳氏与杨氏再续姻缘。②

这桩奇案未成冤案,很大程度上是与李师爷不惜以辞馆来坚持搞清事实真相以及重视证据有关。这种与主官"不合则去"的态度,是清代正直幕友所一贯主张的,所谓"合则留,不合则去,是处馆要义"。幕友与主官因性格不同、背景不一、价值道德不等,难免有所抵牾。面对此况,幕友往往遵循"则去"的职业处事原则。另一种是遇到昏官、贪官时,幕友规劝后主官仍不悔改,为了保全幕友自身的名节,通常也以辞馆为终。"夫官之禄,民膏民脂,而幕之修,出于官禄。吾恋一馆而坐视官之虐民,忍乎不忍?"幕友与其负心害民,不如辞馆走人。要做到"合则留,吾固无负于人;不合则去,吾自无疚于己"。

4.慎独

幕友是拥有较高学识与文化的知识群体,所以他们时时要以传统儒家精神为圭臬。如儒家"以民为本"的思想,弘扬"忠、孝、仁、义"的礼义观,追求自身人格完善,以修身治家平天下为己任,真正做到"达则兼济天下,穷则独善其身"。幕友一方面以天下为己任,忧国忧民,有着很强的社会责任感;另一方面,又非

---

① 今辽宁凌源县。
② 《惊人奇案》卷六。

常注重内在修养，即人格和道德的自我完善。幕友都远离家乡，身在异处，但在客乡绝不交三教九流之友。幕友在衙门中深居简出，不事交游，不过多与当地士绅巨室、胥吏仆隶交往。"盖一经交接，纵使坦白为怀，毫无他故，而行迹之间，终启嫌疑。""公则无心之过，终为舆论所宽，私则循理之狱，亦为天谴所及，故立心不可不正。"慎独就是不要与社会上三教九流的下品、中品之类人物交往，沾染他们的习俗，要保持上品的风尚。

慎独还有一项就是轻视财物，不能收受贿赂，为私人说情。汪辉祖初入幕道时，在长州县做刑名师爷。刚至署，就有个大胡子幕中同事向他传授收受贿赂之术，并且对他说："非此不足以济贫。"汪辉祖心里很反感，但由于刚出道，权当敷衍一番。结果大胡子以为他认可，当晚前来贿赂，就被汪辉祖赶了出去。大胡子以为钱少，又加钱前来贿赂，此时汪辉祖大怒，立即起草公文拘押前来贿赂的被告。大胡子前来问询，汪辉祖则推说主人之意。当年七月汪辉祖请假去南京参加江南乡试，主人又找了个师爷暂时代理，结果大胡子贿赂代理师爷成功。等汪辉祖完毕回署，东窗事发，大胡子与代理师爷仓皇出逃，落得"劣幕"恶名。由此，汪辉祖提出"悚然于法之不可试，利之不可近"的箴言。

慎独的前提就是为公，"公则无心之过，终为舆论所宽，私则循理之狱，亦为天谴所及。"出于私心处理公务，即使表面上看来合情合理，合乎法律，但人所难以非议，仍然难逃上天的谴责报应。幕友在人格上要慎独，不能与贪官污吏同流合污，更不能收受贿赂，颠倒黑白，是非不明。要做到这样，幕友就要节俭养廉，不失"寒士"本色。幕友虽非公职人员，但却是主官的左右手，是统治阶层的行政重要智囊与执行力量。然而也有不少幕友营私舞弊，败坏风气，影响恶劣，玷污"师爷"之称号，这是令人遗憾与痛心的。

5. 勤勉

清代的师爷极为活跃，他们是幕主的智囊、亲信、助理和左右手，往往被委以重任，襄办一切，不可或离。清代许多著名人物当过师爷，如名幕汪辉祖曾当过 16 位幕主的师爷，《聊斋志异》作者蒲松龄当过江苏宝应县令孙蕙的师爷，林则徐当过两江总督百龄和福建巡抚张师诚的师爷，李鸿章当过曾国藩的师爷，"戊戌六君子"之一的杨锐当过张之洞的师爷，等等，不胜枚举。[①]

但是秘书工作须勤奋、勿怠，汪辉祖谆谆教导，一再阐释，其意自显。为此他把该书比喻成良药，并把过去在做师爷时悬挂于馆中的"苦心未比天终负，辣手须防人不堪"加以自勉。他在《佐治药言·勤事》中指出，"办理幕务，最要在勤一事。……故能勤则佐剧亦暇，暇自心清；不勤则佐简亦忙，忙先神乱。"《学

① 李乔：《中国的师爷》，北京：商务印书馆国际有限公司，1997 年，第 4—5 页。

治说赘·勤怠之分》中评论道:"称职在勤,前已言之。怠之祸人,甚于贪酷。……呜呼! 官若肯勤,何至于是? 余久食于幕,而不愿子孙之习幕,尝试为吏,而不乐子孙之作吏,盖深惧其多缔孽缘,有亏先德也。"勤勉刻苦,是清代众多幕学指导书所强调的一项重要职业准则。

中华文化辉煌灿烂的文明成果和系统丰富的道德规范,孕育了一代又一代的仁人志士对秘书职业道德的探求,我们可从中华传统道德宝库中开发、挖掘出有价值的资源。我们并不否认传统道德中渗透着浓厚的封建伦理教义和政治教化思想,但这并不意味着一切传统道德规范都是落后的、愚昧的;相反,正是渗透着崇高健康人格美育的儒家思想铸造了后世无数秘书高洁清正的灵魂。梁漱溟认为,中国文化在人和人的关系中强调以人的义务为先,以伦理为本。他说:"伦理关系即表示一种义务,一个人似不为其自己而存在,而以对方为重。"以义务为取向的德行不强调张扬个人权力,而主张努力承担对他人的义务,履行自己肩负的责任。同时,这种德行不仅贯穿于个人,而且延伸至群体与国家。这种义务体现在"舍己""保家""能群""报国""平天下"逐级向上的词语之中,也体现在从小到大、从内向外、从低到高,不断拓展、不断延伸的深化过程中。

第三节　现代秘书的职业道德

职业道德既是指人们社会职业劳动过程中所遵循的基本道德价值理念或原则,应当遵守的具体行为规范、准则、戒律,又是指人们在职业劳动中的日常道德实践活动。职业道德与工作活动息息相关,它是衡量社会文明的尺度,也是保持行业正常运作的道德底线。

秘书工作具有辅助性、服务性和综合性之特征,其自身岗位的特殊性导致了秘书职业道德规范具有实际的重要意义。秘书职业道德,常崇宜教授称为"秘书意识",它是指秘书从业人员在工作岗位上所必须遵守的行为规范和道德准则,是秘书和秘书团队成员的岗位职责、职业定位以及遵循的职业操守、岗位纪律的一个总和。也就是说,秘书职业道德要求秘书人员不仅要具备基本的职业道德规范和社会公民公德等,而且还要遵守从属单位部门的各项纪律规章要求。秘书作为一个社会人、文化人、管理阶层的人,他们必然有着自身的思想意识;同时秘书作为一种社会职业,它必然形成业内的秘书职业道德准则与价值观念。目前而言,秘书职业道德主要体现在:忠于职守的服务态度、严守机密的工作信念、服务领导和参谋的工作职责、办事公道谨慎的工作原则等。具体来说，"由于秘书从业人员的工作具有辅助性、从属性、烦琐性、艰苦性等特点，秘书职业道德就集中表现在忠诚、以礼待人、淡泊名利、廉洁自律、正直敢谏等要求上。"[①]为此，我们将对现代秘书人员职业道德从以下几方面进行考察与评析。

（一）现代秘书职业道德的基本内容

1. 真诚热爱祖国，坚定的政治立场。中国传统秘书价值观强调个人对他人、社群甚至自然界所负有的责任，体现出强烈的责任意识。儒家倡导"忠、信、仁、义、孝、惠、让、敬"等德行的取向，都强调个人承担对他人、对社会的责任，如"忠"突出了尽己为人的责任、"信"侧重于对朋友的责任等；而且这种个人的责任是多重的，并非是单一的。譬如孟子所言的"君子自任以天下为重"，范仲淹提倡的"先天下之忧而忧"的乐忧观，明人提出的"家事国事天下事，事事关心"的家国同构观，清代林则徐提出的"苟利国家生死以，岂因祸福避趋之"的荣辱观等。

为此，邓颖超曾指出："秘书工作是为领导的有力助手，处在十分重要的地位，做好了秘书工作，也就保障了领导工作的正常进行。"[②]事实上秘书与领导无非岗位不同、责任不同而已，他们均是同一条战壕里的战友。爱因斯坦说过："热爱是最好的老师。"[③]这里还包含着一种良好的工作心态。一名合格的秘书应有一颗事业心，认真对待每一件事。一旦选择了秘书工作岗位，就该把它当作一项事业来做，而非是一个谋生的职业或岗位。秘书工作是为领导工作的需要而设置的，其工作效果直接关系到领导工作的成败，其参谋意见透过领导可延伸进领导的决策。

2. 真心热爱本职工作，有强烈的事业心和责任感。有些秘书认为，自己终日碌碌无为，为领导作嫁衣，无前途、无成绩、无乐趣。众多秘书实际经验表明，在从事具体而实在的秘书工作时，秘书应有所觉醒、超脱，不为人情世故所累，不迫于情势和迎合的需要造假，对上正谏陈辞，对下开诚布公。要把为领导服务和为人民服务统一起来，切勿眼睛长在头顶上，谄上傲下；切忌对上一套对下另一套，欺上瞒下；切勿从个人好恶和主观臆断出发，更不能为领导出"馊主意"，而要以最广大群众的最大利益为出发点和落脚点，为领导多出好主意，摸好新情况，做好真助手。

秘书职业的最大特点，在于秘书往往居于斗室之间，默默无闻地为领导服务，潜身幕后当参谋与助手。原中央办公厅主任曾庆红曾说过："办公室的工作

---

① 谢艳：《小议秘书职业道德与儒家伦理典范的渊源》，《科技信息》2008 年第 29 期。
② 邓颖超：《秘书人员要忠于党的事业》，《秘书》1986 年第 1 期。
③ 《爱因斯坦文集》，转引自《名人名言录》，上海：上海人民出版社，1990 年，第 32 页。

很辛苦、很清贫、很艰苦,所以秘书必须吃得辛苦、乐得清苦、耐得艰苦。"三个"苦"字道出了秘书职业的清苦与清贫。秘书收入不高、学习机会少、职称没有序列,而且常常要出差、加班、超负荷工作,有时付出的劳动和得到的报酬显得不成比例。正因如此,秘书要特别敬重其自身岗位,如果缺乏吃苦奉献精神,就会产生失衡感和失落感,直接影响工作质量和效率;同时秘书们必须正确对待和处理公与私、得与失的关系。秘书要做到重事业,轻得失;重奉献,轻索取;重台后,轻台前……淡薄名利,安于清贫,兢兢业业,尽心尽力,甘当无名英雄。因此,秘书岗位既平凡又崇高,秘书人员需要具有职业的荣誉感与使命感。

　　3.埋头苦干,自我奉献,甘做无名英雄。秘书由于工作性质的特征,只能充当幕后英雄,具有埋头苦干、自我奉献、甘做无名英雄的品质。社会的发展,促使各行各业分工越来越细,而秘书工作作为领导工作的重要辅助工作系统,它要求秘书岗位只能属于默默无闻、无名可扬、无利可图。秘书工作要求不分昼夜、熬心费神、调研求证、费尽心思,寓成就于平凡之中,寓贡献于服务之中。"秘书的日常工作纷繁复杂,身处于领导者与群众之间、领导与职能部门之间、领导者与领导者之间,工作有时会容易出现差错,有时也会受到他人的误解和埋怨,这就要求秘书人员具有宽广的胸怀、阔达的精神,不计较个人的恩怨得失"。① 因此身为秘书者,必须具备奉献埋名的品德。因为秘书的价值就体现在兢兢业业、埋头苦干、自我奉献、甘做无名英雄之中。正如邓颖超所说,秘书工作"既具体又繁忙,无论是管文件、组织会议,还是从事公文写作,常常需要加班加点、日以继夜地工作,而且很少能出头露面、留名得利。他们自觉地发扬这种埋头苦干、自我奉献、甘当无名英雄的精神,正是秘书品质的高尚之处"。②

　　对于秘书职业性质而言,奉献精神尤其重要,秘书的职业特性在于综合辅助性,因此有功不能报、有能不能逞、有利不可图、有名不可沾……尽力做好绿叶角色与陪衬工作。秘书工作有时还会出现工夫下得多、工作做得多、精力花得多,成绩却不易看出,不易受到表扬;有时还被冤枉、遭委屈、挨批评、受责备。这就要求秘书人员胸襟宽阔,以平常、和静之心对待时事之变,切忌想不通、忙攀比、发牢骚、泄私愤,由此贻误工作,影响事业,损害自身。秘书人员要敬岗爱业、修身养性,就是要能够正确看待劳动与收获,热爱本职工作,干一行爱一行,爱一行钻一行,钻一行能一行,任劳任怨,奉献岗位。奉献就是解决好拿与给的关系:给,是由内而外,由我而他,合法的,符合规则;拿,是由外而内,由他而我,非法的,僭越规则。同时秘书要树立一种组织集体观念,领导不是代表他个人,而是代表着一个组织与集体,体会到领导的荣誉是组织的荣誉、集体的荣誉,只

---

① 方晓蓉、方国雄:《秘书学》,北京:高等教育出版社,2007年,第157页。
② 邓颖超:《秘书人员要忠于党的事业》,《秘书》1986年第1期。

要给组织集体的荣誉增光添彩,再苦再累也心甘情愿,甘当无名英雄,甘当上司的人梯,甘当幕后角色。邓颖超曾说:"秘书人员不管是在秘书处的,还是在领导人身边的,工作都很辛苦。他们都有一个很好的传统,有一个很高尚的品质,这就是为党的工作埋头苦干,自我献身的精神。"①

4.尊重领导,讲求工作效率。作为领导机构的重要辅助工作系统,秘书的基本职责是当好领导的参谋和助手,协助领导进行管理工作。秘书在工作中,一定要树立尊重领导的意识,在一般情况下,都必须严格按照领导的意图处理各种事务。命令、指示、决定,领导交办的事项和处理意见,无论是口头的还是书面的,都是表达领导意图的形式,秘书要细心体会,深刻领悟,切实按领导意图办事,而不能离开领导的意图另搞一套。古代"不二"的秘书思想里面虽有浓厚的"愚忠"封建思想观念,需要我们摒弃,但其中也有爱国惠民、忠于企业、维护领导等可取之处。为此,我们要去"不二"思想之糟粕,取"不二"思想之精华,在当下就是遵纪守法、服从领导,尊重上级指示,正确理解领导的意见。秘书服从领导但又不能盲目听从;面对领导不合时宜的决定,需要深思熟虑后适当而委婉表达自己的立场,分辨利害,语重心长;敢于求真务实,不怕得罪上级领导,办事扎实可靠。

5.秉公办事,清正廉洁,实事求是,顾全大局。如果秘书缺乏群众观念,不能保持谦虚的态度,就往往会自以为身居"要职"、地位"显赫",而对上盲目服从,或阿谀奉承,献媚弄权,对下则蛮横骄纵,或漠不关心,麻木不仁。古人云:"临上谄者,事下必骄。"一个秘书若不能平等待人,就会养成好为人师,拿领导的话当令箭,借领导的权威去指挥别人、教训别人的心理。秘书从业人员刚进入秘书岗位时,相对而言一般都比较年轻,正处在刚接触社会的特殊阶段,是一个心理上的重要调适期。如果在这一过程中,心理调节不好、思想道德素养培养不好,那么在今后的成长中会带来很多不利。② 秘书每天都面临繁重的工作任务,面对着内外各种各样的人群,这时秘书一方面要善于沟通、加强合作,与人团结共事;另一方面则要发扬宽容忍耐的精神,坚持大事化小、小事化了的原则,以大局为重,用宽容平和的心态去面对挫折和困难。通过与领导、同事之间和谐共处,并加强与领导、同事的真诚沟通,秘书工作一定能得到大家的谅解和支持。

廉政是当前对秘书的又一大职业道德要求,秘书人员由于所处的岗位职业的特殊性,其廉洁显得尤为重要。作为秘书人员,须信奉廉洁,洁身自好的原则;切实抵制社会上存在的拜金主义、享乐主义、极端个人主义和权钱交易等腐

---

① 邓颖超:《秘书人员要忠于党的事业》,《秘书》1986 年第 1 期。
② 陆娴琴:《做秘书先学会做人》,《秘书》2001 年第 7 期。

朽思想,旗帜鲜明地与之斗争与决裂。秘书应严防以权谋私、以职谋私和各种特殊化。如原北京市委书记陈希同的秘书陈健受贿 40.9 万元;原北京市副市长王宝森的秘书阎振利贪污 1 万元,挪用公款 64 万元用于个人经营活动;原北京市人大常委会副主任铁英的秘书何世平受贿 24.3 万元,等等。作为领导干部的秘书,其地位和作用几乎与领导相近相似,影响甚广。如下级求见领导要先打通秘书的关节,人事调动由秘书打个电话就有一半把握,有时连送审的材料也只要秘书过目、签字就可以生效。秘书的权力和影响如此之大,而领导秘书的特殊身份又使其处在一个比较难以监督的位置上,只要缺乏监督、严格要求和约束自己的自觉性,就很容易出这样或那样的问题。而且,秘书一旦出了问题,问题分量比较重,影响比较广,危害比较大,处理比较难。领导秘书是受组织委派服务于领导工作的,为此,北京市委办公厅等联合颁发了《关于加强对领导同志秘书管理的意见》。文件对秘书的配备、选调、职责、管理和自律都作了具体明确的要求,这是秘书工作制度上的突破,具有现实意义和理论价值。秘书人员尤其是领导干部的秘书们,应严格做到"六个一律",即没有领导交代的,一律不以领导名义对外联系办事;一律不借领导名义为个人办私事、谋私利;一律不打领导旗号为个人拉关系、托人情、走后门;一律不利用自己在领导身边工作的特殊身份为个人捞好处、谋取利益;一律不能违反原则和政策等规定为违纪违法人员游走说情;对工作中的纪念品、馈赠品等钱物,一律按规定该登记的就登记,该上交的就上交。秘书人员应时刻警醒自己,"宁可为公而贫,不可替私而富"。自觉摆正个人位置,正确对待个人利益,坚持事业至上,人民利益至上,谋策而不谋权,谋事而不谋利,奉献而不索取,约束自己,奉行廉洁。

6. 严谨细致,团结合作,保守秘密,规范礼节。遵纪守法要求秘书人员遵守职业纪律与职业活动相关的法律法规,以法自警;而廉洁奉公是秘书具有高风亮节的道德情操在职业活动中的切实体现。在工作中,因秘书接触的范围广,有些人专想从秘书的嘴里"捞新闻""套消息""探势头",因此秘书必须在头脑中保持高度的警觉性,具有极强的机密观念,恪守职责,严守党和国家的机密。对于秘书而言,工作内容事无巨细,工作场合和工作时间并不固定,其唯有怀着一颗热爱秘书事业的心,才能全身心投入,才能把秘书工作落到实处。

国内众多秘书学专著和教材在归纳与总结秘书职业道德中,条目数量和内容大致相等,内容和蕴涵也大体一致。秘书职业道德通常包含以下几项:严守机密,自觉防止泄密和窃密;诚恳待人,讲究诚信,不弄虚作假;忠于职守,忠于组织,爱护和维护上司形象与声誉;不计名利,埋头苦干,甘于做无名英雄,不越权不炫耀,加强协作;积极主动参谋建议,拾遗补阙,不折不扣做好近身综合辅助的得力助手;正确对待自己、尊重别人,不阿谀奉承,不盛气凌人,不以势压人,文明礼貌,谦虚谨慎;仪表端庄,举止稳重,语言文明,作风正派;廉洁奉公,周密细致,团结协作,实事求是,等等。①

　　从性质上看,秘书职业道德具有一定的人类共同性。尽管每一条社会的秘书职业道德在一定程度上受到其统治地位的社会核心价值理念的影响,但从根本上说秘书职业道德比其他职业道德具有更多的人类普世性和共同性。这是因为:一方面,秘书职业正常而有效地运作有着自己的特点规律,从而对秘书人员的道德素质和行为准则提出某些共同要求;另一方面,它或多或少地反映了人类在职业道德领域的共同进步。正是由于秘书职业道德具有人类共同性,这就需要我们在加强秘书职业道德建设中,要善于大胆吸收和借鉴人类社会创造的一切文明成果,主动学习世界各国的秘书职业道德建设的有益经验。从笔者所收集到的资料来看,国外秘书职业道德的制定似乎没有国内那么详细琐碎,如美国对秘书职业道德主要集中以下几条:(1)准时守信;(2)忠诚保密;(3)遵照指示执行的自觉性;(4)甘居幕后;(5)热爱工作,精益求精;(6)主辅配合,唇齿相依。比邻日本的秘书职业道德仅为5条:(1)有奋发进取的职业精神;(2)能创造性完成工作任务;(3)对待机密能够守口如瓶;(4)对外接待做到热情诚实;(5)善于与领导融洽相处。俄罗斯的秘书职业道德也只有5条:(1)可靠性、有效性、责任性;(2)独立性和主动精神;(3)善于外交,严守机密;(4)准确严密;(5)忠诚于领导,忠诚于岗位。作为普遍遵守的合格秘书职业道德,我们必须与优秀秘书职业道德相区别,不应在秘书职业道德中强加一些属于优秀秘书职业道德的条款与内容;此外,在制订职业道德中必须达到言简意赅、条款简洁、内容吻合、语言简练、易于默记的标准与条件。

　　(二)建设秘书职业道德的难题

　　目前,我国尤其要加强社会职业核心价值观,把握大局、与时俱进。"一个国家的强盛,离不开精神的支撑;一个民族的进步,有赖于文明的成长。我们常说,中华民族的伟大复兴,不仅要在经济发展上创造奇迹,也要在精神文化上书

---

　　①　方晓蓉主编:《秘书学(修订版)》,北京:高等教育出版社,2012年,第156—157页。教材中把秘书职业道德归纳为7条:(1)爱岗敬业,忠于职守。热爱秘书工作,乐业、敬业、爱业,甘当幕后英雄,不越权越位。(2)服从领导,当好参谋。摆正自己,明确自己的职责,同时积极而主动为上司出谋划策、献计献策。(3)遵纪守法、廉洁奉公。不以权牟私利,自觉抵制歪风。(4)任劳任怨、乐于奉献。兢兢业业、埋头苦干、任劳任怨、无私奉献。不计个人恩怨得失,具有宽阔胸怀,有雅量,能容人。(5)善于合作,严于律己。举止大方,谈吐文雅,良好形象,稳中谦和,平易近人。(6)实事求是,勇于创新。深入调查研究,尊重事实,不唯本不唯上,理论联系实际。(7)恪守信用,严守机密。准时守信,不拖拉、不延误,树立保密观念,养成保密习惯,确保秘书事项安全。

写辉煌。"①秘书职业道德至关重要,它既直接关系到秘书自我价值的实现,也直接影响到组织声誉和形象。当前在秘书工作中,秘书的职业道德所存在的问题主要有以下方面:

第一,从业而不敬业。由于在职业选择上受到当前社会普遍存在的重利轻义的影响,有的人从业时对秘书部门还存有一定的神秘感,当亲身体会到秘书部门是清水衙门时,又见异思迁,朝思暮想到有权有钱的部门去就业。这样一来,他们不可避免地会在工作中表现出得过且过,敷衍了事,仅仅把秘书作为一种谋生的手段,仅仅以做一名合格秘书为目标,没有上升到一种事业,一种深刻的社会、文化与历史责任感,得过且过,敷衍了事。

第二,享乐不吃苦。由于秘书长期都是处于机关里面,他们接触到的一般都是领导较为风光、光鲜的一面,而对领导工作中所付出的艰辛努力和身上的长处不去学习,反而对个别领导干部贪图享乐的恶习却津津乐道,甚至盲目效仿,等待有朝一日升迁,不仅使秘书部门的形象受到损害,在群众中也产生了不良影响。古语云,"生于忧患,死于安乐",长时期的安逸慵懒的背后,必然埋藏着祸患的种子。在长时期的享乐中,他们必将磨灭掉自己的那份服务意识和职业道德,最后甚至越界走上了违法犯罪的道路。

第三,守旧不创新。当前,一些单位秘书部门的个别从业人员学习不主动、工作不积极,对党和国家的路线方针政策不求甚解,理论知识陈旧。他们在工作中不是主动去研究新问题,探索新思路,因循守旧,按经验来判断和做事,照搬照套,缺乏创新精神,以致在工作岗位上表现平庸,不作为,不能发挥秘书应有的作用。

第四,深入基层不到位。有的秘书在工作中满足于被动应付,不愿下基层,遇到下级机关来反映问题就敷衍了事;有的即使下到基层,也只是走马观花,甚至摆出一种高人一等的架势,使人难以接近。长此以往,这不仅使群众有怨言,而且也令领导和机关难以全面掌握基层的实际情况和有效信息。

第五,工作被动不主动。作为秘书从业人员,往往面对众多繁复的事务,大事小事都要处理,事事又分轻重缓急。这种情况下,部分秘书习惯于被动接受上面委派的事务,缺乏积极主动的做事态度,遇到难题时往往缺乏热情,消极应对,甚至玩忽职守,用编造的虚假信息来糊弄上级。对于缺乏主动性和爱岗敬业精神的秘书而言,其表面上看似乎短时间内能让自身的工作简单轻松些,但是从长远和全局来看,这样的做法既会限制自身能力的提升和发展前途,更会因为工作效率低下而影响整个组织的高效运转,阻碍部门单位的发展。

---

① 《人民日报》评论员:《人民有信仰,国家才有力量——论弘扬社会主义核心价值观》,《人民日报》2014年2月12日。

第六，混乱主辅关系。秘书是领导身边的综合辅助者，责任是协助领导处理各项事务，是领导的参谋和助手。辅助性决定了秘书应拥有甘当"绿叶"的奉献精神，认清主辅关系，热情服务他人，把为领导主事服务的宗旨牢记心中。但由于秘书岗位的特殊性，部分秘书接近权力的中心后"狐假虎威"，处处以领导自居，或者彰显自己是领导的"代言人"，混淆主辅关系，利用自身接近权力中心的优势越俎代庖地行使职权。由此，这类秘书在面对下级和普通民众时往往颐指气使，我行我素，自作主张，不能很好地传达上级的指示和意图，造成干群关系紧张等问题。

我们认为，秘书职业道德建设不仅关系到秘书从业人员自身的提升和发展，而且也关系到组织工作的成效，甚至影响到组织的兴衰成败。当今时代，随着秘书职业化要求越来越高，加强秘书的职业道德建设已成为一项重要而紧迫的工作。秘书作为辅助组织领导进行组织管理、信息互通，并为领导提供综合性服务的一个重要岗位，其职业道德水平的高低直接关系到秘书工作的质量好坏和效率高低。因此，对秘书职业道德要求也更加全面具体，这不仅对秘书从业人员的品行起到一定的规范作用，也是对秘书这一职业健康持续发展确立了标准。这就要求我们的秘书从业人员具备较高的职业道德修养，同时要使自身工作与时俱进，不断提高和创新，从而更好地适应时代发展的新要求。在秘书人员职业素质的构成中，德是各项内在素质中最为重要的决定因素。秘书人员品德的基本要求就是要有职业道德，从某种意义上说，秘书人员代表的是组织，因此秘书人员所反映的道德水准的高低不只是影响个人，更重要的是影响组织声誉及形象。秘书部门是综合性部门，在单位中是各项信息上下传递的中枢；秘书工作内容是组织和领导要求的工作活动，表明领导的工作意图；秘书工作的好坏，影响着组织和单位整体的发展方向，甚至包含了组织和单位机密、核心内容，必须要由具备高素质的秘书人员严格完成。所以，秘书职业道德的建设关系到单位组织的命运发展前途，也关系到社会主义事业的成败。

（三）解决难题的途径与方法

我们应如何完善秘书行业对职业道德的特定教育？笔者认为，首先应加强单位部门内部的职业道德教育。对新进秘书，我们必须实行多少学分时间段的职业初始教育，必须实行老师傅带领新徒弟的传帮带优良传统，新老结成一个学习对子，并进行新老联合考核机制，俗语曰："名师出高徒，优教出良生。"

其次，学习与传承中国优秀的秘书文化和精神。我们现在秘书专业培养的过程中，只顾学科知识技能教育或培训，而缺失秘书文化，尤其是秘书职业道德的培养。中国是拥有五千多年悠久历史的古国，传统文化源远流长，当中更是不乏优秀的文化传承和精神食粮。"十年树木，百年树人。"为此我们要大力弘扬优秀的秘书传统文化,以史为鉴,强化职业道德。

第三,加强秘书职业道德的教育。"历史证明,一个国家和民族,贫弱落后固然可怕,但更可怕的是精神空虚。"[1]现如今秘书职业的知识技能教育日臻完善,但在精神文化道德教育上仍然有待提高。要不断加强秘书人员的思想渗透,正确引导秘书的从业观念,防止年轻秘书工作者走弯路、走岔道。青年人才和大学生是秘书未来的预备军,必须加强职业道德教育,特别加大核心观教育,切忌只做理论上的表面功夫,真正形成"人人爱事业,人人做事业"的良好工作氛围。

第四,加快推进秘书从业人员道德审核制度。秘书现在大多是知识理论内容的资格考试制,考试为主,分数为主,没有真正涉及实施职业道德审核这一细节上。我们必须扭转这种理论与实践相脱节的现象,建议在秘书职业资格制度中,增加具有职业道德的理论分值或职业道德实践中的一票否决制。

第五,制定职业道德赏罚制度。一个制度不能光停留在纸上或嘴巴上,而必须落实在制度中,建立完善的奖惩制度,赏罚分明。对拥有优秀职业道德人员进行褒奖,从而为其他秘书人员树立起一个良好的榜样,形成一种内在的激励机制,促使单位部门内形成人人争当楷模的良好氛围。而对于职业道德缺失的人员,要严厉批评和处分,时刻警醒,以有效提升秘书自律意识。

秘书职业道德的建设,不仅关乎秘书个人的成长,而且关乎组织单位的建设与发展,同时还关乎社会的稳定与和谐。这主要体现在以下几方面:

(1)秘书的职业道德直接影响个人的职业生涯。秘书的职业道德就像一道分水岭,是判定一名秘书合格与优秀的重要标准。一名合格的秘书,需要拥有基本的知识储备、工作能力等各项必备条件,这是每个从业人员应当遵守的基本义务,是责任内的美德;但一名优秀的秘书,除了上述条件外,还必须拥有优良的职业道德,是一种责任外的美德。这就好像将军与士兵,一个将军必须拥有士兵的体魄和胆识,但士兵却没有将军的智慧和谋略,两者之比高下立显。同理,任何单位部门在选拔更高层次的秘书时,通常都以秘书职业道德作为最主要的标准来加以考察,它是遴选优秀的首要标准。

(2)秘书职业道德建设关系到单位部门的组织建设,也关系到一个组织的发展与命运。秘书部门是单位信息传输的中央枢纽,决策谋划事业的中心,也是实施与落实决策的关键处,秘书职业道德的好坏直接影响到秘书部门和机关企事业单位的美誉度和执行力。

(3)秘书职业道德建设关乎社会的稳定、民族的发展。秘书活动广泛存在

---

① 《人民日报》评论员:《人民有信仰,国家才有力量——论弘扬社会主义核心价值观》,《人民日报》2014年2月12日。

于我国社会的各行各业,小到企事业部门,大到国家机关,无处不在,无时不在,因而秘书活动直接关系到现代社会的稳定和民族事业的发展。因此秘书的职业道德建设至关重要,它关系到实现中国两个百年梦的长远发展。只有优秀的秘书职业道德与优良的秘书工作作风相结合,才能使之长盛不衰;只有不断加强秘书职业道德建设,才能使社会主义建设更加完善。

秘书工作性质的职业特点,决定了秘书岗位工作量大、涉及面广、任务要求高、纪律要求严,而且工作辛苦。面对此况,要做到称职敬岗,就必须付出常人难以忍受的艰辛,撑起敬业爱岗的支柱。众所周知,秘书工作是一项无名事业,需要秘书工作人员勤奋砥砺,淡泊名利,在平凡的岗位上做出不平凡的业绩,在无私奉献中实现人生价值。为此,秘书人员须做到三点。其一,不贪名。秘书人员从事领导幕后的服务工作,尽管起草了大量的文件、讲稿,但作者的署名永远是别人的。"秘书苦、秘书累,只见作文不见书",这句略带偏激的顺口溜,在一定程度上反映出秘书的艰辛程度和折射出不贪名声、默默奉献的可贵精神。其二,不贪利。当下秘书人员的物质待遇都不太高,劳动付出与报酬不成比例。社会上不少人认为,秘书人员流的汗水多,流的墨水多,喝的油水少。为此,秘书人员需要具备甘为人梯,乐于奉献的精神。其三,不贪绩。秘书工作量大、面宽、求严、保密,有文字的、事务的、出谋的、协调的等。工作做得多,不能自炫,不能攀比、不发牢骚。秘书要知道,绿叶的功能在于扶红花,只有把红花衬托得鲜艳才是自身的天职,否则即是本末倒置。总之,秘书们要做到思想上同心,目标上同向,事业上同干,大事讲原则,小事讲风格;不闹矛盾、不泄私愤、不图己利,识大体、顾大局,做好"扶红花、当绿叶"的职责;合力协助上司,做好领导的左右手。

第八章　古代秘书家思想论

　　文化是由思想者创造与衍化的,秘书思想是秘书文化的核心内容和重要部分。在中国绵延五千年的秘书文化和秘书工作实践中,孕育了众多极具特质的秘书思想。人因思想而伟大,人因思想而崇高。因本章篇幅所限,笔者着重对春秋时期的诸子秘书思想和新中国领袖人物秘书思想两个方面进行厘析与诠释。

第一节　史佚史鱼秘书思想

　　太史佚,又称"史逸""伊佚""伊逸"等,历事文王、武王、成王。汪中《墨子序》中说:"周太史尹佚实为文王所访,克商营洛,祝笑迁鼎,有劳于王室。成王听朝,与周、召、太公同为四辅,数有论谏,身没而言立。"史佚博闻强记,知识丰富,为人旷达。明陶宗仪《书史会要》中说,史佚在文王时曾创制"虎书",在武王时又创制"禽书"和"鱼书",说明他在文字改进方面有较大的贡献。传说史佚有遗书十二篇,被鲁季文子、左丘明等引用,汉代刘向则将他的学说列为墨家的源头。

　　史佚对待秘书史官工作认真负责,一丝不苟,忠于职守,尊重事实。在成王早年时,有一次成王与幼弟在皇宫内玩耍,成王随手摘下一片桐树叶,当作诸侯的府信赐给叔虞,并说:"我把它封给你。"史佚立即把这件事记录下来。事后,史佚督促成王选择吉日册封叔虞。成王不太高兴,认为这是他不经意之语:"我是与他闹着玩的呀!"史佚却说:"天子无戏言,言则史书之、礼成之、乐歌之。"成王没有办法,只好假戏真做,封叔虞为唐侯。史佚认为,凡国君的一言一行都应予以记录在册,以对君王的言行遵循礼治起监督、垂范作用,君王必须"慎言行,昭法式",一旦有所违背,史官应毫不留情地把它记载下来。史佚之所以能成为西周史官中最著名的秘书家,就在于他除了为三代大王勤事之外,还用自己的事例证明和恪守了"君举必书"的"书法"传统,成为后世啧啧称赞的秘书楷模。

春秋末年卫国的史鱼,又名"䲡",字子鱼。他在世的最后几年里,卫灵公在位。卫灵公任用奸臣弥子瑕,而疏远贤臣蘧伯玉。史鱼屡屡劝谏卫灵公去奸迎贤,灵公均置之不理。史鱼在弥留之际仍念念不忘此事,感到自己未能尽到谏官的职责,于是嘱咐儿子说:"我生不能劝国君肃正朝纲,死后也就没资格按照礼的规矩下葬,不能在正室里治丧,就将我的遗体放在窗户下面吧!"他死后,其子依言而行。卫灵公前来吊丧,见此情景大为诧异,问及原委,为史鱼的忠贞敢谏所感动,回宫后思前念后,幡然醒悟,便罢免了弥子瑕,重新起用蘧伯玉。孔子听闻此事,评价道:"古之谏者,死则已矣! 未有如史鱼,死而尸谏,忠感其君也。"他称誉史鱼无偏无党,品格如箭杆一样笔直,传留佳话。

孔子之所以赞扬史鱼,主要在于史鱼的行为吻合孔子的仁义标准,认为只有史鱼这样的为人处世才是符合"贤臣""良史"的任职条件。

第二节　孔子秘书思想

孔子名丘,字仲尼(公元前 551—公元前 479),鲁国陬邑人。[①] 先世为宋国贵族,因政治动荡,迁居鲁国。50 岁时,由中者宰升任司空、大司寇,56 岁行摄相事。后曾周游宋、卫等国,前后 13 年,终不被各国大王所采用。68 岁时返鲁,致力于著述和教育,并创立了儒家学派。

历代人们对孔子与哲学政治、教育伦理、历史文学等领域研究甚多,而惟独对孔子秘书思想及秘书工作的实务总结的研究尚无人涉足,这不能不说是一件憾事。孔子对秘书学的贡献可以从两个方面来概括:其一是孔子对秘书工作实践及总结,其二是孔子对秘书理论的创见与阐释。

一、孔子对秘书理论的创见与阐释

我国古代的秘书制度,从殷商的史官到西周的太史寮已源远流长,积累了大量的秘书经验。同时,一定的秘书实践必须以秘书理论做实践的向导,指导秘书的实际工作。在此情形下,孔子依据其自身大量的秘书实践与经验的基础,提出并形成了自己的秘书学理论框架。我们认为主要体现在五个方面:

第一,孔子首次提出秘书写作的原则要求。

春秋时期,我国社会政治、经济、文化等各方面都发生了剧烈变化,奴隶制

---

① 今山东曲阜。

逐渐趋于崩溃,封建制度开始萌芽而且渐已形成。在各国争霸而后发展为列国争雄的进程中,处于对内统治和对外争夺的需要,秘书和秘书工作显得日益重要。随着百家争鸣的展开,秘书写作的原则、要求等秘书思想也展开了激烈的争论。

如对于秘书写作的作品,有人提出只要质朴就行了,不须文采;有人认为质朴与文采须同等看待。《论语·颜回》载:"棘子成曰:'君子质而已矣,何以文为?'子贡曰:'惜乎,夫子之说君子也,驷不及舌。文犹质也,质犹文也。虎豹之鞟犹犬羊之鞟。'"棘子成认为秘书写文章只要有质朴就行了,不需要什么文采来装饰、包装。其实棘子成是墨子学派的信徒,他的观点反映了墨子的写作观。当时与孔子进行辩论的主要对手是墨子。墨子从实用的思想出发,强调秘书们"口言之,身必行之"。① 因而轻文采、反文饰,他强调"先质而后文",②反对以文害意。关于这一点,韩非子在《外储说左上》中曾谈道:"楚王谓田鸠曰:'墨子者,显学也。其身何则可,其言多而不辩何也?'曰:'……今世之谈也,皆道辩说文辞之言,人主览其文而忘其用。墨子之说,传先王之道,论圣人之言,以宣告人,若辩其辞,则恐人怀其文忘其直,以文害用也。'"代表孔子的子贡却不同意棘子成的看法,认为秘书作品的本质和文采应该是统一的。为此,子贡说了一个形象比喻:虎豹的皮和犬羊的皮,它们分别主要靠皮毛的毛纹、光泽来区别贵与贱。若我们刮去其赋有文采的毛的话,虎豹的革和犬羊的革就不易区别了。这两种观点当时都有一定的市场。

孔子针对棘子成和子贡的这两种说法,提出自己的观点。他在《论语·雍也》中说道:"子曰:'质胜文则野,文胜质则史。文质彬彬,然后君子。'"孔子主要阐释了这样一种观点:秘书作品的写作,对于质朴和文采而言,两者都重要。但对于不同的文体,写作有着不同的要求:对诗歌等类文学作品文采大于质朴,而对于记载等类史籍作品却只能质朴大于文采。对于一个秘书,文采与质朴都显得重要,然两者相比,质朴必须是首位,文采从其次。这里,孔子提出了应如何正确对待文采与质朴的辩证关系,而且还诠释了不同的文体、不同的条件下应如何摆正与对待两者的问题,这实际上是孔子对秘书写作提出了作品内容与形式的问题。

第二,孔子对公文写作提出了自己的见解。

对于公文写作,孔子也提出了自己独到的看法。他认为每人的写作均有所特色,要完成一篇较大篇幅的公文,必须发挥各位秘书之所长,这样才能达到最佳的写作效果。《论语·宪问》中阐释了这一观点:"子曰:为命,裨谌草创之,世

---

① 《墨子·公孟》。
② 刘向:《说苑·反质》。

叔讨论之,行人子羽修饰之,东里子产润色之。"孔子的这段话是针对郑国制作一则重要公文而言的,认为要写好一篇重要的公文必须经过"草创""讨论""修饰""润色"这四道程序,然后才能定稿。每个环节均有人专门负责,形成为公文写作制度。这同时也表明,在拟制公文中,须发挥个人之所长。换言之,孔子认为撰写重要的公文,需要先由懂得政策的裨谌来起草,然后经过具有丰富实践经验者世叔的讨论加以补充与完善,再经过具有传播经验的子羽来修饰与加工,最后再经过通晓语言文字的子产来进行文字处理。这样既保证词句优雅性,又保证内容的正当性。

第三,孔子首次提出秘书写作须简洁、辞达①的原则。

对于秘书写作作品的篇幅,孔子提出了自己的看法与主张。他认为:"辞达而已矣。"②文辞能够达到表词达意就行了,该长则长,该短则短,完全取决于作品的内容。孔子提出公文撰拟须表达清晰、论事明了的写作总原则,这跟我们所述的秘书写作要求简洁、明晰的宗旨相吻合。

宋代司马光在《答孔司户文仲书》中曾说道:"今之所谓文者,古之辞也,孔子曰:'辞达而已矣,'明其足以通意,斯止矣,无事于华藻宏辩也。必也以华藻宏辩为贤,则屈(原)、宋(玉)、唐(勒)、景(差)、庄(周)、列(御寇)、杨(朱)、墨(翟)、苏(秦)、张(仪)范(雎)、蔡(泽)皆不在七十子之后也。颜子不违如愚,仲弓仁而不佞,夫岂尚辞载!"认为孔子提出作文只要辞达就行了,无须乎华藻与宏词。

清代洪亮吉在《晓读书斋初录》中评价道:"《论语》:'辞达而已矣。'《集注》:'辞取达意而止,不以富丽为工。'……《仪礼·聘礼记》:'辞多则史,少则不达。辞句足以达,义之至也。'是辞不贵多,亦不贵少,皆取达意而止。据此,则达即繁简适中,事辞相称;犹所谓'初拓《黄庭》,刚到恰好处'也。"洪氏认为,孔子所言"辞达"就是"繁简适中、事辞相称"的要求。清代魏禧在《魏叔子文集·甘健斋轴园稿序》一文中谈道:"孔子曰:'辞达而已矣。'辞之不文,则不可以达意也。"认为非文饰词采,则不足以达意。其实,魏氏等人没有真正理解孔子的原旨,牵强附会,添枝加叶。

第四,孔子首次提出秘书的五种品德。

孔子认为一个合格的秘书应具备五种品德。弟子子张曾问"仁"于孔子,孔子答道:"能行五者于天下,为仁矣。""恭、宽、信、敏、惠。恭则不侮,宽则得众,信则人任焉,敏则有功,惠则足以使人。"③

---

① 古代"辞"指一段文章、或一种体裁,如文辞、修辞等;而"词"是语言的最小单位,如字词、词汇等。
② 《论语·卫灵公》。
③ 《论语·阳货》。

第五,孔子还提出秘书的礼仪礼节规范。

面对春秋之剧变,孔子发出"礼崩乐坏"的喟叹。为此,他特别强调正名,树立等级制度,提出"修文揩、行仁政""为国为礼"的主张,同时提出了相适应的秘书礼仪礼节制度。

《周礼·春官·肆师》曰:"凡国之大事,治其礼仪,以佐宗伯。"在《司仪》中又说:"凡四方之宾客,礼仪辞命,乞牢赐献,以二等从其爵而上下之。"孔子在删改《诗经》时,特意在《诗经·小雅·楚茨》一章中加以记载:"为宾为客,献酬交错,礼仪卒度。"梁实秋曾评议道:"礼是一套法则,可能是官方制定的成分在内,亦可能有世代沿袭的成分,有基本精神还有约定俗成的性质;行之既久,便成为大家公认的一套规则。"①

孔子的大弟子孟子在《孟子·告子下》中做了进一步补充和诠释。当时有人(陈子)向孟子提出问题:读书人如何才能胜任秘书这个官职?孟子回答:"所就三,所去三。迎之致敬以有礼,言将行其言也,则就之。礼貌未衰,言弗行也,则去之。其次,虽未行其言,迎之致敬以有礼,则就之。礼貌衰,则去之。"孟子阐释了作为秘书的礼仪之规,对于秘书工作及秘书职位去留的重要性。孟子告诫我们,若上司亲自迎接你,施以一定的礼客之节,并能言行一致,那么,你就可以替他做事,任秘书这一官职;若上司对你无施礼仪与礼节,傲慢与轻视,那么,你就不能而且不必做他的秘书了;若上司对你仍如往日那样施以一定的礼节,但言行已不一致,发生了态度上的变化,那么,你也不能而且不必再继续做他的秘书了。这里,孟子把上司对秘书的礼仪与礼节,上升到该秘书是否有可能有必要为上司服务的高度加以认识,在某种意义上这将涉及你的去留问题,为后世秘书及师爷们提供了有益的启迪。

二、孔子对秘书实务的躬行与总结

孔子的先世是宋国贵族,到他父亲时就日益衰落,同时他又排行老二,无继承权,所以孔子年轻时家道衰微,"穷且贫"。为此,他曾做过委吏、乘田等下官吏。但他不甘于卑微的职位,经过多年的奋斗,最后当上了鲁国的司寇。其间孔子以相礼资格参加齐景公提议举行的齐鲁两公的夹谷会议,赢得了收回郓、汶、龟阴三城池的成果,取得了鲁国外交上的胜利,这是孔子从事秘书工作中最精彩的一页。孔子一生勤勉而认真,做了大量且实际的秘书实务,我们认为可从以下两方面来概括与总结:

首先,孔子躬行自己秉公执笔的秘书写作宗旨。

---

① 梁实秋:《秋室杂文·谈礼》。

　　孔子为推行自己政治主张而周游列国,但四处碰壁,最后又回到鲁国专门从事整理典籍工作。孔子在整理编辑历史文献时,就努力以"秉公执笔"作为自己写作的圭臬。如《春秋》鲁僖公十九年冬:"梁亡。"而《左传》记载较为详细:"梁亡,不书其主,自取之也。初,梁伯好士功,亟城而弗处,民罢而弗堪,则曰'某寇将至,'乃沟公宫,曰:'秦将袭我',民惧而溃,秦遂取梁。"《春秋》只记载"梁亡",含有梁自取灭亡之意,所以不作"秦灭梁",不记秦的主名,这是孔子实现自己"微而显"的春秋笔法的实践。

　　再如《公羊传》,成公十五年,"冬十有一日,叔孙侨如会晋士燮、齐高无咎、宋华远、卫孙林父、郑公子鳟、邾娄人,会吴于钟离,曷为殊会吴? 外吴也。曷为外也?《春秋》内其国而外诸夏,内诸夏而外夷狄。"这里孔子写鲁国公孙侨如会见各个国家的人中,采用了三种不同的词语与写法,表现出对这些国家的不同态度:一种是写人名,另一种是不写人名,再后只写国名。这三种写法,表现出孔子的三种态度:第一种如齐国、卫国,是夏朝的后裔;第二种是邾娄国,为夏朝的外围国,即所谓的"夷狄";第三种是附属国,如晋国、宋国等。

　　春秋时期是大变革、大动荡的时代,弑君事件共有 36 起,亡国事件有 52 起,朝聘会盟和军事行动将近千起,孔子都采用"春秋"笔法加以记载。如《春秋》记载鲁襄公二十五年(公元前 548)一件事:"齐崔杼弑其君光。"意义是崔杼犯了弑君之罪。又如鲁襄公三十年(公元前 543)记载:"蔡世子般弑其君固。"意思是说世子般杀了他的父亲和国君,犯了弑父、弑君之罪。再如鲁僖公二十八年(公元前 632)记载:"天王狩于河伯。"天王是周襄王,这时王室衰微,诸侯争霸,晋文公成了霸主。晋文公召天王到河阳①相会,周天王不敢拒绝,只得前往。孔子认为这是臣召君,不符周礼,但又不好直书,所以只好记为"天王狩于河伯"。此外,鲁隐公元年:"夏正月,郑伯克段于鄢。"这里的"郑伯""克""段"等字寓于贬义,称"段"而"不称其弟",表明志向不同、道不谋,难成郑伯之弟,显微阐幽。总之,孔子作《春秋》,文简义深,对当时的政事往往不敢直接表露,所以采取"曲笔"的手法,这就形成了后人所言的"春秋笔法"。

　　其次,孔子首次编纂秘书系列教材。

　　从周朝开始,朝廷就设有史官,专门掌管文典,但不向外流传。到春秋时期,私学兴起,当时的诸家学派均招收门徒,传授贵族文化,从而使宫廷的典籍文献开始走入民间。孔子就是当时创立并编撰秘书学系列教材的主要代表人物。

　　西周宫廷学府的秘书学生,所学的课程为礼、乐、射、御、书、数等,而孔子私

---

　　①　今河南孟县,时为晋地。

学中秘书学的课程主要是《诗》《书》《礼》《乐》《易》《春秋》六门,也称为"六艺"。这些教材,在孔子以前就或多或少地存在,但它们不过是一些历史文献、民间诗文、档案资料。其中《易》原来是记录占卜的文献资料,体系较为完整,但其卦爻辞当时有不同的辑本,为此孔子编纂成书籍,作为学子学习的教材。

同时孔子整理了鲁国历代史官所记的鲁史《春秋》,使之成为我国第一本编年体的历史教科书。春秋以前,主要的诸侯国都设有秘书史官,记载该国的历史,如晋史名为《乘》,楚史名为《铸兀》,鲁史名为《春秋》等。① 孔子致力于收集流散于社会上的历史资料,曾"适周问礼",并求教于保管东周王室档案的老子,"礼贤下问",颇有所得。并且还收集鲁、宋、周、杞等国的史料,"得百二十国宝书"。《庄子·天道》云:"孔子西观书于周室,论史官旧闻,兴于鲁而次春秋。"《春秋》乃孔子根据鲁国史官记载为蓝本,参阅其他诸侯国史官记载来加以删定,按年、月、日编次而纂。《春秋》从内容看,记载政治活动偏多,其中征伐占40%、会盟占20%、朝聘占20%、灾异占10%、杂项占10%,可见是公文作品的汇纂。《春秋》文体类似于大事记,一条记一事,上下互不相连,文句又简略,每条最多不过四十余字,最短为一字,是史官记载的汇钞。《春秋》不仅是我国第一部编年史,而且比西方称为"历史之父"的希罗多德所著的《历史》还要早五十多年。此外,孔子还开创了私家利用史料修编历史教科书,并成为秘书学习系列教材的先河。

古代秘书史官的记载在体式上有两类:一类是按年、月、日次第逐条记录大事,即记事,如《春秋》;另一类是记录王公大臣们有关国家大事的言论和政令的材料,即记言,如《尚书》。章学诚在《文史通义》中曾说:"书之所起远矣,至孔子纂焉。"

再如《乐》只是乐谱一类的历史材料,伴诗、伴礼演奏之用。《礼》最初指祭神的器物和仪式。《诗》是一部从西周初年到春秋中叶庙堂和民间诗歌作品集。庄子认为:"《诗》以道志,《书》以道事,《礼》以道行,《乐》以道和,《易》以道阴阳,《春秋》以道名分。"②董仲舒指出:"《诗》《书》序其志,《礼》《乐》纯其美;《易》《春秋》明其知;六学皆大而各有所长。"一言贯之,孔子"删诗书、定礼乐、赞周易、修春秋""皆取先王典章"③,而后编纂并形成了一套完整的秘书士子学习的教材丛书。

---

① 《史通通释》卷一:《六家》。
② 《庄子·天下》。
③ 张学诚:《文史通义》。

第三节　老子墨子秘书思想

老子即老聃。姓李,名耳,字伯阳。谥曰"聃",楚国人。他曾任东周王朝守藏室之史,就是管理王室图书档案的秘书史官,后又任柱下史,负责起草文书。他知识渊博,通晓上下古今之变。孔子到周,曾向老聃问礼。后人根据《史记》孔子问礼的记载,推断老子比孔子大 20 岁左右,生于周灵王初年(公元前 570)。现存《老子》一书,又叫《道德经》,是否为他所作,历来有争论,但书中基本上记述了他的主要思想,包括他的秘书思想。

老子在秘书理论上的主要观点归结为三类:其一是秘书不要多言,他主张实行实干的原则,即少说多做。老子曾说:"不言之教,无为之益,天下稀及之。""知者不言,言者不知。"

其二是要求秘书在写文记事的过程中,必须杜绝"美言夸肆"的行为与方式。他说:"信言不美,美言不信。善言不辩,辩言不善。"老子认为秘书不管在写作任何文体中,美言都是虚伪的,不可信的。《文心雕龙·情采》中说:"老子疾伪,故称美言不信。"

其三是要求秘书无为而治,"古之善为到者,非以明民,将以愚之。"[①]他认为统治者在表面上应该少一点欲望,少一点作为,对百姓听其自然,这样做,统治才能巩固。老子这种消极无为的政治态度,决定了他对人生的看法也是消极无为的。在老子心目中,圣人应该是一个表面上处处不与人争、不为人先,守柔处下,少私寡欲的自然状态的人。老子认为社会的动荡不安、互相争斗,原因就在于人们的欲望太强,为此,他对仁义道德进行了揭露和批判,提出如果要使社会太平,就必须取消知识、取消欲望,这样百姓才能各得其所。

当然,春秋初期诸子秘书思想还处于萌芽阶段,而且老子本人不喜撰著,因此留下的文字材料不多,这对老子秘书思想的研究不能不说是一件憾事。

墨子生于公元前 475 年,卒于公元前 395 年,名翟,鲁国人,曾为宋国大夫,自创墨学。经杨伯峻先生考证,"经"名之起,大概起于《墨经》。《墨子》有《经》上下编。墨子曾受过孔子的影响,但墨子后期不遗余力地攻击孔子,与儒家分道扬镳。墨子是位手工业者,他的学生,既是跟他学习劳动技能的徒弟,又是他思想的传人;劳动的协作,使这个学派有严密的组织和严格的纪律。墨家思想的核心是"兼爱""尚同""尚贤""节用""非乐"等,墨子对秘书理论的发展具有一

---

① 《老子》六十五章。

定的建树,主要表现在以下三个方面:

其一,他首次提出秘书写作须"先质而后文"的观点。

韩非在《外储说》中论述了这样一件事:

> 楚王谓田鸠曰:墨子者,显学也。其身体则可,其言多而不辩何也?曰:昔秦伯嫁其女子于晋公子,令晋为之饰装,从文衣之滕七十人,至晋,晋人爱其妾而贱公女,此可谓善嫁妾而未可谓善嫁女也。楚人有卖其珠于郑者,为木兰之柜,薰以桂椒,缀以珠玉,饰以玫瑰,辑以翡翠,郑人买其椟而还其珠,自可谓善卖椟矣,未可谓善鬻珠也。今世之谈也,皆道辩说文辞之言,人生览其文而忘其用。墨子之说,传先王之道,论圣人之言以宣告人,若辩其辞,则恐人怀其文忘其直,以文害用也。此与楚人鬻珠,秦伯嫁女同类。故其言多不辩。

从这里我们可以窥见墨子反对巧辩、华言,这与孔子强调文采和词巧形成鲜明对比。墨子首次提出"先质"而"后文"的观点,反对以文害意。换言之,他反对饰词,主张质朴、平实。墨子不仅提出秘书写作的主张与文风,而且他还身体力行,付之于实践中。他的《墨子》一书,今存53篇,质朴无华,逻辑性强,不失为秘书学习的楷本与范文。

其二,墨子首次提出关于评判秘书作品优劣的标准。

墨翟认为,秘书作品的优劣,必须有一个衡量的标准。他指出:"言必立仪(标准)。"他说:"有本之者,有原之者,有用之者。"[①]习称"三表",又叫做"三法"。

第一法,墨子提出秘书写作要"有本之者",不能胡编乱造,杜撰臆说。"于何本之?上本之于古者圣王之事。"这就告诉我们,应尽可能从古贤圣王的事迹中去寻找政治观点与历史依据。他提出以过去的间接经验作为衡量优劣的标准,"吾以为古之善者则述之,今之善者则作之,欲善之益多也。"[②]说明墨子更重视间接经验的获取。

第二法,墨子提出秘书写作要"有原之者",要求秘书必须深入实际,调查研究,探究事物本来面貌,把握发展规律。"于何原之?下原察百姓耳目之实。"他提出以百姓众人的经验作为真理的标准。这也告诫我们,应以自己调查得来的第一手材料作为撰写的内容。

第三法,墨子提出秘书写作要"有用之者",要求秘书写作为现实服务,多关心那些事关国计民生的大事,不要无病呻吟,隔靴搔痒。"于何用之?废以为刑

---

① 《非命·上》。

② 《墨子·耕柱》。

政,观其中国家百姓人民之利。"这就劝说秘书,应立足现实,面向黎民,从实际功效出发来写作。

事实上墨子所提出的三个标准是统一的。在这三个标准中,第二个标准即直接经验的"耳目之实"是最基本的。因为第一个标准所注重的间接经验最后还是以直接经验为基础,相比而言,墨子也是更注重直接经验。第三个标准也是以直接经验为基础,强调任何真理都是通过直接经验的效果而得到检验的,是第二个标准的进一步具体化。墨子提出秘书的这三条写作原则,其意义远大,为后世为文者树立了一个圭臬。

其三,墨子首次提出选拔秘书的原则方针。

"官无常贵,民无终贱。""虽在农与工肆之人,有能则举,无能则下之。"①他反对秘书人选中的贵族世袭特权,采取"尚贤"的秘书选拔制度,主张"尚贤"来"能事"。

总之,墨子从其实用的思想出发,强调"政者,口言之,身必行之"。② 因而他轻文采,反文饰;重实践,轻文辞;重口语,轻作品。"鲁惠公使宰让请郊庙之礼于天子。桓王使史角往,惠公止之,其后在于鲁墨子学焉。"③据《汉书·艺文志》载,《墨子》有 71 篇,现存 53 篇。墨子学派的出现,是那个时代私有产业发展的结果,标志着私营劳动阶层已经开始有思想代言人。当时墨子学说和孔子的儒学学说并称为"显学"。

第四节　孟子秘书思想

如果说屈原在秘书实践上取得成就的话,那么,孟子主要是在秘书理论与秘书道德建设上取得成就的大家。孟子名轲,字子舆,战国时期鲁国人,生于周烈王四年,死于周赧王二十六年(公元前 372—公元前 289),终年 84 岁。他是鲁国贵族孙氏的后代,受业于子思,④后人把子思、孟子并称为"思孟学派"。孟子"以儒游于诸侯",⑤失败后,就回故乡蓄徒讲学,"得天下英才而教育之"。同时,"退而与万章之徒序《诗》《书》,述仲尼之意,作《孟子》七篇。"⑥

孟子对战国秘书事业的最大功绩,在于提出儒学秘书职业道德,继承和发

①　《尚贤·上》。

②　《墨子·公孟》。

③　《吕氏春秋·仲春记》卷二,《当杂》。

④　孙人及,即孔子的嫡孙,受教于孔子的弟子曾参。

⑤　赵歧:《孟子题辞》。

⑥　《史记·孟子荀卿列传》。

扬孔子之仁说。我们简而析之,主要包含以下四个方面:

第一,孟子提出秘书道德的四个境界,就是"仁、义、礼、智"。《孟子·告子上》曰:"仁,人心也。义,人路也。舍其路而弗由,放其心而不知求,哀哉!"孟子认为:仁,是为人之本心(性);义,是做人的道路。放弃了做人的道路不走,丢掉了为人的本性不知寻迫,这是多么可悲!为此,孟子觉得作为一个合格秘书,必须存其心养其性,发扬仁、义、礼、智的善端,发扬人的善性。

第二,孟子提出达到此境界的四种修养方式,即"寡欲、自省、知耻、改过"。为此孟子胪析道:(一)寡欲。对于秘书来说,寡欲就是为了养心,换言之,对外界的一切不良引诱,只有采取寡欲的办法才能抵制。他说:"养心莫善于寡欲。其为人也寡欲。虽有不存焉寡矣。其为人也多欲。虽有存焉者寡矣。"①也就是说,一个人欲望的多少与他所保存的善心多少是成正比的。凡是人的欲望越少,虽然善心有所丧失,但丧失不多。凡是人的欲望越多,虽然善心有所保存,却也保存得不多了。(二)自省。换言之,作为秘书者必须经常自我检查、自我认识,避免新的错误。孟子认为秘书不管遇到什么事情,首先应该"反求诸己"。他说:"爱人不亲,反其仁。治人不治,反其智。礼人不答,反其敬。"②如果你作为一名秘书,爱别人后,却得不到别人亲近,就要反过来检查你自己待人的仁心是否足够;如果你去治理别人,人家不买你的账,就要反过来检查你自己待人是否妥当;如果你对别人很讲礼节,人家却不理睬,就要反过来检查你自己是否足够恭敬。总之,秘书要多反省自己,严于律己,宽以待人。(三)知耻。孟子告诫人们,必须知道什么是对的什么是不对的。他在强调"仁义"的同时,将天下的人分为两类:即劳心者与劳力者,劳心者治人,劳力者治于人。而秘书被列入劳心者行列,所以秘书首先应把自己的心养好,方能去治人。为此,孟子对秘书提出了更高的要求:作为一名秘书,必须磨练自己的坚强意志,要"苦其心志,劳其筋骨,饿其体肤,空乏其身,行拂乱其所为,所以动心忍性,曾益其所不能"。③ 这样方能成为富贵不能淫,贫贱不能移,威武不能屈的大丈夫。(四)改过。人难免不犯错误,秘书也不例外,那么犯错误了,怎么办?孟子认为就要改,而且必须改,马上改。当然只有"知耻"了,才能改过迁善。他说:"取诸人以为善,是与人为善者也。"

第三,孟子提出"民本思想",以民为本,主张民为国本,本固邦宁,以利民、养民、富民、教民等手段来治理国家。他清楚地看到人民的力量,"民为贵,社稷

---

① 《孟子·尽心下》。
② 《孟子·离娄上》。
③ 《孟子·告子下》。

次之,君为轻。"①这即为孟子的仁政学说,他提出人有恻隐之心,有了这种"不忍人之心"就是实施仁政的基础。"恻隐之心,仁也;羞恶之心,义也;恭敬之心,礼也;是非之心,智也。"②他反对墨子的"兼爱"思想和杨朱的"为我"思想,倡导"以德服人"的治理原则,认为用"力"不能使人心服,只有用"德"才能使人心悦诚服。

第四,孟子还就秘书的眼神、表情等礼仪方面阐释了自己的看法。他曾说:"存乎人者,莫良于眸子。眸子不能掩其恶。胸中正,则眸子瞭焉;胸中不正,则眸子眊焉。听其言也,观其眸子,人焉廋哉。"③他提出要先观察他人的眼神,因为眼神难以掩藏和躲藏,要认清一个人的真实面貌,首先要会认清一个人的眼神。同时孟子认为眼神虽然重要,但它却是与人的心灵、人的仁义相联系的。如果该人胸中充满了正气,那么,它的眼神也是清澈明亮的;反之,眼神是混浊和昏暗的。他是历史上首次把礼仪与人的正义邪恶、高尚卑鄙等联系起来进行诠释的思想家。丰富多彩的眼神是人类内心深处的纷繁复杂的思想感情的不自觉流露,因此我们完全可以从这个心灵窗户去窥视人们内心的秘密,表明作为秘书人员要了解眼神的含义和掌握运用眼神的方法是非常重要的。

总之,孟子的秘书修养与道德观,对后世的秘书们产生了深远影响。他们以此为人生圭臬,在中国历史舞台上演绎了许多可歌可泣的人生戏剧。

第五节　屈原秘书思想

屈原名平(公元前 340—公元前 278),出身于楚国贵族家庭,与楚王同姓,今湖北秭归县人。屈原"博闻强记,明于治乱,娴于辞令",④20 多岁时就任楚怀王的左徒,即楚国中央政府的秘书长,可谓才华横溢,政绩显赫,"入则与王图议国事,以出号令;出则接遇宾客,应对诸侯"。⑤

屈原作为一名政府的主要秘书官,常常动手起草、撰写重要的政府文件。《史记》载,有一次他奉楚怀王之命起草一份重要的通告,刚拟制成草稿时,上官大夫靳尚窜了进来,看到有重要通稿的草稿,就立马抢着阅读。屈原立刻从他的手中抢下刚写好的文告草稿,并严肃地说:"这是一份重要通告的草稿,尚未

---

① 《孟子·尽心下》。
② 《孟子·告子上》。
③ 《孟子·离娄章句上》。
④ 《史记·屈原贾生列传》。
⑤ 《史记·屈原贾生列传》。

定稿,未与大王审阅过,所以你不能先看,这是泄露国家的重要秘密!"言下之意,你这是破坏楚国的文书制度,同时你也犯了严重的泄密错误。所以,屈原坚持执行公文发布之前不能泄露的原则,拒绝了靳尚的无理要求。为此靳尚心怀不满,常常跑到楚怀王面前恶语中伤,什么"每一令出,平伐其功,曰以为非我莫能为也",以及"居功自傲,藐视君王"等等,最后楚怀王轻信谗言,"怒而疏屈平"。

屈原做左徒时,力求改革,结果遭到子兰、郑袖和上官大夫等贵族的迫害。[①]楚怀王听信谗言,免除他的官职,并把他放逐到汉北。顷襄王继位后,他又再度被放逐。等到楚国国都被秦军攻破失陷后,他彻底放弃了期许。"哀灵修之浩荡兮,终不察夫民心。""长太息以掩涕兮,哀民生之多艰。"屈原感到真正的绝望,觉得生与义无法两全,决心舍身求义,"虽九死其犹未悔",满含着痛楚悲愤的情愫投入汨罗江,自尽身亡,以身殉义。总之,屈原从20岁起至自戕,一直报国无门,内心痛楚,遭尽打击和迫害,是一个悲剧性秘书人物。

屈原对于楚国的秘书事业的贡献,主要包括以下四个方面:

第一,他提出"选贤任能"的秘书选拔政策,认为必须要选拔社会上一些贤人,任用能人。

第二,他在任左徒这一国家重要秘书官职时,谨慎、好学、勤勉、认真,亲自参与许多国家政令的撰写工作。

第三,他学识渊博,才思敏捷,擅长辞令,口笔兼备,出色地完成对外秘书礼仪工作。

第四,他严格遵守公文保密制度,并为此付出政治生命。

屈原不但是一位有抱负的政治家,而且还是一位伟大的爱国诗人。他吸收了民间文学形式,采用方言声韵,融合神话传说,创作了《离骚》《九歌》《天问》《九章》《远游》等诗篇,这些成为了中国文学史上不朽的杰作。"很显然,屈原为楚怀王起草过许多重要文件,可惜未见传世。他所作的《国殇》,是祭奠阵亡将士的悼词,有人认为这是在他被任命为左徒时而作,如果这一观点正确,我们即可视《国殇》为公文。《国殇》虽系诗体,但文字精练,既叙战事,又表悼念,有极强的散文化特色,语言丰富,感情炽热,散发着浓烈的楚文化气息。"[②]

屈原青年时期投身秘书事业,成就显赫;中年后立志改革,惨遭迫害,于是醉心于文学创作;晚年大义凛然,投江自尽。纵观屈原一生,他中年的文学成就无疑超过青年时期的秘书成就。屈原的成就告诉我们后人:当好一个称职秘书,需要有多方面的才能与知识。

---

① 子兰:楚怀王幼子。郑袖:楚怀王宠姬。

② 刘演林:《中国秘书史》,长沙:中南工业大学出版社,1998年,第115页。

第六节　荀子秘书思想

荀子名况,又称"荀卿",战国晚期赵国人。生于周赧王二年,死于秦王政九年(公元前313—公元前238)。荀子对我国秘书事业的贡献,主要体现在六个方面:

第一,荀子把"礼义"作为秘书思想的基础。如果说孟子思想的主要成就是在孔子"仁"的概念之后着重建立了"义"的概念,孟子注重从内在心性上探求,以"仁义"为核心形成了自己的思想体系,那么荀子就是在孔子"仁"的基础上继孟子之后着重发挥孔子"礼"的概念,注重从外在规范上展开,以"礼义"为核心形成了自己的思想体系。"仁"在荀子思想体系中的地位虽然与孔孟相近,但其思考的重点不同,他不像孟子那样在内心道德仁性上挖掘,而是在外在的伦理制度上去寻找答案,从而在儒学史上开辟了一条隆礼重法的礼路,因而可称之为先秦儒学中的"礼学"。他把"礼"放在"义"的前面,可见他对"礼"的重视。他说:"先王之道,仁之隆也。比中而行之。曷谓中?曰:礼义是也。"①在荀子眼里的次序是"仁、礼、义、乐"。荀子重"礼",在"仁"与"礼"的关系上他以"仁"为基础,内容上则更多地侧重于"礼"。《荀子》全书半数以上的篇幅是讨论"礼"。②有学者统计,《荀子》一书中言"礼"共有340处,可知礼就是荀子学术思想的主体观念。王先谦《荀子集解》序说:"荀子论学论治,皆以礼为宗,反复推详,务明其旨趣。"学者罗根泽指出"礼"在荀子思想体系中的突出地位,认为《荀子》"全书大旨,胥归于礼,不惟《礼论》一篇然也"。

第二,荀子认为"礼"的实施主要在"让、忠、信"三者之中,并将"礼"看成是秘书实现道德的最高境界。荀子把"礼义"看成是道德的最高标准,是"道德之极"③"人伦尽矣"④。"礼义"所要表达的正是一种在"礼"的基础上从事"义"这一道德责任和义务的要求,也是对从事"义"这一道德责任和义务必须在"礼"的基础上进行规范。秘书如果能够做到"隆礼贵义",就达到了道德的最高境界。荀子继承孔子的人道、实践伦理的主张,而其管道和途径则主要是"礼义","道也者,何也? 礼义、辞让、忠信是也"。⑤

---

① 《荀子·儒效》。
② 包括礼仪、礼义、礼治等。
③ 《荀子·劝学》。
④ 《荀子·儒效》。
⑤ 《荀子·强国》。

　　第三,荀子提出了秘书职业礼制的行为标准。荀子很注重礼节礼仪,强调"礼"对秘书教育的极端重要性。他说:"人无礼则不生,事无礼则不成,国无礼则不宁。"①荀子主张对秘书的道德教育必须与法制教育结合起来,两者皆不可偏废。他说:"君子之学也,入乎耳,箸乎心,布乎四体,形乎动静。端而言,而动,——可以为法则。"②秘书们学习德行,要真正听进耳朵,牢记心上,行为举止有威仪,日常行动要合乎道德准则。也就是说,秘书的一言一行都必须是供一般人仿效的楷模,使他们知而后行。荀子主张以"礼"来端正自身,规范人的思想意识、言行举止。"礼者,人道之极也。然而不法礼,不足礼,谓之无方之民;法礼,足礼,谓之有方之士。"对于个人修身来说,"礼"是依据,是人道的极致,是做人的规范。荀子要求君子严格按照"礼义"的标准来修养自身。《修身》中说:"体恭敬而心忠信,术礼义而情爱人,横行天下,虽困四夷,人莫不贵。"其意是说,心存恭敬和忠信,依照"礼义"真心地去爱别人的人,可以走遍天下,即便他身处蛮荒之地,人们也同样会尊重他。《致士》中说:"礼及身而行修,义及国而政明,能以礼挟而贵名白,天下愿,会行禁止,王者之事毕矣。"说明以"礼"修身,以"义"明政,就可以美名远扬,受人仰慕,王道的事业就可达到最完美阶段。荀子这套"礼义"理论也为日后中国两千多年来国家执行的"以吏为师"开了理论的先河。

　　第四,荀子倡导"礼外理内"的礼理观。荀子认为在选拔秘书的过程中必须打破等级、身份等人为障碍,不拘一格。他说:"虽王公士大夫之子孙也,不能属于礼义,则归之庶人。虽庶人之子孙也,积文学,正身行,能属于礼义,则归之卿相士大夫。"③荀子提出"礼义"是实现国家管理的重要手段,认为正常的社会秩序是实现仁政的必要条件,而要实现正常的社会秩序,"礼"是最重要的工具。"礼"通过划分不同的社会等级,使人们在差等格序中和谐相处,才使得仁政成为可能。荀子用"群"指称结构纷繁的社会组织系统,用"分"指称社会组织内部的层级划分和礼制等级,用"义"指称传统道德诉求的礼制原则,用"辨"指称人对礼制规范的认知。他论证说,天覆地载的万物能为人类所用,就在于人能"群";为什么人能"群",而其他动物不能,就在于人能"分",即能够合理地分工合作;为什么唯独人类能"明分使群",则是因为人类有"义",能遵守先王倡导的礼制原则。说到底,礼制支持着社会组织,规范造就了人类社会。为此,他特别把"礼"与"理"联系起来。《荀子·乐论》曰:"礼也者,理之不可易者也。""礼"体现了天地万物不可改变的道理,将"礼"的价值之源根植于"理"。《荀子·礼论》:"礼之理

①　《荀子·修身》。
②　《荀子·劝学》。
③　《荀子·王制》。

诚深矣,'坚白''同异'之察入焉而溺;其理诚大矣,擅作典制辟陋之说入焉而丧;其理诚高矣,暴慢恣孳轻俗以为高之属入焉而队。""理"是"礼"的内在根据,"礼"是"理"的外在表现。"理"与"道"在荀子的思想中基本上是一致的,"以道观尽,古今一也。类不悖,虽久同理。"①"请问为人君?曰:以礼分施,均遍而不偏。请问为人臣?曰:以礼待君,忠顺而不懈。"②"故仁人在上,则农以力尽田,贾以察尽财,百工以巧尽械器,士大夫以上至于公侯,莫不以仁厚知能尽官职,夫是之谓至平。"③每个人在社会中具有不同的角色,要处理不同的社会关系,以"礼义"为标准,就形成了不同人应当遵循的道德规范,借以和谐人际关系,促进社会发展。

第五,荀子提出选拔秘书的"德技"双重原则与标准。荀子说:"知其不仁不可。仁而不知,不可。既知且仁,是人主之宝也。而王霸之佐也。"④他认为作为一名秘书,如果仅有知识,而没有好的品德,不能任用。但有的秘书,虽然道德品行很好,却没有从事秘书的专业知识与技能,也不能选拔与任用。选拔的标准必须是既有秘书知识又有秘书职业道德的双重要求。

最后,荀子援"法"入"礼",从法律维度诠释"礼"。荀子提出了人性为恶的假设,他认为人的欲望追求表现着好利争夺的人性之恶,只有人为地接受"礼义"的改造,才会有恭敬辞让的"德行"操守,即所谓的"人之性恶,其善者伪也"。荀子批评先圣孟子的性善论说,如果认为人性本来为善,那还要礼义何用!荀子的"性恶论"为礼制规范的合理性做了极恰当的铺垫。对于"礼"的政治功能,荀子的基本思路是"隆礼重法"。作为先秦儒家的集大成者,荀子立足于儒家的基本立场,是一个礼治主义者,同时作为赵人,他受到三晋法家思想的影响,也能够兼容法家,形成了礼法结合的治道思想。强调"礼"的法律功能以及对法律的宰制,使"礼"本身成为一种类似于"法"的存在。荀子说:"礼者,法之大分,类之纲纪也。"⑤把"礼"解释为"法"的总纲,以及以"法"类推的各种条例的纲要,其实把"礼"视为"法"的基本价值和基本准则。这样,"礼"就相当于国家的根本大法,起着规定各类具体法律、法令的宪法作用。荀子强调"礼"与"法"的一致性,主张"礼法并举,德法并用"。"听政之大分:以善至者,待之以礼;以不善至者,待之以刑。两者分别,则贤不肖不杂,是非不乱。贤不肖不杂,则英杰至;是非不乱,则国家治。"⑥荀子主张礼和刑有它适用的范围,对守法善良之士,以礼相

① 《荀子·非相》。
② 《荀子·君道》。
③ 《荀子·荣辱》。
④ 《荀子·君道》。
⑤ 《荀子·劝学》。
⑥ 《荀子·性恶》。

待,而在为恶不肖之士,则主张刑法运用,禁暴制乱。"由士以上则必以礼乐节之,众庶百姓则必以法数制之。"①治国要有所区分,士人以上以礼乐治之,士人以下以法制治之,这显然是周代"礼不下庶人,刑不上大夫"的翻版。"其耕者乐田,其战士安难,其百吏好法,其朝廷隆礼,其卿相调议,是治国已。"②朝廷隆"礼",百吏好"法","礼""法"合治,是治国的重要途径。"至道之大形,隆礼重法则国有常。"③为了强调"礼"与"法"的一致性,礼法连用、融礼法为一体,进一步提出了"礼法"的范畴:"故学也者,礼法也。"④可以看出,荀子的"礼法"包括等级名分和政令制度两部分内容,具有"礼"与"法"的双重内涵。"礼法"既是"礼"也是"法"。这样,荀子通过"礼法"概念的创造而使"礼"在统摄"法"的同时也获得了"法"的性质和特征。

总之,在礼义构建中荀子继承了孔孟仁学的基本精神,以仁义为本,以礼义为用,更细致地探讨了仁、义、礼、乐之间的复杂关系,传承孔孟仁政思想。荀子的礼义体系是一个以"仁"为基础,包含了"仁、义、礼、乐、法、刑"在内的博大体系,注重人道为本的礼义道德,强调体道与修身,发挥礼义的社会管理功能。

第七节　韩非秘书思想

韩非(公元前280—公元前233),战国晚期韩国人。作为荀子的学生,他继承了荀子关于规范的思想,只是把"礼"直接置换成了"法",把对先王的推崇转为对现世君主的膜拜,构建了"法、势、术"相结合的政治规范论,被秦王嬴政在治国实践中采纳,实现了秦朝的政制一统。他著有《无蠹》《孤愤》《显学》等55篇作品。

第一,他对秘书学的贡献,主要表现在继承荀子的"性恶论",反对孟子的"性善论"。在此基础上,他提出人的一切道德、感情、行为都决定于对自己有没有"利",而不是所谓"天赋"的忠、孝、仁、义等道德观念。他认为一切的人都是自私自利,为自己着想;同时韩非提出君臣、父子之间的关系也是一种"利"的关系。臣民们之所以为君王卖力干活,是因为他们知道这样做可以得到高官厚禄,并不是从什么抽象的"忠"出发的。他指出"仁义"只适用于古代,而不适用于现在,"世异则事异"。那么,"法"如何实施?韩非主张通过"严刑""重罚"来

---

① 《荀子·富国》。
② 《荀子·富国》。
③ 《荀子·君道》。
④ 《荀子·修身》。

治国。无论赏罚,都由君主一人来掌握,否则君主反要受制于臣下。

第二,他在认识上提出以实效作为检验的标准。韩非认为人要得到认识,必须接触客观事物、遵循事物规律;同时他强调在是非标准上要注重"参验"的检验方法,"无参验而必之者,愚也;弗能必而据之者,诬也。"①对一个秘书官的检验判断,不能仅凭其外表,要"观其容,听辞言,仲尼不能以必士;试之官职,课其功伐,则庸人不疑于愚智"②"今听言观行,不以功用为之的彀,言虽至察,行虽至坚,则妄发之说也"。③

第三,他在历史上首次把"道理"进行分解,认为"道"是一般规律,而"理"则是具体规律。"理者,成物之文也;道者,万物之所以成也。"④事物由于"理"而得以区别开来,"道"是无常操的,可以论辩,而"理"则是有生死周期的。韩非"理"的思想,在秘书思想史上具有很大的影响。

第四,他提出"以法为教"的秘书法制思想与主张。韩非在历史上首次提出"言轨于法"的口号,要求"禁奸之法,太上禁其心,其次禁其言,其次禁其事"。⑤他认为所有人的思想方式和全部生活的出发点,都必须要求"以弦为本"⑥,要求"法"必须成为人们思考问题的规范和遵循的原则。他说:"境内之民,其言谈者必轨于法。"⑦又说:"法者,宪令著于官府,刑罚必于民心,赏存乎慎法,而罚加乎奸令者也。"⑧他认为"法"是统治者公布的统一法令、制度,这些条文由官府公布,实施办法要让民众都知道,遵守法令的人就被赏,违反法令的人就被罚。韩非倡导的"以法为教",就是加强对秘书官吏的法制教育。看来韩非比荀子走得更为极端,他认为只有进行法制教育,才能使秘书官吏纳入日常行政轨道,这跟他信奉法家不无关联。

第五,如果说韩非提出"以法为教"作为秘书官吏教育指导思想的话,那么,"以吏为师"则是贯彻他这一思想的具体教学方法。20 世纪 70 年代出土的秦国简牍中,就大量反映出这一内容。1975 年云梦发掘出 12 座战国末期秦国的墓葬,其中 11 号墓出土了大批秦国竹简,其内容大部分是法律与行政文书。有些条文,就涉及学吏制度。如《秦律十八种》中的《内史杂》有简文记载:"非吏子也,毋敢学学室,犯令者有罪。"吏是从事秘书事务的普通官职,简文指出,不是

---

① 《韩非子·显学》。
② 《韩非子·显学》。
③ 《韩非子·问辩》。
④ 《韩非子·解老》。
⑤ 《韩非子·说疑》。
⑥ 《韩非子·饰邪》。
⑦ 《韩非子·五蠹》。
⑧ 《韩非子·定法》。

秘书官吏的儿子,不准到学堂里学习,如果有违反者便要受到处置。从这些记载简文推知,秦国已建立了秘书官吏的培养和教育制度,而且带有一定的世袭成分,同时对学校的运行管理严格,甚至连学堂都禁止非学习者入内。《说文·叙》引汉《尉律》说:"学僮十七已上,始试,讽籀书九千字,乃得为吏。""吏"是关于国家文官秘书的通称,说明战国末期秦已推行"要从事秘书官吏者必须进行语言文字训练"的制度。11 号秦墓的墓主"喜",在他自己编写的《编年记》中,曾记载秦始皇三年(公元前 244),喜 19 岁时当上"揄吏",说明他学习勤奋刻苦,升擢甚快。在睡虎地秦简中,明文规定为秘书官吏者必须"审悉毋私""审当赏罚",做到秉公办事,并且能够"正行修身""临财见利,不敢苟富。临难见死,不敢苟死"。①

　　韩非提出"以吏为师"的制度,在中国秘书史上具有重要的历史意义。因为它在客观上并从法律上提高了秘书官吏的地位,在制度上确保了秘书的管理作用。但反过来,他提出"以吏为师"的主张,取消教育的认识价值,使教育完全变成了政治的附庸,这是我们要引以为戒的。

第八节　李斯秘书思想

　　李斯是中国历史上赫赫有名的帝国丞相,也是从一名普通的底层秘书经过自身努力,最后走向权力的高峰者。李斯(公元前 278—公元前 208),楚国上蔡人,享年 70 岁。他年轻时曾在楚国担任过地方官府的小史,后拜荀子为师,学"帝王之术",并与韩非成为同窗学友,因见楚国江河日下,楚王昏聩无能,于公元前 247 年奔走秦国,投入吕不韦门下,担任舍人②。因聪慧才绝,李斯为吕不韦所器重,任郎中。秦王嬴政久闻大名,召见李斯。其深得秦王的赏识,被任为王府长史③,继而又被任命为左丞相,成为一名政府中谋事决断的重臣。此期间,李斯多次向秦王提出自己的谋略与主张,秦王听从其计议,最后成就统一六国的霸业。

　　李斯事实上是一位实干家,是一名真正从事一线工作的政府高级秘书,虽然他没有留下长篇宏论的秘书学思想方面的论著,但我们可从他的实绩中窥见他的些许秘书思想。

　　首先,李斯是撰写公文的大家,也是写作高手。秦王政十年(公元前 237),在秦并吞天下前夕,韩国为迎合秦大举兴业之需,遣派水工郑国赴秦,劝秦王修

---

① 《睡虎地秦墓竹简·为吏之道》,北京:文物出版社,1987 年。
② 意即私人秘书。
③ 秦王的私人秘书。

筑一条灌溉渠,其目的是想以浩大工程来消耗秦的财力,使之不能对外用兵。不久,这一计谋被发觉,于是秦宗室的贵族大臣们建议秦王说:"六国来秦的人都是间谍,别有用心,要求驱逐秦国内所有的客卿。"李斯当时为客卿,也在被通逐之列,因此他特意写了一则《谏逐客书》的奏章。奏中李斯针对秦国内部一些贵族提出的"驱逐客卿"的言论,提出不能一概排斥,应广泛吸收人才为秦国服务的观点。他认为客卿对秦国贡献甚大,列举实例,以事实见长;同时劝谏秦王"这是错误的建议",客卿非但没有对秦国造成损害,反而给秦国产生了不可估量的贡献。秦王读了李斯的谏书后,不仅立即收回成命,取消逐客令,而且擢升李斯为廷尉①。李斯在关键时刻、在大是大非面前,能挺身而出,仗义执言,气势恢宏,极具说服力。《秦始皇本纪》载:"秦宗室大臣皆言秦王曰:'诸侯人来事秦者,大抵为其主游间于秦耳,请一切逐客。'李斯议亦在逐中,斯乃上书。"

《谏逐客书》虽属驳议,但没有受驳论的束缚,而是反话正说。全文只有750字,前后呼应,层层深入,紧扣主题,指明利害,具有战国时代纵横家宏放雄辩之风格。刘勰在《文心雕龙·论说》中高度评价这篇上书,称:"李斯之止逐客,并顺情入机,动言中务,虽批逆鳞,而功成计合,此上书之善说也。"他的《谏逐客书》《论督责书》《言赵高书》《狱中上书》等,文采斐然,被鲁迅誉为"奏之文章,李斯一人而已"。②

其次,他在统一六国后晋升为丞相,实施了"书同文"政策。《说文·叙》曰:"分为七国,田畴异亩,车涂异轨,律令异法,衣冠异制,言语异声,文字异形。秦始皇初兼天下,丞相李斯乃奏同之,罢其不与秦文合者。"秦国在原先使用大篆的基础上,进行改进与改良,最后创制出小篆字体,并用国家行政命令的方法推向全国,这对我国汉字的统一打下了坚实的基础。文字的统一,是中华民族能有一个强大的文化载体,绵绵流长。为了执行"书同文"政策,他身体力行,还亲自撰写文字教科书《仓颉篇》。《汉书·艺文志》曰:"上七章,秦丞相李斯作。"《颜氏家训·书证篇》曰:"《仓颉篇》,李斯所造。"

再次,他不仅用法令来推广小篆、创制小篆字体,而且还亲自书写标准规范的小篆字体。利用随从秦始皇巡视各地如琅琊山、泰山、会稽等时,李斯亲自用小篆书写碑文并刻于大石上。七处刻石今大都已毁坏无存,仅有泰山刻石和琅琊刻石留存至今。其中泰山刻石破损得仅剩10个字,琅琊石刻有300多个字。《文心雕龙·封禅》云:"秦皇铭岱,文自李斯。"李斯所作的小篆文字,文书石碑,居高临下,极富大气,对后世文书影响至深。泰山岱庙博物馆、中国历史博物馆均有李斯所拟制的诏书,其书法则"小篆入神,大篆入妙",被称为秦代的"书法

---

① 全国最高司法官。
② 《汉文学史纲要》。

大家"。

第四,他建议实施郡县制,反对分封制。秦一统之初,群臣有请封子弟功臣,李斯力排众议,独言不可。他说:"周文武所封子弟同姓甚众,然后属相疏远,相攻击如仇。诸侯更相诛伐,周天子弗能禁止。今海内赖陛下神灵一统,皆为郡县。诸子功臣以公赋税重赏赐之,甚足,易制。天下无异意,则安宁之术也。"所以李斯的最大功绩在于破除分封制,建立郡县制。

第五,他提倡官学,反对私学。始皇三十四年(公元前213),博士淳于越反郡县赞分封,对此李斯进行反驳:"五代不相复,三代不相袭,各以治,非其相反,时变异也。今陛下创大业,建万世之功,固非愚儒所知。……今诸生不师今而学古,以非当世,惑乱黔首。……如此弗禁,则主势将乎上,党与成乎下。……臣请史官非秦记皆烧之;非博士官所职,天下敢有藏《诗》《书》百家语者,悉诣守尉杂烧之。有敢偶语《诗》《书》者,弃市,以古非今者族,吏见知不举者与同罪。令下三十日不烧,黥为城旦。"

第六,他主张建立我国首个封建官吏体制。在秦代政府的官制框架中,丞相仅仅管理行政事务,而太尉仅管军务,两者相得益彰,不能逾越,各有分工;除了丞相、太尉外,还有御史,专司言论和纠察,却不问行政与军队事务,三权分立;最后皇帝集权于一身。

第七,他提倡以法为教、执行以吏为师,反对以仁为政。李斯在公文《议烧诗书百家语》中说道:"五帝不相复,三代不相袭,各以治,非其相反,时变异也。今陛下创大业,建万世之功,固非愚儒所知。且越言乃三代之事,何足法也?异时诸侯并争,厚招游学。今天下已定,法令出一,百姓当家则力农工,士则学习法令辟禁。今诸生不师今而学古,以非当世,惑乱黔首。丞相臣斯昧死言:古者天下散乱,莫之能一,是以诸侯并作,语皆道古以害今,饰虚言以乱实,人善其所私学,以非上之所建立。今皇帝并有天下,别黑白而定一尊。而私学乃相与非法教之制,人闻令下,则各以其私学议之。入则心非,出则巷议,夸主以为名,异取以为高,率群下以造谤。如此弗禁,则主势降乎上,党与成乎下,禁之便。臣请史官非秦记皆烧之,非博士官所职,天下敢有藏《诗》《书》百家语者,悉诣守尉杂烧之。有敢偶语《诗》《书》弃市,以古非今者族,吏见知不举者与同罪。令下三十日不烧,黥为城旦。所不去者,医药、卜筮、种树之书。若欲有学法令,以吏为师。"

他审时度势,足智多谋,雷厉风行,敢想敢做,不仅在统一六国大业上,而且在秦国政权一统的建立中都做出了不可磨灭的贡献。他既能胜任辅助决策的工作,又能胜任文书拟制及其他事务性工作;既能创造性地把秦始皇的意图转化为具体行动,又能及时地劝谏秦王的过失;既能在复杂环境中寻求个人意愿与天下大事的最佳契合点,又能使秦始皇对他宠信有加……可以说,把秘书工作真正落实到国家管理体系实处的,恐怕最有效的是李斯。

不过李斯也有致命弱点。首先,他妒贤嫉能,直接谋害同窗好友韩非。其次,他过于看重眼前利益,为私利而丢失原则。当秦始皇一死,赵高谋划拥立胡亥二世,李斯被迫胁从。后他被赵高所利用,狼狈为奸,一起扣发秦始皇的遗诏,伪造诏书,迫使扶苏、蒙恬自杀,扶立胡亥继位。最后,他委曲求全,但仍被赵高诬陷治罪,腰斩于咸阳,夷灭三族,悲惨下场,遗恨万古。不过与赵高相比,李斯身上仍然体现出先秦士人的政治良知,"他不仅数次直谏二世,面拒赵高,而且最后在意识到自己政治地位严重动摇之际,尚能以'吾以忠死,宜矣'和'吾非不谏也,而不吾听也'告慰自己的良知"。[①]

第九节 曹操秘书思想

曹操挟天子以令诸侯,权倾朝野,这不能不归结为曹操善于培植幕宾,替他出谋划策。《文献通考》引司马光之语:"及魏武佐汉,初建魏国,置秘书令,典尚书奏事。文帝受禅,改秘书为中书,有令有监而不废尚书,然中书亲近,而尚书疏外矣。"曹操为扼制东汉朝廷,发展私人势力,公元 208 年他上表汉献帝:"罢三公官,置丞相、御史大夫。"表面看来他提倡恢复西汉初年的丞相和御史大夫制度,事实上却以他为丞相,事权归一,总揽朝政。而原来职掌监察大权、地位仅次于丞相的御史大夫形同虚设。为了安排好人事,他以冀州别驾从事崔琰为丞相东曹掾,与毛玠"并典选举",大量选拔"清正之士"出来做官。曹操在我国秘书史上具有如下积极作用与实例意义:

首先,曹操屡次颁布政令,广开人路,积极主动招聘秘书官员,这在中国历史上实属罕见。他在建安八年发布的公文中把士与吏同等看待,把他们均列为国家机器运转中不可或缺的零件,一反秦汉的"只有吏而无士"之状况。令文开首就提出:"议者或以军吏虽有功能,德行不足堪任郡国之选,所谓'可与适道,未可与权。'"这就是指当时有一种舆论,认为小吏即使有能力但由于他们缺乏德行,因此不能当郡国的中级或高级官员,可以让这些人做些小事,但不能让他们掌握地方和中央行政大权。曹操尖锐地指出,没有听说过无能之人,不计之士,而可以立功兴国的。他明确主张不让那些无功之臣做官。曹操本身是靠战争起家的,他手下的官吏主要来源于下级军官和小吏,为此他在建立自己的政权时,就必须提拔这些人担当"郡国之选"。

① 李军:《君权与士权——上古汉魏六朝政治权力分析》,桂林:广西师范大学出版社,2001 年,第69 页。

建安十九年（214）曹操发布的《敕有司取士毋废偏短令》和建安二十二年（217）发布的《举贤勿拘品行令》，都是围绕"取士""评士"而展开的。他认为士有偏短，因此取士要取其所长，弃其所短，不能求全责备，尤其要注意从那些被人们看不起的人中发现人才、选拔人才。令文说，伊挚、傅说出身于贱人，管仲曾是桓公的敌人，结果却"用之以兴"；萧何、曹参不过是小小的县吏，韩信、陈平负污辱之名，有见笑之耻，结果能"成就王业、声著千载"；苏秦也不守信，但却能帮助挽救衰弱的燕国；吴起是贪将，"杀妻自信，散金求官，母死不归"，但他在魏国，"秦人不敢东向，在楚则三晋不敢南谋"。现在天下难道就没有至德之人埋没在民间？难道就没有临敌力战的人才？像那些文牍之吏、有高才异质、可以胜任将军或郡守的人、像那些负污名、见笑、不仁而有治国用兵之术的人……希望大家"各举所知，勿有所遗"。

四道令文，一个中心，主要讲选拔人才的标准以及如何处理才与德、能力与德行的关系。曹操取士中强调"才"，重视"能力"，因此他大声疾呼："士虽有偏短，但取士必须取其所长，不能求全责备。"并且在《取士不限年诏》中，他要求各级"有司"之官员们，"士无遗滞，官无废业"。曹操在执政期间曾三次颁布《求贤令》，打破门第，不拘一格求人才。结果曹操麾下聚集了大批优秀秘书人才，如荀彧、郭嘉、杨修、王粲、刘放、孙资、徐干、贾逵等谋士和秘书人才。曹操从实绩、实效、实用的角度选拔幕僚的做法，到其子曹丕却戛然而止了，转而采取"九品官人"的取士成幕僚的办法，这不能不说是一次选拔制度的大倒退。

其次，曹操不仅要求下属这样做，自己本身也亲力践行。他广纳天下之士，延聘诸多秘书人才。如杨修是曹操死敌袁绍的外甥，但获任用为主簿，总管府内事务，参与机密，一度成为曹操的得力助手；梁鹄曾是刘表的秘书，曹操攻克荆州后就聘他为选部尚书，让他掌文书章奏，同时还将他弟子毛弘也用之，安置于秘书省中，以教授官吏书法等；荀彧、郭嘉原先是袁绍的秘书，后两人投奔曹操，发挥了军事秘书的才华，从而为"挟天子以令诸侯"[①]、袁曹官渡之战的成功，立下了汗马功劳。

再次，曹操依他们各自的才能而进行授官，并发挥他们独自的优势与能力。曹操生于东汉末年，而当时朝廷采取出身门第为先，强调儒家的仁义道德，压抑了许多真才实学的士人；还有当时采取的乡党评议法，鼓励了那种浮华不实的作风，结果出现了"举秀才不知书，察孝廉父别居"的可笑局面。而曹操的用人政策却迥然相异，无论在用人的范围、选择的标准、推选的方法上都有自己的特点，简言之，不拘一格，量能授职，唯才是举。

---

①　指定都许昌，亲迎献帝。

如荀彧有军事谋划才能,曹操就任用其为尚书令,献计迎汉献帝、"挟天子以令诸侯"的谋划就是他出的,被曹操赞为"吾之子房也"。又如崔琰敢于直言谏议,曹操就点派他为随军出征的谏士。曹操拟派兵 30 万从冀州出发攻打对方时,崔琰就立刻当面直言:"主公未为冀州百姓造福,而先征兵扰民,岂非大失民心?"群臣听后,都为他捏把汗,可曹操却认为他说得有理,采纳其建议,取消了征兵计划;曹操常与长子曹丕游猎,崔琰上书劝曹操别玩物丧志,曹操对他颇为敬重,称赞他具有伯夷之风骨、史鱼之耿直。再如王粲善写文章,祖上几代均担任过秘书官职,曹操考虑其家族文化背景,就任用为丞相府中掾属,后晋升为郡谋祭酒,专司起草文书。此外,荀攸曾在何进手下任黄门侍郎,曹操仰其才名,致函邀请,任之为军师,参赞军机。曹操与其交谈后,大喜说:"公达(荀攸字)不是一般人,我与他商议国家大事,天下事还有什么可担忧的呢?"后荀攸被任为尚书令。

第四,曹操注重现绩,不计前嫌。杨修原是曹操死敌袁绍的外甥,但曹操并不避嫌,让他担任幕府之长,统管内事务,参与机密;陈琳也是袁绍的记室令史,还在袁绍府中撰写《为袁绍檄豫州》讨伐曹操的檄文,文中列数曹操罪状,痛斥曹操。后攻克袁绍擒获陈琳时,曹操非但没有处死他,反而任命他为司空军谋祭酒,掌管自己身边的文书事务;文士刘桢在曹丕的私宴上怠慢曹丕,并平视曹丕夫人甄氏,犯了"不敬"之罪。但曹操爱其文采,仍任命他为丞相掾属,让他协助处理军国大事……正因曹操的如此大度,任用了大批各具才能的秘书,才使得他击败各路豪强,统一了北方。他在总结自己十九年征战历程时说:"所征必克,乃是贤大夫之力也。"

曹操不仅能罗揽幕僚秘书人才,能正确采纳他们的建议,集中他们的真知灼见,还随才任使,各得其所。曹操也不贪人之功据为己有,多次写表发令,表彰这些谋士的功勋,说:"天下之定,或之功也。"他认为平定天下,郭嘉"谋功最高";枣只死后,曹操还念念不忘他的功劳,在令文中说他"为屯田都尉,施设田业。其时岁则大收,后遂因此大田,丰足军用,摧灭群逆,克定天下,以隆王室,抵兴其功"。①

第五,曹操重视秘书撰写公文的写作能力。"建安七子"之一陈琳曾为袁绍幕下记室令史,典文章,曾作《为袁绍檄豫州》一文,文辞犀利、感情激昂、痛快淋漓。据说曹操读后忘了头痛,大加赞赏。后曹操不计前嫌,拜之为司空军谋祭酒,将他与阮瑀同掌记室。阮瑀也为"建安七子"之一,擅长拟写公文,曾受作檄文《为曹公作书与韩遂》,于大军待发之时在马背上一挥而就,当曹操审阅时,竟

① 《曹操集》文集卷二。

无法增损一字。曹丕对此二人的公文写作也十分赞赏,在《与吴质书》中说:"孔璋书记翩翩,致足乐矣""琳瑀之章表书记,今之隽也"。学者陆惠解对中华书局出版的收录在《曹操集》中83篇教令的字数做了统计:"把标题也算在内,100字以下的58篇,占70%;101字以上的25篇,仅占30%;就是辑录多篇为一篇的《内诫令》《选举令》和《军策令》,也分别不过348字、306字和225字。"所以曹操自己写公文,也遵守文字简洁、力求精粹的原则。

第六,曹操在创设古代中央秘书制度上做出独特贡献。曹操设置秘书令一职,下隶秘书左丞和秘书右丞,负责收发、处理奏章、文书拟制、传发教令,成为新的秘书机构,以取代尚书台,这是我国历史上首次设置的名副其实的秘书官职和机构。当然曹丕废汉建魏,立即以其府中的私人幕僚来组建魏朝的中央秘书机构,改称"秘书令"为"中书令",任命长期为他们父子掌机要的秘书左丞刘放为中书监,秘书右丞孙资为中书令。因为刘、孙两人资历不相上下,所以曹丕又增设中书监,监高于令官,这样两人同掌机要,相互监督,便于驾驭,首开亲信幕僚转化为朝廷秘书官僚首脑的先河。

第十节　诸葛亮秘书思想

诸葛亮是我国家喻户晓的一位智慧性人物,他运筹帷幄,决胜于千里之外,神机妙算,奇策迭出,出神入化。他也是三国时蜀国一代名相,奉行法制,约官职、示仪轨、布公道、严军威,德威并举,儒法并用,为蜀汉政权建立和巩固做出了不朽贡献。他在二十多年辅助刘备、刘禅创建和治理蜀国的过程中,顺应历史潮流,以非凡的努力,呕心沥血,注重"人谋",强调"治实""采众人之谋",充分发挥丞相辅主作用。他为官不贪,处处克制与约束自己,堪称历代秘书官吏的楷模。范文澜曾指出:"凡是封建统治阶级可能做到的较好措施,他几乎都做。""他在这一方面的努力,确是达到无以复加的高度"。①

诸葛亮本身就是一名高级秘书官员,忠诚有为,德才兼备,谦虚谨慎,王佐军师,出将入相,依法治国,赏罚分明,宁静致远之操守,忠君报国之品格,经天纬地之韬略。为此,首先,他创造性地提出秘书选录前的考核方法,以及选拔考核秘书的七项条件。如次:

第一,"问之以是非而观其志",就是向考核秘书者提出有关大是大非的重要问题,看考核者的政治辨别能力和所持的立场与观点。

① 范文澜:《中国通史简编》第2册,上海:华东师范大学出版社2014年版,第205页。

第二，"穷之以辞辩而观其言"，就是以某个问题与考核秘书者展开辩论，看考核者的辩才和机智应变能力。

第三，"咨之以计谋而观其识"，就是请考核秘书者就某一个问题出谋划策，提出咨询意见，看考核者审时度势和分析问题的能力。

第四，"告之以难而观其勇"，就是将面临的危险告诉考核秘书者，看考核者的勇敢程度和献身精神。

第五"醉之以酒而观其性"，就是在开怀畅饮的场合，观察考核秘书者的自制能力和醉酒后的表现。

第六，"临之以利而观其廉"，就是让考核秘书者面临有利可图的机会，看考核者是否廉洁奉公。

第七，"期之以事而观其信"，就是从通过与考核秘书者约定某件事看考核者是否恪守信用。

如此细致而精确的秘书考核指标与要求，足见诸葛亮深谙秘书之道。作为一个文人兼高级秘书官，诸葛亮对所用之人的心，极为关注，并进行深入研究与剖析。他曾写过《心书》，提出五种人不能使用，并认为他们是国家的祸害。这"五害"为："私结朋党、专事讥毁、打击贤能之士者；生活奢侈、哗众取宠者；谣言惑众、欺诈视听者；专门搬弄是非、为了一己私利而兴师动众者；只顾私利、暗中与敌人勾结者。"正因诸葛亮撰文指出了选任用人的根本性标准，所以蜀国在选拔使用秘书官员中很少犯上述错误。

其次，他提出秘书的"参署制度"。秘书大多处于执行公务的运转枢纽，他们对军政大事的走向、趋势、考量等都有自身的看法与主张。而主官因政事繁忙，常不深入实际、不下基层、缺乏应有的了解。为此，诸葛亮提出主官们必须要经常听取下属秘书们的建议和意见，并在此基础上，建立起有效的"秘书参署"制度。让秘书能充分发表意见，实行"纳言之政"。那么，如何落实"参署"制度？诸葛亮认为必须做到以下三个方面：即"违覆""直言""进人"的主张和要求。具体而言：

第一，诸葛亮提出"违覆"主张。发现公文中主官的批示有与国家政策违背之处时，秘书应提出自己的看法，陈述理由，并把公文退回主官并建议重新审改。例如当时的秘书官董和在任职七年中，常常敢于"违覆"，有时就同一件公文多次向诸葛亮汇报，建议修改，诸葛亮十分赞赏，提出要向董和那样，对待公文的撰写与运作处理必须认真与严谨。秘书如果能做到认真与严谨，主官就可以避免犯错误。修正、修改主官批准审核的公文，是秘书的职责所在。

第二，诸葛亮强调"直言"要求。这就要求秘书必须做到直谏不讳，敢于向主官提建议，甚至指责其错误，以避免不必要的失误和过失。这就需要主官必须要有宽广的胸怀，乐于听谏，能听得进不同的意见，甚至是严厉的批评。诸葛亮曾谈到下属秘书崔州平常常指出他工作上的"得失"和过失、秘书徐庶常常给他一些"启诲"、秘书董和常常对他"尽言"、秘书胡济常常向他"谏止"。换言之,诸葛亮之所以能做好丞相之职,离不开上述秘书们的直言。直言不但有助于弥补主官的不足,修正主官的过失,而且有利于融洽主官和秘书之间的关系,使秘书能最大限度地发挥出参谋咨询的建议作用。

　　为强调"直言",他专门写了一篇《纳言》,认为:"纳言之政,谓为谏政,所以采众人之谋也。"他又说:"为政之道,务于多闻,是以听察采纳众下之言,谋及庶士,则万物当其目,众音佐其耳"①"故人君以多见为智,多闻为神"。② 他认为,治国必须听取各方面的意见,否则"人君拒绝,则忠臣不敢进其谋,而邪臣专行其政,此为国之害也"。为此他在丞相府中专设"参署"机构,以便征询各方面的意见。他不独断专横,谦虚谨慎,"从谏如顺流",倾听各种不同意见,以求弥补自己的不足。《与群下教》说:"人心苦不尽。"他认为个人的见识总是有限的,只有"集众思、广忠益",依靠集体智慧,才能把国家治理好。

　　丞相府里的主簿秘书官杨颙,对诸葛亮事必躬亲的工作作风曾提出批评与意见。他对诸葛亮说,处理军政大事,上下之间,应该各有不同的分工。并且他举例西汉宣帝时,丙吉做丞相,有次他外出见有人在大街上聚众武斗,死伤者横七竖八地躺在道边,但丙吉过而不问。为此有人以此询问丙吉,他回答说,民众殴斗,有死伤者,由长安令和京兆尹来管,他是丞相,不管此事。西汉文帝时,陈平当丞相,有次文帝问国家每年收入多少钱粮,他回答不出,说钱粮的事由专门主管负责。杨颙用这两个历史故事来劝告诸葛亮不必亲自处理一切文书,少插手一些琐碎小事,对下属幕僚应有所分工,自己抓军政大事。诸葛亮很感激杨颙的劝告和关心。但诸葛亮总觉得重任在身,特别是占据益州之后,刘备又率诸将进军汉中,国事的安危取决于他一个人。对事业的责任心,他在许多事情上不能不亲自处理。同时他的精神也激励着身边的秘书们:董和"躬率以俭,恶衣蔬食""死之日家无儋石之财";刘巴"躬履清俭,不治产业";蒋琬"以安民为本""夙夜忧惨""实忘寝食";费祎"家不积财",其子"布衣素食,出入不从车骑,无异凡人";姜维"清素节约""宅舍弊薄,资财无余";杨洪"忠清款亮,忧公如家";邓芝"清严有治绩""不治私产,妻子不免饥寒,死之日家无余财";吕乂"治身俭约""俭素守法""为政简而不烦,号为清能";王平"遵履法度,言不戏谑"。史称蜀国"吏不容奸,人怀自厉",其评价与描述具有一定程度的真实性。③

　　第三,诸葛亮执行"进人"计划。他要求所任秘书官员,有义务和责任完成

---

　　① 《诸葛亮集·视听》。
　　② 《诸葛亮集·纳言》。
　　③ 《三国志·蜀志》。

考察、推荐、选拔秘书的职能。识秘书、懂秘书、举贤荐才是主官的基本要求,也是秘书官员的职责内容。诸葛亮从历史上"失贤而无不危,得贤而无不安"的经验教训和汉室自身的"兴隆"与"倾颓"真实情况,得出这样的结论:"治国犹于治身,治身之道,务在养神,治国之道,务在举贤。是以养神求生,举贤求安。"①他对橡史姚伷曾推荐文武双全的人才给他的做法大为赏识,并令推荐者晋升为参军一职。诸葛亮心目中的"贤"的标准,一是确有办事才能,二是忠于蜀汉政权,也就是说要德才兼备,既要忠于职守,办事能力强,又需富有实干精神,谦虚谨慎。只要具备这样条件的人才,就可大胆破格被提拔使用,不以资历和门第为限。

诸葛亮自身践履"进人"要求。诸葛亮如何对待秘书,史籍没有详细记载,我们不得而知,但是史书中记录下他如何选拔秘书的案例。蒋琬原是一位专事抄录文书的书佐,诸葛亮发现他很有才干,就在率军北伐动身前将他推荐给后主,委他以留守成都的主官之职。结果他组织了充足的兵源粮饷,供给北伐的蜀军。在临终之际,他又向君主推荐其为自己的继任丞相者。杨洪原是一名功曹小吏,某次诸葛亮征询杨洪的意见时,发现他不仅直言相见,而且提出不少良策,大为赏识,立刻破格提拔其为蜀郡太守,不久又提升其为益州治中从事。何祗原是杨洪手下的一名书佐,诸葛亮发现他很有才干,就任命他为广汉太守。

诸葛亮这一系列的大胆选拔、破格选拔下层秘书官吏的举止,固然跟当时蜀国战时紧急有关;然而从另一方面,我们也可以发现,诸葛亮很重视秘书的实际才能与才干,并尽可能创造条件为他们提供施展才华的舞台。这些被提拔的秘书们,事实上都在不同程度上建功立业、战绩辉煌,成为蜀国政权的重臣,这说明诸葛亮的伯乐相马的心胸与慧眼识珠的选人眼界。事实上,诸葛亮作为蜀国一名高级秘书,我们可将他归纳为:淡泊明志、宁静致远的修身楷模;鞠躬尽瘁、死而后已的忠贞典范;多谋善断、文治武功的智慧化身;任人唯贤、清正廉洁的贤相明臣;面谏参谋、精巧筹划的模范秘书。

第十一节　孙权秘书思想

孙权作为三国鼎立时吴国的国君,在秘书队伍建设、公文运用以及利用身边贴近秘书从事侦探各级官吏等方面,具有开创性地位与贡献。我们归而析之,主要如次:

---

① 《诸葛亮集·举措》。

　　首先,孙权罗揽名士做幕僚为他出谋划策。孙权一出掌江东,同曹操一样,就十分重视秘书人才,"招延俊秀,聘求名士",使一批真才实学的年轻学子加入到新兴的孙氏政权中来。比如,鲁肃就在周瑜的推荐下当上了孙权的重要谋士;年少时曾游学京都,习读《毛诗》《尚书》《左氏春秋》的诸葛瑾,即诸葛亮的长兄,是在孙权的姐夫弘咨推荐下,与孙权相见的。孙权正求贤若渴,问以世事,甚恨相见之晚,并把诸葛瑾同鲁肃一样,"并见宾待",成为他幕中的座上客;还有被称为"当时英俊"的步骘,也被孙权召为主记,管理军中文书……这些人为建立与巩固东吴政权做出了不可估量的贡献。

　　第二,孙权很重视秘书人才的书法技艺。广陵学士张弘"既好文学,又善楷篆",不但文章写得好,书法也有极高造诣。为此,孙权专请他为孙坚、孙策撰写纪颂文章,文笔清丽,言简义丰,同时书法精美,字体端庄,这一切使孙权对他肃然起敬。孙权"每有异事密计及章表书记",或是"与四方交结",常令他"草创撰作"。

　　再次,孙权是我国历史上少有的、能把公文发挥到极致的人物。他充分发挥公文的计谋作用,重视公文阅读心理、情感作用,使他几度化险为夷,最终鼎足江南,立于不败之地。孙权在接任后不久,想去攻打庐江的曹军李术,又怕曹操派援军,便给曹操写了一封信,历数李术之恶,离间李术与曹操的关系,同时又吹捧曹操,其目的是希望曹操"勿复听受"。孙权一面派信,另一方面就开始攻打庐江,"举兵攻术于皖城"。果然不出所料,李术兵败后,就向曹操求援,结果没有等到曹操大军就灭亡了。

　　在吴国夺取荆州中,孙权也采取了公文的独特效果。为麻痹关羽,他发布公文请吕蒙回首都建业养病,让名不见经传的陆逊替代吕蒙。同时他让吕蒙给关羽写一则公文,文中不仅"称其功美",而且"深自谦抑",还向他极表"尽忠自托之意",这一切给关羽造成了一种假信息,使其麻痹大意,松懈戒备。因为上次吕蒙回建业养病时还带回了一部分兵马,这次又来了一个"书生"陆逊。孙权这时又给曹操写了一则公文,把偷袭荆州的计划告诉给曹操,并与他配合。结果"威震华夏""万人敌"的关羽命丧于孙权一手炮制的三封公文之下。

　　此外,孙权还利用公文对于国家管理的重要作用,进行无限度地扩大。有位县长抓到一名"降民"性质的周遗,认为他是个"恶民",于是把他捆绑起来送到郡府。此事给诸葛瑾知道,他勃然大怒厉声斥责,并要士兵把县长也捆绑起来,并立即斩首;同时给广大降民们写了一份通告,告之不会加害于他们,"惟欲出之而已"。三年之内,吴国就收到四万降民。孙权闻此大喜,"嘉其功"。公元229年4月,孙权即帝位于武昌后,就派人给成都的后主刘禅提出"并尊二帝"的建议。后主则派遣卫尉陈震带上礼物,到东吴表示祝贺。孙权接到贺文后立马让秘书胡综给汉后主写了一则"文义甚美"的盟文。胡综河南沈丘县人,少孤,随母避难到江东,14 岁时孙策让他陪孙权在吴中读书,后来一直在孙权身边,"俱典军国密事",可谓是孙权的贴身秘书。胡综在盟文中写道:"自今日汉、吴既盟之后,戮力一心,同讨魏贼,救危恤患,分灾共庆,好恶齐之,无或携贰。若有害汉,则吴伐之;若有害吴,则汉伐之。各守分土,无相侵犯。传之后叶,克终若始。"①这个互不侵犯条约对吴、蜀两国确实起到了实际效果,不但终孙权之世,而且直至蜀汉灭亡,双方都基本上"各守分土"。这样,诸葛亮北伐解除了东顾之忧,而孙权临江拒守也消除了西顾之忧,双方在共同抗魏的前提下携手合作,使三国鼎立之争进入了一个新的相持阶段。

第四,孙权在我国秘书史上也留下了不光彩的一页,即设立"典校"机构,实行专制集权统治,为后人所诟病。为了控制臣下,钳制舆论,排挤对立面,孙权开始把自己身边的忠诚秘书②派去充当侦探耳目,监视文武群臣,以致朝廷上下人人自危。尤其是其中的贴身秘书吕一,性情"苛惨""深文巧诋,排陷无辜,毁短大臣,纤介必闻"。③ 结果大批的忠臣们被陷害,人心惶惶,甚至后来孙权对重臣陆逊、顾雍也心存疑忌,而这一切与典校不无关联。

第十二节　陆贽秘书思想

迨至唐代浙江嘉兴出了一代名相陆贽(754—805),字敬舆,谥"宣",也称"陆宣公",所以嘉兴把府内最大的学府称为"宣公书院",把嘉兴境内最大的运河大桥称为"宣公桥",以示铭念,勉励后人。

陆贽少年勤于学,大历年间 16 岁即中进士,次年初授为华州郑县尉,后迁监察史。唐德宗为太子时,闻其盛名,等到德宗即位后,就立刻召见并聘其为翰林学士,让他参与机要,拟制文书,谋议朝政,颇受宠信。当时德宗雅尚文学,对召集而来的陆贽等翰林学士愈显宠爱,每临学士院,慰问、赏赐无所不至。凡遇郊庙祭祀大典,皇帝多令陆贽陪侍于御銮之侧,甚至沐浴时也召陆贽商谈国事。陆贽擅长拟撰表疏奏议之类的公文,为翰林学士撰写公文的翘楚,后累迁中书侍郎、同平章事。④

陆贽在中国秘书史上具有两大贡献:其一,他创建了自身独有的公文写作

---

① 《三国志·吴志·吴主传》。
② 书中所言的忠诚秘书,当时被称为校事、典校。
③ 《三国志·吴志·顾雍传》。
④ 即丞相。

风格。唐建中四年(783),朱泚叛乱,陆贽随德宗避于奉天。① 当时军政事务繁杂,他练就了在一日之内撰写数十份诏书的快速撰写公文的写作能力,"贽若不经思,操笔辄成,皆曲尽事情,中于机会,同舍皆服其能"。纷乱之际,德宗事事与他商量,陆贽莫不剀切直陈,剖心沥胆。唐贞元八年(792)他以中书侍郎同门下平章事为相,时称"内相"。

陆贽所作奏疏的传世公文颇多,有《陆宣公奏议》,②共22集。《四库全书总目·翰苑集》提要云:"《新唐书》例不录排偶之作,独取贽文十余篇,以为后世法。"司马光作《资治通鉴》,尤重陆贽之奏疏,采其公文共有39篇。其后苏轼亦乞以陆贽公文校注进读,"盖其文虽多出于一时匡救规切之语,而于古今来政治得失之故,无不深切著明,有足为万世龟鉴者,故历代宝贵焉。""陆贽之文,开卷了然,聚古今之精英,实治乱之龟鉴。"所评甚高,所议纂要,被后人作为评论陆贽公文写作地位的圭臬。

陆贽处在唐代著名的古文运动兴起时代,但他写公文时,仍然采用骈体,只是全无骈体固有的用典烦琐晦涩及词采雕琢之文病。他的公文虽用骈体又不严格拘于对仗,不尚典实和俪偶,明畅通达,务求实际,从中可体察出当时公文由骈体向散文过渡的倾向与趋势。

著名的《奉天请罢琼林大盈二库状》,为历代公文的名篇与楷模。当时(783)泾原节度使姚今率领五千人过京师,因经费紧张,士兵因伙食不好而有所怨言,继而兵哗,要求"朝廷私库金帛平分"。德宗却不答应士兵的要求,于是姚今等造反,拥立太尉朱泚为帝,国号"大秦",后改为"汉"。攻入首都长安后,德宗被迫逃到奉天,陆贽附随。当时府库遗弃,财物空乏,奉天士兵无御寒之衣。朱泚率叛军攻奉天,城中军民冻饿不堪。围解后,全国各地赋税送到奉天,德宗于是仿效京都复设琼林、大盈两个财政库房,继续搜刮民脂民膏,荒淫无度,同时把两库作为皇帝私人的财库。陆贽看在眼里,痛在心头——这是要亡国毁朝的事! 于是他冒死上奏,陈述自己的看法与主张。

奏文起首,他就直截了当地提出圣人治国之道:"故圣人之道也,贱货而尊让,远利而尚廉。"他恳请德宗要重义轻利,艰苦奋斗,廉洁奉公。写作手法上,他托圣人之言,道劝谕奉洁之实。为了能进一步阐述自己的观点,劝说谏诤德宗皇,同时为其论点提供有力论据,陆贽继而层层论述,步步推进,宛如剥竹笋般,丝丝入扣。"诚惧贿之生人心而开祸端,伤风教而乱邦家耳。是以务鸠敛而厚其孥椟之积者,匹夫之富也。务散发而收其兆庶之心者,天子之富也。天子所作,与天同方。生之长之,而不恃其为;成之收之,而不私其有。"这里作者采用对比的手法,申明大

----

① 今陕西乾县。
② 或称《陆宣公翰苑集》。

义,"树廉洁之风,收兆庶之心",利弊得失,一目了然,于国于皇,系之危矣。

至此,陆贽笔锋一转,从泛泛议论切入现实环境。在国难危急当头,德宗皇却复设两大财物宝库,搜刮百姓,真是雪上加霜,火上浇油！若任凭这样下去,其结果必然产生:"荡心侈欲,萌柢于兹。迨乎失邦,终以饵寇。"他着重指出:"天衢尚梗,师旅方殷。仓痛呻吟之声,噢咻未息。忠勤战守之效,赏赉未行。而诸道贡珍,遽私别库。万目所视,孰能忍怀？窃揣军情,或生觖望。试询侯馆之吏,兼采道路之言,果如所虞,积憾已甚。或忿形谤言,或丑肆讴谣,颇含思乱之情,亦有悔忠之意。"为此,他提出将现藏两库财物,赐有功之人,并提出此后地方所贡纳之财物统归国库之建议。

从现实剀切厘析后,作者又以历史为依托,历数商纣王、周文王、齐宣王、燕昭王的历史教训,拳拳之心,殷殷真情。最后作者揭示了上本奏疏的中心意旨:"然事有未可知者,但在陛下行与否耳。能则安,否则危;能则成德,否则失道。此乃必定之理也。愿陛下慎之惜之！"其言辞恳切,语重心长,最后德宗皇被说服,完全采纳了陆贽的建议与主张。《新唐书》认为陆贽的奏文,"讥陈时病,皆本仁义,可为后世法。"陆贽是一位极具政治才能的谋臣、良相,他的公文都是针对具体国事、政务而作,具有一定管理国事的指导性、示范性和鉴赏性。

其二,陆贽不仅及时上呈奏文,而且不失时机地对皇上进行谏诤,始终保持秘书谋臣的神圣职责。贞元九年(793)二月,唐德宗李适派人给宰相陆贽一封信函:"你清正谨慎太过分了,各地官吏给你的馈赠,你一概拒绝,恐怕有点太不通人情了。如鞭靴之类的小东西,接受下来也无伤大体的。"陆贽收到后立即给皇上回信说道:"受贿之事,就是最低微的官吏,都必须严禁,况且我身为宰相,居风俗教化之首,反可通行无阻么？贿道一开,很快就会蔓延滋长开来。对送来的鞭靴不拒绝、不制止,接着就会有人送来金玉。眼睛见到想要的东西,心自然会动;既然受了人家的贿赂,就难以拒绝别人的要求。所以涓流不绝,溪壑成灾矣。"同时,他还告诉皇上他之所以坚拒、全拒的原委:"对人家送来的东西,如果有的拒绝,有的接受,别人就想不通;若一概拒绝,人们就不敢再送来了。"[1]

陆贽为人厚道,性情刚直,敢于诤谏,指陈朝政,切中时弊。有次,德宗皇问以当今切务,贽直谏曰:"臣谓当今急务,在于审察群情。若群情之所甚欲者,陛下先行之。所甚恶者,陛下先去之。欲恶与天下同,而天下不归者,自古及今,未之有也。夫理乱之本系于人心。况乎当变故动摇之时,在危疑向背之际,人之所归则植,人之所去则倾。陛下安可不审察群情,同其欲恶,使亿兆归趣,以靖邦家乎！此诚当今之所急也。顷者窃闻舆议,颇究群情。四方则患于中外意

---

① 睦达明:《秘书生活》,南昌:江西人民出版社,2009 年,第 287 页。

乖,百辟又患于群臣道隔。郡国之志,不达于朝廷;朝廷之诚,不升于轩陛。上泽缺于下布,下情壅于上闻;实事不必知,知事不必实,上下否隔于其际,真伪杂揉于其间。聚怨嚣嚣,腾谤籍籍,欲无疑阻,其可得乎?"德宗皇又问:"上下如何相通而顺天道呢?"陆贽回答道:"《易》乾下坤上曰'泰',坤下乾上曰'否'。损上益下曰'益',损下益上曰'损'。夫天在下而地处上,于位乖矣,而反谓之泰者,上下交故也。君在上而臣在下,于义顺矣,而反谓之否者,上下不交故也。上约己而裕于人,人必说(悦)而奉上矣,岂不谓之益乎?"言辞畅达洗练,议论深切,说理透彻,感染力强。

陆贽为相仅两年,遭谗罢相,为太子宾客。不久又被贬至忠州。[①] 他在忠州十年,畏遭诽谤,常闭门静处,人不识其面,也不事著述。他遭贬时,曾斥责时任丞相房延龄,并上书德宗皇请明察本末,肝胆相照,痛心疾首:"以陛下英明鉴照,物无遁情,固非延龄所能蔽亏而莫之辩也。或者,圣旨以其甚招嫉怨而谓之孤贞,可托腹心;以其好进谗谀而谓之尽诚,可寄耳目;以其纵暴无畏而谓之强直,可肃奸欺;以其大言不疑而谓之智能,可富财用。将欲排众议而收其独行,假殊宠而冀其大成。倘陛下诚有意乎在兹,臣窃以为过矣。"在写此公文报告时,陆贽已处于逆势,因此他既不能直言又不能陈词,曲尽事毕,感慨万端。唐顺宗即位后,召他前来议政,可诏书未至,他已卒。陆贽一生,公忠辅国,力挽危局,赤胆忠心,正直敢言,曾被历史学家称为我国"历代十大政治家"和古代最著名"十大名相"之一。

---

① 四川忠县。

第九章　古代秘书专著思想论

中国长达五千年的秘书工作史,留下了许多彪炳史册的秘书楷模与巨擘,同时历代也相应产生了一批秘书理论家。然而,由于秘书属于幕后工作,不少名幕们由于各种原委,没有留下他们秘书工作经验的总结和上升为理论的结晶,这不能不说是一件憾事。为此,我们只能择其要而释之。

第一节　《为吏之道》的秘书思想

《为吏之道》的作者不详,它事实上是一部如何做秘书以及如何做好秘书的教科书和职业指南。秦国时期对秘书职业道德的要求,以前由于未见文献记载,故阙而漏知。自从湖北云梦睡虎地秦墓竹简中《为吏之道》佚书被发现,我们才窥见秦国时的秘书职业观与制度。秦简的内容分为十类,《为吏之道》为其中一类。秦王朝诸种进仕途径中,大约有客卿和吏道两种。"吏"有广义和狭义两种,狭义的"吏"指官府低级公务人员,如"佐""史"等,这些就与当今的基层秘书职能相等。

《为吏之道》是该墓十类佚书之一,共由八段文字组成,是一部如何做好秘书官吏的指导书和教科书。前六段是对秘书官吏提出的具体要求和所具备的基本素质。

佚书第一段开头就提出:"凡为吏之道,必精洁正直,谨慎坚固,审恶无私。"正直、无私,是作为秘书官吏的首要职业品德;谨慎、坚韧则是秘书官吏的必备的素质与条件。接着,在第一段末提出秘书官吏的"五善"行为规范:即:(一)"中信敬上",就是忠顺于朝廷,尊重上司;(二)"精廉毋谤",就是自身廉洁奉公,任劳任怨,不怨恨他人;(三)"举事审当",就是处理政事要谨慎、稳妥;(四)"喜为善行",就是多做好事,利国利民;(五)"龚敬多让",就是谦虚为事,诚恳待人,端庄而宽和谦恭。书中说道,每一位秘书官吏若能做到这"五善",就"必有大赏"。凡做到"五善"而无一失的秘书官吏,予以升迁。

佚书的第二段列举了作为秘书官吏的"五失"行为,由三组"五失"构成,共15 种不当行为。"五失"不良行为是:(一)"夸以迣",为虎作伥,即防止夸夸其谈,滥唱高调而不务实;(二)"贵以大",遇事擅自决定,即防止好大喜功、不实事求是;(三)"擅裂割",冒犯上司而不懂得危害,即防止独断专行、飞扬跋扈;(四)"犯上弗知害",恃才傲物、自以为是,即防止犯上作乱、目无法纪;(五)"贱士而贵货贝",懒散不守时,轻视"士"子,只重视钱财。如有一失或多失者,予以降职、罚赀、罢官直至处以死刑。一部《为吏之道》,可见秦国法律之威严、严酷。

第三段,佚书要求各级从事秘书官吏,须兴利除害,关心黎民百姓。这段话采用四字句为句式的韵文,便于秘书官吏平日诵读与默背。第四段与第五段是对秘书官吏日常生活与工作的行为规范。

如果说第三段是提出原则意见的话,那么,第四段与第五段就是这些原则下的具体化与日常化。段首,佚书就直截了当地提出明确要求:"处如资,言如盟,出则敬,毋施当,昭如有光。"意思是说秘书官吏的平时生活要同斋戒一样严谨,说话要像盟誓一样慎重,出门要对人恭敬,不要废弛经常应遵守的原则,这样你就像发光的太阳一样光明显耀。

第六段是列举作为秘书官吏的 8 种行为方式,从正反两个方面比较其不同的结果,以警戒其行为须端正、严谨,不能放荡、奢淫。

最后两段,佚书抄录了魏国为吏的两段法律原文。我们从原文可以看出,《为吏之道》从秘书官吏的个人品德、文化素养,到职业道德、从政原则等行为方式,都提出了全面要求,所以说它是一份中央政府发给从事各级秘书官吏所遵循的职业道德准则与读本。

我们还发现,秦国对遴选秘书官吏的资格审查是非常严格的。秦律《内史杂律》中有三条规定:第一,"下吏能书者,毋敢从吏之事",下吏是指犯过罪的吏,即使他们能写文章也不准做秘书与秘书官吏;第二,"侯、司寇及众下吏毋敢为官府佐、史及禁苑宪盗",侯是一种被用以伺望敌情的刑徒。侯、司寇及以下众下吏,都不准做官府的佐、史和禁苑内的宪盗①。第三,"令口史毋从事官府",犯过罪的秘书及秘书官吏,虽经赦免也不准再担任秘书职位。这些规定,保证了秦朝政府秘书队伍的纯洁与质量,从而也为贯彻"以吏为师"的方针铺平了人事组织道路。

云梦秦简《内史杂律》中规定:"下吏能书者,毋敢从史之事。"就是说,不是秘书人员即使能拟写文书者,也不准代史草拟文书。"有事请也,必以书,毋口

---

①　一种捕盗的职名。

请,毋羁请。"意即凡该行文请示之事,必须书面上报,不得口头或托人代为请示。《秦律问答》中有对"发伪书"者的处置条律,还规定公文必须加盖印章后方能生效、发出,盗用官印者依伪造罪惩办。为了保证文书安全、迅速、及时地送达目的地,秦朝还制定了详细的文书运转规章制度。

从《为吏之道》中我们发现,秦代要求秘书清正方直,严谨如一,遇事细致明察,待人诚恳真切;与人严肃刚正而不暴躁,行事廉洁公平而不伤人;既不一心想着胜过他人,也不凭着意气处理事务;对下仁慈而不欺辱,对上恭敬而不冒犯;面对钱财与名誉,既不图富也不贪名;身临危难和死亡,既不躲避也不苟全。

《史记·秦始皇本纪》云:"若欲有学法令,以吏为师。"秦始皇对于战国的游士之风十分戒备,恢复西周的"学在官府",要求民间百姓求学须"以吏为师"。吏主行政,师主教育,法制与行政兼顾。章学诚评价道:"以吏为师,三代之旧法也。秦人之悖于古者,禁《诗》、《书》而仅以法律为师耳。三代盛时,天下之学,无不以吏为师。……秦人以吏为师,始复古制,而人乃狃于所习,专以秦人为非耳。秦之悖于古者多矣,犹有合于古者,以吏为师耳。"就是说,秦代实行以吏为师的目的,与西周相同,采用"君师政教"合一。从某种意义上说,这是一种历史的大倒退,以法令为学,对官民实行法制教育,以达到思想统一与钳制文化的目的,因而这是复古之道。

第二节　《佐治药言》的秘书思想

浙江汪辉祖,生于清雍正八年(1730),卒于嘉庆十二年(1807),字龙庄,萧山人,少习法家言,佐州县幕。乾隆四十年成进士,其受湖南宁远县知县,曾任两署道州,又兼署新田县,后因忤上级,被夺职归里,闭门读书,不问外事。阮元曾为其作传,①《清史稿》卷三百八十三有文传,汪辉祖是我国历代著名的秘书学家之一。

汪辉祖是清中叶著名的师爷和良官。他在做州县幕府时,就"持正不阿,为时所称";在任县令时,治事廉平,"每决狱,纵民观听,又延绅耆问民间疾呼,四乡广狭肥瘠,人情良莠"②。阮元在其传后评论说:"天下虽大,州县之积也。州县尽得孝廉者治之,则永治理也。予读《学治臆说》《佐治药言》,未尝不掩卷太息,愿有司之治者若汪君也。"汪辉祖虽出身贫苦,但一生好学,除了上述两部书外,还著有《元史本证》《史姓韵编》等,其作品在史学上也具有一定的学术价值。

---

① 《研经室二集》卷三。
② 《清史稿》本传。

　　在他 11 岁时父亲去世,生母守寡,并与大母一起把他抚养长大。17 岁时他考中秀才,可是家境贫寒,无力再博科举考试,23 岁时跟随做官的外舅王坦人当了一名书启幕友。汪辉祖由于勤奋好学,声名鹊起,成为江浙一代的名师爷。可是还是抵不住功名的诱惑,乾隆三十三年他又参加浙江乡试,高中第三名,成了举人。后来他先后参加三次会试,终于在乾隆四十年考中进士,殿试二甲第 28 名。可是这时生母病故,按清律他要"丁忧",回乡守丧 3 年,不准选官。这 3 年他又去做了师爷。3 年过后,他 51 岁时被吏部选为湖南宁远县知县,次年赴任。此时他已是知天命的中人了,后兼知道州,57 岁时因故遭弹劾,革职返乡。他从幕佐治 34 年,先后为 16 位州县做幕友,而做官仅为 5 年。他做幕友"俱有贤声",却孜孜于科考,这不能不说幕友仅为佐治,不是正道。

　　他以毕生的师爷经验写就了著名的《佐治药言》,该书包括《佐治药言》《续佐治药言》《学治臆说》①,共四部分内容。在《佐治药言》的开篇,江西新城籍鲁仕骥在《序》中提出,汪辉祖从事幕学已有 30 余年,积累了丰富的师爷实际工作经验,所以他认为把这些工作经验汇集而成,对立志求读幕学的学子而言是一件善事。该书是我国师爷幕学的重要专著,在学术上具有一定的影响。清学术大师阮元很赞同作者的"夫天下者,州县之所积也"这一观点,认为治国首先应治理好全国各地的州县,它是国家的基础,只有把众多的基层政权州县治理好了,才能有效地治理国家。然而治理州县的管理工作在古代不甚重视,也对佐治州县的师爷工作不重视,没有认真对待它,更没有把它上升到学问学理的高度。汪辉祖从事师爷 30 余年,具有丰富的实际师爷工作经验,他把自身工作经验进行梳理、整理,在我国秘书学史上具有重要意义,为师爷幕学的发展和成熟奠定了坚实的理论基础,填补了幕学中的学术空白。歙县鲍廷博在《续佐治药言·跋》中叹道:"焕曾(汪辉祖)之以佐治名也,其来有自矣。他日以佐人者,自为推此心而广之,福世福身,又可易量乎哉?"他认为汪辉祖的著作如果能为未来大批治习幕学者带来莫大的裨益,且为国家大量基层政权治理有所益处的话,那么,这本专著将是功德无量。

　　汪辉祖在《佐治药言》中多次提炼了他的幕学精髓,总结了师爷幕学的理论精华。虽然在专著中他的观点、论述多有重复,甚至大段内容是他从事刑名师爷的经验和体会,这些暂不细析,但我们发现他的最大贡献和理论精华在于他对秘书思想尤其是秘书的职业道德方面的深入研究与理论总结。

　　首先,他提出充当秘书任职资格的要求,认为必须达到古代"士"人之水准。换言之,唯有"士"身份的学子才能充当秘书,社会上三教九流、贩夫樵渔者不可

―――――――――――

　　①　其内含《学治臆说》《学治说赘》。

入职,他指出须把秘书列入社会"士"的行列。

"士"在春秋战国时代是具有渊博知识和办事能力人的统称。《说文》云:"士,事也。数始于一,终于十,从十一。孔子曰:一十合一为士。段玉裁注曰:引申之,凡能事其事者称士。《白虎通》曰:士者事也,任事之称也。故《传》曰:通古今,辨然否,谓之士。"士在当时属于贵族阶级的下层,有文化有知识也有才艺;但无经济实体,也没有封侯世袭之社会地位。后诸士开始游走,成为"游士",自由人,类似后来的师爷职业。"士任秘书使秘书工作在语言文字之外,又有了参谋咨询的功能,秘书工作由此有了文书事务与辅助决策两个相辅相成的功能,对秘书工作产生了深远的影响。"士从春秋战国时期统治阶层的批判者,发展到秦汉时期统治阶层的合作者,参与"共谋共治"。钱穆说道:"春秋末,孔子自由讲学,儒家兴起。下逮战国,百家竞兴,游士声势,递增递盛。一面加速了古代封建统治阶层之崩溃,一面促成了秦汉以下统一大运之开始,中国四民社会以知识分子'士'的一阶层为之领导之基础于以奠定,是为中国史上士阶层活动之第一期。两汉农村儒学创设了此下文治政府的传统,是为士阶层活动之第二期。魏晋南北朝下迄隋唐,八百年间,士族门第禅续不辍,而成为士的新贵族,是为士阶层活动之第三期。晚唐门第衰落,五代长期黑暗,以迄宋代而有士阶层之新觉醒。此下之士,皆由科举发迹,进而出仕,退而为师,其本身都系一白衣、一秀才、下历元明清一千年不改,是为士阶层活动之第四期,士之本身地位及其互动内容与其对外态势各不同,而中国历史演进,亦随之而有种种之不同。亦可谓中国史之演进,乃由士之一阶层为之主持与领导。此为治中国史者所必当注意之一要项。"①事实上,在君主集团与士人阶层共治合谋中,士人阶层起到历史演变的主要推动力作用。客观而言,历史事实是双方相互依靠、互为作用的结果。

同时孔子在《论语·泰伯》里提到:"士不可不弘毅,任重而道远,仁以为己任,不亦重乎,死而后已,不亦远乎!"这就提出了"文化上的渊源又使士普遍接受了'士志于道'的价值观念。这便构成了道统与政统、道与势之间的对抗与融合,道统是没有组织的,而政统的组织却日趋严密。道的尊严完全要靠它的承担者——士本身来彰显,士能否以道自任最后必然要归结到他和政统的代表者——君主之间能否保持一种适当的个人关系。"②士与君、幕友与主官仅仅在"道"上是相一致的,但气质、为人与方式上可不尽相同,这就需要两者寻找最佳的契合点,以"道"来统,以"道"为高,这也成为秘书师爷们选择职业和从事职业的工作底线。顾颉刚曾说:"秦始皇的统一思想是不要人民读书,他的手段是刑

---

① 钱穆:《国史大纲》,北京:商务印书馆,1940年,第32章。
② 刘演达:《中国秘书史》,长沙:中南工业大学出版社,1998年,第95—96页。

法的制裁;汉武帝的统一思想是要人民只读一种书,他的手段是利禄的引诱。结果,始皇失败了,武帝成功了。劝始皇统一思想的李斯,他是儒学大师荀卿的弟子;劝武帝统一思想的是董仲舒,他是《春秋》的专家。"①

为此,汪辉祖提出秘书必须先要成为类似于古代"士"的一员,才能从事秘书工作。鲁仕骥在《佐治药言·序言》中曾道出一件逸事:"昔欧阳文忠公不受范文正公陕西幕中辟命,而以书规之,曰:'古人所与成事,必有国士公之。'士以身许人,固亦未易,文忠公之自重如此。而文正公尝有言曰:'吾幕中辟人,必其可以我师者,则吾心有所严惮。'"这段话揭示士类中师爷与幕僚的不同,以及在治理中的不同作用。欧阳文忠公不接受范仲淹的官职任命,并以文章说明之,阐明了幕僚身份的局限性,并希望自己仍然成为一位自由人身份的"士",且"士"仍然可以辅佐上司成就事业,成为官师、军师,即后人所言的"幕友"。放眼历史长河,世上所有大事、要事均离不开"士"的参与和辅佐。"士"乃国家之公士,他们始终以国家前途荣辱为己任,是国家纲常伦理之践行者:"安而不忘危,存而不忘亡,治而不忘乱",以及"居庙堂之高,则忧其民;处江湖之远,则忧其君";即使遭遇厄运、屠杀,"士"也能"九死未悔",哪怕"零落成泥碾作尘",依然保持其"香如故"的本色。鲁仕骥深刻指出,范仲淹不知两者的区别,甚至阅文后仍然不知悉欧阳修的深奥之义。鲁仕骥还总结道:"然则文正之辟文忠,固深知文忠者,而文忠当时则犹未深知文正也。然既未深知,则其不苟于就,固君子自重之道宜然,此所以两贤卒深相知也。"说明秘书接受秘书职位必须建立在深知主人的基础之上,重点是了解其服务对象即主官的为人与做事的特点风格等。欧阳修辞受秘书职位,主要在于他认为对主官范仲淹还缺乏应有的了解和理解,不能贸然接受秘书职位;并认为在位秘书与不在位秘书,事实上没有多大区别。历来"士"从来不强调在位与否,他们内心均以国家社稷为重,不看重官位、职位、地位等。从汉末党锢领袖李膺的"以天下风教是非为己任",到陈番、范滂的"澄清天下之志";从北宋范仲淹的"先天下之忧而忧",到名末清初顾炎武的"国家兴亡,匹夫有责",我们鲜明地看到中国士人精神的流脉。

此外,撰写该书《跋》的鲍廷博还进一步诠释了在其官位的幕僚与不在其官位幕友(师爷)的工作性质与区别。他从辨析名士和律士的角度出发:"顾号称名士以风流自赏者,往往不耐碎琐,一切以阔略付之,而墨守律令之士,又拘文牵义,唯兢兢焉主人之考是顾。其弊也,操切为道,吏治之未能尽肃,安在不由于是耶?"历史上固然有不少士从事管理,但很多名士如魏晋南北朝时期的世族子弟们,不屑从事秘书工作,认为工作过于琐碎,把好端端的年华抛掷在细微琐

---

①　顾颉刚:《汉代的方士与儒士》,上海:上海古籍出版社,1997年,第43页。

碎的杂事上，难以成就大事。所以虽然有部分士从事秘书，但往往大而化之，或粗线条式办事，没有把它看成是一门学问。还有一些律士，从事刑名和钱谷秘书，工作上唯唯诺诺，拘泥于条文典籍，甚至把一切满足主人的意愿为己任，无自己的主见。这也是历史上，士从事秘书工作中出现的常见的两种不良现状。鲍氏提出，我们要向汪辉祖那样，才能宾尽其心，主勤其职，应具备"以义正己""以义处人"的儒家风范。因而他大力推崇该书，认为"古之言吏治者多矣，未有及幕宾之佐治者，余故急付剞劂，以广其传云"。鲍氏所写的《序言》，提纲挈领，高瞻远瞩，揭示出本书蕴涵的学术要义。

汪辉祖在《学治臆说・自序》中说："大人曌著《佐治药言》，为学幕者言之。"他提出必须考虑到该人是否具备学习师爷的人文素养和文化心理等条件，为此他在书中专列"勿轻令人习幕"一条："亲友之从余习幕者，余必察其才识，如不足以造就刑钱，则四五月之内，即令归习他务。"清初苏州师爷万枫江在《幕学举要》中也指出："入幕本领原非容易，必胸怀高朗，气力明通，参观事变有素，然后可当一面。"清末苏州师爷张廷骧在编辑《入幕须知》后，自附《赘言十则》，其中称："自古全才难得，习幕而可以佐人者，约有三等；识力俱卓、才品兼优、例案精通、笔墨通达者，上也；人品谨饬、例案精通、笔下明顺者，次者；人品不苟、例案熟练，而笔墨稍逊者，又其次也。……故凡有心习幕者，当先自其材力而后从事于此，卒不至自误生平。"看来幕学也非为常人所学，学习者需擅长笔墨外，还须精通各种案例、人品高洁等条件，这也使我们明了汪辉祖在《自序》中为何开篇阐释此为重要条件之原委。可以说，他是首位把秘书与古代的"士"联系在一起加以考察的学者，"古人所与成事，必有国士共之"。中国历史上所有大事、要事，都离不开秘书们的辛勤工作，所以中国一部帝王将相史，同时也是历代秘书们的工作史。

其次，汪辉祖重点阐释了师爷的职业道德。《佐治药言》开篇就把秘书职业中最重要的职业道德摆在前列，如尽心、尽言、不合则去、虚心、立品、俭用等。《学治臆说》卷三同样指出安命、治贵实心尤为清心、忽为非分之事、勤怠之分、不节不贪、嗜好宜戒等立业之道。笔者考察发现，在《佐治药言》的 40 条中，涉及刑名为 12 条，书启为 4 条，为官之道 3 条，其余为幕学原理 21 条。其重点阐释师爷职业道德内容方面，首先指出立心，尽心、虚心，强调养心之重要。其次为立品，自处宜洁、俭用、范家、省事、求生、读书、勤事、慎交、勿攀援、须体俗情、戒已甚、勿过受主人情、就馆宜慎。再次为立言，如去馆日勿使有指摘、检点书吏、须示民以信、勿轻令人习幕等。最后为刑名事宜。《续佐治药言》26 条中，涉及刑名为 16 条，其余 10 条大多为处事之道，如玉成有自、择主人获益、忌辣手、仁恕获福、勿求全小节、勿忘本计、须成主人之美、处久交更难、宾主不可忘形、不宜经手银钱诸条。《学治臆说》卷上有 62 条，其中有尽心、官幕异势、志趣宜正、幕宾不可易视、勿令幕友上随为债、职不可恋、恩不可希、勿躁进、勿喜功、事至勿忙;《学治臆说》卷下有 61 条,包含嗜好宜戒、饮酒宜有节、不节必贪、称职在勤、上下宜隔、守身、衰病当知止等 7 条有关职业道德的内容。《学治续说》50条,包含安命、勿为非分之事、事慎创始、退大不易、治贵实心尤贵清心、勤怠之分、为治不可无才、用人不易、勿臧否上官寮友、与上官言不宜径尽等 10 条职业道德内容;《学治说赘》只有 14 条,其中簿记十则(条)为书启内容,福孽之辨、勤怠之分 2 条为职业道德类,其余另 2 条为刑名类。

第三,该书贯彻了中国古代德主刑辅的秘书工作原则。汪辉祖在《自序》中叙述了自己的身世,"余不幸少孤家贫,年二十有三,外舅王坦人先生方令金山,因往佐书"。他少年贫苦,23 岁时跟随外舅到金山县去当书启师爷。后因骈体文写得好,他被常州太守胡公赏识,做胡公的书启师爷,并私下开始学习刑名,后又跟随胡公赴任苏松粮储道师爷。在此 6 年间,他一直学习刑名师爷业务。在师爷下属的各类型工作中,刑名师爷的收入最高,地位也最贵,这也是汪辉祖孜孜以求学习刑名的原委。然而,他的生母和嫡母听说他要从事刑名师爷后,"同声诫止"。因为刑名具有杀生之嫌,他家三世单传,万一有个三长两短,闹出人命案,难以向长眠于地的父亲交代。于是汪辉祖"跪地而对",且"誓不敢负心"。在服务的 16 位主人、26 年之中,他"推诚相与,始终契合"。最后他谆谆告言:"良药苦口而利于病",这是一本"余以素业于此,故言之独详"。

第四,汪辉祖提出秘书应当自重、慎独的秘书人格。他认为在就职前秘书必须对主人有所了解,只有与主人的兴趣爱好志向等"深相契合"时,才能赴任,这说明秘书工作不是一般的器物制造的简单流水线工作,而是具有深厚文化蕴含和人类精神道德的灵魂工程师特征的工作。友人鲁仕骥在《序言》中说道:"今君(汪辉祖)自述三十余年所佐凡是余人,皆深相契合,有师友之义,而君尤凛然自重,不苟去就,庶几古人之风也哉,君今自为也。"主人与秘书两者只有相近、相似、相当时,才能深做朋友,才能形成共事合力。这就要求秘书必须具有"凛然自重"的秉性与风范,否则畏缩不前,或成为工具,或成为奴婢,或成为帮凶,不能成为主人的师长和宾主的身份,就不能实现和完成佐治辅助的作用。汪辉祖在自序中说:"所主者凡十四人,性情才略,不必尽同,无不磊落光明,推诚相与,始终契合,可以行吾之素志。"说明在服务 14 位主人而充任师爷中,他均得到了与主人相互尊重信任的良好关系,因此能在其师爷的职位上有所建树。反过来说,这也表明主人与秘书的契合程度是最重要的,带有一点缘分的关系在内,有点古人所云的"可欲而不可求"之意。如果不契合,秘书须断然离就。可惜,他没有在专著正文条目中显示,事实上,笔者认为"自重"应成为秘书职业的重要条件之一。

　　把儒家君子中的"慎独"要求作为秘书的职业道德。在《佐治药言·跋》中，鲍廷博写道："佐州县吏数十年，声称灿烂，独不受主者关防。尝曰：'闲邪以存诚。'是方寸中事，未尝以非礼自冒，而主人防其非礼，是遇犹守贞之女，而曰若无诲淫也，其谁能受之？受之而甘焉，转恐不可问矣。夫主之与宾，不尽素识，猝然举身名以任之，关防固其所也。第阴察其实，而不阳著其目，则不贤者无可隐，而贤者有以自居，斯两得之耳。"慎独，是在没有人监督之下的自觉行为，犹如守道之玉女。而且主人与师爷毕竟还是不太了解，所以常常会私下察看师爷的人品为人，以及生活作风等细节。一般而言，师爷如果对自己不太严格要求的话，经年累月，常常会暴露。主人如果与师爷品行接近，贤能大德，这就会形成新的合力。

　　第五，他指出秘书工作要具有认真求实和谨慎的工作作风。他认为，"为吏之道，安静不扰，恺悌无华，遇事加详慎焉"。换言之，勤奋、踏实、埋头苦干、默默无闻、静心、谨慎等都是秘书须必备的职业精神。作者谆谆教导秘书工作必须勤奋、勿怠，一再阐释，其意自显。《佐治药言·跋》中安徽歙县鲍廷博曾拜访过汪辉祖师爷馆处，叙录道："辨色起，丙夜方息，不以寒暑少间。遇公宴，必以漏刻补之。韩子有言，'业精于勤'，岂不诚然乎哉！……律己以立品为先，佐人以尽心为尚。以俭为立品之基，以勤为尽心之实。"他谈到，汪辉祖异常勤奋，每天刚天亮时就起床，很晚才上床睡觉，天天如此，不管是寒暑季节。汪辉祖把此书比喻成良药，并将他过去在做师爷时悬挂馆中的"苦心未比天终负，辣手须防人不堪"加以自说。《佐治药言·勤事》指出："办理幕务，最要在勤一事。……故能勤则佐剧亦暇，暇自心清；不勤则佐简亦忙，忙先神乱。"《学治说赘·勤怠之分》中他评论道："称职在勤，前已言之。怠之祸人，甚于贪酷。……呜呼！官若肯勤，何至于是？余久食于幕，而不愿子孙之习幕，尝试为吏，而不乐子孙之作吏，盖深惧其多缔孽缘，有亏先德也。"

　　清代法律规定官员要回避本省做官，而幕友也要回避本籍①。师爷一般居住在衙署内，一人一室，如果要衙外租赁民居，待东家与他往往商量不便，故一般较为反对。所以州县师爷一般单身处馆，只有督抚幕友经东家统一才有携眷处馆。如《儒林外史》中刑名师爷倪廷珠，待东家升任江苏巡抚时才把妻子接来居住。作幕与教书不同，师爷常常远离乡梓，不能照顾家庭，常常出现人到中年而仍无子嗣或者有子而失教的情况。万枫江自叹："余游幕三时余年，身心岁月，俱非己有。"汪辉祖也深深喟叹："吾辈游幕之士。家果素封，必不忍去父母、离妻子，寄人篱下。"游幕在外，师爷的生活是清贫清寒的，更不可能笙歌管舞，

――――――――――

　　①　"本府"之意。

而驻守在家的妻子更是望断秋月。赡养老人、抚养儿女、操持家务等均落在妻子的身上,故师爷一般节俭养廉,洁身自好。汪辉祖认为"卖文之钱",要事以积蓄才对,如果挥霍殆尽,就"失寒士本色"。师爷通常数月带回百余两,并告诫家人也要勤俭节约,"得馆仅足以济,失馆必至于亏"。

针对秘书深陷于人际关系漩涡之中,各种利益和矛盾集中一身的现状,汪辉祖告诫秘书应提防辣手之事。因而,他在《续佐治药言·忌辣手》中特意记载了少年时家中来的一位在外做师爷的丁君对他人格的影响。爷爷问丁君:"你如何获得盛名?"丁君就一一道叙作为师爷,他如何做成了一些辣手之事,颇为自得。等这位丁君离开后,爷爷告诫汪辉祖:"顷丁某言,汝闻否?虽多财,不足羡也。辣则忍,忍则刻,恐造孽不少,其能久乎?"他还一边在汪辉祖头顶上抚摸,一边问他明白了吗?汪辉祖答曰:"明白了。"果然没过多久,丁君客死,其子只有十五六岁,无人管教,挥霍殆尽。很快丁君的妻子也死了,最后其子成为流荡儿。本书对此细细道来,实例确凿,扼腕评议。

最后,汪辉祖提出秘书要尽心、尽力、尽言,合则留、不合则去等师爷的职业操守和职业道德。其内容已在本书的《古代秘书职业道德》一节中有所提及,在此笔者略而从之。他总结道:"律己以立品为先,佐人以尽心为尚,而俭为立品之基,勤为尽心之实。"在今日看来,此言颇为精辟,有龟鉴之用。

第三节 《幕学举要》的秘书思想

清代在汪辉祖之后还有一位万维翰,他撰写了一本《幕学举要》专著,对幕友地位、幕道功能、幕务原则、幕事要领、幕才素养、幕友与主官关系等作了较为系统的论述。

《幕学举要》为清乾隆初年名幕万维翰所著。该书并非是一本完整的幕学[①]的教科书,而是幕学具体的业务指导书。由于幕学涉及州县事务,庞杂烦琐,故该书除了《总论》外,还设立《命案》《奸情》《逃人》《钱谷》《交盘》《社仓》《灾赈》《捕蝗》《水利》和《官方》等章节。全书共11章,其中首章为总论,前2—4章为刑名事务,后5—10章为钱谷事务,末章为官方公务事宜。该书首尾两章最接近秘书学理论的核心内容,作者在撰写该书时,采用论语体的片断式文体,故没有一个完整的章法结构与理论体系。但我们通观全书,还是可以寻找出该书幕学理论的四个主要观点与核心内容。

---

① 即当时的秘书学。

首先，他提出幕友"勤慎供职"的办事方针。他在开篇《总论》中首先点出这一观点，幕友要办事，而办事最重要的原则为"勤敏"。他认为由于"尽事前未去，后事又来，百事从集，忙中有错"，所以幕友须"且汇各属之案牍，则事绪愈多，检点偶疏，每致舛错，可不慎哉"。作者认为幕友的工作主要是"治吏""以察吏为先""吏得其人，则民受其福，察吏所以安民也"。同时，幕友"要高一著，亦要先一著，方可驾驭群吏，统理万端"。本书刑名内容只有三章，这与汪辉祖不同，汪氏主要论述的内容几乎是刑名学，而《幕学举要》主要论述的是钱谷内容，共有六章，是本书最大的亮点。我们可以把汪辉祖《佐治药言》的刑名学，与万维翰《幕学举要》的钱谷学合起来读，就会得到整个师爷幕学的业务大全。同时他还在书中提出幕友办事要遵循程序性，以钱谷为例，认为幕友首先要清丈工作，造编鱼鳞册；然后要顺庄，把业户所有的项目集中在一起，整合各种税赋；最后要先收大户，后收中户，然后再去收小户与困难户，难度依次而进。

其次，他提出幕友"圆和平坦"的处事方式。换言之，幕友办事必须采取"中和"方针，他认为："处事贵得中，不是调剂乎宽严之间而执其中，直宽直严"，从而达到"赏之而非私，杀之而不怒"的效果。他还说："凡事留一分余地，便是积阴德于子孙也。""若英气不露，不特招同官之忌，上司亦以为涵养尚少，不肯重任"，所以幕友绝对不能"矜才炫能"。作者在诠释刑名学中，强调幕友对上送的呈状，必须要了解起因、双方矛盾的焦点，以及对此事的初步看法。在处理此事前，幕友不可有自己的先见、成见，"无主意，不能鉴，空衡平，理必致偏枯"，故易造成依回反复，事多两歧，词讼蜂起。为了杜绝此类事情，作者提出"案件重视初报"，因为这是第一手材料，最真实、最接近事实真相；"审问先问起衅根由"，这样就很容易抓住原告与被告之间症结所在；"删改供词久有例禁"，要求幕友不要随意删除改动犯人和起诉人的供词。在满足了上述后，幕友还要"文移虽为小事，立言皆要有体"。书启师爷不须撰写一些华丽文章，而只需条理清晰、层次分明，朴实无华的词语即可。

第三，他提出廉洁奉公的职业品德。幕友必须"公私不并营""居官无妄取""行其心所安，处之以理之应得"。他再三告诫幕友，"人情之所不愿，我力之所不能者，皆不可勉强。若委屈成之，久后必悔。"他特别强调幕友与主人的关系，"入幕率领，原非容易……故主宾水乳亦必匿影避嫌，毋使风动账开，使人知郗生踪迹。主人信任一分，则勇往一分，可以任劳，可以任怨。若稍疑贰，则退缩收敛，不必图功，立身于无过而已。"

第四，他提出献纳为忠的工作原则。他认为："幕本为专门名家之学，以历聘于有司，顾位在宾师，其道本交相重也。"因而他觉得幕友的地位一般要高于幕僚，主宾之间通常采取平礼，而非是上下级关系，并且在称呼上主官对幕友一般尊称为"师""宾""先生"等,故幕友有"师爷"称号。一般来说,主官不会对师爷怠慢,"官戒"业已谆谆教导:"幕中诸友,须情谊亲洽,礼貌周到,不可似向年疏忽""论事当和婉相商,无执己见,轻行改窜。即或意见不合,亦当礼貌相别,无出恶声"。他还要求主官须常常陪师爷吃饭,"时常陪饭,使令厨子不敢省减",设宴时师爷要坐西席,并师爷不到不可举箸。①

同时环顾社会,他发现当时做幕者各种人物均有:有的是下台官员,没落贵族;有的是举业不成,功名不就;有的是资深胥吏;甚至还有武夫当师爷,父为子幕,妻为夫幕,侯缺做幕……"流品错杂,优劣不一"。难怪嘉庆五年(1800)御史张鹏展曾上疏,呼吁朝廷下禁令:"营私之督抚无不用属员为幕友,其害最深。即使督抚无私,而该员上下通透,借端撞骗,亦所不免。"②

除此之外,作者指出幕学也是一门深奥的学问,要用心去学才能学好,并强调做官与做幕的不同类型与要求,要求做幕者尽量做好师爷的职责,不要朝三暮四,见异思迁。作幕者可进可退,不承担全部责任(只对一人负责),如果办错案件,后果也由官员独自承担,师爷无非被主人辞退而已,不受官规约束。另外,岁脩有保证,生活也安定,地位尚可;而做官者不能全身而退,并有种种限制,甚至会有降级革职查办和杀头之祸。最后作为幕友本身,他认为"守立之害,去君甚远,去民甚亲,以抚字为忠""有一片肺诚之意,流露于政事之间,小民必有受其福也"。

第四节　《公牍学史》的秘书思想

《公牍学史》为清末学者许同莘所撰。他生于清光绪四年,庚子、辛丑并科举人,早年东渡日本,毕业于日本法政大学速成科,归国后入张之洞幕,为文案委员。民国后他曾任外交部佥事、河北省政府主任秘书等职。他在秘书事业中不仅论述卓越,而且亲临实践,所以,该书是他本人多年政府公务文牍的经验总结。

该书也是我国首部用现代学科意识梳理中国公文学史的专著,具有学术开创性之功。"对几千年来中国公文的发展、演变进行了系统的研究,并首次使用了公牍学'这个名称,为中国公文学的创建,提出了一些有见地的观点。"③他与汪辉祖一样,在书中充满了深切的期望,认为学问文牍固然重要,但秘书对待文

---

①　《清代吏治丛谈》卷三。
②　《皇清经世文编》卷二十。
③　苗枫林:《中国公文学》,济南:齐鲁书社,1988年,第30页。

牍运转、对待秘书工作更加重要。所以,此书充溢了大量的有关秘书职业道德的诠释。他主要提出五个方面:

首先,积学。他认为这是秘书写文治牍之本,把博学治学作为首要一步,推崇"治事必先明理,明理必先读书"的道理。

其次,晓事。秘书要明了事情的来龙去脉、内部的盘根错节,这样才能把事情办好、办妥。他说:"不晓事之害,不在小人而在君子。小人不晓事,犹不能为大恶;君子不晓事,则一言出而万口附和,贻害不可胜言。"

第三,立诚。他认为治牍者必须诚心诚意、精神贯注、临事不苟,殚精竭虑,同时还指出:"其心愈苦,其谋愈深;其虑愈周,其理愈密。"

第四,养耻。他强调秘书必须具有古代"士"的精神,实事求是,把握分寸,不为过甚之词,不发过苛之论,以减少为害程度。

第五,去忍。他修身养性,采取礼让态度,做谦谦君子,以忍为进。针对秘书职业的特点,当遇到詈骂、欺骗、冤枉、顶换、撤职、查办、处分、不理解、不认同、不同情、不友好时,秘书必须具有宽阔的胸怀,养成一种"有容乃大"的胸襟。这样秘书才能与上司进行有效的合作。事实上,只有要求秘书的去忍,而没有要求上司的去忍,这是秘书职业被动性、佐治性所决定的。

第十章　我党领袖秘书思想论

新中国成立以来,我国秘书事业在党和政府的领导下取得了丰硕成果,而这一切成就的取得无不是在领袖的关怀和指导下完成的。因此,要总结新中国秘书事业的发展,不能不总结我党几代领导人丰硕的秘书思想宝库。

第一节　毛泽东秘书思想

毛泽东(1893—1976)是中国共产党和人民解放军的缔造者之一,也是中华人民共和国的开创者之一;同时,他也是新中国成立后我党、我军的第一代领导集体的核心。在长达60年的革命生涯中,毛泽东的秘书思想极为丰富,博大精深。这里,笔者仅从两个方面加以论述。

第一,毛泽东选用秘书的标准。

毛泽东的秘书胡乔木,后来成为"中共中央一支笔"。1941年胡乔木在延安中央宣传部工作。他所发精辟有力之文,引起了毛泽东的注意。当时,毛泽东请中央秘书长王若飞找胡乔木谈话。王氏对胡乔木说出了毛泽东"点将"的原委:"你发表在《中国青年》杂志上纪念'五四运动'20周年的文章,陈伯达看了很赞赏,并推荐给毛主席。毛主席看了文章后说:'乔木是个人才。'所以,毛主席很早就注意你。最近毛主席那里人手不够,他点名调你去当他的秘书,你同时也是中央政治局的秘书。"那时,陈伯达担任毛主席的秘书,他跟胡乔木不认识。从上我们可以看出:首先,毛泽东选用秘书的标准之一,就是此人写文要有文采,能写好文章,而且已经写出好文章,并被当时社会所认可。

其次,毛泽东善于从大众中去发现秘书人才,而不讲究学历、背景等非智力因素。田家英出生于1922年,3岁时父亲早逝,9岁时母亲也去世。他成了一名孤儿,是由他的大哥抚养长大。由于家境不好,大哥在他初中一年级时就让他辍学,在大哥家开的药铺里当徒弟。他自学成才,在蚊帐上挂了一副他写的对联:上联是"走遍天下路",下联是"读尽世上书"。他14岁考上成都中学,靠卖文为生,16岁奔赴延安,在延安陕北公学学习,两个月后分配在陕公校党委工作。18岁他又去马列学院学习,毕业后留在学校担任中国现代史助教,后任毛泽东秘书,是由于1942年1月在延安《解放日报》上发表了《从侯方域说起》一文,毛泽东读后大加赞赏,开始注意起这个"少壮派"。当然,直接的原因是田家英担任了毛泽东儿子毛岸英的中文老师。1946年毛岸英从苏联回国,但他汉语不好,毛泽东就选田家英作为毛岸英的语文和历史老师。1948年,26岁的田家英被正式调任毛泽东的秘书。他为了做好秘书工作,就把毛泽东著作仔细阅读,并进行语录摘录,按问题分类,结成一本剪贴本。他的笔记被印成内部读物,曾由中国青年出版社出版,书名为《一个同志的读书笔记》。解放后,他担任《毛泽东选集》的编辑工作,同时兼任主席办公厅副主任等职。1966年他因政治迫害而自行离世。

从田家英的身上,我们可以看出,毛泽东选择秘书的基本条件为:一是年龄不要偏大;二是要有一定的文采;三是在身边做过事情的人,换言之,对其有一个了解和熟悉的过程。

新中国成立后,毛泽东的工作更为繁忙,他想选一名国际事务秘书,为此,在1962年3月25日给当时任中央总书记的邓小平和其他同志写了一封信,全文如下:

小平、尚昆、冷西同志:

林克下放,我这里缺少一个替我看国际资料的人,也没有人帮助我读英文了。因此,请你们替我从新华社国际部编辑及翻译同志们中,找一位适当的人。年龄不要太大,以25~28岁之间,又有过翻译英语新闻一段经验的为宜,又是聪明、诚实、有朝气、有造就为理论干部可能的。又性格较温和,说话不甚刺耳。英文程度,有中等水平即可。说明初来只是试用,如不行,仍回原职。他作林克的助手,林克要回来,他就下放,他回来,林可再下放,如此循环下去。还有,要能保守机密。

此外,我这里的两位秘书,文化、政治水平都低,不能很好地替我阅读内部文件,更不能向我提意见,需要有一位文化、政治水平较高的同志来帮助我。此人最好是在地方群众工作中有实际经验的。如能找到,也要讲明试用,不行另换他人。至于"收发"性质的秘书,有一个就够了,可以减去一人。

以上两事,请你们费心一办为盼。

毛泽东
三月二十五日

毛泽东作为我党的领袖,早年也从事过秘书工作,因此他选用秘书有着独特的视角。他在信中所提的一些秘书标准,撮其要者,有如下几条:

(1)重朝气。毛泽东一直强调人的主观能动性。他有句名言:"人总是要有点精神的。"因此,选调秘书时他提出"聪明、诚实、有朝气"这一要求。

(2)重理论。毛泽东在信中指出:"我这里的两位秘书,文化、政治水平都低",因此,选调的新秘书要"有造就为理论干部可能的"。从这里可以看出,毛泽东很注重秘书人员的理论修养。

(3)重实践。关于英文秘书选调,毛泽东提出"从新华社国际部编辑及翻译同志们中,找一位适当的人"的要求,以"有过翻译英语新闻一段经验的为宜"。关于政治秘书,他提出:"需要有一位文化、政治水平较高的同志来帮助我,此人最好是在地方群众工作中有过实践经验的。"可见,毛泽东是非常看重秘书人员的实践经验。

(4)能进谏。毛泽东在信中说:"我这里的两位秘书,文化、政治水平都低,不能很好地替我阅选内部文件,更不能向我提意见,需要有一位文化、政治水平较高的同志来帮助我。"在这里,毛泽东把"能进谏"作为选调政治秘书的一条重要条件提了出来。他虽身居高位,仍殷切期望自己身边的秘书能对自己的工作提出意见。从这里也可以看出,他作为一代伟人所具有的虚怀若谷的胸襟。

这篇短信,就选调秘书问题还提出如下几点意见:一是要注意年轻化,以"25～28岁之间"为宜;二是"要能保守机密";三是实行"试用"制度,在用人上具有一定的伸缩余地;四是注意精简秘书人员,收发一类的秘书仅为一人即可,其余可改为他用。

第二,从毛泽东的工作实践中,我们来看他博大而精深的秘书思想。

1.领导秘书必须会速记和整理文件。

毛泽东是写作巨匠,他的著作通常都是亲笔写就的。但有时,他因工作繁忙,尚需秘书帮助。如1942年5月著名的《延安文艺座谈会上的讲话》,就是秘书胡乔木根据速记稿加以整理的。

2.领导秘书必须学会写社论,而且要成为"高手"。

毛泽东的秘书,无一不在写社论、写文件上是"高才"。如胡乔木在延安时期,为《解放日报》写了58篇社论。因为那时《解放日报》的社论,代表着中共中央的政治声音。他写的社论,有的是毛泽东嘱意写作的,有的是他根据毛泽东在内部会议上的讲话精神写作的;有的是他写好经毛泽东修改、审定而发表的。再如1946年元旦前,蒋介石发表了长篇广播演说,毛泽东觉得应写篇社论,代表中共中央表态,胡乔木日夜奋笔,一气呵成,写成长达万言的《蒋介石元旦演说与政治协商会议》社论,在国民党统治区引起震动。

秘书一定要围绕着领导的思路和当时的工作中心运转。如 1949 年 6 月 24 日毛泽东给胡乔木一封便函:

> 乔木:
>
> 　　写一篇纪念七一的论文(似不宜用新华社社论形式,而用你的名字),拟一单独纪念七七的口号(纪念七七、庆祝胜利,宣传新政协及联合政府,要求早日订立对日和约,消灭反动派残余力量,镇压反动派的破坏和捣乱,发展生产和文教)——此两件事请于 6 月最近两天拟好,以便于 6 月 28 日发出,6 月 29 日各地见报。写一篇七七纪念论文(带总结性),此件须于 7 月 2 日写好,3、4 两日修改好,5 日广播,7 日各地见报。起草一个各党派的纪念七七的联合声明——此件亦须于 7 月 2 日写好,以便交换意见。以上工作很繁重,都堆在你的身上,请好好排列时间,并注意偷空睡足觉。你起草后,我给你帮忙修改,你可节省若干精力。①
>
> 毛泽东
> 6 月 24 日下午 6 时

可知从 6 月 24 日至 7 月 2 日,不到一周的时间毛泽东要胡乔木完成 4 篇全局性的重要文章:纪念七一的社论,纪念七七的口号,纪念七七的论文,各党派纪念七七的联合声明。

3.政治秘书必须掌握方向,指导党报。

毛泽东的秘书受毛泽东的政治影响,个个都很关注党报的动态,时时注意报纸的政治动向,并不时交换看报的想法与心得,然后作批示。毛泽东常批示给胡乔木,胡乔木常批示给范(长江)、邓(拓)、安(岗)三人,并有针对性指导工作。如胡乔木在 1951 年 3 月 4 日,对《人民日报》第三版转载的《开明少年》杂志第 66 期上的一篇文章《我们伟大祖国有世界最高的山峰》,感到很不满意,写信谈了自己的看法:

> 　　注意标题——这是我对于《人民日报》的一个要求。
> 　　今天的报纸第三版有一段文章,题目是《我们伟大祖国有世界最高的山峰》。这个题目是报纸上许多不好的标题之一。从这个标题人

---

① 摘自《英美的外交——特务外交》一文(引者注:载 1949 年 6 月 24 日《人民日报》)。

们决不能得到关于这段文章内容的任何暗示,而且也不能引起任何兴味,因为标题里的话是谁都知道的。这段文章正确的标法应当是:《额非尔士峰的名字应当通令纠正》《额非尔士峰应当恢复祖国的原名》《用外国人名称称呼我国最高峰是一个错误》《纠正我国地理名称上的一个重要错误》《世界第一高峰是谁发现的》《发现世界最高峰的是中国人,不是外国人》,等等。

我之所以详细指出这个例子,是因为《人民日报》上这类毛病太多了,简直是每一天每一页都有这种题不对文、不着边际、毫无生气的题目。我要求编辑部切实改正这种现象。

只要全部题(连小题)都是生动醒目的,文章又都是对题而不是离题的,那就表示整个报纸的生动醒目的问题,已经解决了一大半。加上短评、信箱、动态、通讯、图片等成分安排好,编辑不是故意叫人难受,那么报纸就会活跃得像春天的大花园一样了。

4. 政治秘书还要擅于调查研究工作。

1961年1月20日,毛泽东给田家英写了一封信,说道:"已告陈(伯达)、胡(乔木),和你一样,各带一个调查组,共三个组,每组组员六人,连组长共七人,组长为陈、胡、田。在今、明、后三天组成。每个人都要是高级水平的,低级的不要。……你去浙江,胡去湖南,陈去广东……"后来毛泽东的秘书组织了三个调查组,依照执行。田家英在毛泽东的直接指导下,带领工作组,先后赴浙江、山西、湖南等省,深入调查农村人民公社。秘书们把调查的情况向主席汇报,并各自提出了不少有价值的意见和建议后,就酝酿和制定了后来著名的《人民公社工作条例》。善于调查研究,是毛泽东选拔、任用秘书的重要条件之一。

5. 政治秘书要多才多艺。

秘书不仅要做一般性事务的工作,要写社论、调查研究等文章,而且还要多才多艺,兴趣广泛,品位高雅。如胡乔木对词学颇有研究,曾去信与词学大家夏承焘讨论有关辛弃疾的词。下面是胡乔木给夏教授的一封信:

承焘先生:

近读大作谈辛词《水龙吟》一文,略有所见,写上呈政。

词中下片首两句,先生以为反语,这种说法对帮助读者了解稼轩抱负之不同凡俗,可能是好的。但作者原意果否如此,似尚有斟酌之必要。我国封建时代地主阶级文人羡慕归隐,几成通例,虽豪杰之士如稼轩者亦不能免,此在辛词中所在多有,即在与此作同一时期,用同一故实以示对张翰之向往着,亦屡见不鲜,所以这里很可不必曲为之说。求田问舍云云,直承上文,只是深一层来宣泄自己的痛苦心情,盖退既不能乐享林泉,进不能报国救世,心非许汜,而迹则无以异同之,坐视华年,冉冉以去,此真所谓大无可知如何之日,故欲红巾翠袖为之一揾英雄泪也(红巾翠袖解为离骚求女之意,亦失之凿)。此词用意本山制显豁,先生一代词学大师,岂待班门弄斧。意者或求之过深,将以现代进步观点要求古人,解释古人,遂不觉大义微言,触目皆是。前之释苏词"朱栏绮户"句,殆亦生此耳。古人之进步,终不能如今人之进步,其于君臣男女家国出处之间,观点径庭,直不可以道里计。我们只要还古人一个本来面目,便是马克思主义的唯物主义的历史主义的态度,这样,古人留给我们的好东西,其价值并不因而减少,反是亦未必因而增加。私见如此,不敢自必,献之高明,曾其或有一助乎。书造口壁词解释很好,邓广铭先生考辨金兵实未追至造口,但宋后确曾逃经造口,谓与此词起兴全不相涉,理由似不能认为充足。

　　专此,即颂

著安

　　　　　　　　　　　　　　　　　　胡乔木

　　　　　　　　　　　　　　　　　1962 年 12 月 13 日

　　此信足见胡乔木对词学研究之深,突显出他厚实的词学根底。田家英除能写文章外,平时喜欢书法,常把一些明清书画家如郑板桥等的手迹挂起来,临摹、品赏。同时,他还常去北京荣宝斋购买字帖,如王羲之的草书拓本、于右任的《标准草书范本千字文》以及《草诀歌》等。他还喜欢篆刻,把自己的一首诗"十年京兆一书生,爱书爱字不爱名。酒饭膏粱颇不薄,愧对万家百姓心"篆刻在图章中,以表达他"愧对"群众的心情;同时他还把林则徐的两句诗"苟利国家生死以,岂因祸福避趋之"作为他人生格言,并篆刻成章,激励自己。①

第二节　刘少奇秘书思想

　　刘少奇在新中国成立后担任国家主席,在领导我国社会主义建设的实践中,十分关心和重视秘书工作,提出了许多有关秘书工作的重要思想。下面试

---

① 　董边(田家英妻子):《忆家英》,《人物》1981 年第 5 期。

从几个方面加以阐释：

第一，秘书工作"好比一台精密机器上的螺丝钉"，秘书应为领导工作忠诚服务。刘少奇同志曾把秘书工作比做一颗精密机器上的螺丝钉。秘书工作的好坏，直接影响到机器的能否正常运转，影响到整个党的事业是否顺利进行。秘书人员一定要看到自己工作的重要性及其特点，埋头工作，忠诚服务。作为秘书，首要和基本的任务是"三服务"，即忠诚地为领导工作服务，为党的中心工作服务，为人民服务。

第二，秘书应"如实反映情况"，要"说老实话，办老实事"。刘少奇同志一再鼓励秘书人员要敢于讲真话，如实向领导反映真实情况，不能道听途说，更不能欺上瞒下，弄虚作假。同时，他要求秘书在汇报工作时，既要讲成绩，又要讲问题，不能只报喜不报忧，要实事求是。他要求秘书人员一定要有对领导和人民群众负责的态度，发现问题及时报告；杜绝领导工作中的失误，要坚持真理，敢于直言；对于上报的材料，要反复核查；对于不确定的情况，一定要调查研究。

第三，秘书"要充分认识脱离群众的危险性"。刘少奇要求秘书人员必须树立群众的观点，只有密切联系群众，才能做好秘书工作，成为领导和群众之间沟通的桥梁和联系的纽带。他要求秘书要认真对待群众的来信来访。他说："对人民来信的处理，是人命关天的大事，是要死人的。"因此，秘书人员必须高度重视，慎重办理。

第四，秘书"不能乱用党和人民给你的权力"。由于秘书与领导的特殊关系，有些秘书很容易滋生特权思想。对于这个问题，刘少奇很重视，他严格要求秘书人员绝对不能搞特殊化，不能以职权谋私利，或打着领导的名义干个人的事。他对秘书说："我们这些人不要出风头，更不要做一件好事就希望别人知道。"所以，刘少奇每次出差，都向秘书交代"四不准"纪律，防止秘书人员利用他的牌子搞特殊化。

第五，秘书要学会"紧张而有秩序地工作"。他要求秘书一定要"坐得住"，而且要有效率，绝不许粗心大意而误了国家大事。

第六，秘书要遵守保密纪律，"不能传播小道消息"，秘书人员要"靠得住"。刘少奇同志多次指出，秘书人员接触的机要文件多，知道的事情多，因此秘书要增强保密意识，严守保密纪律。他还规定，秘书不能随便利用内部材料给报刊杂志写文章，以防泄密问题的发生。

总之，刘少奇的秘书思想是我党秘书思想宝库中的重要组成部分，我们应深入学习，细心领会，把秘书工作做得更好。

第三节　邓小平秘书思想

邓小平是新中国第二代领导人的代表,是改革开放的总设计师。作为党和国家第二代的重要领导人之一,邓小平对新中国的秘书工作,从理论到实践都做出了杰出的贡献。

首先,邓小平本人就是秘书出身的,具有丰富的秘书实践经验。邓小平秘书实践活动的主要特点有:

1. 他从事秘书工作的时间长。从 1927 年开始担任中央秘书长职务起,到1956 年结束这一职务止,邓小平从事领导秘书长长达 30 多年。其间,他先后三次担任党中央秘书长,一次担任军委政治部秘书长职务,这在全党、全军是绝无仅有的。这表明,他不但具有从事秘书工作和领导秘书工作的突出才能,而且具有这方面的丰富实践经验,这就为他关于秘书工作的一系列精辟论述的形成奠定了坚实的实践基础。

2. 他从事秘书工作的层次高。邓小平从一开始就在党的最高领导机关做秘书工作,并多次担任党中央和军委政治部秘书部门的领导职务,这使他能高瞻远瞩,统观全局,始终了解并参与党中央的决策活动。因此,他能够从改善和加强党的领导,克服官僚主义、形式主义和文牍主义,提到领导工作水平和效率的高度来认识和评价秘书工作的职能、地位和作用,提出具有普遍指导意义的秘书工作理论。

3. 他既从事秘书工作,也从事领导工作。纵观邓小平 70 多年的革命生涯,尽管工作岗位变动频繁,但总的看来,他主要从事的是领导和秘书领导这两种工作。这使他具有了秘书工作和领导工作的双重经验,因而他既能站在秘书的角度来评价和认识领导工作,也能够站在领导的角度来评价和认识秘书工作,从而得到全面、深刻的结论。

其次,邓小平秘书思想的主要内容及其丰富的秘书工作理论,是建立在他参加和领导中国革命和建设的实践基础之上,是建立在他亲自做秘书工作和领导下属做秘书工作的丰富经验基础之上的。邓小平作为党和国家的第二代领导人的代表,长期从事领导和秘书工作,主要有以下几方面的秘书工作的理论观点:

1. 忠诚服务,把握大局。忠诚服务,是邓小平从事和领导秘书工作的基本指导思想和总原则。1929 年他主持起草的《中共中央秘书处工作报告大纲》,要求秘书人员忠诚为党的中心工作服务,为领导服务,防止官僚化和"秘书专政"。

忠诚地为党的中心工作服务,是党的秘书工作的根本宗旨,也是秘书人员职业道德的核心和行为准则。把握大局,就是在发挥参谋助手作用的同时,秘书人员必须讲大局、讲政治,少说空话、多干实事,不搞形式主义,不做表面文章。邓小平在他的秘书理论和实践中既坚定不移地奉行这一准则,也要求广大秘书人员自觉实践这一准则。

2.少配秘书,自己动手。邓小平几十年如一日坚持少配一个秘书,且总是亲自起草报告和文件,从不随意让秘书代劳。他常常告诫各级领导干部,要学会动笔、动脑、动手,不能养成事事靠秘书代劳的官僚主义作风和惰性。他强调,领导按规定配一名秘书,就不要用多了。这个观点很重要,为领导体制和秘书工作体制的改革指明了方向。

3.会议精简。邓小平重视解决会风问题,多次强调要开小会,开短会,不开无准备的会;会上要讲短话,单刀直入,开门见山。他把端正会风问题提高到反对官僚主义、形式主义的高度来认识。

4.办事要快。邓小平主张办事要果断,在重大问题和关键问题上要抓紧,要勇挑重担,敢于负责,办事不推诿、不拖拉,努力提高机关办事效率。

5.文件要简明扼要。邓小平反复要求秘书起草文件时必须抓住根本,做到纲举目张。他说:"周总理在四届人大的报告,毛主席指定我负责起草,要求不得超过五千字,我完成了任务。五千字,不是也很管用吗?"他的"管用"原则,准确地体现了公文写作的实效性特征。

6.改革管理体制,减少公文旅行。邓小平曾多次批评公文旅行现象,指出这是官僚主义的主要表现之一。他指出:"公文旅行已达到令人无法容忍的地步。"他要求从政策与管理体制上对秘书工作进行改革,一贯主张党政机关要端正文风,反对形式主义、文牍主义,强调减少发文,主张可发可不发的文件坚决不发,即使该发的文件也要尽量减少文字,力求简短精要,切实解决"文山会海"的危害。

7.加强公文管理,严格守纪保密。邓小平一贯重视文件管理工作、保密工作和对秘书人员守纪保密教育。他针对文件管理不严以致造成失密、泄密甚至有人出卖机密等严重情况,要求把文件管理纳入法制轨道。

从以上七个方面可以看出,邓小平秘书理论的一个主要特点是把秘书理论与领导思想、领导作风、领导方法融为一体。简言之,邓小平的秘书思想,充实了我党秘书思想的宝库。他的"忠诚服务、顾全大局、求真务实、客观公正"的秘书工作的原则和思想,对当今21世纪的秘书工作仍有重要的指导作用。

第四节　习近平秘书思想

习近平在大学毕业后的第一份工作就是给时任中央领导耿飚当机要秘书。1979 年,26 岁的习近平接到通知,让他担任国务院副总理耿飚的秘书职务。后来耿飚调任中央军委秘书长,习近平也转入中央军委任专职秘书。耿飚小女儿曾说:"那段时间对他很重要。他一毕业就直接进到中央,直接接触最高决策层……他最年轻,就是来学习的。"在担任中央政府与军委的秘书期间,习近平陪同耿飚多次出访和去各省考察,积累了很多实际经验。1990 年 3 月,在福建任职的习近平与地县办公室同志谈到自己对秘书工作的理解,他说秘书工作的性质决定了秘书要正确对待名利荣辱,树立无私奉献的精神,不断加强和深化自身的修养。

担任党的总书记后,习近平专门谈到秘书要培养良好的生活作风,提出了秘书工作作风的"五不"要求:即"一不自恃,不能认为'机关牌子大、领导靠山硬'而有所依仗,有恃无恐,更不允许滥用领导和办公室的名义谋取个人私利;二不自负;三不自诩,防止自我表露,吹嘘炫耀,特别是涉及领导个人的工作和生活,不能随意张扬,妄加评论,对于党的内部机密,更应当守口如瓶;四不自卑;五不自以为是,不能想当然,随意删节、更改或补充领导的指示,防止粗心大意、敷衍塞责、玩忽职守的现象。"这给那些"有靠山""有背景"的人敲响了警钟,更给那些信奉所谓"朝中有人好做官,靠着大树好乘凉"官场哲学的人敲响了警钟。三十年来落马高官中,不乏高级干部秘书的身影,如"河北第一秘"李真、"上海第一秘"秦裕等。十八大以来查处的高官中,海南省原副省长冀文林、四川省原省人大常委会副主任郭永祥、中石油集团原副总经理李华林都曾担任过同一位高官的秘书。秘书腐败虽在中国庞大的秘书群体中还是极少数,但秘书一旦出事,就是大事。在反腐风暴中,许多领导是秘书出身,后来身居高位的官员落马,使得"领导秘书"一职成为人们关注的热点。

党的十八大以来,习近平同志提出"从严治党,关键是从严治吏"的重要论断。为此,他提出"信念坚定,为民服务,勤政务实,敢于担当,清正廉洁"的秘书标准;同时,进一步明确提出"严于修身,严以用权,严于律己,谋事要实,创业要实,做人要实"的要求。他明确向党员秘书们提出"五个必须"的要求,即必须维护党中央权威,必须维护党的团结,必须遵循组织程序,必须服从组织决定,必须管好亲属和身边工作人员。按照党和政府规定,办公室秘书和领导秘书主要包括送阅文件,向领导提供情况和建议,传达上级领导的意见,经领导授意起草文稿、批示，以及调查研究等工作。习近平1990年在对秘书工作的讲话中，结合自身经历提出了三点希望：要有高度责任感，工作要高效率，要高水平服务。习近平表示，办公室工作一定得细致。古人云："一字之失，一句为之蹉跎；一句之误，通篇为之梗塞。"办公室起草的文件，并不要求文字多优美，但一定要严谨，因为这直接关系到工作决策问题。

习近平是我党中首个强调秘书文化向传统优秀秘书文化学习的领袖。习近平同志酷爱学习，学习已经成为他的一种生活方式，对中国传统文化充满自尊和自信，具有深厚的国学底蕴，他的讲话或文章以引经用典的亮丽风景吸引无数中外"粉丝"。他不仅自己爱好学习，更关心干部与随身秘书们的学习状况。习近平提醒全党："中国共产党人依靠学习走到今天，也必然要依靠学习走向未来。我们的干部要上进，我们的党要上进，我们的国家要上进，我们的民族要上进，就必须大兴学习之风。"他指出："我们要学习中华民族优秀的传统文化和高尚的精神追求。历经磨难而不衰的中华文明，蕴涵着丰富而宝贵的思想文化遗产。"他强调："中国优秀传统文化，领导干部也要学习，以学益智，以学修身。中国传统文化博大精深，学习和掌握其中的各种思想精华，对树立正确的世界观、人生观、价值观很有益处。"他认为领导干部和随身秘书必须从中华优秀文化精粹中汲取养料，具体而言，主要有以下方面：

第一，修身之道。修身就是指修身养心，努力提高自身的思想道德修养。中国传统文化非常重视修养身心。比如，"诚意、正心、修身、齐家、治国、平天下"的人生理想，"穷则独善其身，达则兼济天下"的精神境界，"为天地立心，为生民立命，为往圣继绝学，为万世开太平"的道义担当，"见贤思齐""知行合一""己所不欲，勿施于人""三省吾身""君子慎独"的修身之方，"孝悌忠信""百善孝为先""家和万事兴"的齐家之略等。中华文明之所以能历经磨难而生生不息、朝气蓬勃，就因为有这些执着的精神追求。在新的历史条件下，我们党面临新的执政考验，对领导干部和秘书们的综合素质提出了新的更高要求。他还把"三严三实"作为机关改进作风的要求，其中摆在首位的就是"严以修身"。他引用"修其心，治其身，而后可以为政于天下""安天下，必须先正其身"等来强调修身。他还阐述了修身立德的方法：首先要"重视反躬自省、自我批评""吾日三省吾身""见贤思齐焉，见不贤而内自省也""见善如不及，见不善如探汤"；其次要"遵纪守法、不碰底线""心存敬畏，手握戒尺"；最后要"防微杜渐、不弃微末""慎权、慎独、慎微、慎友"。

第二，廉政之道。习近平从严治党，重视廉政建设，举世点赞。早在《摆脱贫困》一书中，他就写道："廉政建设是我们共产党人的历史使命，如果我们不能承担起这种历史使命，我们就会失去民心，就会被敌人找到进攻的缺口"。他常引用"诚欲正朝廷以正百官,当以激浊扬清为第一要义""公生明,廉生威"之类的传统廉政名言来教育机关人员。他要求每个人必须做到"慎独慎微""不以恶小而为之""祸患常积于忽微,而智勇多困于所溺""善禁者,先禁其身而后人""祸莫大于不知足,咎莫大于欲得"。

第三,对调查工作的重视。习近平提出调查研究工作的"五字方针",即深、实、细、准、效。他在 2003 年 2 月曾说:"'深',就是要深入群众,深入基层,善于与工人、农民、知识分子和社会各界人士交朋友,到田间、厂矿、群众和社会各层面中去解决问题。'实',就是作风要实,做到轻车简从,简化公务接待,真正做到听实话、摸实情、办实事。'细',就是要认真听取各方面的意见,深入分析问题,掌握全面情况。'准',就是要全面深入细致地了解实际情况,把握规律性东西。'效',就是提出解决问题的办法要切实可行,制定的政策措施要有较强操作性,做到出实招,见实效。"① 他建议所有决策都必须花 90%的精力,以及点面结合的方法去实施调查研究工作。他认为,调查研究"是一门致力于求真的学问,一种见诸实践的科学,也是一项讲求方法的艺术""一方面要遵循调查研究的特点和规律,掌握科学的调研方法,提高调查研究的效率和效益,以尽可能少的时间获得尽可能多的有效信息;另一方面要充分发挥各地各部门特别是综合调研部门的作用,充分调动社会各界的研究力量,充分运用现代化的信息手段,多层次、多方位、多渠道地了解情况,做到点面结合、上下结合、内外结合,使决策建立在充足的事实依据之上"。② 同时,他还把调查研究工作比喻为妇女的"十月怀胎"一样,必须要有大量的前期调查与研究工作,最后决策才能"一朝分娩"。

第四,用人之道。习近平提出,首先,秘书工作对于执政至关重要,"尚贤者,政之本也;为政之要,莫先于用人"。其次,选拔秘书要使用集体的"多双眼睛",多层次、多视角、多侧面,进而有全面客观的了解,"天地无全功,圣人无全能,万物无全用"。再次,识别、选拔秘书提出以德为先的标准,"才者,德之资也;德者,才之帅也";还有基层实践经验,"宰相必起于州部,猛将必发于卒伍"。在谈到秘书提高自身修养时,他提出了"三要"标准:"一要'清',公正廉洁,两袖清风;二要'慎',周密考虑,谨言慎行;三要'勤',勤奋好学,刻苦上进。"他再三强调秘书们要坚守正道,弘扬正气,正确行使权力,在各种诱惑面前经得起考验。为此,他提出要以德正心。"种树者必培其根,种德者必养其心。"他用古代"德治"这一套儒家思想来加强机关人员职业道德的培养与提高,同时要求秘书要廉以正心。

---

① 习近平:《之江新语》,杭州:浙江人民出版社,2007 年,第 1 页。
② 习近平:《之江新语》,杭州:浙江人民出版社,2007 年,第 166—167 页。

第五,法治之道。习近平指出:"依法治国是党领导人民治理国家的基本方略,法治是治国理政的基本方式,要更加注重发挥法治在国家治理和社会管理中的重要作用,全面推进依法治国,加快建设社会主义法治国家。"中国古代以商鞅为代表的法家的"法治"思想在这一方面为我们提供了宝贵的财富,如商鞅的以法治国、刑无等级、法官独立、法治而不是权治、法大而不是权大、统治者和官员必须首先守法、法律符合国情民情、简明公开让民众充分了解等方面内容。习近平引用了很多法家的经典来强调依法治国的重要性,他在《之江新语·弘扬法治精神,形成法治风尚》一文中引用了"国皆有法,而无使法必行之法"。他在《摆脱贫困·从政杂谈》中又引用了"法令既行,纪律自正,则无不治之国,无不化之民"。在十八大四中全会上,他提出坚持依法治国和以德治国相结合,强调既重视发挥法律的规范作用,又重视发挥道德的教化作用,以法治体现道德理念、强化法律对道德建设的促进作用,以道德滋养法治精神,强化道德对法治文化的支撑作用,实现法律与道德相辅相成、法治和德治相得益彰。

第六,重视信访工作。习近平一直很重视党的信访工作,他认为:"信访工作直接关系群众切身利益,必须坚持求真务实的作风,坚决杜绝作风漂浮、工作不实的现象。"他要求在机关的秘书们,"对领导下访接待的信访件,要加大交办督办力度,加大协调力度,加大包案化解力度,对其中一些涉及成批性的信访问题,有关部门要及时调查研究,提出治本之策,努力在切实解决问题上下功夫,在真正化解矛盾上做文章。"[①]同时,他还要求各级秘书"变群众上访为领导主动下访",并把这一举措上升到"是我们党的优良传统和作风,是每个领导干部应尽的责任和义务""通过领导干部下访接待群众,各地解决了一大批群众反映强烈的问题。变群众上访为领导下访,不是信访工作的唯一形式,也不是越俎代庖,取代基层工作,而是一种思想观念的转变,一种工作思路的创新,一种行之有效的机制,一种发扬民主、体察民情、联系群众的重要渠道"。

"解决信访问题应该分级负责,严格落实责任制。基层是群众信访的源头,又是解决信访反映问题的关键……在信访工作中,基层干部应该把好第一道岗。"机关的领导和秘书们"要把领导下访,与常年接访、定期约访有机结合起来,把敞开式下访与专题约访或调研有机结合起来。除了领导下访中事先公告、敞开接待等形式外,也可以选择一些涉及全省性的问题进行约访或调研,然后出台政策,或在调研论证的基础上,对不完善的政策进行修改调整,推动成批性问题的解决,以减少群体性上访问题;也可就一些当地解决不了的跨地区、跨部门的信访案件进行协调;也可以分类指导,根据当地情况选出一两个热点、难

---

① 习近平:《之江新语》,杭州:浙江人民出版社,2007 年,第 79 页。

点问题,进行约访"。① 总之,习近平倡导下访、约访、调研、协调等工作方法,就是认为"下访是一举多得的有益创举"。②

第七是改进文风。习近平同志历来重视文风问题,认为文风表面看来是一项有关作文写作范畴的事宜,而事实上他认为文风却是一项关乎秘书工作作风的大问题。他指出:"文风与党风同社会风气是紧密相连的""党风决定文风,文风体现出党风。人们从文风状况中可以判断党的作风,评价党的形象,进而观察党的宗旨的贯彻落实情况。"早在正定县工作时,习近平就把改进文风与反对官僚主义、形式主义联系起来。1990 年他在福建宁德地县办公室对机关秘书说:"古人云:'一字之失,一句为之蹉跎;一句之误,通篇为之梗塞。'办公室起草文件,并不要求文字要多优美,但一定要严谨,这个要求决不过分,因为这直接关系到工作决策问题。"他在中央党校专门作《努力克服不良文风积极倡导优良文风》的重要讲话,再次提到文风,"党的历史经验证明,文风不正,危害极大,它严重影响真抓实干,影响执政成效,耗费大量时间和精力,耽误实际矛盾和问题的研究解决。不良文风蔓延开来,不仅损害讲话者、为文者形象,也降低党的威信,导致干部脱离群众、群众疏远干部,使党的理论和路线方针政策在群众中失去吸引力、感召力、亲和力。可以说一切不良文风都是不符合党的性质、宗旨的,都是同党肩负的历史使命相背离,大力纠正不良文风、积极倡导优良文风,已成为新形势下加强和改进党的作风建设一项重要任务。"他提出求短、求实、求新三求原则。

他反复告诫:"在一定意义上文风也体现作用,改进作风必须改进文风。"为此,他倡导秘书写文章应"开门见山,直截了当,讲完即止,用尽可能少的篇幅,把问题说清、说实、说透"。他要求大会报告一般不准超过 2 小时,小会发言一般不准超过 20 分钟,各单位发文一般以 1000 字左右为限等。

最后,习近平还提出防止"秘书过多代劳领导之笔"的弊端。一些领导的讲话稿由秘书代笔,甚至注明哪个地方要停顿一下,哪个地方要加重语气,哪个地方要鼓掌。领导秘书的工作内容,按照有关规定,主要包括送阅文件,向领导提供情况和建议,传达领导的意见,经领导授意起草文稿、批示。习近平在 1990年谈及秘书工作的讲话中,结合自身经历提出了三点希望:要有高度责任感,工作要高效率,要高水平服务。习近平表示,办公室工作一定得细致,因为这直接关系到工作决策的问题。虽然秘书可以经领导授意起草文稿,但现实中,国家部委层面的领导秘书很少直接"操刀",具体文稿多由政策研究室、办公厅秘书处等机构负责,领导秘书负责的主要是"把关",协调领导审阅。其大量日常工

---

① 习近平:《之江新语》,杭州:浙江人民出版社,2007 年,第 80 页。
② 习近平:《之江新语》,杭州:浙江人民出版社,2007 年,第 77 页。

作就是沟通协调，比如协调领导的时间，出席哪些会议、会见哪些客人，出席会议、会见客人时需要做哪些准备、注意哪些细节等等。对于对外发布的讲话稿等，高层领导都很重视，都要自己圈改，有的领导还习惯自己动笔。习惯自己动笔的领导人不在少数。李瑞环在《务实求理》一书中就提到，他所有讲话、文章，都是他本人亲自动手。与国家高层领导相比，不少地方领导特别是县市级领导有"秘书依赖症"，以讲话稿为例，多由秘书代笔。在浙江工作期间，习近平还坚持在繁忙的工作之余为《浙江日报》的"之江新语"专栏撰写短论，历时 4 年多，发表文章 232 篇。2010 年在中央党校春季学期开学典礼上，习近平在讲话时强调："各级领导干部要把改进文风作为一项工作要求，带头讲短话、讲实话、讲新话""这里很重要的是自己要亲自参与重要文稿的起草"。习近平把文风与党风高度结合起来，他指出这也是延安整风运动的主要内容，改进文风会风事实上也是改进我党作风的重要内容，是一个事关大局和长远的重大问题。

下编

秘书制度文化篇

制度文化是人类文化的一个重要方面,它是物质文化与精神文化的中介,是秘书的心与物结合的共同作用的产物。制度是人类社会生活的强制性规则和运行模式,是一个社会强势价值形态和权力意志的产物,其功能是严格规范个体行为。制度是最为强势的文化形态,也是社会控制的重要手段。制度文化是指在制度的统摄调控下形成的社会上层形态、社会行为规则和由此形成的社会关系原则,是生产关系、法律制度、社会结构的具体表现。秘书制度文化是秘书为秘书工作需要而自主创制出来的有组织的规范体系,它既是物质文化的反映形式,又是精神文化的物化形态,规定着秘书文化整体性质。秘书制度文化在协调秘书与秘书之间、秘书与社会(家族、皇家、乡梓、国家等)之间关系,以及维护秘书群体的向心力等方面有着显著的效用,它是保障秘书的精神生活和物质生活的精神力量。

第十一章　秘书官吏制文化论

　　任何行业的存在和维持都需要与之相适应的行业文化,一旦这种互相依赖、互为促进的关系被打破,则有可能导致该体系的生存危机,甚至遭到解体。秘书文化的构建对于确立秘书制度的结构具有奠基作用;同时秘书制度文化对于维持秘书诸多关系的稳定起着重要的作用;并与秘书文化的嬗变与秘书制度的变革等紧密相连。从纵向上看,每一次秘书制度的变革都伴随着秘书文化的革新。那些率先感受到生产方式内在要求的先进阶级的思想观念,通过各种机制渗透于政府行政秘书的工作方式之中,逐渐形成了一种代表新的生产力的新型秘书制度文化。

　　中国古代早期充满着宗法制氛围,一方面用自然血缘关系来确定人们的社会关系,另一方面又用自然血缘关系将人们紧密联系在一起。上升到国家层面,就既有君臣关系,又有血缘关系,以国为家,治国犹如治家,政治与血缘合而为一。商朝统治部族内部保留着氏族组织,这种氏族血缘组织与社会组织有着密切的联系,同姓宗族成为商朝社会的支配力量。宗法制造成了中国秘书的"家天下"观念,齐家治国平天下是传统秘书的政治理想,齐家与治国并称,秘书无非是把齐家术转换为治国策,家国一体、家国同构。先秦时期秘书们大都是以向统治者献策为己任,没有形成自身独立人格的自由群。换言之,秘书们没有古希腊的自由联邦、中心广场、言论自由的社会结构与氛围。秦汉以后,全国建立起宗法专制体系。从秦始皇创立大一统帝国到晚清帝制结束,一部中国封建秘书工作变迁史,也是历代各皇族统治的兴亡史。对于历代各级秘书们而言,他们很少有个人权利的追求,个性几乎被淹没在堂而皇之的宗族与皇权中,这就造成古代秘书缺乏个体独立意识的现象。这样,王(皇)权的地位得到政治组织与血缘组织双重保障,而古代秘书既没有个人人身保障,又失却了职业应有的独立人格与法律保护。

第一节　家宰秘书与分封制

我国地方最早出现的秘书主要由"家宰"职业发展而来。我国最早的国家制度是由氏族机构逐渐演变成氏族联盟机构,一直到国家机构最上层,这就出现了我国国家机构中带有自身的特点:血缘宗法和国家机构混合制。如殷商进入奴隶剥削制度后,其统治阶级内部仍然保留着氏族组织,靠同性宗族来掌管天下。周王朝也是宗法分封制,"天子建国,诸侯立家,卿置侧室,大夫有贰宗,士有隶子弟"。①　换言之,周天子自为大宗,分封各诸侯为小宗,主宗的子女亲属功臣为卿大夫,他们相继为"侧室"或"分族"。这里卿大夫以"邑"为家,诸侯则以"国"为家,天子就把"天下"为家,这就形成一套政权与族权、君统与宗统混合制。各诸侯国是一种实体性的政权存在,这种分封制,需要有一帮人掌管分封"邑"、"国"内的行政司法财税等各种管理事宜,这就催生出"家宰"的岗位和秘书职业。不过这种"家宰"秘书通常不能由外人担任,而必须是内部同宗同姓或亲信,故秘书也就渐渐构成具有"可靠人"的词语义项。

西周建立后,把大批同性贵族和异性亲信赐封到各地建立诸侯国家,史称"封建";所形成的社会制度,就是分封制。分封制的实施主要在周朝,以后陆续也有,一直到晚期的宣王朝。据《荀子儒效》记载,周初分封了 71 国,姬姓之国有 53 个,周文王的儿子据有 16 国。后来分封国家达到数百个,到春秋时还有170 多个。除了同姓诸侯国如鲁、卫、晋、齐等外,统治者把商人后代分封到宋,把夏朝后代分封到杞,史称"二王之后"。此外,他们还把商人六族分配给鲁、七族分配给卫、把顽民迁移到周。

周王推行层级分封制,他对全国的控制是通过诸侯、卿大夫等宗子而间接完成。分封制与后来的集权制不同,它具有一定的弹性和灵活性。宗法制以"亲亲"为基础,它要求自下而上的孝悌之道,这种孝悌最后上升到孔子所言的"无违"②,即"忠"的理念。柳诒徵的《中国文化史》说:"夏时所尚之忠……谓居职任事者,当竭心尽力求利于人而已。"我国的"忠"道始于夏,建立起一套国家官吏的政治道德评价体系,要求恪尽职守,有实干精神。世界上除了中国外的文明古国,均是通过武力战争得以成功,而唯独中国不是依靠战争,而是依靠联合与融合的方略所取得。夏禹在一次朝会上执玉帛的诸侯有上万之多,这些诸侯事实上是部落酋长。联合、结盟等就需要秘书担任文字与谈判工作,王朝虽不

---

① 《左传·桓公二年》。
② 《论语·为政》。

强迫各诸侯直接隶属为自己的部下,但须向朝廷纳贡、朝拜、称臣。宗法制带来了亲亲制,由亲亲而重孝,重孝而慎终追远。历代皇帝虽需要百官辅佐,但更喜欢使用皇亲国戚或身边的近侍奴仆①,以制约政府官员,最终引起王室内讧、外戚擅权、宦官干政的极端后果。秘书在亲亲原则下,与同族、同乡、同门乃至同科②都能唤起天然的亲近感;同时有些秘书还利用这种亲近感编织起自己的政治关系网络,培植私人势力。血缘宗法关系和宗族机构,曾长期存在于我国夏商时期和周朝初期。商朝主要采取同姓同宗,而周朝采取宗法分封制。周天子自为大宗,分封出去的各诸侯则为小宗,"天子建国、诸侯立家、卿置侧室,大夫有贰宗。"③这构成了一个从上到下的金字塔形统治序列。周王既是君主,又是宗主。政权与族权、君统与宗统完美统一。同时,同宗成员构成具有祸福相依的命运共同体,"有人当官,鸡犬升天"和"共灭族、夷九族"。学者张荫麟认为,作为这类宗族大家庭首脑的族长,"他作乱的时候领着整族作乱;他和另一个大夫作对就是两族作对;他出走的时候,或者领着整族出走;他失败的时候,或者累得整族被灭。"④为此家族内部需要建立起一套伦理的孝悌制度,因而事实上它不是维护家族内每一成员的民主权利和人人平等,而是强调家长、族长对其家内、族内其他成员的绝对权力。分封制的意义在于:其一,它对异姓的贵族明确了他们的生存权利,尊尊、亲亲,形成一种天下和谐的景象;其二,它形成一种天子与诸侯共治天下的局面;其三,分封制也激发了各诸侯国的积极性和自主性。

东周以后随着分封制的瓦解,完整的宗法体系崩溃。春秋时期已经出现了与分封制并存的地方郡县机构。到了春秋中期,一些诸侯世族内部停止了内部宗族的再分配,而改为郡县制,派自己得力干将或亲信去担任家宰秘书,管理其领地事宜。而后诸侯与天子的关系也发生了变化,他们拥有一定的权力,但没有了世袭权,仅有上供租税关系。此外,诸侯还实行了符玺制,用符来控制武官,以玺来控制文官,由于大量出现符玺,从而造成行文制度,政令得以畅通,"天下之事无大小皆决于上"。⑤ 这些家宰与商(朝)人不同,他们没有自己的宗庙,不能自统一宗,失却了宗法权力与权威。这样消除了宗族血缘分封,一切权力又回到了天子身上。中国古代国家之所以采取君主专制的道路,是因为上古国家残存的父系家长制与血缘宗族制有着密切关联。正因为宗法血缘制,古代

---

① 即宦官。
② 同年中举进士。
③ 《左传·桓公二年》。
④ 张荫麟:《中国史纲》(上古篇),北京:三联书店,1955年,第61页。
⑤ 《史记·秦始皇本纪》。

要求君君臣臣、父父子子，皇帝俨然把自己看成"家天下"，是国家的大家长。然而在分封领域中所有的人都听从其诸侯，而不听从天子。这样，天子的权力在逐渐减弱，如东周王朝衰落与灭亡就是政治权力的重心逐渐下移的过程。

宗法分封制具有一定的弹性，那个小宗族中的人并不臣属于天子，而只臣属他的小宗主。《左传·襄公 25 年》载，齐国大夫崔杼图谋害君，用计谋把齐庄王骗进自己住宅并派家臣去杀。庄公请求放掉自己时，崔杼家臣却说："君之臣杼疾病，不能听命，近于公宫，陪臣干掫有淫者，不知二命。"换言之，我们的主人崔杼虽然是国君的臣属，负有听从公命的义务，但他现在因病不在这里，而我们则只能听从我们自己宗族主人的命令。最后，家臣还是杀掉了齐庄公。这种制度有可能分散和削弱天子的权力，故周朝一直呈现出权力不断下移的趋势。

史官的正当性和严肃性在春秋战国时趋于瓦解，而其部分职能由御史①替代。御史原本在史官中属于官衔较低的职位，仅仅处于常侍立于君王左右、收受文书的低级地位。但到了战国时代，御史的地位逐渐提高，成为君王最倚重的职位之一，同时还替代了以往的内史职能。《史记·廉颇蔺相如传》载，秦、赵两国国君在渑池会盟时，秦王、赵王身边都有御史陪同，并分别从本国利益出发，记录会盟内容。《战国策·赵策二》中说，游士张仪替秦国说服赵王连横，见面后自称"鄙邑秦王使臣敢献书于大王御史"，说明御史有收受文书的职责，还肩负"监督功能"的使命。《史记·滑稽列传》中说："赐酒大王前，执法在旁，御史在后。"因有御史在场，官员们不敢放量饮酒。

宗法制的本质就是家族制的政治化。家天下的家族统治在中国传衍了两千多年之久，王朝的更替往往是新旧家族的代兴与衰亡。齐家治国平天下是传统社会的政治理想，齐家与治国并称，人们将齐家术转换为治国策，家国一体、同构。春秋时期分封制与郡县制并存，这时秘书②开始具有个人独立的身份，能为自己喜欢的主人服务，因此秘书可以以自由者身份去周游列国，推销治国理念，并协助君王改革。秦统一后废除分封制，郡县制推向全国，经多次反复，在汉武帝时才正式确定下来，并一直延续到明清。到了战国时期，战事加重、政事繁杂、简牍繁重，于是在国家行政体系中开始增设了"真正的秘书"——尚书一职。据查，秦国最早设立尚书官职。"尚"，通"掌"，意为执掌；"书"指文书，尚书就是秦国国君身边执掌文书的官员。齐国设立"掌书"官职、魏国设立"主书"官职、赵国设立"御书"官职、鲁国设立"令正"官职、楚国设立"左徒"官职，等等。名称虽不一，但功能相同。如楚国的左徒，官职仅次于令尹（相）而为上大夫，多由近臣充任，屈原、春申君都曾担任左徒。《史记·屈原贾生列传》中说，屈原

① 内朝秘书。
② 士。

"为楚怀王左徒,博闻强志,明于治乱,娴于辞令。入则与王图议国事,以出号令;出则接遇宾客,应对诸侯"。左徒作为楚怀王的重要下属,有权与楚怀王讨论国政,参与决策,又负责起草重要文书,宣示王命,还负责接待宾客,处理与诸侯之间的谈判和往来文书等,类似于当今的秘书长。周代"制礼作乐"既是一种政治制度的建设,同时又是一种文化建设。周代家宰秘书们"他们识解之渊博,人格之完备,嘉言懿行,可资后代敬慕者,到处可见"。所以,"春秋时代,实可说是中国古代贵族文化已发展到一种用极优美、极高尚、极细腻雅致的时代。"①家宰们大多由私学培养而成,他们是社会的新兴力量与阶层,以道自任,自我规范,当然他们的主体性和独立性是有限的。他们一半是官、一半是民;前半为民,后半为官,君主集团与士人阶层最终达成了永久性"共谋",形成政权的帮凶和附庸。然而,家宰秘书与郡县秘书的不同点在于:前者不仅做政权君权的帮凶和工具,而且他们还有一种内在的欲望,冀望充当君主的导师,有着强烈的自尊意识,甚至在君主面前也"高自位置,傲不为礼",且有时还想控制、教育、训导服务者——君主们,"屈君而伸天",以道压势;而后者完全被驯化为一种工具,小心翼翼,奴颜婢膝。直到师爷们出现,先秦家宰秘书们的主体性和自尊性才渐渐恢复,占领道德高地,掌握和控制话语和写作权力,借助历史和真相为审判者威势,抬高秘书们的地位和作用,从而构成某种意义上的平等关系。

第二节　官吏秘书与郡县制

春秋后期开始有所变化,一些诸侯们不再采取分封,而是设立郡县,然后派家臣去充任那里的官吏,直接为其进行管理。这些家臣没有自己的宗庙,不能自统一宗,甚至不一定是同宗同姓的人担任。同时,这些家臣由于没有分封土地等经济资本,也不能世袭,因而便失去了独立的资本②,其命运完全操纵在君主的手中,实现了真正的君主独裁,家臣也成为真正的行政管理工具。秦国法家申不害说:"明君如身,臣如手;君若号,臣如响;君设其本,臣操其末;君治其要,臣事其详;君操其柄,臣事其常。"③

秦穆公前,秦国实行单一的世官制,即世卿世禄制。到秦穆公时开始执行荐举制,商鞅采取"量功授官"法。秦统一之后废除了分封制④,将郡县制推向全

①　钱穆:《国史大纲》,北京:商务印书馆,1996 年,第 71 页。
②　只享有食租税。
③　《群书治要·大体篇》。
④　世卿世禄制。

国,先设 36 郡,后扩充为 40 郡。郡府的主官称"郡守",总管一郡之政务。郡守的副职称郡丞,协助郡守管理政务,兼管郡守的秘书工作。在郡府内具体负责秘书工作的是主簿和记室令史。主簿是郡府内的秘书长,典领文书工作和日常事务。记室令史是郡府办公室主任,负责文书的起草、收发和保管。在主薄手下,记室令史手下及郡府其他诸曹内均设书史,承担文书起草、缮写和档案收藏的具体工作。秦汉时期设立"三公九卿",即丞相、太尉和御史大夫。丞相是中央最高的行政长官,协助处理皇帝全国事务;太尉协助皇帝处理全国军务;御史大夫协助处理各级官吏的考核以及奖惩事宜。在地方上实行郡县制,直接受中央政府节制。三公权力各自独立,互不相属,从而保证皇帝决断的大权。三公之下设掌九个部门,汉代称"九卿"。

郡县制虽秦朝肇始,但到了汉武帝时才正式确立。汉景帝时以吴国为首"七国之乱"的爆发及其平定,标志着分封诸侯制的彻底过时与衰亡。郡县制固然比宗法分封制要先进得多,但也带来了君主专制制度,它是以古代君王为核心的中央集权的政治体制。此时天下所有权力集中在皇帝手中,虽历史上有外戚宦官篡权,但它事实上仍然是极端皇权的衍生产物,它们是君主专制政体上的寄生虫。皇帝虽总揽大权,但所有的具体事宜都是通过各级官吏完成。自秦始皇起,统治者建立了一套以"三公""九卿"为主要官员的中央官吏系统。

郡县制的落实,使得君主在全国范围内拥有至高无上的权威及绝对权力。秦始皇自称"皇",以与六国君王相区别,还规定皇帝的命为"制",令为"诏",天子自称为"朕"。在行政上,从中央到地方各级政府,一切政务的最高决定权都集中在皇帝手中,"天下之事无大小皆决于上,上至以衡石量书,日夜有呈,不中呈不得休息"。[①] 明朱元璋则要求一切中外奏章都得呈上御案由他过目,"每断大事,决大疑,臣下唯面奏取旨"。[②] 秦始皇采纳李斯的建议,实行"以法为教""以吏为师"的方针。"法",就是一切言行均按法规法则条例执行,而"吏"就是用法的规定来任用各级秘书人员。如秘书人员须通过一定程序的"善行等级推择";须"及壮"[③]方授;推举者要承担法律责任;"家贫者不得推荐";试用一年等外,还有一条硬性要求,考试选拔。许慎《说文·叙》引汉《尉律》云:"学僮十七已上,始试,讽籀书九千字,乃得为吏。又以八体之郡,移太史并课最者以为尚书史。""讽"就是"诵",表明"吏"要经过社会舆论的考核;"籀书八体"为大篆、小篆、刻符、虫书、摩印、署书、殳书、隶书。秦时规定,凡从事文书工作的官吏,其职务是世袭的,秘书的子弟从小就有资格被送入专门培养读写能力的学校接受

① 《史记·秦始皇本纪》。

② 廖道南:《殿阁词林记》。

③ 30 岁左右。

教育。"非史子也,毋敢学学室,犯令者有罪。"汉承秦制,汉代尚书台、御史府等中央秘书机构中的一般秘书需要经过严格的考试而录用。《汉书·艺文志》载:"太史试学童,能讽书九千字以上,乃得为史;又以六体试之,课最者以为尚书、御史、史书令史。"汉灵帝光和年间,还特设鸿都门学,教授诗赋、书法等。

皇帝把身边亲信、使臣、侍从等组成一个皇宫内部的秘书机构,设置了尚书、常侍、给事中等官职,称"内朝官";而丞相以下"三公九卿"部门办事的人员,称"外朝官"。丞相府设左右丞相,由皇帝直接任命,开创了我国文人治理的文官制度。丞相府的基本职责是协助皇帝处理全国政务,凡地方和军队中上呈的文书,一律送交丞相府,且进行整理后转呈皇帝,同时还针对皇帝下传的指令、批复和口谕进行处理办事。御史大夫则相当于副丞相,是名副其实的中央政府的秘书长。

秦朝时期,虽设"博士",但此时的"士"已非战国时的"士"了,甚至已没有了对道的追求,一片死气沉沉,为何? 秦始皇发现私学、游士、私藏档案等都是对秦帝国的一种潜在威胁,于是要消灭私学、压制游士、杜绝私藏档案,为此采取了焚书坑儒的策略。除此之外,秘书还面临着一个问题,就是在春秋战国时代,秘书不仅可以游走列国,具有自由身份,而且还可以随意择主、事君而不忠君。对于专制政策的秦帝国而言,部分六国博士们的思想是消极的,绝对难以忍受。齐人博士淳于越等提出的关于分封制建议,无疑遭到了李斯的极力反对。事实上淳于越等人是想恢复过去"士"①在分封制下,能有二君的存在,"士"可以忠于小君而不必忠于大君,可以择主而具有一定的自由权。然而李斯、秦始皇的目的就是建立起一个不同于商周时期分封制度的专制集权制度,只能天下"忠于一君",别无选择,从一而终,否则死路一条。这就给当时士们提出了一个服务君王的同时又如何忠于君王的课题。换言之,当忠于君王与忠于服务对象,以及忠于秘书职业道德之间产生矛盾、不和谐时,秘书该如何选择的问题。残酷的事实告诉了当时的秘书们,而以后历代的经验也教训了当今的秘书们。君权大大地强化了,秘书独立性和主体精神渐渐弱化了。"以法为教,以吏为师",事实上彻底否定了秘书们作为一种社会阶层的独立存在,而沦为管理国家机器的零件和君权的附庸品。

儒学、经学是秘书们抗争君权的一种武器,它一方面具有稳定社会秩序、强化君权的作用;同时它还有制约、规范君权的性质,构成双重性话语体系。为了达到后者的高标,西汉的今文经学、东汉的古文经学、魏晋的玄学、隋唐的经学、宋代的理学、明代的心学等完全是一种追求形而上的学术,构筑起庞大的理论

---

① 秘书,下同。

体系和无比的道德力量。

从秦始皇创立大一统帝国到晚清帝制结束,一部中国政治变迁史,就是一部家族同仁的兴亡史。刚者难保其位,柔者难守其贞。权力自身的话语体系,生存规则与人性之间的种种严酷的自然碰撞,使得无数的秘书们难以适从、抽身、逃避。时至今日,这一问题仍然没有得到很好的解决。在一个道德体系、伦理体系和社会制度都处于转型期阶段且还不甚健全的当下,权力的辐射力、渗透力以及威胁力,都将不可避免地要超越其自身的显现范围,并成为人们实现种种人生目标的重要手段。

第三节　州县师爷与幕友制

中国文化的本质是重本土文化,安土重迁,这也是儒家文化的内在本质;但除此之外,还有一种文化就是迁移文化,文化人在这两种文化现象中都做出了自身的贡献。尤其是后者,往往被正统的历史学家所忽视。有些文化人由于自身难以承担养家糊口的重任,不得不加入了文化流民的行列。《战国策》《国语》《三国演义》《水浒传》等就是文化人成为流民的真实写照,幕友也是一种文化人自愿从事流民生活的模式。中国的幕友文化不是一种主流文化,只有幕友发迹后才被后人所重视。但即便是这样,它还是不可能登上大雅之堂。

在中国古代政府机构中,发号施令的是官,簿书记录的是吏,而清代幕友则既不是官,也非吏,他们事实上是官员私人聘请的专家帮手。他们尽管没有官职,却是州县政府的实际操作者,如司法审判、赋税征收、公文批阅、考试选才等。皇帝设官治民,而州县官仅管理其州县各级胥吏,治民实际上是由大大小小的吏来加以实施完成的。《商君书》曰:"明主治官不治民。"而吏事实上是由一批专业人才所组成,故州县官只能依靠具有较高专业知识水准的师爷来治理所辖的各类吏,从而达到最终替代皇帝治民的目的。因师爷不是直接治吏,故是辅佐官员治民,因而又称为"佐治"。

由州县官私人延聘入府,支付佣金,独立于行政系统之外,无品秩、无编制,却拥有政务运行的必备之能,辅助州县官佐理公务,这类人被称作"幕宾",俗称"师爷"。师爷与官员亦宾亦友,他与官员是主宾关系、地位平等,是朋友关系,故称"幕友",甚至有些师爷水平甚高,成为官员的指导教师,这时他把师爷称为"师""爷"。官员称幕友为"老夫子""先生",而自称"学生""晚生""兄弟"。平时幕友与官员见面以平礼相待,所以幕友的地位一般要高于幕僚。清代官员的"官戒"中,就把慎待幕友作为重要一条,列出"幕中诸友,须情谊亲洽,礼貌周到,不可似向年疏忽""论事当和婉相别,无出恶声""时常陪饭,使令厨子不敢省减",饭桌上一般请师爷先坐西席,师爷不到不可举箸"等官员须知细则。①

师爷需要掌握一套专门的知识和秘书技能,非一般人所能胜任,人们就把师爷的学问称为"幕学"。雍正年间社会上就出现不少幕学著作。"幕本为专门名家之学,以历聘于有司,顾位在宾师,其道本交相重也。"幕学最为难学的科目为刑名,就是法律。汪辉祖入幕时为书启②,后虚心向主人刑名师爷骆炳文学习8年,最终成为一名出色的刑名师爷。一般学习刑名师爷的时间为3年,"习名法家三年,能佐郡邑治矣"。③ 但这必须考虑到该人是否具备学习的素养和条件,清初苏州师爷万枫江在《幕学举要》中也指出:"入幕本领原非容易,必胸怀高朗,气力明通,参观事变有素,然后可当一面。"

《儒林外史》中马二先生劝告匡超人,读书人"总以文章举业为主,人生世上除了这件事就没有第二件可以出头。不要说算命、拆字是下等,就是教馆、作幕,都不是个了局。只是有本事进了学,中了举人、进士,即刻就荣宗耀祖。"清代幕学名著《佐治药言》起首就称:"士人不得以身出仕,而佐人为治,势非得已。"大多数幕友都是功名不就才转而作幕,自己不能"主治",只得为人"佐治"。虽然出于不得已,但毕竟是官府衙门的沾边者,于心可安,还可以自诩为"治国乎天下"的一员。而且幕友收入稳定,地位较高。《佐治药言》总结道:"吾辈以图名未就,转而治生,惟习幕一途,与读书为近,故从业者总焉。"师爷佐治,往往认为失势,所以他们很想通过科举改变人生,变得势,成主治。但事实上,两者并不成正比,换言之,师爷做得好的,未必主官也能做好。清乾隆居铉在直隶县当了20余年的师爷,案牍熟练,精于判案,很有名气。后来他捐了一个七品官职,任南皮县知县,结果狼狈不堪,错事连连。只当了一年,他就被参劾罢官。汪辉祖当了5年的知县,后被委派至桂阳检办刘氏四命案,半路遇山洪暴发,落水受伤,未能及时赶赴现场,于是被人参劾罢官。所以名幕很难成为名宦,反之,幕友也不力争入仕。各有所长,均有前途。

绍兴府包括山阴、会稽、萧山、诸暨、余姚、上虞、嵊县、新昌8个县,位于杭州湾南岸,这里不仅是全国著名文化中心、出版中心,而且也是当时全国赋税最重的地区之一。清代王先谦任浙江学政,称"天下通材,浙省最盛",他所主持的1865—1876年的6次乡试,每次参加的考生都在万人以上,而录取举人的名额只有94人。大量的读书人被淘汰,既不能由吏选官,甚至雍正元年朝廷下诏

① 《清代吏治丛谈》卷三。
② 文字秘书。
③ 《清经世文编》卷二十二。

"六部经承①不许专用绍兴人",又无法科考选官,绍兴人只能从幕。清代绍兴师爷不下万家,全国各地有不少两浙会馆、仁钱会馆、宁绍会馆等。

清代幕友按职责分成几类:首先是刑名师爷,他们帮助官员处理司法审判事宜。幕学最难学的科目为刑名,就是法律,一般需学 3 年,"习名法家三年,能佐郡邑治矣。"②但这也必须考虑到该人是否具备学习的素养和条件,《佐治药言》中专列有"勿轻令人习幕"一条:"亲友之从余习幕者,余必察其才识,如不足以造就刑钱,则四五月之内,即令归习他务。"瞿同祖在《中国法律与中国社会》一书中提到,"高坐听讼的虽为州县官,事实上在幕后提调处理的常为幕友……自集审事判决皆出于幕友之手。"名在官,事在幕。尤其是刑名师爷,掌扼杀大权,他们常常采取"救生不救死者,救大不救小者,救旧不救新者,救老不救少者"的"四救四不救"的处事规则。诚如纪晓岚在《阅微草堂笔记》中所言:"刑名宾幕熟稔州县衙门中掌故和舞文弄法的伎俩。""事实上刑名师爷掌握着州县断案的话语权,参与甚至操作案件的审判活动,名义上'佐官以治',很大程度上却变成了'代官出治',越俎代庖。"③

其次是钱谷师爷,他们帮助官员处理财政赋税事宜。通常钱谷师爷需会打一手好算盘,懂得些许财务法规与税收条目,至少二三年方能学会。

第三是书启师爷,书启虽具体业务能力要求不高,但要求书写端正,书法优美,公文娴熟。《幕学举要》中说:"书启一项,凡略通文义者皆谓胜任愉快。"但事实上,书启涉及重要秘密,因此书启一职均由主人的亲戚或朋友之儿充当。如汪辉祖最初入幕,就是充当金山县知县舅舅王坦之的书启两年。后舅舅辞职,汪辉祖经舅舅推荐给胡文伯,因为胡文伯喜欢汪辉祖写的骈体文,才收下他当书启。陈毅元帅外祖父黄福钦曾捐得湖北利川县建南巡检,就把女婿(陈毅父亲陈昌礼)一同带到任上,充当书启,所以陈毅就在衙门里度过他的儿童时代。书启的收入较低,而且往往是年轻人担任。

第四是挂号师爷,他们帮助官员对公文书牍加以分类、发送、存档。

第五为征比师爷,他们帮助官员处理征收赋税。征比一席要经过一定时间的见习,往往是由习钱谷不够者充当。

此外还有阅卷师爷,他们帮助官员批阅科考试卷,以及账房,是帮助官员掌管衙门钱财出入的会计。刑名和钱谷一般每年工资在一千两左右,"刑名、钱谷二宾,岁馈必得二千金"。④ 可见,两人各得一千金。《佐治药言》说:"幕中数席,

---

① 即书吏。
② 《清经世文编》卷二十二。
③ 鲍家树:《乾隆时期的刑名幕宾》,《学习时报》,2016 年 3 月 1 日。
④ 《清经世文编》卷二十二。

惟刑名、钱谷岁脩较厚，余则不过百金内外，或止四五十金者。"作者 25 岁作常州知府韩文伯书启幕友时，酬金仅为 24 金；清代一位县官（正七品）正俸每年才 45 两，甚至重臣一品官也才有 180 两；州县官的奖金"养廉银"一般为几百两到一千两不等，所以官员把这些俸禄全部给幕友也不够，这就是造成清代官府的大面积腐败的根源。而事实上清代州县的"耗羡"巨大，往往只须五分之一就可对付师爷的工资。

在正常之外，朝廷采取"陋规"，百姓上缴零碎银块熔铸成五十两银锭时，常常因缺重量，而额外加"火耗"，粮食加"羡余"，为平时再加 5％到 15％不等，这两项合称"耗羡"，归州县所有。雍正实行"耗羡归公"，但很难执行下去。清代州县一般每年私吞一二万两银子，不算贪官。知府每年还常常收到下属知县送上的"孝敬"，所以有"三年清知府，十万雪花银"的说法。督抚每年额外有 10 万银子的非法收入，给幕友的工资就是从"耗羡"中来，不可能从州县官的工资中开支。同治二年（1863）景其濬上疏，称"一署之中幕友常需数人，岁縻二三千金，俸廉全给，非十分俭竭，犹恐不敷日用"。

作幕非需幕学，幕友事实上种类繁多，人员复杂，清乾隆初年名幕万枫江在《幕学举要》中说："幕中流品最为错杂。有宦撤复车，借人酒杯，浇己块垒；有贵胄飘零，摒挡纨绔，入幕效矉；又有以铁砚难磨，青毡冷漠，变业谋生；又有胥钞谙练，借栖一枝；更有学剑不成，铅刀小试。"有的是下台官员，没落贵族；有的举业不成，功名不就；有的资深胥吏，谋生图就，总之流品不一，繁杂不等。有的父为子幕，如清代浙江一名 18 岁少年考中进士，被授予某县知县，其父帮助儿子做幕友治理，结果该少年知县政绩卓著，声名远扬。还有妻为夫幕，乾隆某知府女儿，因父亲年老多病，就代父治理，后父亲去世又随兄赴任，充当其师爷，39 岁时嫁新任知县，又做丈夫幕友。结果丈夫治理有方，升任直隶州知州。这时，妻子劝告他说："君之才能只够治理一个县，不够治理一个州，而我要管理家务，也没有精力来帮助你。我们还是急流勇退，告病归乡为好。"她说完就取出早已起草好的禀文，请夫君过目签押，于是夫妻双双把家还。① 师爷中不乏有益吏治者，但也有借端营私者。湖南永州知府王宸在《重刻佐治药言序》中指出，"夫吏非素谙律令，其不能不藉手于幕宾也⋯⋯而入幕之宾，能视官事如己者，十不得二三，往往视百姓之休戚，漠然无所系于其心。"黎民百姓常常暗中称言："衙门后宅一杯茶，白纸折扇手中拿。黄铜烟袋呼呼响，刀笔断案全靠他。""衙门六扇开，有理无钱莫进来。"

明清通过八股文考试的所谓"进士"，"代圣人立言""许言前代，不及本

---

① 《清代吏治丛谈》卷一。

朝"①,不涉及现实问题和具体事务。可是"及登第入仕之后,今日责之礼乐,明日责以兵刑,忽而外任,忽而内调,是视八股朋友竟为无所不知,无所不能之人"。② 结果"刀笔簿书既未习于平时,刑名钱谷岂能谙于临时? 全赖将伯助兹鞅掌"。③ 顺治八年清帝指出,不少官员为"不识文义之人,益不胜任,文移招详,全凭幕友代笔",造成整个清朝政府"无幕不成衙"的局面。雍正在《钦颁州县事宜》中专列"慎延幕友"一项内容,他已发觉国家使用大批幕友而造成官场腐败与财政危机。甚至有的督抚把自己的下属作为幕友安排在其下属的县衙门。嘉庆五年御史张鹏展上疏,建议禁止这一行为,"营私之督抚无不用属员为幕友,其害最深。即使督抚无私,而该员上下通透,借端撞骗,亦所不免",并且指责各地督抚"养廉优厚,岂力不能请一二幕友? 而必借朝廷名器,提拔升迁以代束修之费?"④到了民国时期,幕友师爷制渐渐被秘书聘任制所替代。

---

① 《日知录》卷五。
② 《经闻类编》卷四。
③ 《清世祖实录》卷五十四。
④ 《皇清经世文编》卷二十。

第十二章　内外朝秘书机构更替论

　　皇权至上,导致我国长期以来处于专制与集权政体格局。秦焚书坑儒、汉独尊儒术、隋唐三省六部制、宋元设参知政事分科相权、明代废丞相设内阁、清代设军机处、明清八股取士等一系列制度的设立与实施,无疑是进一步加大皇权的统治,削弱相权的势力范围。

　　郡县制必然加强中央集权,地方设立郡、县和乡三级基层政权,这种制度也导致我国两千年来一直实行"大政治、小社会"的特殊格局。综观我国古代秘书史,我们发现常有两个秘书结构与两支秘书队伍同时存在和独立运作:一是为皇帝服务的私人皇室内宫秘书机构与队伍,另一是为皇权服务的外朝秘书机构与队伍。同时在这两套秘书体系权力的争斗中,每一朝代后期的政府秘书机构"外朝秘官"常常被"内朝秘官"所取代,这是皇帝有意识地削弱甚至剥夺丞相权力的直接结果,由此而引发国家的动荡、社会的衰败和朝代的更替。周而复始,循环往复,已成为一种中国古代秘书工作现象与发展规律。

第一节　削弱外朝相权与三省制确立

　　管理国家为行政,而国家行政部门就是国家机器。中国的国家形态以夏代为标志,因此中国的政府机构和官僚在夏代均已出现,《礼记·明堂位》曰:"夏后氏官百,天子有三公、九卿、二十七大夫、八十一元士",当时设立了冀、青、徐、豫、梁、雍、荆、扬、兖等九州。商朝设立"相府"与"三公"官职,周代实行郡县制。秦朝以丞相府、太尉府和御史大夫寺作为政府的中枢机构,其秘书工作以丞相府为主,以御史大夫寺为辅。丞相府设有左、右丞相,由皇帝任命,职责为"掌丞天子,助理万机"。[①] 然而秦朝的丞相府仅有参谋权,没有决策权,以处理日常政

---

　　① 《汉书·百官公卿表》。

务为主,因此它实质上是皇帝处理政务的"办公厅"。秦始皇实行独裁统治,把保管印玺、起草文书的秘书功能交给宦官执行,如任用赵高为符玺令。

丞相原本是皇帝的行政助理,但是作为中央政府的最高长官,很容易使皇帝受到威胁。管仲曾告诫君主说:"凡人君之所以为君者,势也。故人君失势,则臣制之矣。"①韩非曾举例说明这个问题。某天,齐景公和晏子巡游到少海,登上柏寝台,回首眺望齐国的国土,不禁感叹道:"多么美丽辽阔的土地啊!后世你将属谁呢?"晏子答道:"或许是田成氏吧!"景公说:"我的国家,为什么会成为田成氏所有?"接着晏子讲述田成氏如何贤良,民心向他。景公听后流下眼泪说道:"这不可悲吗?我的国家将成为田成氏所有,如今怎么办呢?"晏子回答道:"您有什么可怕的呢?如果您想把齐国夺回来,那么就近贤才,远小人,除重敛,缓刑罚,振贫困而恤孤寡,行恩惠而给不足,这样民心又会归向您,纵有十个田成氏,又能把您怎样?"晏子要齐景公采取儒家的方针,重民情,轻徭役,得民心,与田成氏展开一场和平民主的竞赛。然而韩非却不同意此主张,认为必须以牙还牙,批评道,"景公不知用势""晏子不知除患"。他建议明主的用臣,就如同养鸟。养鸟的人必须拔去鸟翅膀下的羽毛,鸟没有了翅膀下的羽毛,就只有依靠养鸟人才有食吃,它怎能不驯服?"夫明主畜臣亦然,令臣不得不利君之禄,不得不服上之名。夫利君之禄,服上之名,焉得不服?"②

汉初丞相府仍如秦制,后来丞相府权力逐渐扩大,丞相府拥有相对的决策权,演变成政权实体。刘邦时大将樊哙告诫不能亲近宦官,被刘邦采纳,于是任用士人为中常侍。吕后专政,任用宦官为中常侍秘书,宦官开始参与朝政。汉武帝之前,丞相相权较大,凡有大事,皇帝召集百官大臣朝议,都是由丞相主持;且有封驳诏书、谏阻皇帝的权力。武帝开始强化君权,任用宦官尚书办事,开始削弱相权。削弱相府的权力,以便保证君权的绝对权威地位,遂将在秦代处于一般秘书地位的尚书们组织起来,设为独立官衙,称"尚书台",部分取代相府权力。汉成帝时把原副丞相的御史大夫改称"大司空",与大司马③、丞相并列为相,即把宰相权力一分为三④。哀帝时,将丞相名称改为"大司徒"。西汉后期虽也任用一些士人担任,但已不能监督宦官秘书,甚至汉宣帝提拔宦官石显为中书令。

到东汉光武帝时,三公九卿形同虚设,大权掌握在尚书机构中,史称"虽置三公,事归台阁"。刘秀宫中尽用宦官,整个东汉就是在外戚与宦官相互残杀中

---

① 《商君书·赏刑》。
② 《韩非子·外储说右上》。
③ 太尉。
④ 司徒、司空、司马。

衰落和灭亡的。宦官在一系列政治活动中,凭借皇帝内宫秘书的身份,控制着皇宫秘书机构,能假皇帝之名发号施令。削弱和废除丞相,导致东汉的外戚与宦官轮流把持朝廷的混乱局面。外戚与宦官的权力都是非法的,为此他们需要固权,只得变本加厉,恶性膨胀,加速王朝衰败。一个帝国必须建立和依靠一支庞大的政府秘书文官体系,但帝制皇权不尊重相权,结果合法的相权被剥夺,那只有非法的相权,而非法的内宫宦官、外戚的所谓"相权"带来的必然是混乱与衰落。

丞相府虽然衰落了,甚至消亡了,但其政务秘书功能不可能消亡,事实上它的功能大部分转移到尚书台机构中。尚书名称在秦朝已有,隶属于皇宫的私府①,收受丞相府上呈的文书,转呈给皇帝。到汉武帝时,皇帝就委托他们拆阅章表,让他们提出初步意见,逐渐具有裁决权。史载:"故事,诸上书者皆为二封,署其一曰副,领尚书者先发副封,所言不善,屏去不奏。"②这说明尚书职权增加,地位提高。汉成帝进一步任用尚书,将尚书组织成独立的官衙,称"尚书署"。尚书署(台)的设立,标志着新的内朝秘书机构形成,开始替代外朝丞相府的秘书功能。如成帝时的孔光,任尚书台首领10余年后,晋升为丞相,当然反过来也说明,当时尚书台比丞相府的地位还略次一等。

政务的一部分除了尚书台外,其余则转移到御史寺。而御史寺原是在秦朝仅次于丞相府的国家秘书机构,与丞相、太尉并列为三公。其执掌甚宽,除监察百官、监军外,主要有收受奏事、掌管"图籍秘书"、巡视各郡等,实际上是皇帝的亲信秘书官。为了削弱相府,皇帝在起用尚书的同时,也把相府的秘书职能转移到御史寺。到汉成帝时,御史大夫被擢升为与丞相、大司马并列的相。东汉"事归台阁",御史寺承担的秘书事务,一部分移至尚书台,一部分转归太尉府,御史寺成为专事监察百官、保管图籍档案的机构,其秘书职能从此消失。

东汉刘秀把三公的地位进一步削弱,尚书台的地位与丞相府已并列了,甚至某些方面已超过三公了。从汉武帝开始尝试相府的秘书职能转移到尚书台,到东汉刘秀时已彻底完成。尚书台发展至东汉末年,职权膨胀,俨然如昔日丞相府。学者杨剑宇认为,"丞相府被尚书台逐步取代的过程,说明封建社会中,皇帝设置秘书机构的目的是集国家大权于一身,保证其实行君王独裁。一旦此秘书机构职权扩大,威胁到皇权,皇帝就对其进行抑制、削弱,或直接将其解散,重新设立一个听命于他的新的秘书机构。这种现象自汉武帝始,在以后两千多年中反复出现,成为一条规律。我们称之为'膨胀—回位'现象。它使得封建社会中央秘书机构处于反复建立、兴盛、削弱、解体、重新建立的周期性演变中,使

---

① 即少府。
② 《汉书·魏相传》。

得秘书官员的职名处于不断变更,秘书处于流动中,具有明显的不稳定性。"①汉武帝起用尚书、削弱丞相府,在文书运作上进行了改革,将中央官员分为"外朝"和"中朝"两大体系。丞相府被划为"外朝",而尚书台列为"中朝"。由此,皇帝私府和中央政府官署混合的局面结束了,构成皇宫和朝廷两大秘书体系。

　　东汉末三国初时曹操把尚书台改名为"秘书令",下设秘书左丞、秘书右丞两官职,这是一个重大创举。秘书令和秘书左右丞遂成为我国秘书史上首次出现的名副其实的秘书官职与秘书机构,并把秘书由先前指物转变为指人或机构。由于尚书台权力过大,引起君主的不安,于是设中书令与中书监机构,从而分散尚书的权力。曹丕掌权后,却更换了曹操原先的秘书令称谓,改为"中书令",由秘书右丞孙资充当,又增设了中书监②,由秘书左丞刘放充当,并两人之间实行相互监督。孙资与刘放均是曹操和曹丕的亲信,曹丕废汉后,以自己幕府的这两位亲信充当了最主要的秘书长官,事实上又倒退到尚书台替代丞相府的历史老路。曹丕以中书省替代尚书台并将其作为皇帝的机要秘书处后,尚书台就逐渐转变为政府机构,具有执行国家行政的功能。随着中书令(省)权力的扩大,晋朝起皇帝就把侍中、常侍、给事中、黄门侍郎、谏议大夫、起居郎等皇宫内朝秘书官员,组成一个新秘书机构,称"门下省",在皇帝左右,议论大政,出宣诏命、办理交付事项等。北魏时中书省地位较高,时称"小宰相"。"整个魏晋南北朝时代,皇帝身边的核心秘书机构的权力重心总在中书、门下与尚书三者之间摇摆不定,至隋朝时遂形成三省制。从尚书台取代相府地位一直到三省制形成的全过程,充分说明封建皇帝设置秘书机构的最终目的是为了保证其君王独裁,秘书机构必须是完全听命于帝命的服从机构。一旦这个机构的职权过于膨胀,导致皇权分散,皇帝就会认为它可能威胁自己的统治,必将予以抑制、削弱,乃至直接解散,而重新设立一个完全听命于自己的新的秘书机构来取而代之。这种现象自汉代始,在此后的两千多年反复出现,形成了一条规律。"③

　　隋朝结束了300年的南北分裂,重建了统一的帝制国家。隋朝实行三省六部制。三省即中书省④、门下省和尚书省。中书省负责诏书起草,是决策机构,"掌军国之政令",实为立法机构,类似于当今的议会、办公厅等机构;门下省职掌封驳,为审议机构,该词来源于"黄门之下",而黄门为宫廷内殿之门,"佐天子而总大政也",与宰相无异,其职责主要是审议与封驳。"封"指封还中书省起草的诏令,"驳"指驳回臣下的奏议,权力极大,属于督法机构,类似于当今的检察

----

① 杨剑宇主编:《中国秘书史》,北京:高等教育出版社,2013年,第81页。
② 监比令高一级。
③ 刘演林:《中国秘书史》,长沙:中南工业大学出版社,1998年,第11页。
④ 隋朝称"内史省",为了避讳杨坚父亲杨忠的名字。下同。

院;尚书省负责政策执行,"事无不总",统领全部行政事务,属于行政机构,总理衙门,为国家最高行政机构。其中门下省掌封驳,有对皇帝诏书审定、驳回的权力,这是反制皇帝的最大举措,在中国秘书史上具有一定的意义。尚书省下设六部,即吏部、户部①、礼部、兵部、刑部、工部,各部长称"尚书"。三省长官共议国政,同执宰相之职。尚书省最高长官因权力太大,又因省下有六部,唐初以后基本不设,只有副职代领此职,而且逐渐没有实权。三省长官议政之所称"政事堂",唐太宗以后宰相的成员增多,不限于三省长官。

元代实行行省制,在中央设中书省,在地方设省,作为中书省的派出机构。省下有路、府、州、县各级行政机构。有鉴于元朝宰相的专权,朱元璋废除了丞相和元朝以来的中书省。皇帝直接领导六部,同时把中书省的职能一分为三,设主管地方行政的承宣布政使、负责检察的提刑按察使和负责军事的都指挥使。明朝废除宰相,但还有一个内阁班子,以皇帝秘书的身份行宰相之权。清朝连这点也不要了,一切大权归军机处。其行政机构六部也没有向下属部门直接下达指示的权力,必经奏可而后行,成为一种权力摆设和花瓶。总之,隋唐出现了"三省六部"制,元代实行"行省"制,清代采取"军机处"制等,均为进一步减缩包括丞相在内的各级秘书权力而扩大皇帝自身权力。"明君如身,臣如手;君若号,臣如响;君设其本,臣操其末;君治其要,臣事其详;君操其柄,臣事其常。"②历史上自秦沿用了1900年的宰相制度,到了清代便彻底废除了。即便居一人之下、万人之上,贵如宰相,仍然改变不了君主工具的属性。

第二节 扩建内朝秘书与强化君主专制

君主专制制度,是指以古代君王为核心的中央集权的政治体制。君主专制脱胎于原始社会后期的父权制,随着私有制产生,部落军事联盟向国家机器转化,军事首领与宗族家长逐渐演变为君主专制的帝王。周朝出现了大一统的君主专制政体雏形,这就是宗法分封制。周王推行层级分封的制度,号称天下共主的周王,实际上并不能直接控制基层,他对全国的控制是通过诸侯、卿大夫等宗子间接实现的。君主专制在分封制下存在着结构性的局限,因此说它尚未成为完整的君主专制制度。战国时代出现郡县制与分封(采邑)制并存局面,秦汉时期郡县制逐渐取代了分封制,建立了天下一统的王权专制体制。

三省制的"中书出令",实则是根据皇帝的意图提出决策方案,起辅助决策

---

① 隋朝称"民部"。
② 《群书治要·大体篇》。

作用,实际决策权仍掌握在皇帝手中;"门下审议",只是代表皇帝表示认可或反对,最终还是皇帝裁决;"尚书执行"则为收受、处理、落实皇帝的各项诏令。因此,这三省仍然具有皇帝秘书机构的性质。"事实上,在君主专制条件下,不可能在皇帝以外存在具有独立决策权力与行政权力的机构与人员,所以在封建社会,不管地位多高,仍然只能是一个辅助者。"①故唐代的宰相不是一个人而是由数人组成的一个议事班子,常常在政事堂商议参决。唐代诸宰相都兼职,在政事堂是宰相,回到各部门则是本司长官,直到玄宗开元时宰(外)相才成了专职;但开元二十六年玄宗设立学士院,所招募之人被称为"翰林学士",从事"天子私人秘书"职责,"所入与班行绝迹,不拘本司,不系朝谒"。他们草拟批答、检视王言,以备顾问,"朝廷奏议及百官表疏,时密令参决,以分宰相之权",是皇帝的高级私人秘书②,故当时人们称之为"内相"。同时翰林学士专掌内命,中书制诏之权遂大为削弱。

翰林学士系皇帝在国家正式秘书机构外又雇佣的私人性质的顾问兼秘书,对以后各王朝的政治体制产生了重大影响。学士始设于南北朝,自唐太宗始,朝廷选拔一批名儒学士,伺从皇帝左右,讨论政事,"时时召以草制,然犹未有号名"③玄宗初年,中书省由于事务繁忙,公文难以及时处理,于是置张说、陆坚、张九龄等人为翰林待诏,协助中书省批答四方章表疏议,起草制诏书敕。后"翰林待诏"改名为"翰林学士",于宫内设学士院,直接受皇帝管辖,成为皇帝的心腹和助手,这样翰林学士院从学士机构演变成皇宫秘书机构。翰林学士是行政系统以外的秘书,不计官阶,也无官署,只轮流在学士院内值宿,以待皇帝随时召见。德宗后,翰林学士成为皇帝顾问兼秘书官,有"内相"之称。在学士群中还选出承旨学士,参谋禁密,权任独重,常拜中书舍人后入相。元稹《翰林承旨学士记》说,从宪宗到穆宗的 17 年中,11 名承旨学士中就有 9 人参议大政。长庆以后各朝翰林出身的宰相一般占二分之一到五分之四,开启了后世拜相必由翰林的先河。安史之乱后,翰林学士越显重要,甚至拜免将相这类绝等秘密的事④全权由翰林学士办理。翰林学士的工作主要为:草拟诏书;备顾问之需,陈言时政,讨论得失,举荐人才,探究义理,"参宿密之命,处侍从之地。居可以备选用于他年,动可以承顾问于此日"。朝廷的诏书出现两种类型:内制和外制。翰林学士使用的纸张为白麻纸,称"内制"和"白麻";而中书舍人所使用的纸张为黄纸,称"外制"和"黄麻"。可以说,整个唐朝中央中枢秘书制度则由内制和外制

---

① 杨剑宇主编:《中国秘书史》,北京:高等教育出版社,2013 年,第 213 页。
② 不在行政秘书编制内。
③ 《新唐书·百官一》卷四十六。
④ 包括公文撰拟。

两部门所构成。① 李白就曾担任过玄宗的翰林学士,"出入翰林中,问以国政,潜草诏诰"。② 作为皇帝私人秘书,他们享受到无比恩宠,一年四季水果佳肴不断,所赐酒食与宰相待遇等同。要成为翰林学士,唐朝规定需通过考试程序,一般要参加五题测试:先为"麻制",考查撰写册封、赦文之类诏书的公文写作能力;其次为"答番",考查撰写少数民族或域外的文书能力;再次为"批答",考查撰写皇帝对臣下章表的处理与批复写作能力;最后为各一道"诗赋",考察诗歌与赋体写作能力等,共五道考试题目。翰林学士见习一年后,升"知制诰",此时才有资格撰写皇帝的各类诏书。

隋朝时内侍省使用大批士人,而到唐代却使用大批宦官。"内侍之职掌,在内侍奉,出入宫掖,宣传制令。"③宪宗时设立枢密院,在皇帝与宰相之间传递信息,而后其代表皇权对相府发号施令,大大削弱了相权。皇帝一方面设置参知政事、参议得失、同中书门下平章事等官职,与三省长官同为宰相,使宰相成为由多人组成的群体;另一方面任用身边的宦官处理政务,削弱相权。如玄宗时任用宦官高力士、代宗时设置内枢秘使并让宦官充当,故当时有"南衙北司之争"。德宗时又授予宦官军权,这样唐朝又步了汉朝宦官干政之后尘。

明代朱元璋废除丞相制和元朝的中书省机构,皇帝直接领导六部,同时将原中书省在地方的权力也相应分割为三,设主管地方行政的承宣布政使、负责检察的提刑按察使和负责军事的都指挥使。皇帝自己组阁了一个内朝秘书班子,以皇帝秘书的身份行宰相之权。这个皇帝内部秘书班子到了清朝就演变成军机处。清代的军机处直接受皇帝一人指挥,权力在内阁之上。④ 同时清朝削弱六部的权力与作用,使它们仅仅具有传递上报信息的权力,而没有下达执行事务的权力,只有经奏报认可后才有下达执行的行政命令权。明代的内阁制与清代的军机处都是皇帝私人的秘书办事机构,彻底架空了外朝秘书的行政体系。

抑制外朝秘书的办事能力,削弱其治理权力,或使内朝太监与外朝秘书之间相互牵制,这些都是在降低行政办事效率的基础之上实行国家文书管理,即建立一套垂直但低效的国家系统,其目的是巩固皇权第一。结果造成了古代大量的秘书在工作中,"或事无专负,致生推诿;或人无专事,至多废弛"。⑤ 许多有才华的秘书无法施展自己的远大抱负,湮没其出色的才干。"为君薰衣裳,君闻

① 徐勇:《从秘书角度看唐朝的翰林学士》,《秘书之友》,2004 年第 4 期。
② 李冰阳:《草堂集·序》。
③ 《唐六典·内官宫官内侍省》卷二。
④ 程念祺:《中国历史上皇权的持续强化》,《南方周末》2013 年 9 月 5 日。
⑤ 《清朝续文献通考·职官一》卷一百一十五。

兰麝不馨香。为君盛容饰,君看金翠无颜色。行路难,难重陈,人生莫作妇人身,百年苦乐由他人。行路难,难于山,险于水,不独人间夫与妻,近代君臣亦如此。君不见:左纳言、右纳史,朝承恩,暮赐死? 行路难,不在水,不在山,只在人情反复间!"①大儒方孝孺说,百姓"好义则易使,从化则畏法"②。

更可悲的是,朝代的更替,成也皇帝,败也是皇帝。皇帝要巩固和提高自身权势,必须强化对臣僚宰相、秘书们的管控。管仲曰:"凡人君之所以为君者,势也。故人君失势,则臣制之矣。"③韩非认为明主的用臣,就如同养鸟。养鸟人必须拔去鸟翅膀下的羽毛,鸟没有了翅膀下的羽毛,就只有依靠养鸟人才有食吃。"夫明主畜臣亦然,令臣不得不利君之禄,不得无服上之名。夫利君之禄,服上之名,焉得不服?"④

君主受制于权臣外戚、甚至宦官家奴的现象,如东汉中叶多次出现母后临朝、外戚掌权的局面。宦官本来是经过阉割的"刑余之人",是皇帝的家奴,身份地位是很卑贱的,但是在中国历史上却多次出现过宦官专权的现象。如唐代安史之乱后,国家的行政大权逐渐落入宦官之手,他们甚至操作皇帝的废立与生死。自公元 820 年唐宪宗被宦官杀死,到公元 903 年,唐朝历经 8 个皇帝,除去敬宗一人是以太子身份继位外,其余 7 个全是各派宦官根据自己的需要拥立的。甚至敬宗皇帝因不是被宦官拥立,而最后被宦官所杀。宦官之所以猖狂,在于皇帝的集权制。因为不管母后外戚也好,宦官太监也好,他们的权力只能算是一种寄生的权力,他们的得势既不源于文谋,也不由于武功,而是得益于君主对其宠爱。他们拥有的权力是从君权中分蘖出来的,恰恰是皇权至上的产物。他们是君主的寄生物,如果没有君主,根本就谈不上什么宦官、外戚的专权,社会上根本就不会有这些集团存身之处。其次,正是由于王朝专制政体的强化,权力高度集中于皇帝之手,皇帝成了一切权力的化身,从而导致了只要挟持皇帝就可左右全国政局这种奇特怪胎的产生,为外戚宦官们打开了通向最高权力的大门,使其篡权专权成为可能。所以从实质上说,内宠专权只是君主集权的一种变态,从某种意义上讲,它恰恰从一个侧面表现了在中央集权的君主专制国家中君权的地位高于一切。⑤

建明之初,朱元璋沿袭元代,设中书省作为全国政务中枢,置左右丞相,洪武十三年(1380),朱元璋认为丞相居一人之下、万人之上,对自己会构成威胁。

① 《白居易集·太行路》卷三。
② 《逊志斋集》卷一。
③ 《商君书·赏刑》。
④ 《韩非子·外储说右上》。
⑤ 刘泽华等:《反思专制权力与中国社会》,长春:吉林文史出版社,1988 年,第 15 页。

因此他借处死胡惟庸之际,取消中书省并下令永远不准再设丞相。从此,自秦朝以来上千年的丞相一职遂被取消。朱元璋以皇帝兼行丞相职权,直接处理国务,设六科①作为处理中央政务的中枢。朱元璋建明后,鉴于历代太监误国乱政的教训,规定他们不准识字、不得干预朝政,并特意刻写铁碑,悬于宫门之上,明令:"内宦不得干预政事,预者斩。"然而到了朱棣即位后,皇帝迁居京都,并破坏了朱元璋的禁令,大量任用宦官出镇、监军,掌管东厂、锦衣卫等,使宦官势力抬头。宣宗时废除"太监不得识字"禁令,在宫内设内书堂,命大学士陈山教太监识字。尔后历任皇帝沉湎于享受,把大量政务交于宦官组成的内侍机构——司礼监,使这一机构演变成皇帝私人秘书机构。太监们常常代皇帝批示,称"批红",事实上这些太监掌握了决策权,地位居于首辅之上。明英宗时长官司礼监的王振干脆下令搬走"内宦不得干预政事"的铁碑。到了武宗时,朝臣奏事须写双份,一份②先送掌司礼监的太监刘瑾过目,由他允准后才能将另一份③送通政司。刘瑾不识字,将奏章带回家,由其妹夫等人批答。所以明代太监干预政事,已超过东汉与唐代,这是明代衰败与灭亡的重要原因之一。

第三节　皇权打压相权的主要方式

秦始皇之下设立"三公",即丞相、太尉和御史大夫。三公之下又设"九卿",这就是外朝官。为了防止相权过大,恐对皇帝构成直接威胁,历代皇帝常常调控丞相为首的政府权力。一般采取两种方式:一是架空,二是分权。汉魏时通常采取前者,在宫廷内部又设立一套行政系统,从而架空外朝的行政体系,学术界一般认为这是从汉武帝始。汉初,外相拥有一定的权力,甚至有封驳诏书、谏阻皇帝的权力。然而汉武帝为强化皇权,更多地任命宦官的尚书们办事,削弱丞相的权力。削弱相权,结果导致东汉外戚与宦官轮流把持朝廷的混乱局面。合法的相权被削弱或剥夺,那只有非法的宦官外戚的相权淫威作乱。帝王需要百官秘书辅助,但又对他们猜忌,时常不放心,于是就倚重皇室宗亲、身边近侍奴仆或外戚、甚至宦官等,授之以重权,以制约外朝官员与中央秘书们。于是,中国历史上常常出现皇室内讧、外戚擅权、宦官干政的反常现象。汉朝最大的问题是宦官和外戚篡权,而根源则是外相④权力的削弱。

---

① 六科:吏、户、兵、礼、刑、工。
② 称"红本"。
③ 称"白本"。
④ 丞相。

　　架空的另一种形式就是把一种临时性的机构如清朝军机处不仅保留下来，而且还让其职能发挥到极致，使其成为皇权的得力工具，并借以替代内阁相权。军机处实施的一项重要功能就是传递密奏，奏折作为一种上奏文书，虽在康熙中叶就已产生，但作为一种文书的奏折制却是到了雍正年间才正式确立。清入关之初，沿袭前明旧制，采用题本，盖印，而后通过通政司进呈，在皇帝阅批之前，内阁大学士已经"票拟"过。雍正或许苦于宗室内部争斗，他发明和实行了一种奏折制，有权上奏者达千人以上，可采用汉字、满字和满汉合字三种，载体有黄纸、黄绫、白纸三种，其格式是固定统一的。奏折中还可带夹片，或称"片奏"，用来报告或请示那些不适宜上奏的事情。夹片随正折一同运转和处理，但无封面，也没有具奏人和时间落款，属于正折的补充内容。一个奏折一般可带二三个夹片，也有的多达五六个。奏折书写有一套严密的文书制度，写后外用黄纸或绫包扎，放入木匣上锁。其锁除了奏折者还有皇帝二人所有。每个官仅有四个折匣。皇帝收到奏折后，都用朱笔批谕。朱批奏折由军机处"录副"后，都会发给具奏人，以便按旨意执行。雍正通过朱批谕旨直接下达命令，以保证秘密不泄露，下谕："所有皇考朱批谕旨，俱着敬谨封固进呈。若抄写、存留、隐匿、焚弃，日后发觉，断不宽恕，定行从重治罪。"①收缴的朱批收藏于保和殿和懋勤殿，成为"宫中档"。军机处只设官不设吏，勤杂人员二十岁就换人，这样做的目的就是防止泄露机密。军机处原本是一个临时机构，为军务服务，完事后应及时裁撤。可这么一个临时性机构，非但没有裁撤，反而职权越来越大，随后皇权逐年上升，相权逐年下降，以致丞相在清代成为毫无影响与作用的名称。明朝还有内阁大学士票拟权，可行使部分宰相权力，甚至能在一定程度上左右或影响皇帝对政务的决策。清初有议政大臣会议，消解了部分皇权。康熙采用南书房和小范围奏折。乾隆事实上也没有超过明太祖朱元璋的皇权。只有雍正通过不正常手段上台后，他大大扩展了皇权，严重削弱了相权，把内阁票拟制抛掷一边，皇帝总理一切政务军务。由于实施了奏折制和完善"皇帝机要秘书处"——军机处，皇权从而达到了登峰造极的地步。

　　第二种方式就是分权，如汉成帝时把宰相权力一分为三，分别为司徒、司空、司马职位。到东汉光武帝时，三公九卿形同虚设。同时尚书虽然在当时仍属小官，但权力很大，甚至能左右整个国家的政治形势。尚书官阶小，也便于皇帝能控制。西汉朝廷为了削弱相府的权力，以便保证君权的绝对权威地位，遂将在秦代处于一般秘书地位的尚书组织起来，设立了独立官衙，称"尚书台"，取代部分相府的权力。东汉光武帝清退有功之臣，采用文吏来填补清退后的官

①　睦达明:《秘书生活》,南昌:江西人民出版社,2009年,第235页。

位,"光武皇帝愠数世之失权,忿强臣之窃命,矫枉过直,政不任下,虽置三公,事归台阁,自此以来,三公之职,备员而已。"①总之,"选举诛赏,一由尚书,尚书见任,重于三公",②尚书台终于彻底取代了相府。尚书地位的提高,是君权战胜相权的标志。正如东汉大臣李固所言:"今陛下之有尚书,犹天之有北斗也。斗为天喉舌;尚书亦为陛下喉舌。斗斟酌元气,运平四时;尚书出纳王命,赋政四海,权尊执重,责之所归。"③

而到了曹魏时代,尚书台过大的权力又引起统治者的警惕,于是设中书监或中书令以削弱尚书之权。整个魏晋南北朝,皇帝身边的核心秘书机构权力的重心总在中书、尚书与门下三者之间摇摆不定。至隋朝,秘书机构遂形成完整的三省制。从尚书台取代相府的地位起,至三省制的完全建立,这一过程充分说明封建皇帝设置秘书机构的最终目的是为了保证其君主独裁,秘书机构必须是完全听命于帝命的服从机构。一旦这个机构的职权过于膨胀,导致皇权的分散,皇帝就会认为它可能威胁自己的统治,必将予以抑制、削弱,乃至直接解散,而重新设立一个完全听命于自己的新的秘书机构来取而代之。这种现象自汉代始,在此后的两千多年反复出现,形成古代秘书一条工作规律。它导致封建社会中央秘书机构与人员处于频繁变动的周期性演变之中,具有明显的不稳定性。这也是历朝秘书机构与人员名称变更频繁、秘书工作内容反复交叉重叠的根本原因。

隋唐以后逐渐把相权进行分解,以三省六部制的分权形式解决行政集权体制内的权力分配问题。三省④同为国家最高政务机构,分别负责决策、审议、执行等政务,换言之,相权被一分为三。六部为行政事务的职能管理机构,隶属于尚书省。因管理六部权力太大,唐代尚书省基本上只设副职代领,没有实权。三省长官共议国政,同执宰相之职,所议之所处称为"政事堂"。隋唐在中央实行三省六部制,三省即中书省、门下省和尚书省。中书省负责诏书起草,是决策机构;门下省职掌封驳,为审议机构;尚书省负责政策执行,属行政机构。三省制对隋唐后期影响最大的是门下省,它执掌封驳,有对皇帝诏书审定、驳回的权力。三省六部制组织完整、分工明确、相互联系、相互制衡,共同听命于皇帝。宋代,军政、财政、司法、监察和言路都独立于相权,宰相不止一个,轮流掌印,而且设副相予以牵制。明朝废除宰相之职,将相权并入皇权。

学者程念祺认为,两千年的历史经验证明,专制体制除非变得更加专制,否

①　《后汉书·仲长统传》。
②　《后汉书·陈忠传》。
③　《后汉书·李固传》。
④　中书省、门下省、尚书省。

则皇帝就会担心自己的权力被削弱。所谓"两千年所行之政皆为秦政",均是秦政的一个个加强版;而猜防是皇帝专制心思的本质,是强化专制的心理动力。郡县制比分封制"天子—诸侯"制更专制,后者虽名义为天子,实则是各诸侯王分管。然而两千年来却出现了一种宫廷内部争斗,如家臣文官、宦官、外戚、女宫等。秦朝不是被外来势力或各诸侯所灭亡,恰恰是内部丞相李斯、宦官赵高的内乱所致。

　　而后两千年来,历代均是在如何削弱、剥夺相权上做文章。皇帝常常在内廷设置各种机构,侵夺相权,而用宦官、外戚来主持。当然不少朝代就是由外戚、宦官把持,甚至还出现王莽篡权。隋代中央政府出现"三省六部",元代在地方上出现行省制等。丞相原本是助理皇帝行政的,但是作为中央政府的最高行政长官,很容易使皇帝受到威胁。因此在汉代,如汉武帝时就开始对相权进行削夺,选用一些内宫较低官衔人员充任"内朝官",与相府的"外朝官"相对应。隋唐设立三省六部制,把相权一分为三,由皇帝直接控制,以防其专权。明初朱元璋废除丞相,提高六部地位,所有重大政务全由皇帝自己裁定。

　　秘书学界认为秘书存在"膨胀—回位"现象,即弱小的秘书机构总是逐步发展,扩大为有相对决策权、执行权的政务机构;然一旦威胁到皇权,皇帝就予以压制、削弱或解散,重新设立一个听命于他的弱小的秘书机构;而后逐渐让内朝秘书机构替代外朝秘书机构,最终引发朝廷纷争与社会动荡。纵观我国秘书史,事实上不存在这一现象,相权一直以来受到打压、削弱、乃至剥夺,没有膨胀后又回位的现象,更没有存在相权逐步扩大的现象。"膨胀—回位"存在于政府办事机构之中,每一朝代起先均设立了若干个精干高效的秘书机构,但后来随着腐败的加剧,各级秘书机构又迅速膨胀,吃皇粮的人越来越多,政府的财税负担越来越重,最后某一朝代的大厦顿时倒塌,又重新建立新政权,节衣缩食,恢复规模较小而精干的各级秘书机构与人员。

第十三章　秘书工作诸制文化论（上）

　　本章我们所言的秘书制度,是指秘书机构中要求组织成员共同遵守的、按一定程序办理的规程,包括秘书工作制度和秘书管理制度两个方面。制度,是一个机构稳定有序地开展工作的保障,没有制度,办文、办会和办事等就没有规章可循。加强秘书制度的建设,一方面使秘书工作有章可循;另一方面,这也是实现秘书机构科学化管理的需要。

　　秘书工作制度就是供秘书人员共同遵守的办理事务规程或行事准则。秘书工作制度化,是秘书工作"三化"①建设的重要内容之一。根据党和政府颁发的法律及规范化文件,我国现有的秘书制度有:保密工作制度、公文处理制度、信访工作制度、信息工作制度、督查工作制度、印章管理制度等。还有一些不成文的制度,如协调工作制度、会议工作制度、接待工作制度、值班工作制度、通讯工作制度等。不论是成文的制度还是不成文制度,本身都仍需要一个不断修改、补充和完善的过程,特别需要在实际工作中去完善它。一些不适应秘书工作发展的制度,要继续进行改革,来推动秘书工作的制度建设。

第一节　秘书考核制文化

　　事实上,本节内容属于秘书管理制度的文化范畴。秘书管理制度就是供人事部门、组织部门和秘书机构共同遵守的如何使用秘书和管理秘书的规程或行动准则。秘书管理的制度化,是实现管理模式由经验型向科学型转化的重要内容之一。根据国家公务员制度和秘书管理惯例,秘书管理制度应包括三个方面的内容:一是秘书人员的录用、考核、奖惩、升降、任免、培训交流等制度;二是按工作岗位划分的工作责任制度;三是目标管理制度。随着我国秘书队伍的日渐

---

　　①　制度化、规范化、程序化。

壮大,秘书管理的制度化已显得十分迫切。管理一支多元的秘书队伍,最好的办法就是从制度上对秘书工作的优劣、秘书人员的招录与奖惩等工作进行规范化管理。

对秘书人员进行科学管理,是构建合理高效的秘书工作体制、规范秘书工作行为、充分发挥秘书人员职能的基础。秘书工作虽然部分属于管理工作的范畴,但又具有综合辅助的职业特性,因此秘书工作管理,既要遵从一般的管理原则和方法,又要针对秘书工作的特殊性和管理需要,确立有效的管理措施,这样才能促进秘书工作的发展。秘书的选拔与考核是其核心内容。秘书人员如何选拔? 如何考核? 这就需要有一套严格而完备的秘书选拔与考核制度。

历代政府都在不同程度上探索对秘书的考核与选拔制度。先秦时期是以禅让、世袭、军功、功业等为主。 到了春秋战国时期,世卿世禄制改革为荐举制①。经过商鞅变法后,秦朝又实行"量功授爵"制,到秦末李斯则采取"以法为教""以吏为师"的方针。 吏,主要指政府低级公务人员,如佐、史等,主要是秘书。王充《论横·程材》云:"秦任刀笔小吏,凌迟至于二世,天下土崩。"《史记·淮阴侯列传》云:"(韩信)始为布衣时,贫无行,不得推择为吏。"《集解》云:"李奇曰:'无善行可推举选择。'"大意是韩信因为没有善性,所以他也就没有资格被推举为吏。可见秦时,充任吏,具有严格的推举考核的规定。② 这里,我们可发现以下现象与规则的端倪:

1. 被推举者必须要有"善行"。"行"就是指行为,说明秘书必须要有良好的言行规范和道德修养。

2. 家贫者,不得推举为吏。秦简《法律回答》云:"可(何)'谓率敖'? '率敖'当里典谓也。"③可见,秦的基层秘书通常由当地的豪强们来担任,而贫民者本质上毫无进身秘书之望。

3. "及壮"方得为吏。《史记·高祖本纪》记刘邦"及壮"后才得到了吏的职位。秦简《内史杂》也记有"除佐必当壮以上"。"壮"即壮年,古时一般指 30 岁,可见秦时充任秘书要有一定的年龄限制。

4. 推荐者不能有瑕疵。秦简《除吏律》云:"任法(废)官者为吏,赀二甲。"就是说,那些曾被撤职永不叙用的人,是不能充当秘书推荐者。若推荐,则要罚二甲。

5. 采取考试培训方式。秦朝规定从 17 岁以上的学僮中进行选拔,而这些被录用的大多从事文字秘书工作。《说文·叙》引《尉律》云:"学僮十七已上,始

---

① 秦国秦穆公。
② 刘演林:《中国秘书史》,长沙:中南工业大学出版社,1998 年,第 124—125 页。
③ 秦简整理小组注:"率敖"即豪帅之义。

试,讽籀书九千字,乃得为吏。又引八体试之郡,移太史并课最者以为尚书史。"《汉书·艺文志》也有相同的记载。史上无记载学僮的学习培训等,但对学室有记载。秦律规定:"非史子也,毋敢入学室,犯令者有罪。"说明史官以上的后代才有资格求学,而黎民百姓的子女被排除在外,同时还说明史官的子女可以继承秘书专门职位。

6.学习的内容。经过多年学习后,学僮在 17 岁就要参加考试,考试的内容如下:其一,讽。《说文》将"讽"与"诵"互释。《战国策·秦策五》记异人见秦王后,"王使子诵,子曰:'少弃捐在外,尝无师傅所教学,不习于诵。'"这说明能否"诵"是检验有否受过正规教育的主要考察方法。汉初规定,"讽书九千字以上"。其二,字体。贾谊《新书》云:"胡以孝弟循顺为,善书而为吏耳。"许慎认为汉试学僮为八体①。通过上述严格的考试与考核,学僮最后才能被录用为秘书。秦简《编年纪》:"今……三年……八月喜揄史。"简牍表明,喜在 19 岁时才考上了"吏"这一官职。

7.试用期。《史记·五帝本纪》就记载尧对禹采取了试用期。秦汉任用秘书,规定试用期(守)为一年,考核通过后就转正(真),食全俸。喜也是经过一年以后才转正为安陆御史。

科举制前,秘书队伍的来源呈现多元化现象。秦朝时把秘书队伍纳入国家行政文官系统,其中重要秘书官员主要从开国重臣中选用,如李斯,还有从六国旧部中招用。地方秘书主要采用"试吏法",即根据民意反映与推荐,由县以上官员进行面试、口试,如萧何就是通过试吏法被任用为县衙中的秘书。一般的秘书须通过学校专门培养,由于私学被封闭,故秦朝所有的秘书都是通过官学培养出来的,并要求百姓"以吏为师"。

两汉选拔秘书方式与样式多种多样,从而有效地解决了以前选拔程序单一、单纯考试方式所产生的诸多弊端,且很多选拔秘书方式具有历史开创性,如察举、征辟、考试等。

1.察举。察举就是推举,是一种由上向下推选秘书人才的制度,而且察举可有多种科目,一般主要有孝廉、茂才和贤良方正文学三科最显著。② 察举就是皇帝诏命大臣,在全国推荐秘书人才,而后由皇帝对其进行对策③和射策④,最后合格者被录取。具体而言主要采取以下三种方式:

(1)孝廉即孝子廉吏,是两汉入秘的正途之一,被举的人一般是经学儒士。

---

① 大篆、小篆、刻符、虫书、摹印、署书、殳书、隶书。
② 此外,还有明经、明法、尤异、治剧等科目。
③ 书面考试。
④ 抽签考试。

孝廉重在考察德行,根据儒家对人格品行的要求,"孝"是伦常的核心,且由"孝"而转化为对君的"忠",所谓"求忠臣于孝子之门"。(2)茂才即秀才,与孝廉同样重要,主要选拔奇才异能之士。① (3)贤良方正文学科,目的是广开言路,选出一些"能干事、愿干事、干成事"的秘书。东汉设置明经科,在于察举通晓儒学经典之才,考试及第者,可进太学继续攻读儒学,还有明法科,察举明习法律的人才。这里孝廉重德行、茂才重才能、贤良方正文学重学问,三科取士是政治行为,也是文化事象。一个人只要出身没有原则性问题,不是商人家庭,都可以凭借在后两项中的某项长处进入秘书队伍。

2.征辟。征辟主要有两种形式,即征召和辟除,所谓"征召"是皇帝依名声礼聘为秘书官,而"辟除"就是各级高官均有权聘用自己身边的秘书。两汉征辟有中央和地方两级,因此有皇帝征辟和地方州县征辟两种,尤其后者对地方官员具有一定的人事自主权。

3.考试。它是与察举相伴而行的,秘书虽然通过了察举,但还需进行一定的考试程序。种类有皇帝策试、公府考试、博士弟子课试等。隋唐的科举制事实上是从两汉的考试制度演变而来。

独尊儒家后,汉朝设太学,置"五经"博士,招收弟子,作为各级行政秘书官的候选者。自此以来,公卿大夫士吏"斌斌多文学之士矣"。② 儒生与官僚结合使传统学术政治化。汉武帝时创办了太学,以儒学五经为教材,学员称"博士",首批仅 50 人,至东汉质帝时发展至 3 万人。汉灵帝光和年间,设立鸿都门学,毕业后的学员大多从事秘书职位。汉文帝时,首次实行了察举相匹配的"策问"考试方式。策问是根据当时政治军事文化的情形提出问题与考题,主考官将考题写在竹简(策)上,由被荐举的"贤良"之才做出书面答复(对策)。朝廷根据对策情况,评定高下,酌授官职。策问与对策的考试形式被后来的科举制继承了下来,不过两汉实行主要以察举为主、考试为辅的选拔制度。汉代察举考试与后代科举考试有着重大区别:察举以举荐为主,考试只是一种辅助手段;由察举而来的士人,没有落选的忧虑,对策、射策等考试只对任职等级发生作用。尤其是把儒学作为考察的主要内容,这样使儒生与官僚结合成为可能。

中国古代的秘书大多实行在朝为儒、在野为道的人生态度,不过在秘书工作中通常是明为尊儒,暗为行法,实行法家儒学化。儒,在中国早期为儒学,经汉朝古与今文字学派的长期争议,结果儒家演变成儒学。此后经董仲舒三次对策:"诸不在六艺之科,孔子之术者,皆绝其道,勿使并进",③汉武帝执行了"罢黜

---

① 东汉初年,为避光武帝刘秀讳,将秀才改称茂才。

② 《史记·儒林列传》。

③ 《汉书·董仲舒传》。

百家,独尊儒家"政策,因而儒学演变成儒教,儒家的经典被尊为"经"。儒学内部的学术争论也由皇帝亲自主裁,如石渠阁和白虎观会议纷争,便是由皇帝裁决认识分歧的两次大型活动。作为官学,儒家对"经"的解释、注释和诠释等一般学者均不能随意参与,须由皇帝下令或确定。西汉以后,士人参政逐渐制度化,相继出现了察举、征辟、举贤良、策问等制度。汉朝初期主要采取"察举",即由地方官僚察访人才、向朝廷举荐的方式。汉文帝时首次实行与察举相匹配的"策问"考试方式。它是根据当前政治、社会近况、军事等情形提出问题,主考官将问题写在竹简(策)上,由被荐举的"贤良"之才做出书面答复(对策)。朝廷根据对策水准酌授官职,后来就把策问与对策作为考试形式吸收到科举制中去。汉武帝时,察举又增加孝廉①、秀才②、明经③、明法④等新科目,从而确立了以察举为主、考试为辅的选拔制度。

4.九品中正制。魏晋时建立了一套"九品中正制",按秘书才德评定为九个等级。汉朝规定,中央政府各部门的主官要对其所属的秘书官吏每年考核一次,称"常课"或"小考",为"最"和"殿"两个等次;每三年一次"大课",即大考核,以此作为升降的主要依据。县的秘书官吏由县令考核,并把考核实绩记录在案,这称为"集簿"。

隋朝在地方上实行州、县、乡三级制,州设刺史,县设县令,县下设乡里组织。从隋文帝起,废除了地方自辟属官制度,规定九品以上的地方官均由吏部任免。此外,唐朝还在全国划分成十个监察区域,朝廷随时派官员巡查地方政治。明代设十三道检察御史百余人,此外还实行特务制,设立锦衣卫,监视大小衙门,内设监狱,直接凭圣旨抓人,用刑残酷。

5.德行四考核制。唐朝对秘书考核建立了一套较为完整的制度,主要分为"德"与"行"两方面:"德"包括秘书的品质、道德修养、对君主忠诚程度;"行"包括秘书的才能、守职的勤懒状况,以及政绩。"德"的标准为"四善",即德义有闻、清慎明著、公平可称、恪勤非懈,简称"德、慎、公、勤"。秘书的"行"的考核,分得非常细致,共有27条标准,最后把秘书考核分成九等,对不合格者还分成四个等次。考核每年一小考、五年一大考。小考时先由本人写出一年中德行札,主官宣读后同行评议,评定等次并张榜公布。如果不服,秘书可在三天内进行申述,五年大考将决定升降奖罚。我们现在对秘书考核基本上继承了唐朝的考核法,按"德、能、勤、绩"四方面进行考察,这与唐朝考核法是一脉相承的。

---

① 考察品行。
② 选拔特别才能。
③ 通晓儒学之才。
④ 了解法律才能。

6.翰林院选拔制。翰林学士多从朝官中遴选,上自尚书官下至校书郎均可选用。学士入院一年,须经过考试,试以拟写制诏公文写作能力,试毕封卷,由皇帝批阅,凡合格者授予"知制诰"职衔。在唐代翰林学士位尊权重,被人称为"内相"。

宋朝也仿唐设置翰林学士院,知制诰名称的学士所写的公文,称为"内制",然没有学士的"知制诰"所写的公文为"外制",合称"二制"。宋朝立国之初,对翰林学士选拔极为严格,由宰相提名,皇帝亲自挑选任命。同时翰林学士有单独面见皇帝的特权,他们的地位仅次于正副宰相、枢密使及三司使,所以学士院被百官另眼相看。

7.军机处选拔制。清代的军机处是我国秘书机构的一大发明,它取代内阁,成为国家最重要的辅助决策部门。雍正七年(1729)在内廷设立,也称军需房。三年后改为军机处名称。宣统三年(1911)设立责任内阁,遂取消了军机处,其前后存在了180余年。军机处无下属部门,也无吏员,有官无兵。其中的官员也很少,只有军机大臣和军机章京两种。他们都是兼职,从不同的部门抽调过来,没有终身制。人员精干,最多时军机大臣也只有11人,满、汉各设一领班大臣;军机章京为16人,各分两班。他们虽官秩不高,但日后容易得到升迁。军机处事实上是皇帝的"机要秘书处"兼"参谋部"性质。军机处是封建君主专制发展到顶峰的产物,成员的来源被皇帝一人所控制。对秘书选拔异常严格,皇帝要求从各衙门中挑选文化水准高、办事能力强、知识面宽的官员。所进人员由军机处事先列出候补名单,呈皇帝选用。选用的条件主要有:品德良好、相貌端正;年富力强、精明强干;撰稿迅速、书写端正;聪明敏锐、办事谨慎;不用高官子弟,以防结党泄密。① 从上可见,军机章京的选拔吸取了历代秘书选拔制度所积累的经验,并注重防止秘书和朝中高官有过密的联系,它表明清代的秘书选拔制度已高度完善。

秘书考核面对的是秘书们,他们是一群鲜活的积极办事的人群,因此不管制度如何,我们一定要认识到任何制度具有刚性和柔性两个方面。首先作为刚性而言,制度面前不能搞特殊化,人人平等,更不能搞人情化;但制度运行环境在不断变化,任何人设计制度时都不可能预测到所有可能的情景。正因如此,制度的执行往往被赋予一定的自由裁量权,使制度更好地切合实际,更富有生命力,换言之,制度不能人情化,但应是人性化。制度有人性温度,使人们对制度产生出敬畏与尊重,更懂得制度的真谛。人们制定规则制度的目的,正是为了更好地保护秘书的权利和正当自由,而不是使制度成为秘书工作的羁绊、道

---

① 凡三品以上高官的弟子不用。曾随从过三品以上官员也不用;如已被选用后,其原来随从的主官晋升为三品以上,即令其退出军机处,以防结党泄密。

德的敌人。社会因规则制度而产生秩序,社会也因规则制度而充满温馨与活力,既不能让秘书制度变成橡皮泥,又不能冷却秘书制度的人性温暖。不能不看到,制度执行者偏离了良知的轨道,或者不懂得制度的善意,往往使制度的实际执行出现两种错位:其一是把制度化当成法律化,严格执行、毫无商量余地,机械执行,结果是制度变得僵化与冷血;其二是把人性化当作人情化,一切以我为理由,随意取舍,任意执行。

欧、美、日等国普遍重视秘书人员的培训与考核工作。英、法政府机关的秘书人员都由国家行政学院或文官学院专门培养。英国的"特许秘书及行政人员公会",包括英联邦在内的 42 个国家和地区设有分会,[①]负责培训、考核和推荐秘书人员任职等工作。每年定期在各地同时举行两次考试。初级秘书人员[②]和在学人员,在经过经济、会计学、定量研究、法学、组织行为学、人事行政、办公室行政和管理、信息系统等 9 门基础课和会议、公司法、系统管理、税务、商务金融、养恤金与保险行政等 8 门专业课考试均及格后,可取得"高级行政人员"资格,各地方政府和企事业单位均予以承认。获得"高级行政人员"资格的秘书人员可得到比初级秘书 40％—200％的高薪待遇。

美国则有1300多所院校培养秘书,设有打字、速记、阅读与写作、办公室工作程序、计算机应用、秘书会计学、社会科学、企业法、行政秘书准则等课程。每年约有 2000 人获得秘书学学士学位。日本仅东京一地就有两所秘书学院和五所秘书职业学校。美国和加拿大在 50 年代联合发起组织了"国家秘书协会",其宗旨是作为职业秘书的代言机构,维护秘书的合法利益,提高秘书的业务技能和职业地位。至 1981 年,美国国家秘书协会已拥有分布于南、北美洲、欧洲、亚洲 30 多个国家的 4.4 万多名会员,后改名为"国际职业秘书协会"。

就世界范围而言,秘书工作的发展趋势日益普遍化和社会化。秘书工作不仅广泛存在于政府机关、企事业单位和社会团体,而且渗透到社会各个角落。当代秘书由事务性向智能性发展:一方面表现为办公自动化程度高,许多事务工作,如速记、誊写、校对、报表、档案管理、文书处理普遍由手工操作转向电脑处理;另一方面,表现为越来越多的年轻准秘书人员进入各级各类秘书行业。他们的主要工作是综合管理、安排日程或是辅助决策。

秘书工作的趋势是越来越专业化和永业化,其中专业化表现为秘书工作分工越来越细,技术要求也越来越高。如美国的秘书职业大类,共包括 41 个职业种类,分为 14 个工资等级。其中专职秘书定为 6 级。6 级以下是工作比较单纯,技术要求较低,如信使(2 级)、文件收发(3 级)、文书兼速记(4 级)、一般事务

---

① 包括印度、澳大利亚、加拿大、巴基斯坦、南非、尼日利亚、新加坡等。
② 又称"文员"。

管理(5级)。6级以上大多属于工作比较复杂、技术要求较高的,如电子计算机操作(7级)、后勤管理专业人员(9级)、日程分析(12级)、数字计算机程序管理(13级)、日程安排(15级)等。如同样是文书,因专业化程度不同而呈现出不同等级,一般文书、函件文书、印刷文书、记号符号文书、通讯文书等。同样是办公机械操作,还分为电动牌子操作、电子计算机操作、薄记机械操作、电传机操作、译码设备操作、通讯中转设备操作等。同样是管理人员,又分为一般管理人员、文件管理人员、后勤管理人员、通讯管理人员、电子计算机程序管理人员、管理分析人员等。秘书历来成为管理决策人员的一种资历,或一段热身阶梯。近年来,由于秘书工作已成为各级管理、监督事务的一部分,也由于大多数秘书都是经过专业培训的人员,秘书的专业性得到社会的广泛认可,其队伍日益扩大,其地位日益巩固,秘书工作日趋永业化,终身秘书逐渐增多。

第二节　秘书督查制文化

　　我国秘书部门过去只有"催办"而无查办的任务,1983年党中央决定加强查办工作,并把它交给秘书部门执行,之后政府秘书部门就拥有了查办、催办与督办工作三项内容。督查是为了确保决策落实所采取的一种重要手段,也是一个重要的管理环节和领导方法。督查是一种领导行为,同时又是一种管理手段,但不是目的。这就告诉我们,督查工作不仅是秘书的工作职责范围,也是领导者的范围。办公室是协助领导抓落实,因而秘书督查工作主要在决策落实层面上,不是追求细枝末节,也不是讨论宏观主旨。

　　督查工作在中国源远流长。《史记·五帝本纪》载,黄帝"置左右大监,监于万国"。其中,"大监"为黄帝麾下的军事将领,"万国"为黄帝所辖的众多部落,"监"即为督查辖区部落酋长执行部落联盟决议。隋炀帝11次巡视天下,唐太宗微服私访,康熙帝微服私访,乾隆帝八下江南等,"为人主而身察百官,则日不足,力不给",于是统治者授权监督部门承担督查事务。1911年武昌起义后,政府首创议会监督形式。1912年南京临时政府公布《临时约法》,以法律形式确定了议会监督政府政务和查处官员过失的职权。

　　督促检查是领导工作的职责范畴,秘书主要是协助领导开展督促检查工作,而有关督查事项的决定、目的、标准、要求、对象和范围等,均由领导者决定。秘书随同领导进行督促检查,办理具体事务;或者在领导授权后,代表领导者或领导机关,按领导意图和有关政策原则进行督促检查,故秘书督查工作具有间接性。

　　督查是落实方针政策、确保决策实施，清除执行中的阻力、偏差和障碍，纠正不正之风的重要手段。秘书必须在深入实际、实事求是、与领导主辅配合的基础上，才能做好这项重要工作。这就表明秘书督查工作具有综合性，范围广、涉及面宽。督查是保证决策顺利实施的重要管理措施，是发挥指挥、监督、控制等职能的重要领导活动，也是秘书辅助上司的重要内容。无论是上司还是秘书都需要经过督查手段，来处理和克服决策执行中可能出现的偏差和失误，并确保现有决策的有效实施。这就说明秘书督查工作具有权威性，对执行单位而言，具有很强的指令性。

　　秘书在督查中主要是按照领导确定的督查内容和目的，进行细致而短期的工作。如发现失调现象时，秘书提出督查建议；检查实施落实情况；因各种原因而未完成工作的进行督办；或反馈实施信息，并评估督查效果。秘书对督查的辅助，事实上是领导实施决策，进行指挥、协调、控制的延伸，是保证领导工作部署得以有效完成的组成部分。督查工作涉及面广、情况复杂多变，因此秘书在开展督查工作时，不可能事无巨细，平均用力。督查的重点应集中在那些具有典型意义、关系全局、影响比较深远的问题上，所以秘书督查工作具有实效性。

　　秘书督查与各职能部门的业务督查工作不同，它不是对秘书机构自身业务的督查，而是辅助领导对其重大决策、重要工作部署落实情况的督促检查，具有自身内在的特性。秘书受命于上级而行权于下级，故在督查中具有一定的权威性、综合性、间接性。秘书督查工作，一般不要参与具体办案，更不可越俎代庖，主要精力应放在了解情况、督促解决上。秘书还需把督促、查办和帮办相结合。督促主要是对需要办理并已立项的事情，适时加以询问催促，促使其按正常程序及时办理；查办不仅要了解办理与否，还要了解办理的进程、结果，以及办理过程中遇到的各种问题；帮办是秘书部门在查办的基础上，对承办单位遇到的一些困难和问题及时调研，向领导反馈情况、排除阻力，寻找对策，从而确保督查工作的顺利实现。查办工作比督查工作更直接、更深化，而帮办工作又比查办工作更具体、更有效。督查工作应把督促、查办和帮办结合在一起。对一般交办的事项，秘书只需敦请及时办理和落实即可；对重大决策和重要工作的部署，或重要、紧迫的事项，应在督促的基础上进行查办；对于办理工作中涉及面广、部门之间意见分歧较大、矛盾较深的问题或是一些"老大难"问题，应在查办的基础上进行适当帮办，以便各级部门沟通情况、消除分歧、化解矛盾。

　　督查工作坚持实事求是的原则、突出重点原则、坚持分流承办原则和注重实效原则。督查工作主要内容为：一是决策督查，二是专项督查，三是督查调研，四是督查的组织协调，所以这是一项系统工程，也是一个有机的整体。检查督办是上级检查、督促所属子系统对上级的决策指令执行情况的重要管理手段,其目的是为了保证政策指令能够及时、完整地贯彻实施。秘书检查督办与上级上司的督办检查工作性质不同,主要表现在以下方面:

1.态度谦和。秘书代表上级对下级单位督办,但并不是上级领导者。如果以"钦差大臣"自居,傲气十足,不仅难以顺利地进行督办,而且会影响上下级关系,起到消极作用。一方面,秘书要严肃认真,实事求是,深入具体地了解情况;另一方面,秘书必须平等待人,态度谦和,行为检点。秘书既要追问实情,又要虚心求知,不能乱发议论,指手画脚,也不能随意表态,自作主张。就本质而言,秘书督办旨在收集决策指令的反馈信息,促进决策指令的实施,并不具备指挥的权力和责任。

2.目的明确。秘书对督办的对象、督办的内容、督办时间十分清楚明确,甚至在督办前,要下督办令①,告诉下级部门。秘书只是了解实施情况,检查执行进度等,主要是获得反馈信息。这就与领导者检查工作不同,后者范围广、内容多,且具有拍板权和决定权。

所谓秘书查办工作,就是指在工作中把看到、听到、查到的一些无人过问的重大问题,按照领导的指示,通知有关单位检查办理,并督促落实。查办工作是解决实际问题、协调各方面关系的重要手段。秘书在工作中,通过查办工作,获得重要的信息反馈,为领导的决策提供服务。查办就是从上而下检查催促,协调落实办理的过程,因此查办工作是各级秘书机构的一项重要的专项工作。查办工作的程序为:将对某件事情、某个问题的批示直接转递或附函转给有关部门,让其落实查处,并适时查询办理结果;对各地区、各部门的文件、资料、报刊和来信来访所反映的问题,认真阅读、研究,就一些重大的问题或久拖不决的问题,报请领导审批后,通过发函、电话联系等方式,督促有关部门办理落实;对于一些特别重大的问题、紧急的问题,还要派人到有关地区、有关单位去了解情况、调查研究、督促查处落实。

查办工作有助于促进党和政府的各项政策落实;有助于树立党和政府的威望和形象;有助于一大批实际问题的解决;有助于协调部门之间的关系,调动各方面的积极因素,坚持走群众路线。领导重视必须查办工作,亲自过问,上阵督促;有关部门要建立健全一整套查办工作制度;最后秘书还要改进秘书工作方法,变被动为主动。

---

① 或通知。

第三节　秘书信访制文化

信访工作是处理民众来信和接待来访的工作,秘书处理来信来访,是充当领导耳目来了解民众情况的重要形式。它是古已有之的行政职能,是巩固政权、调适施政者与受治者关系的重要手段,也是古今秘书机构了解社情民意、辅佐朝政的重要环节。

信访制在我国古代原始社会末期就已形成,与世界上任何文明古国相比,它是我国古代秘书文化制度中最耀眼的亮点之一。尧、舜、禹之所以为圣主,主要在于当时他们均聘请了大批的秘书①从事收集、整理、汇报民意的工作,突出信访的重要性,秘书成为沟通君民的桥梁与纽带。《汉书·文帝记》云:"古代之治天下,朝有进善之旌,诽谤之木,所以通治道而来谏者也。"信访的方式主要如下:

1.进善旌。尧时在皇宫前庭设置"进善旌"②,各部落的百姓可在这一旗帜下,对他发表议论,对政务提出看法。结果旌一竖立,进善者就甚众。

2.诽谤木。尧时洪水肆虐而鲧治水不当,劳民伤财而水患依旧,加之一些恶人行暴,民众怨声四起。于是尧命舜巡行天下,审视臣下忠伪,考察民情民意。巡行后舜把各地的怨言告诉了尧帝。为此尧帝根据舜的建议,命大臣程雅在庭前设立一根木桩③,民众可在这根木桩上写下自己的意见、建议和批评,以修明政治。程雅问:"设诽谤木何也?"尧帝道:"今之华表木也,以横木交柱头,状若花也,形似桔槔,大路交衢悉施焉。或谓之华木以表王者纳谏也,亦以表识衢路也。"此木一立,民众纷纷评议官员的忠伪,书写政治的得失,控诉共工、欢兜、三苗、鲧等"四凶"的暴行。尧帝根据百姓的反映,惩办了"四凶",天下称快。后世君王学尧帝,均在宫廷外立华表,以示贤明。木桩是舜受命而立,舜又名重华,故木桩被称为"华表"。

3.敢谏鼓。到了舜继位后,舜又在庭前设立一面"敢谏之鼓"。当时疆域扩大、事务繁多,舜难以抽出时间每天到庭中听取意见。然而民众只需击打几下鼓,舜就可从办公室中出来,听取意见和建议。西周时还存在大鼓制,凡民有上告,可击鼓,由御仆接待,并上告太仆及至天子。

4.肺石。西周时期周公效法尧舜圣王,在廷外设置一块鲜红石头,宛如人

---

① 这里指官吏、巫师等。
② 一种旗帜。
③ 被称为"诽谤之木"。

身上的肺,故名"肺石",委派"士"专职掌管:"凡远近茕独孤独老幼之欲有复于上而其长弗达者,立于肺石三日,士听其辞,以告于上而罪其长。"①这为百姓叫屈申诉提供了机会与条件。士必须倾听,然后上报六卿,否则要加以惩处。西周行人官,阳春三月,摇着木铎,替天子巡道,收集民情,这也是我国主动信访之源。

舜在位时设立了"纳言"一职,列入政府九大官职之一。《尚书·尧舜》曰:"帝(舜)曰:龙!朕即谗说殄行,震惊朕师,命汝作纳言,夙夜出纳朕命。惟允!"孔安国释:"纳言,喉舌之官,听上命宣于下,纳下言宣于上。"龙作为纳言官,舜帝要求他无论昼夜,都必须认真传达他的命令,忠实地汇报民情,不让那些说坏话、做坏事的人胡作非为。可见纳言是典型的上传下达的秘书官职。

秦汉时期,在九卿之一的卫卿属下设立公车府机构,掌管皇宫门外——司马门。公车府中专设谤木和肺石,用来接待和安排上书或请求陈言的吏民。隋朝确立了将击鼓者申诉的内容由专人记录下来,上奏皇帝的上报制度,这可视为信访工作中的登记制度之始。隋炀帝还设置了谒者台,以谒者大夫为主官,下隶有通事谒者等属官,负责吏民申奏冤屈等事宜。

唐初朝廷中央左右两边分置肺石和登闻鼓。上访者可立于肺石之上,由左监门卫奏报;也可击登闻鼓,由右监门卫通报,等待负责信访事务的官员接见。武则天为"申天下之冤滞,达万人之情状",创设了中央信访机构——匦使院,这是武则天称帝后在中书省内设立的信访机构。铜匦如小舍,四面有投书口,可进但不可出。她下诏,凡投书者,由州县提供驿马,并给予五品官待遇。首开了一条使民间下情大量上达中央政府的渠道,同时形成了比较正规的信访工作制度:如地方官员不得查询上访者投书内容;接待人员受理上访时,须及时处理,否则将受到处罚;上访者如投书,须备两份,正本呈皇帝,副本交知匦使。结果四方告密蜂拥,投书堆积如山。其中有的确实是检举揭发腐败者,但也有一些为诬告。但不管怎样,匦使院的设立,在客观上为民众开辟了一条直通上层的信访之道。因此后来武则天虽然退位,但匦使院制度却依然存留并发挥作用。

到了宋朝,朝廷在京都开封设立登闻鼓院和检院,目的之一就是想建立一条快捷、通畅的"民告官"制度渠道,让受到冤屈或权力侵害的百姓,有机会直诉于朝廷。登闻鼓院和检院接到的诉状都要直呈御前,再由皇帝委派官员审理,而不是退回地方。鼓院、检院相当于皇帝的信访机构。宋仿唐代的匦使院,设立鼓司,受理天下投书。景德四年(1007)改称"登闻鼓院",简称"鼓院",由谏官主判。元丰改制后,隶司谏、正言。院门前置有匦。宋初曾设匦院,雍熙元年

---

① 《周礼·秋官·大司寇》。

(984)改称"登闻检院",以朝臣主管。吏民须先投鼓院,遭到拒绝后,或认为处理不公时,可再至检院上访。检院处理上访信件,规定急件当天奏报皇帝,一般每五天就须呈进一次,后又专置匦函,命御史中丞为理匦使,负责处理屡经申诉而未得解决或事关机密的投书。规定如果被匦院拒绝,可向检院投书。检院前也有匦,当日投书就可上呈皇帝。

按照鼓、检二院的受理程序,"诸人诉事先诣鼓院,如不受,诣检院,又不受,即判状付之,许邀车驾,如不给判状,听诣御史台自陈。"告状人先到登闻鼓院递状;鼓院如果不受理,再到登闻检院递状;检院如果也不受理,必须出《书面意见》①;告状人可以拿着判状拦驾上告御状;检院如果不给判状,可以到御史台申诉。显然,宋王朝希望通过周密的制度设计,给予民众一种复合式的直诉机会。不过在北宋中前期,除非发生"官典犯赃,妖讹劫杀,灼然抑屈"这类大事,否则,民众必须一级一级上诉,如果直接就跑到鼓院告状,那便是"越诉"②到了北宋后期,越诉禁令逐渐松弛,南宋更是制定越诉法,以一系列法令"广开越诉之门"。百姓之所以要越级上访,往往就是因为当地官员徇私舞弊,处理不公。那么,宋人在什么情况下可以越诉? 一为官员枉法滥权;二为司法不公;三为司法程序不合;四为官府侵占百姓财产;五为官府横征暴敛;七为官吏勒索民众商贾;八为官员贪污腐败。③

明朝设立通政使司,因执掌范围类似于宋代的通进银台司,故称"银台"。其长官为通政使,正三品,级别很高。它是明代中央总收文机构兼信访事务,直接对皇帝负责。凡吏民的信访书函均须实封递入,由通政司初阅,节写副本后密封呈送皇帝。凡应引见的臣民,接待官员不得刁难。朱元璋下令在通政司门口放置一块红牌,上写"奏事使"之字,吏民取牌即有权直入内宫向皇帝申诉。海瑞就曾任通政使,收受四方建言、申述冤屈或检举不法行为,成为皇帝与民众沟通的一条重要渠道。明朝历代皇帝对它都很重视,明成祖称它为"代言之司,机密所系,且旦夕伺朕,裨益不在尚书下也"。

清代顺治皇帝在开国初年即效仿前代制度,设立登闻鼓厅。康熙年间将其并入通政司,负责信访事务。凡军民有怨,可投书申诉,也可至通政司前击鼓鸣冤,由通政司亲自接待、受理或上奏皇帝。

解放以后,毛泽东曾指示:"必须重视人民的通信,要给人民来信以恰当的处理,满足人民群众的正当要求。要把这件事看成是共产党和人民政府加强和人民联系的一种方法,不要采取掉以轻心置之不理的官僚主义态度。"1951年6

---

① 判状。
② 越级上访。
③ 吴钩:《重新发现宋朝》),《南方都市报》2014年3月30日。

月 7 日政务院发出《政务院关于处理人民来信和接见人民工作的决定》。此后各地都先后在秘书部门设立信访机构或专门人员。1957 年 5 月首次全国信访工作会议提出要设立专门的信访机构,不久我国县级以上的机关均设有机关信访机构。

在信访工作中,秘书通过认真受理人民来信,热情接待人民来访,在弄清事实真相的基础上,依照党和国家的法律、政策法规,处理人民群众来信来访中提出的各种问题,对下级送来的处理信访问题和结案报告进行审查,不把矛盾上交或下推,定期分析、综合群众来信来访中反映的重要情况和具有倾向性的问题。对来信来访中所反映的问题和情况,秘书要查明事实真相,尤其注意极少数人假借信访之名,无中生有,编织罪名,诬告好人,对信访中反映的情况,不能全信,也不能不信,要认真地进行辩证分析,实事求是。在处理中,秘书既要坚持原则性,又要有灵活性。在信访工作中,有些信访者往往会提出一些超出规定的过高要求,强组织之所难,有的所提出的要求脱离现实,甚至纯属无理取闹或是个人的偏见。对于这些问题,秘书必须牢记,这些矛盾与问题均属于人民内部矛盾,不能简单地用行政命令的方法强制压服,而应开展思想教育,疏导说服。受理人民群众来访是党和国家密切联系群众,与群众直接对话,沟通信息的一种方法。

把信访纳入法制化轨道,是目前我国确定的信访改革"主旋律",即从法定途径分类处理信访投诉请求,厘清信访与其他途径之间的边界。换言之,理顺责任分工和工作流程,厘清信访、行政、司法边界,才能为各类信访诉求找到最适宜的出口。信访工作被称作"天下第一难事"。信访群众,虽然不排除有个别人无理取闹或者借信访牟取不当利益,但若不是其他权利、救济途径无效,大多数信访群众不会走上闹访、缠访之路。正因如此,处理信访问题,关键在于解决群众的诉求,解开这个疙瘩,才能从根本上终结信访"终而不结、无限申诉"的难题。为此,秘书必须确定哪些信访问题是属于司法问题、哪些问题属于行政问题、哪些属于一般性救济问题等,理顺信访部门与职能部门之间的责任分工。从实行诉讼与信访分离制度,到引导信访人依法逐级走访、突出首办责任制,再到建立信访诉求分类清单,信访法制化改革驶入了快车道。

第四节　秘书参谋制文化

参谋是一种为决策者出谋划策的软科学。一般而言,重大工程需要多领域的专业学者、工程师和工人等共同完成,学者、专家等也是一种参谋性质的工作。相比而言,秘书部门的参谋作用是有限度的,仅是联系领导与各方面专家的中介性参谋作用，是建立在秘书信息基础上为领导"出谋献策"性的参谋作用。作为秘书，历代主官不仅要求"秀才型"秘书，而且还要求成为"参谋型"秘书。换言之，秘书既能办文办事，又能出谋划策。

"参谋"一词，古已有之。据《三国志·魏书·刘放传》载，刘放当秘书监①，"辽东平定，以参谋之功"，而后获得封爵。参谋本意是参与谋划，到唐代"参谋"成为一种官职，《新唐书·百官志》载，当时天下兵马元帅下设有"行军参谋"一职，参与军中机密，这是一种正向参谋。然而，在我国古代还存在一种反向参谋。中国古代检察制度由两大部分所组成，一是御史监察制度，台官，监督百官；另一是监官、谏官言谏制度，纠正皇帝之过错。谏官又叫"言官"，职责是"讽议左右，以匡人君"，方式有廷诤和上封诤，而谏诤就带有反向参谋功能。

秘书参谋职能主要是收集、加工各方信息，是献策而不是划策，是属于补充修改、添砖加瓦式的，因而具有一定的限制性，无独立性，依附于领导和组织的具体工程项目与内容之中。而社会上的各种智囊团、思想库的参谋，是属于第三方，具有完全独立性，他们不需看眼色说话，有时他们的参谋意见与领导者形成相反的结论，或是颠覆性的、对立性的。秘书参谋不是单独的参谋，而是融入秘书实务工作之中的参谋。秘书在实施信息工作、调研工作、协调工作、信访工作、督查工作中，结合自身功能，体现在秘书诸工作环节的实绩、实效之中。

秘书参谋是秘书工作从机械的、被动的状态下转变为自觉的、主动的阶段的标志之一。秘书除了完成各项秘书工作外，还必须提高自身参谋水准，提高谏议、咨询的实效。参谋工作是软件，助手工作是硬件，因此秘书必须把两者有机地结合一身。软件的发挥与硬件相比有一定的操作难度，直曲相济、谋咨相承，有时既要直面主题，点击要害，又要旁敲侧击、迂回提醒，有时还要替主人谋划或替主备答。

从本质上看，谋划通常带有不确定性，具有一定的风险性和多种可能性，以及不可预测性，它基于信息的不确定性；然而咨询的前提大多是具有确定性，它基于信息的明确无误，有的更是确凿可信。谋划的发挥，不仅在于谋划的精当，而且还在于与领导者的亲疏关系。领导往往会采纳与他较为亲密、亲近的秘书的谋划意见，所以谋划的认可、实施，还依赖于上司对该秘书的信任程度和配合状态。

历史上秘书部门曾发挥过一定的参谋作用上，但在新中国建立后相当长时间内，领导人主要强调秘书部门的助手作用，而没有强调参谋作用。相反，有的领导人还经常强调反对"秘书专政"，主张领导者不要事事依赖秘书。因而当时的秘书部门重在服务功能，在助手作用上下功夫，而忽略了秘书本身应有的参

---

① 即秘书长。

谋功能和职能。直到十一届三中全会之后,随着领导决策的集体化、科学化、民主化的逐步健全,参谋作用开始为人所重视。目前在如何正确认识秘书参谋作用上,存有两种观点:其一是否定秘书参谋作用;其二是夸大秘书参谋作用,把秘书部门的参谋作用等同于"智囊团""思想库"。这两种观点都有失偏颇,关键是把两者的功能对立起来,没有持"对立中又有统一"的辩证观。

古代秘书除了参谋咨询外,还兼任封驳与建议功能。在西周时就有一种"承官",侍立天子之侧,为天子提示以往之事,同时随时回答天子所疑问。承官要求"博闻强记,接给而善对者谓之承。承者,承天子之遗忘者也,常立于后,是史佚也"。①承担对应谏议之功能。中国历来重视谏议作用,历代均设立一些带有咨询应对、规谏讽喻的散官,如秦汉的博士、谏议大夫、散骑常侍,唐朝的拾遗、补阙等。

统治者为了防止昏庸皇帝带给国家不应有的祸害,为使君主尽量少犯或不犯错误而专设了进谏与纳谏制。早在西周初期,便有一些大臣提出,国之兴衰,关键在于能否任用谏臣,衡量臣僚的才能,也要看能否向君主进谏。到了秦汉,在封建官僚制度中还专设谏官制度。两汉时"三公"兼负谏职,光禄勋属官则为专职谏官。唐代并设左右散骑常侍、左右谏议大夫、左右补阙、左右拾遗等谏官。唐以后各朝还设有"给事中"谏官,宋代给事中由他官兼任。明代则裁减了其他谏官,只留下给事中一职。

然而在古代中国,进谏与纳谏从来没有成为一种具有制约关系的政治制度。臣下没有必须进谏的义务,君主更没有必须纳谏的限制。"主者,人之师仰而生也。""臣下者,主之所用可也"。②在进谏与纳谏的关系上,君主居于主导地位,进谏必须通过君主的纳谏来实现,不管臣下怎样积极进谏,实际上却很难改变君主的决断。所以纳谏的品格高于进谏,进谏的命运完全取决于君主的态度。权力至上的君主对臣下的进谏,可以奉为至宝,也可以打入冷宫,甚至还可以将善为恶。因此,进谏的政治后果不都是美妙的,伴随进谏者的往往不是福,而是祸。万一碰到一个专断昏君,进谏非但改变不了其主上决断,恐怕连进谏者自身的性命也难保。纵观中国秘书史就会发现,在君主专制制度之下,犯颜诤谏者的结局多为悲剧。像商代遭到剖心的比干、春秋时头颅被高悬于国门之上的伍子胥、汉代被处以宫刑的司马迁等,不胜枚举。

唐朝纳谏工作有很多创新之举:首先,唐朝设立谏官随相入阁议事制。一方面宰相入阁执事,另一方面谏官随入预闻政事,发表意见,评议论事。其次,京官宿省制。统治者要求京官五品以上者必须夜宿中书内省,以备随时召见。

---

① 《大戴记·保傅》。
② 《管子·形势解》。

再次,中央秘书对国事必须要提出自己的意见和看法。

唐太宗曾诏令:"自今中书、门下及三品以上入议事,皆命谏官随之,有失辄谏。"①他同时要求身边的秘书官员积极进谏:"中书门下,机要之司。擢才而居,委任实重。诏敕如有不稳便,皆须执论。……若惟署诏敕,行文书而已,人谁不堪,何须简择,以相委付? 自今诏敕有不稳便,必须执言,无得妄有畏惧,知而寝然。"②他还明令:凡中书舍人在处理有关军国大政的公文时,必须"各执所见,杂署其名"。秘书官员的规谏,对防止王朝内外政策的失误,约束皇帝的行为起了重要作用,使政治较为清明,上下政令畅通,君臣关系较为融洽。相传唐太宗李世民在贞观四年(630)派人修洛阳宫,臣下张玄素对他说:"今天的财力不如隋朝,百姓元气未复,要像隋炀帝那样役使百姓,恐怕弊病比隋炀帝还厉害。"可是张玄素的进谏不但没受到呵斥,反而受到了赏赐。当然,他是幸运的,然而贤君少见,昏主多见。君主专制制度的基本特征是君主个人独裁、专断和排斥民主性,这就使得在处理政务等各种问题时具有明显的偶然性和随意性。由君主专制和昏庸所造成的政治上不稳定的事件常出现在统治阶级面前,甚至造成某个王朝的毁灭。从需要上看,应有一种机构给君主以制约,但是君主专制又断然排斥这种机构存在的可能性。于是,只剩下臣下秘书们谏议一项了。秘书们常常忠心耿耿,希望通过谏议来校正君主的行为,然而往往事与愿违。

进谏虽然不是一种民主制度,但它毕竟是带有民主意味的制度。从谏议的理论上我们可以看到,它不承认君主是万能的,更不承认君主绝对正确。但谏议是要冒很大的政治风险,"比干、苌弘以此死,萁子、商容以此穷,周公、召公以此疑,范蠡、子胥以此流。"③韩非在《说难》中分析了君主对谏臣的挑剔:言之洋洋会被认为华而不实,言之敦厚又会被认为拙而不伦;话多了则被斥为虚而无用;话少了又会被认为刿而不辨;言之深切则被认为僭而不让;言之宏大则有被认为夸而无用,言谈琐碎又会被认为是鄙陋。言而近世,辞不悖逆,则被认为贪生而谀上;言而远俗,花言巧语,又会被认为是荒诞不经。凡此种种,不一而足。只要君主对其中一项产生"感冒",臣子秘书就可能遭殃。历史上贤主明君少而又少,以昏君、暴君者多。《管子·八观》说:"谏臣死,而谀臣尊。"正派的、实事求是的秘书谏官,大多被残杀,而阿谀奉承的佞臣常常连升三级。

秘书对领导者的参谋辅助在国外,也古已有之。1806 年,普鲁士军事家沙恩浩斯特创建参谋本部体制,使军事决策从一种个人智慧上升到一种职业、职务和集体行为,此后军队中一直建有参谋建制。参谋在当代被赋予了科学性、

---

① 《资治通鉴》卷一百九十二。
② 《贞观政要·政体》。
③ 《吕氏春秋·离谓》。

集体性和预见性功能,以便减少工作和决策失误。参谋学是一种研究决策者、管理者出谋划策规律的软科学,属于人文社会学科中行政管理学的分支。当代参谋被赋予了集体性和科学性两大内涵。秘书参谋辅助主要指秘书在为领导者提供近身综合辅助和公务服务中为领导者决策出谋划策、提供参考方案及有关依据,在与领导主辅配合的工作实践中,发现领导行为中的不足、疏漏、失误,及时提出拾遗补阙、纠正错误和规劝。辅助决策和对领导行为的拾遗补阙是秘书参谋辅助的两种主要形式,也是体现秘书忠诚、敬业及管理智慧的重要工作。秘书应不断学习、勤于观察和思考,认真研究秘书参谋理论和参谋方法,以对事业的无比忠诚,做好参谋辅助工作。

作为高级秘书而言,参谋咨询是每一位高级秘书的本职任务所在。然而我国古代,秘书大多充当谋士角色,而无执行具体的秘书工作操作,这也是现代与古代秘书工作性质、职能的重大区别之一。春秋战国时代,吏大多是由本国人充任的,而官就不一定。有部分官职授给了外国士人,称"客卿";他们一般不具体从事实际工作,主要充任谋划、咨询的谋士。然而到了相卿官职时,士直接充任国家的管理与治理工作。士除了提出建议、勾勒规划、出谋划策等,这一类仅仅是属于术、方略;士更看中、强调、提倡的则是道,力争把道与政统一起来。因而我们不能仅仅把士看成一些鸡鸣狗盗之徒,或是有雕虫小技的经办职员,而是有着更广阔政治抱负的饱学之士。

士,仕也。《孟子·滕文公下》曰:"士之仕也,犹农夫之耕也。"孔子在《论语·子张》中说:"学而优则仕,仕而优则学。"说明大量的士,是一批具有深厚文化底蕴的人士,他们加入秘书队伍,无疑提高了秘书队伍的整体文化素质。"士",许慎《说文解字》说"十一位士"。春秋时期从官学到私学,形成了我国第一次自由化高潮。春秋战国时代社会的大动荡、大分化,导致"士"作为知识阶层的崛起。士,《说文》云:"士,事也。数始于一,终于十,从十一。孔子曰:推十合一为士。段玉裁注曰:引申之,凡能事其事者称士。《白虎通》曰:士者事也,任事之称也。故《传》曰:通古今、辨然否,谓之士。"说明士的最早来源是一些从事实际管理工作的职员,他们大多属于低级管理岗位,中下属官吏,如西周文献中的"多士""庶士"等。《孟子·万章下》曰:"君一位,卿一位,大夫一位,上士一位,中士一位,下士一位,凡六等。"从这里我们就可知,士在大夫的下面,而在民之上。春秋战国时代士的游说,除了个人发展的需要之外,更有"志于道"的精神追求。孔子说:"天下有道则现,无道则隐。"①孟子也说:"天下有道,一道殉身;天下无道,以身殉道。"②

---

① 《论语·泰伯》。
② 《孟子·尽心上》。

古代"士"主要有两大来源:其一是最底层的贵族转化为士;其二是"民之秀者"上升为士。下层贵族之士有接受"官府之学"的权利,自然成为秘书知识阶层,而"私学"的大量出现,使平民子弟接受教育有了可能。如此一来,士的阶层扩大了,性质也起了变化。士从以往固定的封建关系中游离了出来,进入了一种"士无定主"的状态。《左传·昭公十七年》云:"仲尼曰:天子失官,学在四夷。"官学不修,私学大盛,养育了大批的士,士的崛起,取代了史官。在被国君聘用的士中有为数不少的被任用为谋士,并无具体职掌,主要是为了国君出谋划策、提供咨询,起到辅助决策的作用。他们"论而不治",是私人顾问。谋士也是幕友,往往还兼有起草文件和办理事务功能,实际上是国君的高级私人秘书。他们有人身自由权,人格独立,没有依附的倾向。士以游说诸侯为主要目的,他们胸中各自均有自己的改革宏图,若能得到某位诸侯王的赞赏和实施,那么,这位士就能充当这位君王近身辅助的改革助手;若不被接受,则再游说别国,所谓"行不合,言不用,则去之"。① 如此一来,士任高级秘书往往瞬间完成,但也带来流动性大、任期时间短的特征。范雎为秦昭王制定远交近攻的战略后,被任用为相;商鞅与秦孝公纵论方略三天三夜之后,被任用为左庶长;邹忌鼓瑟自荐,献策于齐威王,三月后受相印。当时,这种"朝为布衣,夕为相卿"的事屡见不鲜。楚材晋用、晋材秦用,当时社会形成一次人才交流潮。

每当新朝当政时,无不实行有效的参谋制度,如武德元年(618),万年县法曹孙伏伽上书批评高祖耽于安逸,并接受猎鹰、琵琶与弓箭等贡品,常在宫廷举办歌舞会等不端行为。当高祖听到孙伏伽的参谋建议后,非但没有责怪,反而下诏表彰他,并晋升其为治书伺御史。唐太宗设置了谏议大夫、拾遗、补阙等官职,以"规谏"为业。他们不管大事或小事均可谏议,并出现了一批敢于犯颜极谏的谏官,其中魏徵就是典型代表。如贞观元年(627)太宗下诏征调数十州兵马,准备攻伐岭南。魏徵再三谏诤,认为国家初定,宜偃武修文,节制用兵。太宗终于停止发兵,并使唐朝与岭南各族长期保持友好民族关系。

作为当代的秘书,除了低级秘书外,都需要履行秘书的参谋咨询职责。参谋工作,是以参谋者的知识、技术和智能,补充领导认识的不足,协助决策者分析问题、解决问题,提出可行方案或意见,供决策者参考,起"智能助手作用"的工作。在现代管理的预测、计划、组织、领导、指挥、控制、协调等过程中,每一个环节都存在着参谋工作,因而参谋的领域相当广泛。参谋工作是领导工作与决策工作之间的中介,参谋人员是领导决策人员与信息之间的中介。秘书的参谋是"寓日常工作之中""在服从中参谋"。秘书参谋仅仅具有咨询建议权,而无决

---

① 《史记·魏世家》。

策权,只能根据自己本专业业务水平和掌握的有关情况,向领导者提出参谋意见,供领导作决策时参考。领导者作为当事者往往"当局者迷",由于利害关系、心理感情、认识角度等诸方面因素的影响,他们很难客观地观察和分析问题。而作为旁观者,秘书可以排除以上因素的干扰,客观地、冷静地分析问题,也相应能看清事物的本质和问题的症结。

一般而言,秘书仅仅是办事人员,通常很难或没有具有参谋咨询职能,只有到了高级秘书时才有此项职能。换言之,官员秘书、专职领导人秘书和秘书部门负责人才承担参谋功能。秘书职能活动中,要经常为主事者出谋划策,参与对决策、计划、措施的谋划;或者提出参谋建议方案,供主事者抉择;或者对主事者意图和想法进行展开和具体化;或者参与对各种可行方案的论证和分析;或者对参与初定方案的补充、修正和优化;或者将已做出的方案条理化并表述为规范的文件等。秘书如果缺乏这种谋划能力,自己就只能降低到初级秘书水准。

秘书参谋与主事者谋划不同,他没有最终决策权、实施的落实权;也没有专业智囊人物的专业性;而具有秘书职业特性的谋划与执行相统一的性质。换言之,秘书兼有谋划与执行相结合的特性,在执行过程中又必须创造性地领会和贯彻总原则和总要求。"谋划—决策—执行"三项任务统一在秘书身上,有效连接,产生强化组织活力。

现代管理日趋复杂,各级组织的上司无论才干和精力,都无法独胜其劳。他必须依靠副职和秘书人员分担部分工作,处理日常事务。而副职过多,又有可能由于权力分散造成意见分歧难以统一的弊端,而且副职上司往往独当一面地分管一部分工作,很难对主要上司提供全面的辅助和服务,很难随时随地充分地发挥参谋作用。因此,秘书的决策咨询的功能在现代管理中具有不可替代的重要作用。它既符合现代管理组织体系的需要,又是组织上司的要求。秘书对上司提供参谋咨询服务,是应尽的职责,属于本职范围之事。因为秘书了解上司工作内容的硬件,以及思维文化的软件,这为秘书参谋咨询服务提供了基础和优越的条件。同时秘书作为管理阶层,没有决策表决权,但熟悉情况,可作为客观性、没有个人内在因素①的一面提出,仅供上司参考。秘书因身份不同,他(她)往往不会在会议中、正式场合中提出,大多在非正式的场合或私人交谈中提出,随时随地、及时灵活提出是一大特点。

当然秘书提供参谋咨询,也是因地制宜、随机应变的。由于秘书的参谋咨询活动存在着对上司的依附性,必须根据具体情况,权宜应变,采取多种方法和

---

① 没有具体职能部门,不被部门利益所限制。

手段，提出参谋建议，才能有效地发挥作用。例如，在公开场合，秘书最好采取暗示或递送有关资料的办法委婉地提出建议或提供咨询；在上司集中精力考虑或处理问题时，一般不宜打断其思路，待上司考虑或处理问题告一段落后，再提出建议；当上司为成绩而喜悦，为失误而沮丧烦躁时，最好让其冷静后，先肯定其成功之处或合理部分，再提出意见或建议；对于紧急的、关键的、关系重大的问题，秘书必须及时提醒，晓之以利弊，避免造成损失；对于枝节的、次要的问题，秘书可以等待时机，采取恰当的方式提出；对于上司尚未形成决定的问题，秘书可提出多种方案供权衡与选择；对上司已决定的问题，秘书可分析其各方面的相关因素，权衡利弊，研究其可行性和可受性，使上司的决定得到补充、修正和完善；对上司尚未发现的问题，秘书应提醒注意，并指出其影响；对上司已发现的问题，秘书参谋建议的重点，应是提出解决问题的方法与途径。

秘书不是专门研究决策的智囊人物，而是追踪决策目标实现全过程的实际工作者。秘书既当参谋、献计献策，又做助手，落实具体工作，在主动、优质、高效服务上下功夫。作为参谋、助手，要增强超前性、时效性、周密性。在秘书工作的发展史中，虽然发生各种变化，但参谋辅助职能一直是秘书职能范畴中的重要组成部分，尤其是处在高级秘书行列，更应如此。秘书主要从决策准备阶段、决策形成阶段和决策实施阶段入手进行参谋辅助。参谋辅助对于秘书来说，主要从三方面进行：

1.对决策的参谋咨询。

如领导的决策是否可行、是否在此时、是否在此地，决策所依据的信息是否全面真实、此决策的意义价值是否如决策者所言所愿，等等，秘书提供自己的见解和建议。通常秘书采取调查研究、听取有关方面的意见，提出被选方案，并同时对两者进行比较论证。

2.对信息利用的参谋咨询。

领导者应全面获取和利用信息才能站在全局的高度开展领导和管理，然而在实际运作中，不少领导在信息和利用信息的方向、信息量及信息结构等方面都存在问题，因而造成不必要的损失。尤其是对于信息干扰方面，秘书更应严谨细致，如上下级之间、干群之间、组织与个人之间、组织与组织之间均会产生信息流通的不顺畅、不及时、不对称现象。

3.对廉洁自律的参谋咨询。

秘书作为近身综合辅助的助手，应及时有效地对领导进行提醒、规劝、谏议，起到拾遗补阙的功效。秘书对领导者的一时的疏忽遗漏应及时提醒；对违背组织规范的现象，秘书人员只要及时提醒，领导者往往会猛醒，立即纠正自己的错误言行；对那些在无意中违背组织规范的领导人，秘书只要明示组织规范的要求,他们就会马上约束自己的行为。

　　咨询的含义具有征求意见、寻求解答的意思。从为上司和各级组织提供咨询服务的角度来开展工作,秘书就要运用知识、经验、智慧和科学的研究方法,利用信息系统提供的数据、资料、情况等,对一些实际问题,其中包括需要决策的问题,进行系统的研究,提出可供选择的预先方案,成为决策者和各级组织的参谋和助手。由于现代社会的复杂性和实际工作的不平衡性,一个组织的上司已不可能像古代诸葛亮那样,集“谋”与“断”于一身,决策者和各级组织在决策过程中,必须依靠咨询支撑。因此秘书作为上司的参谋和助手,在组织决策过程中,发挥着咨询、建议、参谋的作用,协助决策者考虑复杂的社会因素,平衡复杂的社会关系,并在决策之后,从贯彻执行的角度,评价决策的社会影响和社会效果。在这个意义上,秘书咨询服务,也就是为决策者和组织提供科学依据,提供最优化的理论、策略和方法,帮助做出决策,并监督执行过程,确保执行效果。

　　1985年原中央秘书局局长李欣强调秘书部门的参谋作用应体现在部门的日常工作之中。在1986年全国十大城市秘书长会议上,他再次强调秘书须发挥助手、参谋等八个作用。1987年第3期《秘书工作》发表的评论员文章指出:“在中国,专职从事参谋,专门充当‘智囊’而不做事的秘书,实际上是不存在的。”但要使秘书发挥的智囊作用有限,很多领导本身就建立了强大的外智库、智囊团。助手作用是最重要的,到了高级秘书阶段兼有参谋咨询作用,但这作用也是有条件的、相对的。常崇宜教授就认为:“不如让秘书部门成为领导联系各方智囊的助手。”同理,信息工作也是如此,秘书工作仅限于筛选编写信息简报、快报、文件和文字资料等,事实上领导获取信息的途径有多种多样,不仅仅只秘书一家,因而秘书仅仅起到一种“提供信息的助手作用”。

　　1985年中共中央召开全国秘书长会议,提出要做好领导的“参谋助手、督促检查和协调综合三大作用”,首次用文件的形式加以明确与强调:“参谋工作是领导工作与决策工作的中介,它具有发现问题、预测未来、设计方案、事后评价等功能;并指出秘书参谋作用寓日常事务之中,在服务中参谋等特性。”在《中国共产党机关公文处理条例》中指出:“起草文件,是领导决策过程中一项重要的参谋工作。”这就说明了公文写作是机关决策的重要参谋工作,它参与领导的决策和指挥活动,参与制订工作计划。这种参与参谋,主要是指秘书人员一方面要掌握全面情况、做领导的耳目,使领导能够统观全局、审时度势,做出科学的决策;另一方面,秘书还必须通过综合研究,提出完整、具体的决策或指挥方案,供领导决策参考;再一方面,秘书要通过创造性的劳动,把领导思想和决策的内容用公文表达出来,并给予论证,使决策内容具有严密性和科学性。我们应当明了,尽管公文写作在整个决策过程中发挥着重要的参谋作用,但只有参谋职责,没有决策性质。

　　这里,笔者想提醒读者,秘书的参谋性是中高级秘书的特征与要求,作为初级秘书而言,主要是处于执行任务、操作处理层面上。美国斯隆管理学院提出"安东尼结构",他们认为任何一个机构均具有三级管理层次:战略规划层、战术规划层和操作执行层。三个层次功能不同。战略规划层考虑大政方针和全局,如某一项目要上与否,何时可上等问题。战术规划层回答如何实现大政方略,如项目怎么上等问题。操作执行层则应关心怎样干好,具体完成规定的任务。这三个层次的人员是由不同智能的人员构成的,他们之间构成一个宝塔形的能级结构模式,同时每一层次人的智能构成比例也相应不同。如下表1所示。

表1　"安东尼结构"三个层次智能构成比例　　　　　　　　单位:%

秘书人员素质占比　　各类秘书	外国智囊团战略层	高级秘书战术层	中低秘书操作层
识见素质占比	47	31	18
协调素质占比	35	42	35
技能素质占比	18	27	47

　　其中识见指分析、判断、决策能力;协调指处理人际关系及部门之间关系的能力;技能指技术水平和解决具体问题的能力。美国把秘书职业分成14个级别,而我国现把秘书分成高级、中级和初级三个等级。秘书人员可比照"安东尼结构"模式,根据个人的具体情况,找准自身秘书等次,并履行与等次相对应的秘书职责。

第十四章 秘书工作诸制文化论(下)

第一节 秘书保密制文化

秘书在古代字典里就已包含了"秘密"的蕴涵,故秘书的一项重要职责就是保密。我国保密制度的建立,由来已久。《淮南子》云:"若玺之抑埴,正与之正,倾与之倾。"埴是可以做陶器的黏泥,"玺之抑埴"即在"封泥"上钤印。由此可知,春秋战国时代已有了公文的封密制度。封密方式是将成篇的简牍卷起,在"检"的结绳处糊上泥,在黏泥上加盖玺印,显示印文,称"封泥"或"泥封"。

用玺印来封存机密文件的做法,《商君书·定分》中已有诠释,"于主法令之吏,皆各以其故所欲问之法令明告之。各为尺六寸之符,明书年月日时,所问法令之名,以告吏民。主法令之吏不告及之罪,而法令之所谓也。皆以吏民之所问法令之罪,各罪主法令之吏,即以左券予吏之问法令者,主法令之吏谨藏其右券,木柙以室藏之,封以法令之长印。即后有物故,以券书从事。法令皆副置,一副天子之殿中,为法令为禁室,有铤钥为禁,而以封之,内藏法令。一副禁室中,封以禁印,有擅发禁室印,及入室视禁法令,及禁剟一字以上,罪皆死不赦。"秦统一中国前,已有设符节令一职,负责保管君王印章。始皇前,印无君臣之分,印均以"玺印"称之。秦始皇为了彰显自己的地位,规定只有他皇帝的印才能称"玺",大臣之印只能称为"印"。蔡邕《独断》云:"玺者,印也;印者,信也。……古者尊卑共之……然则,秦以来天子独以印称玺,又独以玉,群臣莫敢用也。"春秋战国时对印已特别的重视,至秦则把印与权力完全对等起来。云梦秦简《秦律答问》中说:"即复封传它县。"意思是文书必须加盖印章后方可生效,并发出,说明秦代公文保密制度已很严格。秦朝还提出"盗封墙夫何论"的问题,换言之,提出了对盗印者应处罚何等罪状的讨论。

秘书的工作与保密工作紧密联系,他们通常知密多,在领导身边掌握着广泛的秘密。秘书不仅接收和处理各种重要文件电报，而且知悉大量重要的信息。秘书知密早，由于领导部门是秘密的原发点和集散地，因此围绕领导工作的秘书属于最早知悉秘密的人。正因为秘书部门和秘书人员在保密工作中具有上述特性，所以自然地成为保密工作的重点。

汉成帝时期的孔光是一位忠实执行保密制的典范。他出身于名门世家，其父孔霸在汉元帝时曾任太中大夫。汉成帝永始二年（前 15）孔光被擢升为御史大夫，担任尚书省的主要职务，并掌管机要部门的工作，前后达 10 余年之久。然而他一贯谨言慎行，从不泄密。特别是涉及有关人事任免的事项，更是守口如瓶。史书所载：“有所荐举，唯恐其人之闻知”，同时“沐日归休，兄弟妻子燕语，终不及朝省政事”。即使在家，他也从不谈国家政事。家人随意问：“温室省中树，皆何术也？”意为尚书省如同一个大温室，其内的树木长得如何？家人想通过闲谈来套取有关政府大事的信息，可是孔光却打起了哈哈，故意避开话题，使家人难以打听内幕。保守机密，慎之又慎。从孔光的身上，我们可以获取极其有益的启示。①

历代对保密制很重视，如唐朝翰林学士起草诏令时保密措施很严格。凡遇有拜相或重大决策，皇帝宣召学士于当晚进宫，口授机宜，学士记录后即回学士院，由内侍锁上院门，禁止出入，学士在内拟写。夜半后，学士将拟写好的公文稿呈入宫中。清晨，阁门使将誊清在白麻纸的诏令送出，交中书舍人宣读，前后不到一夜时间完成。如果较为次要的公文撰写，不必进宫，皇帝谕旨送学士院，锁上院门后学士在内拟制即可。如嘉庆帝曾严令：“军机处为办理枢务，承写密旨之地，首以严密为要，军机大臣传述朕旨，令章京缮写，均不应稍有泄露。”②皇帝召见军机大臣，太监不得在侧伺候；不许在军机处处理各部事务；没有皇帝“特旨”，任何人不准进入；各部不准找军机处人员等。

秘书部门的保密重点，包括口头保密、公文保密、会议保密、通讯保密、电脑保密五大方面。首先是口头保密。秘书往往是重要的密源，故要谨言慎行。安娜·埃克丝蕾主编的《韦氏秘书手册》中明确表示：“该保密的事，就应绝对保密，你不应该给别人任何一点暗示”，“不能说出可给官方公布的任何情报”。《党和国家工作人员保密守则》中规定“不该说的机密，绝对不说”，“不该在公共场所和家属、子女、亲友面前谈论机密”。

其次是文件保密。文件是党和国家秘密的一种主要存在形式，也是历来与窃密斗争的一个焦点。具体而言，文书管理的各个环节均有保密要求：印制，不得多印文件，废页等要及时销毁；登记，秘密文件在各个环节中均要采取登记制

---

① 岳海翔：《孔光：“守口如瓶”的秘书工作者》，《秘书》1997 年第 7 期。

② 梁章钜等：《枢垣记录略》卷十四。

度;传阅,限制阅读人数,在办公室和阅文室阅读,不得带回家中阅读;传递中,不准按普通邮政传递,传真机传输要加密;保管,必须把秘密文件放置在库房和文件柜内,由专人管理;归档,每年要收集齐全、立卷归档;销毁,必须登记造册,派专人护送到指定造纸厂,不得向废品收购部门出售秘密文件。原中央银行外事局办公室副主任田野,将机密文件和绝密情况提供给香港《明报》,最后依法被判刑。

第三是会议保密。会议是决策议事的一种重要方式,所以其内容中必然涉及不少重要秘密。秘书在会议前,要严格审查会议出席人员,要有保安人员负责保卫保密工作,还要检查扩音、录音、摄像等设备;在会议中,注意新闻外泄,会议宣布保密纪律,会议材料临时划定为密级;在会议后,文件收回,要求指定范围传达会议精神,不得擅自扩大。

第四是通信保密。关键是在利用无线手机通信中,在遇到保密事项时,秘书要加密,防窃听,此外要注意计算机保密工作。

就秘书部门而言,所经办的绝密文件、重要会议和活动、重大经济情报、关键技术指标等,都属于保密重点。确保秘密是前提,为了确保秘密,必须坚持内外有别,如国内外有别、党内外有别、干部群众有别、涉密与非涉密人员有别等。国家秘密的密级分为“绝密”“机密”和“秘密”三个等级。国家绝密保密期为30年、机密为20年、秘密为10年。《党和国家工作人员保密守则》具体保密条款如下:(1)不该说的机密,绝对不说;(2)不该问的机密,绝对不问;(3)不该看的机密,绝对不看;(4)不该记录的机密,绝对不记录;(5)不在非记录本上记录机密;(6)不在私人通信中涉及机密;(7)不在公共场所和家属、子女、亲友面前谈论机密;(8)不在不利于保密的地方存放机密文件、资料;(9)不在普通电话、明码电报、普通邮局传达机密事项;(10)不携带机密材料游览、参观、探亲、访友和出入公共场所。

然而要真正做到严守机密,秘书人员必须机智应对。罗斯福先生在当选美国总统之前,曾在海军担任要职。一天,一位朋友向他打听海军在加勒比海一个小岛上建立潜艇基地的计划。罗斯福环顾四周,小声问:“你能不能保守秘密?”那位朋友回答说:“当然能。”罗斯福笑着说:“那么我也能。”这个故事值得秘书人员借鉴。

保密还与科技有着一定的联系。古代的虎符、暗号、口令、密码、加印章、封泥等就是保密的主要手段。当今随着科技的迅猛发展,保密技术得到前所未有的大发展,如专网电话、跳频通信技术、电子计算机屏蔽、粉碎机、化学试剂、文件箱防窃、防丢报警、防复印等技术。我国《保密法实施办法》明确说明泄密的性质:一是国家秘密被不应知悉者知悉的;二是国家秘密超出了限定的接触范围,而不能证明未被不应知悉者知悉的。目前,我们泄密事件原委很多:大多是境外势力想方设法刺探我国秘密;我内部人员不纯,被境外势力收买;某些人保密观念弱,保密法制不强;一些单位保密制度不健全,保密知识不普及;保密技术落后等。严守党和国家的机密,关系到党和国家与人民的根本利益。秘书工作是直接为上司工作服务的,经常要参加一些重要的会议,了解一些重大的机密,包括一些重要的机密文件、资料、机要文书、上司的重要活动等。如果不注意保密,一旦泄密,后果不堪设想,所以秘书工作一定要遵循保密原则。

第二节　秘书信息处理制文化

在电子信息社会里,秘书的办公内容和形式都将发生质的变化。秘书的工作方式将由过去单纯的办事、办会、办文,开始朝收集信息、处理信息的方向发展。信息社会提示每一位秘书,谁拥有知识的信息,谁就可以在秘书工作中发挥更大的作用,拥有工作的主动权。信息工作是秘书工作的一项重要内容。各级领导机关、社会团体、企事业单位制定各项政策,颁布各种规章,做出各种决策,都离不开信息。信息是领导制订计划与决策的依据,是领导对全局性工作进行有效控制的基础,也是秘书从事公文写作、开展参谋服务、接待和处理信访工作的重要帮手。

在技术发展史上,人类对传播信息的改造经历了三次大革新阶段。距今10000年前—8000年前,人类由渔猎游牧生活时期进入到农业生产时期,主要靠口授、结绳、画图、民歌、神话、传说等来贮存和传播知识与信息,这是人类第一次信息革命;18世纪中叶发生了以蒸汽机为标志的工业革命,这时人们开始利用报刊、书籍、图书馆、博物馆、档案馆来贮存和传播知识与信息,这是人类的第二次信息革命;到了20世纪末至今,人类开始使用计算机来贮存和传播知识与信息,使人类正式步入全球信息化时代。信息沟通是指发送者与接受者之间通过一定的媒介载体交流和传递信息并增进相互了解以协调行为的活动。信息具有客观性、共享性、广泛性、时效性和可开发性特征。秘书部门处于领导层的中枢部位,是社会管理信息的集散地。秘书工作是一种脑力型职业,"其中心职责就是信息的贮存、处理、检索和通信"。①

通常作为一名基层的秘书,应采取多层次、多渠道的方式进行信息收集,确保信息量多、质优,为此要进行如建立信息中心、确定几名下层的信息员、开展

---

① 亚历山大·金:《一次新的工业革命还只是另一项技术》,《微电子学与社会》,北京:生活·读书·新知三联书店,1984年,第16页。

各种信息交流会、订阅有关报刊、常阅纸质和电子版新闻、适当进行有针对性的调查研究等秘书信息工作。在秘书工作中,各种信息的收集、综合、处理,都可以给工作提供所需要的、最新颖的事物发展动态;同时,信息还可以提供同一专题的各种代表性观点、重要数据、历史情况等基本材料,并成为秘书工作人员的"案头顾问"。信息工作是秘书有效地掌握和充分使用信息价值的一项科学劳动,也是一切创造性工作的先导。汉高祖刘邦得天下后,论功行赏,封宰相萧何为侯,食邑八千户。结果不少战将不服,认为萧何没有披挂上阵,冲锋杀敌。刘邦说,你们知道打猎吧,追求兽兔的猎狗是你们,而他却是发出指令的猎人。

秘书作为领导的助手和参谋,要协调领导有效地进行信息管理,要时刻注意信息的接收、处理、综合及反馈等四个环节的正常运行。(1)接收信息。在秘书工作中,通过文件、电话、会议、新闻广播、报纸及口头指示和传达,秘书可从中收集许多有用的信息。从下级机构向上级机构报告的有关事项中,秘书可以从中取得许多有用的价值信息。从这个角度上说,秘书的工作实际上就是在接收信息的过程中开展的。(2)处理信息。如果说秘书接收信息,偏重于"接收""调查"的话,那么,秘书处理信息则偏重于"综合""研究",对大量的信息进行有效的整理、汇集、筛选、抉择、加工、概括,透过信息现象看到信息内在的本质所在。(3)综合信息。秘书对信息进行全面的汇集与把握,系统、全面、完整地收集与处理,供领导参考。(4)反馈信息。根据信息的反馈,秘书随时修正自己的行为和方法。一旦出现"目标差",即工作中的偏差,信息在系统的运作中便可以自动矫正。

为此,秘书应做到以下方面:第一,应建立信息中心,健全信息网络。第二,进行信息交换,有目的地收集第一手信息。第三,扩大信息的收集范围,注意传媒和口头传播信息,尤其是注意那些专业性报纸杂志、电视网络、有关书籍等,包括年鉴、年报、词典、字典、统计数据等。第四,要注意书面考证与实地调查相结合。进行抽样调查,有目的地调查,综合分析了解各方面的反映和意见,得出合理的结论。第五,要注意信息工作的时效性,在及时收集信息的同时,还要对信息进行加工、处理和贮存等工作程序。第六,要秉持报喜又报忧的工作态度。

通常,人们报喜不报忧,因为报忧存在风险。这里关键是看领导的态度、为人作风。作为秘书,理应遵循既报喜又报忧的处事原则,同时还要敢于报忧,善于报忧。如果把忧掩盖起来,后患无穷。这里,秘书必须树立起对党和人民事业高度负责的精神,发扬古代谏官们冒死以谏的勇气和骨气。当然,作为秘书还要注意报忧的方式和方法。报忧的信息,存在着一个从什么角度报、用什么方式报的问题。这里特别要辩证地看待忧,不要绝对化,祸福同存,它们之间就是一个矛盾辩证体。关键是我们秘书如何去祸扬福、趋利避害。

第三节　秘书印信制文化

秘书十大工作之一就是印信管理，它包括印章和介绍信，是代表印信所有者的具有权威性的信物。玺印的使用应是私有制产生后的管理产物。晋人王嘉在《拾遗记》中说，"禹时有泥印"。于省吾在《双剑移古器物图》中著录安阳出土了三枚烙印奴隶脸的铜玺。玺，用印制度，最早用印文书在西周初期。《周礼·秋官》载，职金"辨其物之美，恶与其数量，揭而玺之"，意思就是掌官铜政的应检验铜的质量与数量，加盖玺印，入库存封。《左传·襄公二十九年》载，鲁大夫季武子攻取卞邑，襄公派公冶去了解情况，公冶因匆忙，走时未带凭信，于是襄公马上派人带上玺印，"玺书，追而与之"。战国时开始大面积使用印，公元前316年，燕国国君哙为了削弱旧贵族势力，决定将王位禅让给相国之子，于是下令将俸禄三百石以上官员的官印全部收回，由相国之子重新任命。苏秦曾佩六国相印为纵约长。王有王玺，相有相玺，百姓有印，《韩非子·外储说左下》云："梁车新为邺令，其姊往看之，暮而后，门闭；因逾郭而入。车遂刖其足，赵成侯以为不兹，夺之玺而免之令。"说明梁车有玺印。

《淮南子》云："若玺之抑埴，正与之正，倾与之倾。"埴是可以做陶器的黏土，"玺之抑埴"即在封泥上钤印，这表明春秋时期我国已有密封制度。其方式是将成篇的简牍卷起，在"检"的结绳处糊上黏土，在黏土上加盖玺印，显示印文，称"封泥"或"泥封"。《商君书·定分》篇中就详细地介绍了封泥密封的使用方法。"于主法令之吏，皆各以其故所欲问之法令明告之，各为尺六寸之符，明书年月日时，所问法令之名，以告吏民。主法令之吏不告及之罪，而法令之所谓也。皆以吏民之所问法令之罪，各罪主法令之吏，即以左券予吏之问法令者，主法令之吏谨藏其右券，木柙以室藏之，封以法令之长印。即后有物故，以券书从事。法令皆副置，一副天子之殿中，为法令为禁室，有铤钥为禁，而以封之，内藏法令。一副禁室中，封以禁印，有擅发禁室印，及入室视禁法令，及禁剟一字以上，罪皆死不赦。"

印章又称"图章"，秘书部门管理的印章一般有两种：其一是单位的公章，其二是主管领导的个人签名章或图章。这种签名章不是代表他个人，而是代表主管领导人的身份。公章表明职责权限的象征。文件一经盖上印章，就表示已经受到该部门认可并正式生效。印文一律使用宋体字，简化字或少数民族语言。1955年国务院颁发《关于国家机关印章的规定》，1979年又颁发《国务院关于国家行政机关和企业、事业单位印章的规定》，阐述了各种印章的规定和条件：国家行政机关和国有企业事业单位,一律为圆形;省级厅委办的印章,直径 4.5 厘米圆形,质料为铜质,其中中央刊五角星,星外刊机构名称,自左而右环形;县与地级市刊政府印章直径为 4.5 厘米圆形,铜质,中央刊国徽,外刊机关名称;乡镇印章直径为 4.2 厘米圆形,质料为塑料质,中央刊五角星,外刊名称;学校、工厂等印章,直径一律为 4.2 厘米圆形,塑料质,中央刊五角星。制作印章单位必须保守秘密,刻字社需取得行政机关和公安批准。伪造印章将受到法律惩处。

　　印章使用前要通知有关单位,要做印模留底并上报主管单位。印章不得随意带出办公室,要存放于保险箱,随用、随取、随锁。印章使用后,使用者必须填上《印章登记册》,内容为登记用印时间、用印的部门或个人、用印的事由、用印数量、用印批准人、用印经手人、监印人等。盖印遵循"齐年盖月"原则。

第四节　秘书工作原则文化

　　本节我们主要阐释秘书工作中所执行的诸原则,这些工作原则在秘书工作中具有一定规律性和指导性,为此我们将重点诠释以下几条原则:

　　1. 秘书整体性原则。

　　秘书追求的不是一时,而是一世,换言之,秘书要按照整体大于部分之和的原则,不追求琐碎枝叶,重视树干树根,抓住重点,追求组织效益最大化。利用秘书具有综合部的优势,强化组织力量和整体合力,从组织目标、利益、功能等多方面促进各子部门要素配合协作,维护组织协调运转。秘书时时处处都必须从整体目标和整体利益出发,强化共同之处,化解和缓和差异之处,这样势必要求秘书采取沟通、协调、配合、公关等柔性手段。

　　组织目标为秘书选用工作方法指明了方向,也引导着秘书的工作行为方式。一切有利于实现组织目标的方法,秘书在工作中都应该加以使用;一切不利于实现组织目标,对组织起到消极影响的方法,秘书都应自觉地加以摒弃。组织规范就成为秘书选用工作方法的重要依据。秘书要遵从组织纪律,维护组织成员集体利益,遵守组织的规章和制度;同时还需遵从组织运行规范,使上令下通,有效运作、严格保密、有序运转。同样,秘书也常常使用组织、指挥、协调、控制、监督、奖惩等手段来保障组织管理。

　　由于秘书所处的地位有其艺术性,所以最忌讳是"越位"现象。职权是履行职责的必要权利,即执行任务时的决策权。职责是个人承担的任务和应负的责任,即必须履行的义务。对一名秘书而言,职权以职责为依据,职责以职权为保证,相互依赖,共宿一体,不可分离,没有不履行职责的职权,也没有无职权的职责。责任与权力应该相等。也就是说，授予一个组织机构的权限和该组织机构应承担的责任必须相一致，承担什么样的责任，就需要有相应的权利；而行使什么样的权利，就必须承担什么样的责任。

2.秘书闭环性工作原则。

秘书工作中绝大多数均具有闭环性质，也就是说，秘书工作的各个环节均有序衔接、首尾相连，形成"闭环回路"和连续运作的工作性质。如文书工作的发文处理、收文处理、公文整理等相互衔接；又如文书工作、档案管理也是相互连接，文书工作是档案的前身，而档案是文书工作的归宿。会前筹办、会中服务、会后整理，也构成一个完整的闭环现象。这一性质告诉我们，在从事秘书工作中，我们都可按具体工作目标进行分解、流程设计、环节衔接，构成首尾相连、有序连续运作的闭环流程。这样可把所有人员进行适当分工，进行科学化设计，使得流程无遗漏、不脱节、规范明确，人员工作量饱满。

3.秘书工作程序性原则。

程序是指行为的过程、步骤和程式。所以秘书实务的程序性既存在于秘书的具体业务之中，解决秘书人员"做什么"的问题，同时，也是指秘书业务活动规律的组成部分。通常人们把知识分成三种类型：其一是陈述性知识，这是关于世界"是什么"的知识，如关于事物名称标示性的知识、一般命题的常识性知识，或有意义组合产生的命题知识等；其二是策略性知识，这是学习者自身的认知知识，主观性较强，强调的是"怎样学习"；其三是程序性知识，具体涉及那些客观性具体对象的知识。可以看出第一、三这两类主要涉及客观性事物，而第二类关乎主观性事物。然而，第一类的陈述性知识与第三类的程序性知识之间还是存有一定的差别，陈述性知识是已有事物的知识，而程序性知识是指人们掌握了如何去做的环节、流程、技巧与方法的知识。"大部分陈述性知识能够用语言表述，而程序性知识却很难被意识到。例如，大多数人知道怎样骑自行车，但不能用语言清晰地表述出来；而 $3 \times 4 = 12$ 则能用语言表述。前者是程序性知识，后者是陈述性知识。……一般认为，陈述性知识有言语、意象和命题三种表征方式，而程序性知识则是由一套产生式系统来表征的。"[①]

秘书职业本身就是一种应用型职业，所以秘书的重要作用主要体现在实务工作中。秘书实务的规范性主要是指国家明文规定的法定规范，例如《国家行政机关公文处理办法》。秘书实务的程序性主要是指秘书的日常程序化工作，包括办文办事办会、调查研究、信访、信息工作等，既包括每天都要做的工作，也包括经常性的重复率比较高的工作，这些工作换了任何人都是这样做的。例

---

① 车文博主编：《心理咨询大百科全书》，杭州：浙江科学技术出版社，2001年。

如,在举办会议时,秘书要在准备工作阶段拟定会议计划、印发会议通知、选择与布置会场;在会议召开阶段,秘书要安排与会人员签到、撰写会议简报、做好会议记录、匹配良好的会议服务;在会议结束时,秘书安排会议退出会场流程、清理会议相关资料、撰写和整理会议纪要等。再如信访工作也具有相应的程序化特征,其中主要包括接待、登记、处理等程序环节。接待与登记是接访者收受信息的两个重要渠道,应分工接待。接待者要以党和人民政府的身份出现,礼貌待人、热情和蔼,切忌简单急躁、生硬粗暴。接待者询问或引导时要把握来访者心理状态,对要求过高、言辞过激者或有错误、无理取闹者,既要坚持原则、维护上访秩序,又要注意其言辞中是否有合理成分……总之,秘书工作绝大部分是按照约定俗成的流程规则办理。它们是日复一日、年复一年,经常运转进行,并且有章可循、有法可依的工作。这些工作换了任何人都必须这样去做,因此先办什么、后办什么,都要按固定的程序执行,不能标新立异,也不能另起炉灶。

在文书处理中的各个环节都彼此相对存在,每个环节都有其特定的功能和内容,各个工作环节相互限制,同时又彼此不可或缺,在处理文书的程序中的各个环节都紧密衔接。所有确定环节形成的过程,都是秘书人员在具体业务中经过漫长的摸索、整理得出的较佳程序。虽然从时间的长线来看,程序的组成处于一个动态过程,或增或减,但短期看来,它处于一个相对静态稳定的状态。因此在文书处理过程中,不可随意颠倒前后环节的位置或任意删减环节,以免造成人为的紊乱、失误和差错,从而降低文书处理工作的效率和质量。每个环节都有着相应的工作准则要遵守,这种规定的工作条例更多的是约定俗成的、相沿成习的,经过了时间的检验。例如收文处理中的登记要有一定格式,务求准确详细,稿件的审核有详细的规定,被审的稿件则有相应的格式规范要求。秘书所有实务工作中的程序性特征,包括办公室实务、接待实务、会议与谈判实务、信息与调研实务、信访实务、公文处理实务、人际交往实务、礼仪礼节实务,以及语言运用实务等领域。秘书实务工作中程序的正确运用,能使秘书工作更加规范、高效。

程序也就是规则,是我们所言的一种工作准则,这种规则是经过长时期的秘书实践确定下来的程序,其包含了众多历代秘书工作的智慧结晶和经验总结。程序是指行为的过程、外延和程式,这一行为过程具有次序性,受到时间、空间的限制并且有其自身所追求的目标和质量要求。在秘书工作的具体实务中,正确运行其程序性是为了更好地运用秘书工作的范式、规则与操作方法,从而有效地解决秘书实务活动中产生的大量具体问题。

4.秘书工作柔性原则。

秘书与上司的管理方式不同,上司往往采取刚性手段为主,如组织手段、行政手段、法律手段、经济手段等;而作为秘书,通常采取柔性手段为主,如协调手段、公关手段、沟通手段等。这可从两个方面来考察:

(1)秘书工作协调制文化。秘书在工作中主要采取协调手段,各种矛盾、失调、利益纠纷、冲突等往往采取协调方式。秘书一般采取以下几种协调方式:沟通协调法、变通协调法、融合协调法、政策协调法、计划协调法、节奏协调法、会稿协调法、会商协调法等。

随着市场经济的不断拓展,多元利益、多种经济成分大量存在,这样,秘书需协调和整合多元利益,调整多元利益主体之间的关系的好坏,深刻认识和把握各利益主体的共性和具体利益追求的个性与差别,求同存异,善于化异求同。协调工作应遵守从属、依法、协商、分级负责原则。从属原则是指秘书工作部门在协调工作中始终要把自己的角色定位在从属位置上,摆正自己的位置,做到既主动,又不越权,对于自己把握不准的问题要多汇报、多请示,不可擅自做决定。依法原则是指秘书工作部门在协调中必须坚持原则,严格依照法律法规及政策规章处理问题。协调是消除分歧,化解矛盾,理顺关系、统一步调的过程,而不是无原则地搞调和,充当"和事佬"。平等协商原则是指秘书工作部门在协调中平等待人,始终以平等协商的态度进行对话,缓和冲突,耐心解释,自觉配合,相互尊重。分级负责原则就是指在协调中注意层次,依照职权范围,分级做好协调工作。

当然协调的范围很广,但秘书主要集中在领导协调、政策协调、关系协调、事务协调四个方面。其中领导协调,就是正确处理好各领导之间的矛盾,以及领导与秘书之间的矛盾。"对秘书工作者来说,最棘手的事情莫过于领导之间的分歧。有时要接受多头领导,而多头领导一旦变成歧义领导,就使秘书工作者进退维谷、左右为难。⋯⋯面对此种情况,秘书应细心观察,冷静分析,正确对待和处理。有的是非原则性的意见分歧,此间往往夹杂有彼此的情感成分,秘书便不能带有倾向,应尽量融合、调和,使之能平心静气地相互容纳。⋯⋯有的是暗藏潜藏的宗派之争,各持一端,或拉同党,或封官许愿,或培植亲信,'窝里斗',此时秘书应独立不倚,不参与、不介入,必要时采取恰当方式越级向上级反映,以求得公正地解决。有的则是是非问题。此时作为一个现代秘书应沉着、勇敢地与党中央保持一致,确定自己的目标,坚持真理⋯⋯不管是出现哪种情况,作为秘书工作人员,对待领导之间的分歧,都应该从有利工作、有利事业发展出发,去努力维护领导之间的团结,而不能从私利出发决定进退。"①政策协调主要指在制定、贯彻方针政策过程中的协调。因个人理解不一、产生分歧,需

① 杜军:《现代秘书素养》,长春:吉林人民出版社,2013年,第240—241页。

要秘书出面进行解释和协调。关系协调是指在处理各种矛盾关系中所进行的协调,其中包括上下级关系、左右关系、领导人之间关系以及党政关系、党群关系、政企关系、城乡关系等。事务协调在秘书工作中更是经常的、大量的,其中最经常的是办文办会的协调,如审批的协调、会议议题的协调和会议事务的协调。

特别需要注意的是,在关系协调中,人际关系的协调是秘书协调工作的重要内容。秘书的人际关系的好坏,在实际工作中直接影响到工作的质量和效率。良好的人际关系,对于秘书工作具有重要的作用。现代秘书学研究已把能够与周围众人相处融洽,搞好关系,得以创造出有利于工作的人际环境,提炼出本系统的美誉度,作为选用秘书的一项基本条件。一个秘书在工作中,善于团结同仁,搞好人际关系,这也是搞好秘书工作的重要前提。中国文化注重现世人生的关怀,注重人际关系的和谐状态。每一个秘书都要善于协调人际关系,使之处在平衡与和谐状态。如果说上司日常所接触人员的数目是与其层次成反比的,那么,辅助上司工作的秘书人员日常所接触人员的数目则是与其层次成正比的。秘书人际关系协调具有以下功能:

1)人际交往的集体组合功能。秘书处在行政事务管理的中枢位置上,与各个职能部门及群众的方方面面发生这样或那样的联系,发挥着承上启下、联系前后、沟通左右的中介作用。人际交往打破了人际关系之间那种相对封闭性,在共同的目标或利益的原则中凝聚成集体的力量,来克服目标或利益实现当中的种种障碍,并且产生集体存在的各种相应的规范,形成在既相互既制约、又相互尊重的基础上,集体组织内人们共同的态度、语言、行动等方面的内容。这就需要加强办公室、秘书科(处)内人员的团结协作,有利于发挥集体的整体功能。由于秘书部门任务重、事情杂、人员多,秘书人员的文化、经历、素质、性格等存有差异,在工作中难免有不同的意见和看法,因此绝不能搞本位主义、各自为政,同时还要防止文人相轻的不良恶习,多通气、多商量、识大体、顾大局。

2)人际交往的协作调节功能。秘书们在处理各种层次上要保持协调和默契,以及行动步伐和节奏上的统一,保持组织活动与外界环境之间的和谐,以取得工作、活动等方面良好效益为共同目标。秘书部门是领导的参谋部和办事机构,工作涉及面广、责任重大、任务繁重,因此秘书要扎实地把本职工作做好,勇于吃苦,不计名利,任劳任怨。

3)人际关系交往的心理健康功能。在交往之中协调人际,秘书要保持一种健康的心理状态。美国《韦氏秘书手册》指出:"没有一个办公室是与人隔绝的,你的巧妙之处应当在于'在人们中间'起促进作用,这将是你成功的基础。你必须与你的经理和其他上级、同级、下级以及来访者保持一种志趣相投的关系。"

秘书对同事要像春天般的温暖,对秘书工作要有火一样的热情。秘书要牢固树立"四个一样"的处事方针:生人与熟人一个样,一般同志和领导干部一个样,大事与小事一个样,有领导在场与无领导在场一个样。

秘书工作由于处于单位部门管理系统的中介位置,同时带有辅助领导工作的管理性质,所以讲究秘书工作的协调艺术十分重要。对于秘书而言,协调工作主要是解决工作中的一些矛盾问题,注重各方面的联系、协作、配合,以增强围绕工作中心而形成的向心力和凝聚力。做到上下、左右关系通畅,并且能够统一认识,步调一致,齐心协力地做好各项工作,确保领导的决策能够顺利地贯彻落实和组织实施。事实上,协调是一门工作艺术,既要讲政策,又要讲灵活、讲感情。秘书要灵活斡旋、适当变通。同时秘书要抓住有利时机,适时进行协调,抓住火候、把握时机,趁热打铁,一鼓作气。当然秘书的语言语气也很重要,"良言一句三冬暖"。诚恳委婉,给人以宽松感;言之有理,给人以信服感;言而有信,给人以信任感。具体地说,应该有以下几个方面的特点:

第一,作为领导工作的辅助与服务系统,秘书工作的协调任务,应注重协调领导成员之间的关系,切实做好领导者的助手工作。秘书在做好这方面的协调任务当中,所遵循的原则是恪守辅助领导、服务领导的工作准则,注意为整个领导班子沟通情况、相互通气、消除隔阂,增强彼此信任,维护领导者的权威。其协调工作内容为:主要领导做出的重大决策、签发的重要文件、签订的重要协议等。这都需要让整个领导系统成员了解。作为秘书,应及时通报,采取各种有效手段,让整个领导班子成员都能够及时地了解全面情况,以便指挥和贯彻实施。在主要领导做出重大决策前,秘书进行必要的调查研究,并在此基础上提出协调方案。秘书在本职范围内,通过沟通领导班子之间的情况,反映和转达各成员的不同意见等有效方法,来达到协调领导班子成员之间关系的目的,以便能够真正保证领导系统的指挥通畅。

第二,作为处于管理工作系统中介位置的秘书工作,其协调的性能,突出表现在使各方面呈现出一种平衡与和谐的状态。如注重协调本单位或部门之间的关系,当它们之间出现矛盾纠纷时,经领导授权,秘书出面进行协调解决。再如秘书要注重协调同外界单位的关系,注重建立以工作为中心的公关网络,理顺各种关系。

第三,作为各种信息的汇集中心和处理中心,秘书的协调工作还包括信息的管理任务。由于秘书工作处于承上启下、沟通左右、联系内外的立体网络中心位置,秘书与各个方面的部门和人员都要发生联系,这样各个方面的信息也自然而然地汇聚到秘书部门。针对这种情况,秘书的协调工作就应该在善于管理信息中,秘书要切实做到通过信息管理的协调,来为领导决策提供服务,及时将重要的信息提供给领导者;同时还应该通过信息管理的协调,使组织机构的运转通畅。沟通是协调的前提,而协调是沟通的目的和结果。

(2)秘书工作公关文化。秘书的辅助地位,决定了其工作大多采取柔性手段,而某种意义上,柔性工作的强度与难度,有时要大大超过刚性工作,甚至上司难以解决的棘手问题也叫秘书来化解。为此,秘书工作的难度可想而知。然而,秘书之所以能解决某些疑难杂症,主要在于采取与上司不同的工作方法,善于柔性工作,化解矛盾,水滴石穿。具体而言,秘书通常采取如下方法:

1)沟通化解矛盾。管理体系中出现的矛盾和问题,不少是因为信息沟通受阻,有关各方面产生隔阂或误解造成的。秘书采用信息沟通手段,使有关方面明白真相、化解误会、消除误解。如领导班子召开会议,某领导成员出差未能出席。办公会议做出了有关决定,而会后主持人又因工作繁忙未及时向缺席人传达。这容易造成缺席人的误解或意见,秘书应及时把会议记录本呈交给缺席人,让其了解会议全面情况,了解会议做出决定的理由和讨论通过的情况,就可能避免产生矛盾或化解已由此产生的矛盾。

2)变通淡化矛盾。在各相关方面失去理智、情绪失控的情况下很容易激化矛盾,矛盾激化的消极影响比问题本身要严重得多。它会使对立情绪升级、矛盾加深、问题复杂化。秘书一般采取变通手段,化解矛盾、淡化问题,或转移话题,或寻找双方问题的共同点,或暂时休会隔离双方,或搁置问题等。

3)融合缓解矛盾。某些事权冲突或利益冲突,矛盾双方各执一词,对政策和宏观制度,各自按对自己有利的方面去解释,并以此为依据,力图说服对方,要求对方服从自己,双方互不相让,问题难以得到解决。秘书一般从分析问题的相关因素入手,找出双方认识的共同之处或相容或相近之处,并通过沟通、交流、分析等,把问题分解,安排分步解决的步骤和内容,使双方对矛盾、问题的认识接近、相近,最后提出一个双方都能接受的方案,使问题得到解决。

总之,秘书要具有适变性。组织运转的可变因素很多,秘书管理事务必须适应各因素的变化。就时间来说,事务安排的时序由于服务对象需要的变化,需要秘书做事务安排的时序调整,以求与服务对象的需要一致;就事务服务的内容来说,由于各相关因素变化,事务服务的内容也需要进行必要调整。如某秘书正在为上司出差做准备,但出现了一件意想不到的大事要处理,秘书就应立即停止手上的工作,转入处理大事之中。

现代秘书应有很强的公关意识,要通过公关活动和公关交际,为工作打开新的局面,取得和增进自己内部和外部公众的信任、支持,为组织树立良好的形象,进一步提高组织的知名度和美誉度,为发展事业创造良好的社会关系环境。秘书公关工作主要内容为:密切上司与公众的联系,注意信息的收集、交流与沟通,发扬民主,决策科学化、民主化,树立清正廉政的形象。

　　沟通信息、传播信息,并采取双向互动的方针。秘书既要让别人听到所代表组织的"声音",更要了解广大公众的意见和要求。通过相互之间的思想交流,才能建立理解和信任,而这也正是秘书工作的职责之一。秘书通过公关活动传播信息,使上司的过程管理具有科学的决断性、预见性。在工作中,秘书要坚持做到凡是有益于社会、有利于公众决定和行动,都及时地通过各种渠道和媒介手段对外部①传递和传播,以便树立单位组织的良好形象。另一方面,如果发生失误或事故,也不能保持缄默或设法隐匿,秘书必须向公众讲明事情原委和真相,取得谅解、支持和信任,化被动为主动。

　　对于单位组织而言,信誉和形象历来都是至关重要的。形象和信誉一旦因外界原因或内在因素受到损害时,秘书就必须在消除破坏因素的前提下,通过公关活动来改善形象,挽回信誉,使公众对单位组织产生信任感,树立起一种"可敬"的形象。秘书通过公关活动,广结人缘,与人为善,以情感人,树立可亲可敬的形象,创造"人和"的工作环境。

---

　　①　包括对上级部门。

第十五章　秘书与科举制文化论

科举制是一种以分科考试选拔人才的教育制度与选官制度,其基本原则是通过考试,公开、公平地选取人才,而这种选拔制度自从隋文帝始,一直延续了1300余年。

在隋唐至明清之际,科举制成为官僚体制提供大批官员与秘书人才资源的保障,它是由皇帝亲自主持、以分科考试形式录用人才的取士制度,并造就了中国秘书官僚阶层。读书与当官连在一起的首推科举制,它使学而优则仕走向了制度化。同时,中国古代大批秘书官僚也通过这一较为严格与相对公平的选拔制度,进入到全国各级政府衙门中,且相应提高了政府秘书的文化素养。

第一节　秘书科举选拔制的方式

科举制产生于隋,确立于唐,直至清末废除。隋炀帝大业二年(606)始置进士科,"唐制取士之科,多因隋旧"①,但直到唐初才开始施行。唐代科考主要考进士科和明经科,考生不仅要熟练掌握五经、三礼②、三传③等儒家学说,而且还要掌握策问、帖经④和杂文的写作。唐代科举考试的主要科目有秀才、明经、进士、明法、明算、明书等,其中明经、进士两科最重要。明经科主要考儒家经义,进士科主要考诗赋和政论,从科举考试中选拔秘书是隋唐的主要来源。唐代规定国人经初试合格后,送礼部参加省考,录取者即为进士,再通过吏部主持的释褐试⑤就能授予秘书官职。唐朝选试秘书主要考察身、言、书、判四个方面。⑥

---

① 《文献通考·选举考二》。
② 《周礼》《礼记》《仪礼》。
③ 《春秋左氏传》《春秋公羊传》《春秋谷梁传》。
④ 默写经书。
⑤ 又称"选拔"。
⑥ 分别指身材相貌、口才、书法文理、辨析文体四个方面。

其中,书、判是关键,先考书、判,试其是否"楷法遒美""文理优长",即书法工整,文理通顺。然后,考官再考察考生的身材是否端正,口齿是否清楚,表达是否流畅等。全部合格后,朝廷将授予合格者九品秘书官,派遣于地方官府任文吏。从科举考试中选用较高文化水准、工于书法、娴于辞令、文理兼长的士人充当秘书,无疑提高了唐代秘书的文化素质,从客观上也相应提高了秘书的办事效率。正因如此,唐代的秘书文化修养水准甚高,"必求博闻强识、疏通知远之士""是故前言往行,无不识也;天文地理,无不察也;人事之纪,无不达也"。① 柳宗元的《送分宁独孤书记赴辟命序》,是对被聘用为掌书记的友人赴任地方秘书时的赠言。文中说秘书官要熟悉古今史事,明白其变化的原委;同时,还要为长官谋划建议,又要写作各类文书;此外,还要掌握庆贺吊丧等礼仪礼节。

宋代科举考试分为三级考试,分别是解试、省试、殿试。② 南宋以后,殿试前三位称"状元、榜眼、探花"。宋朝科举取士的比例要比唐代大大提高,唐代每次取士仅为二三十人,宋朝则达到二三百人,最多时达四五百人。其中绝大多数充任秘书,如北宋郑居中被任为给事中、王甫被任为左司谏;南宋吕本中被任为中书舍人、王应麟被任为太常寺主簿,等等。中书舍人为"外制",地位较高,朝廷格外重视,担任该职必须经过考试,"国朝之制,知制诰必先试而后命"③。考试由宰相主持,试考生制诰三篇,合格者次日由宰相呈送皇帝,并由皇帝亲自审定任用名单。而翰林的要求则更高,大多从侍郎、给事中、中书舍人中选拔。宋太宗殿试就考一诗、一赋和一论。宋初科举类型较为多样,设有进士科、九经科、五经科、开元礼科、三礼科、三史科、三传科、学究科、明法科等。王安石在变法时同时对科举制也进行了改革,只设进士科,且考试内容由重文学诗赋改为经义、策论的应用文。

明代科举考试分为乡试、会试、殿试,其中乡试为地方考试,考期在八月,故称"秋闱",考场称"贡院",考取者为"举人",首名者称"解元";会试为全国性考试,考期在二月,称"春闱",考取者为"贡士",首名者为"会元";殿试为皇帝主持,考场设在金銮殿,考取者为"进士",前三名者为"状元、榜眼、探花"。因中榜者均用黄纸书写,所以又称"金榜题名"。明朝朱元璋下诏:"使中外文官,皆由科举而进,非科举者,毋得舆官。"④明代科举制臻于完善,三年一考,分为数级,

---

① 《隋书·经籍志》。
② 分别由州政府主持、礼部主持、皇帝主持。
③ 欧阳修:《归田录》卷一。
④ 《明史·选举二》卷七十。

童子试①合格者称"秀才";再通过乡试②称"举人";再通过会试③称"贡士";贡士只有通过殿试④才能称为"进士"。进士前三名分别为状元、榜眼和探花,被授予翰林院修撰等皇帝私人秘书官职。中央和地方各级政府中的秘书官员,须从举人、贡士等科举出身者中选用,这种用人制度提高了明代秘书的文化素质,也提高了各级秘书工作的质量。明代由于是皇帝通过秘书机构直接指挥国政,所以中央政府的秘书级别不高,但地位重要,超过宋元朝代。如起草制诏的内阁学士,仅为正五品,但他们可以与二品大员的各部尚书讨论政事。再如六科给事中,仅为七品至九品,却有权封驳弹纠,监督各部。地方衙门内的秘书地位也颇高,如县府内负责收发、处理公文的典史(秘书),遇县丞、主簿不在时,按规定由他代理他们的职务。清代继承了宋代的宏词科,因避讳乾隆之名讳,将博学宏词科改称为"博学鸿词科"。

明清两朝科举考试还采用闻名于世的"八股文",又叫"制艺""时艺""八比文"等。文章题目因皆出自于四书五经,故当时又称"四书文"。八股文有一套严格的写作规定,有一定的写字要求和文章范式。唐宋时期全国科举考试只有两级,而到了明清两朝则增加了三级。首为院试,州县考试,中试者称"生员",俗称"秀才",可参加州县的儒学堂学习。倘若中了秀才,中试者就脱离了平民阶层;次为乡试,省级考试,每年在省城举行一次,中试者称"举人",这一阶层就具备了做秘书官的资格。再后为全国会试,这是中央级的考试,由礼部主持,中试者称"贡生"。最后由皇帝亲自主持殿试,中试者为"进士",分三甲。明清每科平均计算下来,大约征召 300 人。清代凡科举出身的官员,都谓之出身"正途",得以重用。入官者"虽有以他途进者,终不得与科举出身者相比"⑤。

科举制分制考和常考两项:制考由皇帝临时安排,以待非常之才,官员和平民子弟都可参加。常考基本上每年一次,科目主要有进士、明经等六科。其中进士科要考经典、诗赋和时务策论,难度大、录取率低,但中举后前程大好,所以特别受士子重视。读书人都可以经由科举考试进入官僚和秘书阶层,而不是像过去那样决定于门第品德,因此这项制度一直延续到晚清。科举制具有三大特点:其一,士人自由报名应试,不论出身来历;其二,考试定期举行,常态化;其三,考试严格,按成绩录用。汉武帝确立经学正宗,两汉培育出一个经术起家的士流,隋唐则是用科举培育了一个新的士流。科举士流⑥与经学士流在精神气质上不尽相同,但在

---

① 包括县试、府试、院试三个阶段。

② 省级考试。

③ 全国考试。

④ 皇帝主持的考试。

⑤ 《清史稿·选举一》卷一百零六。

⑥ 包括秘书。

其发展过程中,前者对中国秘书文化产生的影响更大、更深远。

第二节　秘书科举选拔制的内容

　　科举制虽然隋朝已建立,但真正推行实施的则在唐朝。唐代科举考试的主要科目有秀才、明经、进士、明法、明算、明书等。其中明经、进士两科最重要。明经科主要考儒家经义,进士科主要考诗赋和政论。其中进士科难度最大,故考上进士被称为"登龙门"。为此,唐初考生不仅要熟练掌握五经、三礼①、三传②等儒家学说,而且还要掌握策问、帖经和杂文写作。到唐中后期,士人开始关注文化正统问题。韩愈在《原道》中提出从尧舜起道统仅传到孔孟,所以他们要恢复这个古代传统的道统,同时排斥佛老和夷狄之教。各地均设孔庙,又称"文庙""圣庙",通常按"前庙后学"的统一形制和学宫兴建,以供学子们祭祀孔子。孔庙是与国家权力紧密结合的圣域,孔庙祭祀是国家权力的展现,因此儒学的特点带有国家化、精英化,而非私人化、个体化,更是读书人的宗教,重视现世、人文和理性。"两千年的儒家曾是古代中国的公共文化和官方意识形态,传统儒家之所以如此风光,乃是双重的制度肉身。其一是汉代的五经博士制度和宋之后的科举制。儒家是王权钦定的官方意识形态,儒家士大夫也成为帝国官僚阶层的唯一来源。其二是宗法家族社会的风俗、礼仪和民间宗教。儒家是古代社会的文化'小传统',在民间有深厚的土壤,成为百姓'日用而不知'的纲常伦理。"③

　　世界三大宗教均是带有启示性的宗教,以"信仰"为首位,建立起一个天国精神世界。而儒教非启示性宗教,不以信仰为第一要务,强调个人修身养性,通过道德实践而成为圣贤。这一境界要求较高,实现的难度也很大,故一般的人士很难达到,只有具备知识理性的人,才能力争获得。王权与儒生相互利用、结合,构成一个管理阶层与同盟阵营。但是儒生、秘书们存在着一个致命弱点,即缺乏经济实力,没有能力与王权抗衡,没有一条参与政治的制度化管道,行道不得不借助于王"势",看君主的脸色与喜好,只能借助喜怒无常的"王势"来实现道的成功。"从古至今。凡是有强烈用事之心的儒家,因为摆脱不了'道'依附于'势'的宿命,总是习惯于走上行路线,时时寻觅明君,希望将一己之学抬升到王官之学。儒家需要明君,明君也需要儒家。"④

　　随着独尊儒家的国家政策延续,以及隋唐科举制的创建与推广,最后儒学

---

①　《周礼》《礼记》《仪礼》。
②　《春秋左氏传》《春秋公羊传》《春秋谷梁传》。
③④　许纪霖:《儒家孤魂,肉身何在》,《南方周末》2014 年 9 月 14 日。

变成中国几千年来封建王朝一直尊崇的国学,各地均建起文庙①、义学、学府、书院、贡院等文化培训制度和机构。儒家思想是科举考试的主导思想,儒家经籍成为应试学子的必读书目,国家通过文官选拔的方式将儒家思想扩大为知识阶层的共同信仰,并以其特有的文化优势引领社会,形成国家强调和弘扬的精神凝聚力。在这种制度下,中央集权与秘书官吏、儒家思想三位一体。

降之宋代,这演变成一种精神气概,阐释孔孟学说的天道性命,复兴儒学从精神层面加以提升。佛老讲究成道,而儒学讲究成圣。成圣成贤就是要修养成一种与天地合一的"天地境界",一种大公无私精神去治国平天下。这样就出现了理学,其中有的从"心"入手,而有的从"性"入手。理学在南宋分成朱熹派和陆象山派,前者重理,后者重心;前者讲究格物致知,读书明理,达到天理合一的道德境界,后者讲究人心中本身蕴涵的道德本能。宋代王安石变法后,只设进士科,加重儒学"论"的内容,要求从经书中出题进行议论,重视经义考试。从而使"今进士既纯用经术,如诏诰、章表、赦敕、檄书、露布、戒谕之类,皆朝廷官守日用不可缺者,若悉不习试,何以兼收文学博异之士"。② 宋哲宗采纳大臣建议,特设宏大词科,要求必须取得进士者才能参加考试。考试内容完全倾向秘书写作,规定"以制、诏、书、表、露布、檄、箴、铭、记、赞、颂、序十二件为题",③报名时考生要交其中两种文体的写作作品,学士院加以考察,合格者才准予考试。考试时考官选择其中六种文体加以考查,写作分上、中、下三个等次。宋代考试只考公文写作与文体知识的这一制度,使得宋代的秘书公文写作质量大为提高。

明清时统治者把理学作为国家意识形态,故提倡在全国学府兴起灌输儒学的教化活动。如明代诸生入学除要学习《御制大诰》等法规及《圣谕广训》外,就是四书五经、八股文章。洪武三年(1370)朱元璋要求科举,"专取四子书及《易》《书》《诗》《春秋》《礼记》五经命题试士"。④ 永乐年间,朱棣颁《五经》《四书》《性理大全》于两京六部、国子监及天下府州县学,谕主持科举考试之礼部曰:"此书,学者之根本。圣贤精蕴,悉具于是。"明清科举制有一独特现象,就是强调理学的重要,洪武三年(1370)朱元璋与刘基要求五经命题试士;清代乾隆甚至要求桐城派方苞编选明清两朝名家的八股文集《钦定四书文》,作为八股文考试的示范文体。明代理学发展为王学⑤,与理学兴盛相伴,以书院为园地讲论心性学问。唐宋科考一般以经学为尊,而明朝则改为八股取士,而题目仅出自朱熹的

---

① 即孔庙。
② 《续资治通鉴》卷八十四。
③ 《续资治通鉴》卷一百一十二。
④ 《明史·选举》卷七十。
⑤ 王阳明所创。

《四书章句》,揣摩古代圣贤心神,替圣贤立言。

由于实行了科举制,就形成了一套相对客观的标准,轻门第、重才学、任人唯贤,削弱了门阀制度。隋唐科举制重视文学诗赋,宋代重视经义、策论,偏向应用文,强调义理阐发。朱元璋认为,"治谈下以人才为本,人才以教导为先。"他发布诏书称:"今朕统一天下,复我中国先王之治,宜大振华风,以兴治教,今虽内设国监,恐不足以尽延天下之俊秀,其令天下郡县并建学校,以做养士类。"①科举制改变了"上品无寒门,下品无士族"的局面,科举出身的各级秘书们历来为正统选拔途径,而"门荫"为旁门左道。"仕者多起自草野",天下皆以科举选用。

中国的科举制打破了社会贵族与平民的界限,打通了上下阶层流动的渠道,同时也打破了上层人士对文字的特权。但西方于 11 世纪末才出现了大学,这才打破教会对图书和文字的垄断。书籍阅读的习惯在罗马帝国之后又重新回到民间,"尽管仍然属于少数特权阶级的专利,文字与图书在大众中的普及程度更高了,更重要的是文字满足了大众的种种需要,日渐受到人们的重视。随着文字的世俗化和大众化,大量通俗语言顺理成章地涌入写作中"②。中国一直以来是由官、吏、士控制文字材料,普通民众很难跻身到秘书行列。

学而优则仕,"万般皆下品,惟有读书高"。子曰:"耕也,馁在其中也;学也,禄在其中矣。"③李贽曾说过:"读书而求科第,居官而求尊显。"④《史记·苏秦列传》也记载了苏秦甚至锥刺骨而苦读书的故事。汉代公孙弘原来是个"穷小子""家贫,牧豕海上",40 岁后努力学习,"乃学《春秋》杂说"。经过近 20 年的刻苦攻读,他到 60 岁时,"以贤良征为博士",以后屡升,位在三公,封为平津侯。匡衡《汉书》载:"父世农夫,至衡好学,家贫,庸作以供资用。"匡衡加入官僚行列,步步高升,最后官至丞相,封为乐安侯。学而优则仕,通过开科取士的办法走向了制度化,无立锥之地的书生,通过科场而成为国家管理成员。后人又进一步发挥孔夫子的说法,曰:"书中自有黄金屋,书中自有千钟粟,书中自有颜如玉。"唐朝崔群罢相家居,他的夫人李氏利用闲暇常常劝说崔群购置庄田,以子孙长远之计。而崔群笑着回答说:"我有 30 所最好的庄田,良田遍于天下,夫人你还忧虑什么?!"他的夫人说:"我还从未听说你有这样的家业。"崔群说:"我前年当主考官时,录取了 30 名进士,岂不等于都是我的上等田庄么?"⑤

---

① 《洪武二年十月实录》。
② 弗雷德里克·巴比耶:《书籍的历史》,刘阳等译,桂林:广西师范大学出版社,2005 年,第 104 页。
③ 《论语·卫灵公》。
④ 李贽:《焚书》卷一。
⑤ 李冗:《独异志》卷下。

"学"与"仕"的结合，离不开官办的"学校"这一中介体。朱元璋在开国之初，就颁发诏书，曰："今朕统一天下，复我中国先王之治，宜大振华风，以兴治教，今虽内设国监，恐不足以尽延天下之俊秀，其令天下郡县并建学校，以作养士类。"①为了使考试更加统一和客观，统治者此时对考试内容、形式都做了非常具体、死板的规定，要求需用八股文作文，它有固定的格式和一系列的清规戒律。一篇文章从开始的破题、承题初始，到起讲、入手、起股、中股、后股、束题，每一部分都有两股两相比偶的文字，共计八股，所以叫"八股文"。八股文的每一部分之间要用固定的虚词"今夫""苟其然""也乎哉"等相连，甚至每部分写多少字都有规定。与此同时，明清统治者还规定，在考这种八股文章时，只能从四书、五经中命题，并且强调以程朱理学的注疏为准绳。为此清代医学家徐灵胎曾讥讽这些读经人，"读书人，最不齐。烂时文，烂如泥。国家本为求才计，谁知道变作了欺人技。三句承题，两句破题，便道是圣门高第。可知道三通四史，是何等文章；汉祖唐宗，是哪一朝皇帝。案头放高头讲章，店里买新科利器。读得来肩背高低，口角唏嘘；甘蔗渣嚼了又嚼，有何滋味。辜负光阴，白白昏迷一世。就教他骗得高官，也是百姓朝廷的晦气。"②

科举制比之世袭制无疑具有极大的历史优越性，不仅为各级政府输送了大批新鲜血液，而且也提高了政府的管理能力和人员素质。在政府活动和决策中增加了理性色彩，有一批足智多谋的秘书参与其中，提出不同的解决方案，以供上司比较和抉择。

崇祯时陈启新说："每见青衿之中，朝不谋夕者有之。一叨乡荐，便无穷举人。及登甲科，则钟鸣鼎食，肥马轻裘，膏腴遍野，大厦凌空。"③举人以上可有无穷富贵，举人以下的生员也足可自保身家。顾炎武曾分析说，总计天下的生员，每县以 300 人计算，全国不小 50 万人，实际上真正能够受到天子任用的，几千人中也不会有一个。但是生员们个个勤奋努力，为何？原来得到生员后，可免除生员的徭役负担，不受里胥侵害，遇到县官不必叩头，以礼相见，有过失后不受笞捶之辱，换言之，已进入有身份者的行列。"今之愿为生员者，非必其慕功名者也，保身家而已。"④一般而言，每乡有 10 名，每县大约有 100 名生员。但到了清朝后期科举制膨胀，生员的名额也逐渐增多，百姓的徭役和赋税就更为加重。科考选官的科举制，打破了社会的阶层固化现象，增添了社会新鲜有生血液，从而也使农家子弟、中农富主的后代实现"朝为布衣、夕为相卿"的跳龙门阶

---

① 《洪武二年十月实录》。
② 宋濂：《故礼部侍郎曾公神道碑》，《銮坡后集》卷七。
③ 陆世仪：《复社纪略》卷三。
④ 顾炎武：《亭林文集》卷一，《生员论上》。

层飞跃。作为四民之首的士,政府对他们有许多具体要求,如"务令以孝悌为本,才能为末""所读者皆正书,所交者皆正士"。国家对他们有种种优待,"免其丁粮,厚以廪膳",以及"礼不下庶人,刑不上大夫"①等,目的就是"全要养成贤才,以供朝廷之用"。清末维新,1898 年康有为等递呈《请废八股试帖楷法试士改用策论析》,说道:"盖以功令所重,解义只尊朱子……谢绝学问,唯事八股,于是二千年之文学,扫地无用,束阁部读矣。"最后在 1905 年慈禧下谕"立停科举以广学校"。

科举制在我国绵延了 1000 多年,对我国行政秘书人员的构成、选拔、考核、文化素养等均产生了重大的影响。余英时在《试论科举在中国史上的功能与意义》一文中谈道:科举不是一个单纯的考试制度,它一直在发挥着无形的统合功能。从上层来看,王朝通过"开科取士"把最具政治秩序所必需的道德操守和知识技能的人选拔进行政(秘书)系统;从底层来看,科举为底层社会群体实现持续地向上流动提供了一种制度的可能。通过对明清时期共计 4 万名进士和举贡的家庭背景进行分析,何炳棣在《明清社会史》一书中指出,这些人中祖上三代都没有功名的比例高达 40% 以上,足见科举制对寒门学子跨入国家行政秘书队伍具有举足轻重的作用。

科举制确立了中国古代长期实行的文官制,同时也对西方文官系统产生了一定影响。中国的科举制经过门多萨、金尼阁、弗内斯等域外学者的多次介绍传到西方,在 1676 年出版的《中国的专制主义》一书里,作者魁奈提出应像中国那样,经过考试选拔秘书与官员。据学者谢和耐研究,法国大革命时实行的由考试选拔文官的做法也是受了中国清朝科举制的影响。同时葡萄牙传教士科鲁兹的《中国游记》、胡安·贡萨雪斯·德万多萨的《伟大的中国》对中国的科举制除了进行介绍诠释以外,还推崇备至,建议模仿引进。法国伏尔泰认为中国文官专制政府"乃建立于自然的最神圣的法制之上",他"惟有信服赞叹,心向往之"②。孟德斯鸠认为中国没有世袭的官吏和贵族,皇帝通过科举考试选拔官吏。因而,中国的文官制度、科举制度对西方的议院制、考试制产生过实质性的影响,有力地促进了西方现代行政管理格局的形成。孙中山曾作过评论:"现在各国的考试制度,差不多都是英国的。穷流溯源,英国的考试制度原来还是从我们中国学过来的。"③因此延续一千多年的中国科考制对世界尤其是欧洲产生了重要影响,被誉为与中国"四大发明"齐名的"第五大发明"。④

---

① 《礼记·曲礼》。
② 《论民族的精神与风尚》。
③ 王宁主编:《中国文化概论》,长沙:湖南师范大学出版社,2000 年,第 341 页。
④ 孙机:《中国古代物质文化》,北京:中华书局,2014 年。

第三节　秘书科举选拔制的缺陷

科举考试的内容历代有变。唐时有明法、明算等实用科目,借以选拔一批具有实际才能的国家栋梁之材。虽"先文学而后政事",重诗赋、轻经义,考经义也仅仅要求背诵而已,无须释义阐经。宋朝王安石对科考进行改革,罢除诗赋而以经、义、论、策为主,摒弃以文(学)取士的恶习,遴选一批政事之才。明清则强化了"八股文"的写作模式化考试。

历代科考取士,主要还是以四书五经、诗赋对子为主,排除一些实用的如经济财会、政法刑律、公文文体等考试内容,追求"君子不器"的目标。统治者认为首先是改进、改造人,若成,其余皆可完成。求道舍器,八股文考试主要考查学子的学养、境界与思维能力。结果几乎所有的科考出身的官员均不会善于管理具体政务与事务,尤其是难以应对各级各类的胥吏们。我国古代的政府管理主要采取"君—官—吏—民"的管理次序,通常官员不与民众发生直接联系,主要职责是管理好各级各类的"吏"。而吏通常落脚在实际工作岗位和部门之中,他们大多具有扎实的本行业实际知识和丰富的实践操作能力。对于这些行家、里手,官员常常处于"外行领导内行""两眼一抹黑"的境地。中国的官员主要靠科举制来选拔,它的初衷和培养主要是通儒,遴选出一批驭才之才,即可以统整、借用众才之才,重在能用人治事,而无须自为专家。这也就是古代所言的"君子不器""读书主要不是技术、技能性的学习,而是傅斯年所说'以造成人品为目的'。"①清道光十五年御史易镜清奏请在科举考试中加试律例,"俾士子讲习有素,起而行之,胸有把握,自不为人所欺"。然而礼部却认为,科举选拔的是通儒综合性人才,"若与进身之始,先责以名法之学",必导致读书人"荒其本业,旁及专家"。④为此,官员为了有效对付属下的税收、文书、司法等领域的吏们,只能私下自到社会上去聘请师爷跟随、鼎助自己工作,以便共同应对或管理这些胥吏们。

在清代的各种大小政府衙门里,都有幕友参与政务,帮助官员处理各项公务。就清朝 1358 个县、124 个州、245 个府与 18 个行省的布政司、按察司、巡抚、总督各个地方衙门,以及朝廷六部、大理寺、理藩院、詹事府、都察院等中央机关衙门来看,只要每个衙门请 4 位师爷,全国的师爷总数就当有一两万人之多,形成了不亚于正式官僚队伍的庞大群体。② 由于需求量大,师爷渐渐成为一

---

①③　罗志田:《虚而不实的宰相之学》,《南方周末》2014 年 9 月 11 日。

②　郭建:《绍兴师爷》,上海:上海古籍出版社,1995 年,第 2 页。

门"比上考取不足、比下诸职业有余"的白领职业，也是读书人考不上进士后，留待后期复习迎考的最佳选择。而师爷内部渐渐分离出各种领域的具体师爷，如刑名师爷专擅诉讼狱断；钱谷师爷专门处理收缴税收、秋后算账的事务；书启师爷，则主要处理往来公文、值班接待以及张贴宣告等事宜。因专业程度的不同，其各类师爷的待遇也有别，一般而言刑名师爷最高，钱谷师爷次之，书启师爷垫底。

　　儒学在中国源远流长，浩瀚盈匮，这是士之文脉。但由于日积月累，学人面对群经累牍常叹难全。《世说新语》说北人学问，渊综广博；而南人学问，精通简要。秘书固然需要些许高深艰涩的大学问，但容易陷入烦琐哲学之中，无从要领。北人宏词论廓，说东道西，云遮雾藏，若隐若现；而南人开始摒弃繁文缛节，抓住问题的核心，直面现实存在。明朝出现的王阳明心学、永康实学，实则开启了中国思想的一次大解放，以解放心灵为己任，激荡着整个人文思潮。当时士人从事私人秘书①，打破社会唯有科考为首的功利观，突破内心评价体系，遵循实用实在为先理念，高举"义利并举"大旗，实施"外儒内法"方针，这就是南方，尤其是江南如绍兴等地渐次形成师爷职业群体之原委。

---

① 师爷。

第十六章　秘书幕友制文化论

在中国古代政府机构中,发号施令的是官,簿书记录的是吏,他们都是国家正式编制的官吏。然而事实上除官、吏之外,还充斥一批或代笔捉刀的文书、或承宣接洽的助手、或谋划筹略的幕宾、或断案息讼的判官、或计算核稽的会计、或随吟清谈的室友等编外文人,他们统称为"幕友",或"幕宾""师爷"等名称。

第一节　幕友的历史由来

幕友的来源,最早应追溯到春秋时期。当时各诸侯国及贵族们都各自拥有大片的封地,如晋国的祁氏、韩氏等都各自拥有7个县,大夫级羊舌氏也有2个县,还有宋国的戴桓八族、郑国的七穆等。他们分别组织了宗教机构,称为"家"。为了管理这个"家族",统治者就设立了"家宰"这一秘书职位。家宰通常由有文化知识的人士来担任,下设各种具体的秘书官吏,相当于我们今天的行政秘书长。大批而分布各地的家宰及其下属助手们的出现,为秘书从史官、王府中走向基层、走人实际,无疑起到了举足轻重的作用。

春秋时期,养士之风甚盛,各诸侯国的国君及大臣们为了加强秘书队伍,都想尽一切办法从士的队伍中遴选一批文德兼备的人来充实秘书队伍。他们或为国君提供建议,或出谋划策,或起草文件,或制定政策,等等,成为国君的高级参谋与行政助手。到了战国时代,随着社会政治变革日趋激烈,秘书制度与秘书队伍也发生了重大变化,其主要表现为一大批掌握一定知识和技能的"士"充入秘书队伍。各诸侯国中一批立志改革的君主,莫不礼贤下士,待之如贵宾,委之以重任。诸侯国中有声望的贵族,竞相养士,如"齐有孟尝君、赵有平原君、楚有春申君、魏有信陵君"。此四君者,皆明智而忠信,宽厚而爱人,尊贤而重士,史称"四君子",据说其各自门下士者多达3000余人。大批具有秘书性质的士被各国重用,实为我国秘书选拔制度的"打破等级""布衣相卿"的实施,与春秋

初期那种"庶人不议""学在宫中"的政策形成鲜明的对照。评而析之,我们认为主要体现在以下三方面:

首先,因为士大多不是政府培养出来的,所以他们在政治上、人身上不依附别人,能自由地选择君主,并辅助那些有前途、开明的君主。秘书择主的过程,本身意义重大,这也是形成春秋战国时期秘书人才群星灿烂局面的重要因素。随着秦的大而一统,秘书失了择主的条件与环境,不少有才华的秘书因不被君子重用而黯然失神、销蚀年华;有的即使被安置到重要秘书岗位,但因缺乏人身独立权、自由权而亦无建树。

其次,战国时期秘书队伍来了一个人才大交流,各国的政府舞台都为他们提供了施展才能的机会。如曾在齐国为相的孟尝君田文,因失势就跑到魏国和秦国为相;张仪初任秦国之相,对分化和打击六国立下了汗马功劳,但秦惠王死后受到排挤,结果张仪就投奔魏国,而魏王却不计前嫌,任用为相,等等。

第三,打破秘书界中"任人唯亲""世袭承职"的落后用人制度。由于各国政事、战争频繁,急需大批有用的秘书人员,这时各国诸侯君主就不计门第、不讲血统,如商鞅原是家臣、苏秦原是贫士、侯嬴原是一位守城门的小吏。这些士,一旦被发现,就充入国家高级秘书行列,并受到委任、重用,因而出现春秋战国时期特有的"朝为布衣、夕为相卿"和"昨为仇敌,今为亲信"的秘书人才现象。

春秋战国诸子百家争鸣所呈现的群星灿烂、盛况空前的局面,是我国古代文明史上光辉的一页,也是我国秘书史上一个重要发展阶段。精神解放、人身自由、独立特性为百家争鸣创造了重要条件,大批底层士充当秘书后,渐次形成了一套打破阶层界限、不拘一格的秘书选拔制度,其方式主要有三条途径:

一,士自己向君主游说、介绍。战国时,大批的游士为了充分发挥自己的秘书才能,于是走列国、弄口舌,推销自己,因而自我介绍[①]成为当时大批游士的主要方式。像商鞅、张仪、邹忌、苏秦、范雎、蔡择等人,都是通过自我游说而进入秘书队伍,最后升至最高文职——相卿尊位的。韩非子曾对此加以总结,写成《说难》一文,就是当时情况的真实写照。

二,士被他人推荐。当时身居相卿或高官的秘书,有责任向国君推荐底层优秀秘书人才。如赵国的番吾君就询问相国公仲连:"今公仲相赵,于今四年,亦有进士乎?"公仲连只得惭愧地回答:"还没有。"番吾君就向他推荐牛蓄、荀欣、徐越等。公仲连于是将这三人推荐给国君赵烈侯,三位被推荐者同赵烈侯交谈,得到烈侯的重用,分别被安排为不等的秘书官职,如牛蓄任为师、荀欣任为尉、徐越任为内史。[②] 再如魏国的翟璜在同魏成子比功绩时说,他向魏文侯推

---

① 即游说。
② 《史记·赵世家》。

荐了吴起、西门豹、乐业、李克、屈侯鲋等一批人才。李克却反讽说，翟璜推荐的人都是国君的官，即都是朝廷的高级政府秘书；而魏成子推荐的子夏、田方子、段干木三人都是魏文侯的帝师，即都是魏文侯的高级宫廷秘书，所以翟璜的推荐功绩不及魏成子。① 此外还有赵国的蔺相如，是由赵国宦官令缪贤推荐的；秦国的吴起，是由魏冉相邦推荐的；秦国的李斯，是由吕不韦推荐的，等等。

三，统治者通过公开招贤途径选拔秘书官。如燕昭王就公开招揽天下贤才，像邹衍、剧辛等文官，也有像乐毅等武官均一一召入，燕昭王就靠他们而强国，并向齐国报仇。

当然，推荐德才兼备的人士担任秘书，自不待言；可是也有推荐出来的人品德与才能均为劣次，该如何惩罚？为此，各国都相应出台了一些选拔、推荐秘书官吏失误罚戒的制度。如秦国有一法律条文："任人而所任不善者，各以其罪罪之。"② 司马迁曾叙录道，当时范雎推荐郑安平、王稽两人充当秘书主官，但后来这两人获罪，推荐者范雎也因此受到牵连。各国国君制定这一制度，其目的是防止借推荐政府秘书而结成宗派小团体或不负责任。

秦与汉大而一统，使原来流动的士又渐趋凝固划牢，失去了往日的涌动与鲜活，从而也大大减低乃至消弭秘书幕僚的功效。迨至汉末，烽火四起，三足鼎立，在历史上又形成了类似于春秋战国诸侯割据、各自为王的动荡局面。原本蛰伏在深土的士终于苏醒了过来，在战争的"春雷"催动下，蠢蠢欲动，进而生龙活虎，大显身手。《文献通考》引司马光之语："及魏武佐汉，初建魏国，置秘书令，典尚书奏事。文帝受禅，改秘书为中书，有令有监而不废尚书，然中书亲近，而尚书疏外矣。"曹操挟天子以令诸侯，权倾朝野，这不能不归结为曹操善于培植幕宾，替他出谋划策之原委。蜀国的刘备曾向司马徽请教，司马徽说："俗生儒生，岂识事务？识事务者，在乎俊杰，此间自有卧龙、凤雏。"备问为谁？司马徽说："诸葛孔明、庞士元也。"刘备由于思贤若渴，所以"荆楚群士，从之若云"，从而招徕了大批幕僚人员，为建立蜀国奠定了坚实的人才基础与条件。吴国的孙权也不甘落后，罗揽贤士，"招延俊秀，聘求名士"。如鲁肃就在周瑜的推荐下当上孙权的重要谋士；诸葛瑾在孙权姐夫弘咨推荐下成为孙权的密友幕宾，为建立与巩固东吴政权做出了不可估量的贡献。幕友为密友之故，孙权把一些幕友放置到典校部，专门进行刺探，这无疑放大了幕友的功能——兼有举察、品第各级官员之功效，以致朝中大臣莫不为之恐惧，后人把典校部与北魏的侯官、明代的厂卫列为三大恶部，而清代学者俞正燮认为"吴之校事尤横"。③ 如幕友吕

---

① 《史记·魏世家》。

② 《史记·范雎蔡泽传》。

③ 《癸巳存稿·校事》。

一,孙权把他放到校事部,于是他像一只忠实的鹰犬为孙氏"打击异己",使顾雍、陆逊等大臣遭到"攻击",搞得上下不安,人心惶惶。幕友从谋划到举察,自然放大了秘书职能,这不能不说是一首创之举,为加强孙权个人权势与统治起到了很大作用。总之,孙权罗揽名士做幕宾为他出谋划策,同时利用身边的私人秘书兼任和扩大考察官吏、刺探情报之职能,在中国秘书史上开了一个恶劣昭著的先河。

魏晋南北朝执行九品中正制的选拔官吏制度,形成了"上品无寒门,下品无士族"的局面。文人入幕,不能凭其才干成大官,而只能从事舞文弄墨的下吏,或在霸府中充当出谋划策、奔走理事的幕府。如潘岳、郭璞、沈约、任方、裴子野等,皆是一代文士,而在仕途中,一生只能充当中上级的幕僚官职。

世族的高官多为清高,虽身兼数职,就是不愿从事具体秘书事务。这样自然把大多数的行政事务落入基层秘书手中,形成"寒门掌管机要"的特殊局面。一旦卷入政治斗争,这些实干而低级的秘书们或依附主人,或巧妙周旋,或杀身招祸。魏晋南北朝时,绝大多数的幕僚都殒命不寿,这不能不说与当时的政治、军事形势有关。比如西晋的潘岳出生于幕僚世家,生父潘芘为琅琊内史,从父潘勖为尚书郎。少时"总角辩慧,离藻清艳",他被乡里视为"神童"[①],19 岁被司马荀颛辟当尚书度支郎,上书《上客舍议》,成为贾谧门下"二十四友"之首,为当时名笔之一。后潘岳参与贾后、贾谧废太子密谋,祸及自身,被孙秀诬为谋反,与石崇一起被诛杀,夷三族,成为政治斗争的牺牲品。再如郭璞,博学多才,被丹阳太守王导引为本府的参军。郭因献《南郊赋》被朝廷任为著作郎、尚书郎,后又升迁为荆州牧王敦的记室参军。虽为主人服务,他却以社稷为重,对王敦谋反深恶之。据《世说新语·文学》篇注引《郭璞别传》说:"璞极言成败,不为回屈,敦忌而害之。"郭璞作为一名幕宾,平时虽极力远祸全身,但面临国家统一与安定的重大问题时,却坚持气节,以死殉节。

谢灵运早年在刘毅幕中从事秘书长达 7 年之久,后任朝廷太尉参军、秘书丞。而后投身刘裕三子刘义真府,谢灵运担任秘书监,为其图谋划策,后刘义真失败,宋文帝委派谢灵运为临川内史,次年被弹劾逮捕,徙赴广州,不久为武将宗齐受所杀。又如谢眺,出身望族,舞文弄墨,辗转于各王室幕府。"高宗辅政,眺为骠骑咨议领记室,掌霸府文笔,又掌中书诏诰,除秘书丞。"他 32 岁出任宣城太守,然而好景不长,过了 3 年就遭江佑、萧遥光的诬陷,死于狱中。六朝文人,只能把从幕作为个人报国仕途之路,多少志士壮志难酬,甚至招致杀身亡命,这是历史的悲剧。但同时,这也揭示了一条幕僚职位应由文人充任才能胜

---

① 《文选·藉田赋》李善注引。

任其职的秘书工作规律。

东晋桓温一心想废除东晋皇室,并欲取而代之。他手下秘书郗超力劝桓温"定废立大计",时称郗超为"能令公喜、能令公怒"。某日,大臣谢安、王坦前来拜访,桓温派郗超躲在幕帐后面。不料谈到一半时,突然一阵大风吹来,掀开了幕帐,郗超只得尴尬出来打招呼。谢安看见郗超,哈哈大笑曰:"郗生真可称得上是'入幕之宾'了。"①古代用布料把房子隔成几个空间,"在上曰幕、在旁曰帷",幕通常接近主人私房,所以"入幕之宾"形象地指主人的死党、心腹。

古代军队远征,将军通常在旷野上临时搭起帐篷建立指挥所,又叫"幄幕"。类似于现代参谋的幕僚们就在幄幕里运筹帷幄、参议军机,故有"参军""记室""长史""录事"等称呼。这些幕僚均为将军自行招聘,并具有正式官职。而绍兴师爷没有俸禄,是"无幕之幕",并不具有官职,甚至没有功名,算不上是绅士。他们的俸禄是靠官员私人钱财发放。"只是由于师爷的职责与幕僚相近,又与官僚有着密切的私人关系,是由官员私人聘请的,因此才仿照幕僚的惯例而称之为'幕友'。"②这就是"幕友"与"幕僚"的区别所在。如清末明臣左宗棠中举后三次未能考中进士,遂决意仕进。1852年太平军围攻长沙,左宗棠被老友胡林翼推荐入湖南巡抚张亮基幕中,掌军事筹划,次年即以军功由知县擢直隶州同知,再入湖南巡抚骆秉章幕,主持幕务,成为正式幕僚。

隋开皇十八年(589),隋文帝下诏举二科。607年隋炀帝定十科,从此为科举取士开了先河。不过,真正实施科举考试制度的则在唐代,但隋朝开科取士之功、摒弃门阀世袭、用才华来竞争的实施政策,无疑是功不可没的。唐承隋制,在科考上,增加了科目,有秀才、明经、明法等10多种。另外,太宗李世民建立"文学馆""收聘贤才,罗致文士",后又设弘文馆。当然弘文馆的地位不能跟文学馆相比,但太宗还是较为重视与发挥弘文馆学士的才华。例如贞观七年,提拔虞世南为秘书监,赐爵永兴县子,并"重其博识,每机之隙,引之谈论,共观经史"。而虞世南则"每论及先帝为政得失,秘存规讽,多所补益"。太宗对侍臣们说:"群臣皆若世南,天下何扰不理。"唐代从政务管理的实践中认识到文书工作的重要性,选用贤能之士充任秘书。"中书门下,机要之间,擢才而居,委任为重。"唐代选任秘书官职人员的准则是:"德能正其身,才能胜其职,笔能成其文,言能明其理。"如太宗曾选房玄龄为中书令,唐代确立了一系列明确的选拔秘书人才的制度。

五代十国是幕僚史的黄金时代,一大批幕僚从默默无闻的幕后人物,一下子跃上政治舞台,扮演有声有色的历史话剧的主角。尤其是十国的皇帝,不论

① 《晋书》卷六十七。
② 郭建:《绍兴师爷》,上海:上海古籍出版社,1995年,第3页。

是开国皇帝还是末代皇帝,不论是有所作为的开明皇帝还是骄奢淫逸的昏庸皇帝,背后都有一批幕僚人物。一部五代十国史,无数悲喜哀愁,命运造化,都与这些幕僚的运作紧密相连,如后梁太祖的敬翔,辅助后梁太祖的李振、辅助晋王李克用及支持李存勖完成帝业的张承业、后唐的郭崇韬、后晋的桑维翰、李中主倚重的重臣冯延已等幕僚,均属于智慧型高级秘书人才。

赵宋时代,仍然实行科考取士,而且取士名额与唐朝相比扩大至 10 余倍。宋哲宗时特设宏词科,规定只有取得进士才能报考,形成了朝廷选拔高级行政秘书的严格制度。赵宋王朝,长期处于辽、金、元的侵犯、威胁之下,因而不少幕僚本身的职责就是谏议。辽、金、西夏几个少数民族,曾在 10 世纪—13 世纪统治我国北方大片土地。1271 年忽必烈建都,国号"大元"。元代出现了种族歧视,汉人等只能充任各级政府的小官吏,政府高级幕僚只能由蒙古族人担任。掌政务的中书省是辅助皇帝决策的机构,"商议省事""会决庶务",是幕僚们的主要工作与职责。

明代首创"首辅制"。所谓"首辅",就是内阁大学士的主要负责人,他们是皇帝真正的政治幕僚。如英宗天顺时期,第一位首辅为李贤。英宗第二次上台后不吸取教训,仍然重用曹吉祥及奸臣石亨。后来发现曹、石相互勾结,狼狈为奸,于是英宗向李贤请教、咨询。李贤写下"权不下移,遇事独断"八个大字。英宗采纳了建议,一举粉碎了曹、石集团的阴谋,可见首辅制的幕僚作用有何等重大与重要。然而,明后期不少秘书在充当幕僚时,不是考虑如何把国家搞好,而是为互相攻伐而出谋划策。如刘瑾得势时,听幕僚之言把正直的首辅刘健赶下台,由李东阳接任。在弹劾刘瑾等"八虎"时,李东阳就听从幕僚的建议,不能恩将仇报,于是放了刘瑾一马,却遗留了后患。

第二节　幕友与主官的互存关系

清朝是由满族建立的统一的多民族封建王朝,而清代是幕友发展的鼎盛时期。这里我们使用"幕友"一词而非是"幕僚",是因为它们属于两个不同的概念:首先,幕僚为古代的一种正式官衔,具有公职性质;而幕友是编外人员,他们不仅没有官员的身份与薪水,甚至没有功名,算不上是绅士。其次,幕僚的薪水是由国家发给,而幕友不能领取国家发放的薪酬,他们的报酬是由聘请他们的官员从私人钱包里拿出来的。再次,幕僚与主人是君臣关系,而幕友与主人是雇佣关系。因此,古代的幕僚因刚正不阿而惨遭杀戮,而从未听说幕友被杀。"合则留,不合则去",是幕友的处事原则。何况,幕友与主人存有密切的私人关系。如果幕友担任了某一公职，或考上进士，那么他们之间就成为幕僚而不再是幕友关系。

幕友的另一别称为"师爷"，因浙江绍兴一带不少文人从事这一职业，渐渐形成一个社会阶层，而且世代相传，故后人称他们为"绍兴师爷"。幕友是一些受过专门训练，具有一技之长的读书人，他们被各级长官聘为某一专门方面①的私人顾问，帮助长官处理各项专门的公务。"盖官统骆群吏，而群吏各以其精力，相与乘官之隙，官之为事其繁，势不能——而察之，惟幕友则各有专用，可以察吏之弊。"②余择而如次：

1. 草拟文牍，掌管档案。这类幕友称"文案"，其中在内签押房办公，与主官关系密切，得预闻机要者，称"内文案"或"书启"。

2. 主办钱粮、税收、会计等事务，这类幕友称"钱谷"，又名"钱粮师爷"。

3. 主办刑事判牍。这类幕友称"刑客"，又称"刑席"。

三者之间，文案收入最少，钱粮次之，刑客最高。

从现有史料来看，幕友佐治之风虽兴起于明代，但其大盛并得到广泛运用则是在清代。《清史稿·循吏传序》称："清初以武功定天下，如不暇给。世祖亲政，始课吏治。"当时不少州县官为"不识文义之人，益不胜任，文移招详，全凭幕友代笔"。主官聘幕友，携同上任，原为清廷所禁，但由于幕友的实际作用及各官的钟爱，终为清廷所许。雍正继位后，不仅允许地方政府的主官携幕友赴任，而且还可荐幕友为官。所以，清朝最终形成"无幕不成衙"的情形，并达到鼎盛阶段。

一、幕友与主官的宾师关系

幕友与主官的关系从本质来讲是一种朋友关系。表面看来，他们之间有被雇佣与雇佣者的关系，实质是官员与礼聘延请的客人、朋友的关系，故称"幕宾""幕客""西席"。双方是宾主关系、地位平等，是合作伙伴、事业的良友，故又叫"幕友"。有时遇到一位成熟老练的幕友时，他还可指点官员如何施政，所以主官有时尊他为"师长"。从称谓上也可看出两者之间的关系：官员称幕友为"先生""老夫子"；自称为"晚生""学生""愚弟"。幕友对官员也不必称"老爷"，可以称"东翁""主翁""堂翁"等。平时幕友以平礼与官员相见。因此幕友与官员的地位是平等的，"幕本为专门名家之学，以历聘于有司，顾位在宾师，其道本交相重也。"

---

① 撰文、财钱、税赋、判狱、会计、谋划等。
② 《皇朝经世文编》卷二十五。

二、两者相互合作关系

一州、一府、一县的公务杂事，烦琐而细化，甚至需要不同的专业知识。而对于大多主官而言，他们并不娴熟也不擅长，甚至有的根本不会办事。他们一般通过以儒家诗书礼义的四书五经考举进士，因而在遇到具体的事务时不能不依仗幕友的襄助。此外，在官场中遇到一些重大而切身利益时，主官往往需要依靠自己的幕友求得咨询与谋划。所以幕友与主官是官场利益共同体，是一条线上的两个端球，缺一不可。官员与幕友合作的好坏，从某种意义上说直接影响到主官的政治前途与命运。为此，清代有不少"官戒"中都谈到主官如何善待幕友之事，作为主官的立身之本。"幕中诸友，须情谊亲洽，礼貌周到，不可似向年疏忽。""论事当和婉相商，无执己见，轻行改窜。即或意见不合，亦当礼貌相别，无出恶声。"

三、两者相互作恶关系

幕友的来源复杂，导致幕品不一。清乾隆初年名幕万枫江在《幕学举要》中说："幕中流品最为错杂。有宦辙复车，借人酒杯，浇己块垒；有贵胄飘零，摒挡纨绔，入幕效颦；又有以铁砚难磨，青毡冷漠，变业谋生；又有胥钞谙练，借栖一支；更有学业不成，铅刀小试。"有的是下台官员，借栖旧业；有的是举业不成，功名不就后在此伏栖；也有的是名流杂家，在此试刀……总之"流品错杂，优劣不一"。

清代各省督抚常常差使下属的官员为自己当幕友。清代在职官多缺口"少"，州县官员任期满后一般不能马上补到新"缺"，要到吏部抽签后到另一省排队"候缺"，此时政府不发俸禄。督抚们常利用此时把那些候缺官员作为自己的幕友，处理政务案牍，而不付酬。而候缺官员思"补"心切，也自愿干师爷之事，希冀督抚来日的栽培。督抚与幕友就形成了一种特殊关系，极易形成死党营私。为此清朝皇帝多次发布上谕，禁止督抚以属员为幕友，但收效甚微。嘉庆五年（1800），御史张鹏展在疏中疾呼："营私之督抚无不用属员为幕友，其害最深。即使督抚无私，而该员上下通透，借端撞骗，亦所不免。"他指责道："养廉优厚，岂力不能请一二幕友？而必借朝廷名器，提拔升迁以代束修之费？"[①]"外省之陋习，遇有新州县到任，作幕者夤缘上司荐举，或贿托上司之官亲幕友，央求转荐。"下属官员在赴任时，即使对上司推荐的幕友不中意也无法拒绝，只能请这类幕友入幕，"甚则有空食束修而不理事者，谓之坐幕。"这类幕友自恃背景

---

① 《皇清经世文编》卷二十。

强硬,好逸恶劳,"多方需索,挟制本官,稍有拂意,即使至上司衙门煽动是非。"或者与上级衙门的幕友勾结,凡州县详文,必定予以批驳翻转,百般刁难,"是以州县之畏幕友,更甚于畏上司。"此外,一省同籍幕友也结在一帮,排斥外籍幕友,相互勾连,索取重价。"如福建之漳、浦侯官,广东之番禺、南海等缺,每缺须用幕友四五人,每人束修千五六百、千八九百不等,一缺之束修已近巨万,即小缺亦不下数千。官之廉俸,本有定制,此种出自何项? 不得不浚削民间。"

官幕相通,"幕友之所以襄吏治也,而其弊也适以蠹吏治。"①清代大多幕友与贪官污吏同流合污,为虎作伥。汪辉祖曾在《学治臆说》中回忆道,他22岁入幕,其时风气尚可;到了他30岁时,幕风就渐坏。把那些正直方平的师爷视为迂腐,"江河日下,砥柱难为",甚至收受贿赂,为当事人打通关节,与贪官狼狈为奸。包世臣在《说储》一书中说道:"夫幕友,大抵刻薄奢侈,贪污无耻之辈,长恶图私,当事者莫不知也。"郑观应在《盛世危言》中论道:"起刑名幕友中,劣多佳少,往往亦把持公事,串通差役,挟制居停,作威作福之处,不可胜言。"

四、两者相互牵制关系

幕友与主官之间,也不是人们常认为的由主官的意志所左右。有时他们之间形成一种共生相随现象,你缺不了我,我也缺不了你;你要弄我,我也可以弄你。他们相互制约,互为掣肘。清人笔记中曾记载:有位刑名师爷,恃才傲物,无家无室。某次他提出辞馆要求,而县官认为他精通刑名,欲挽留他,又不能采取行政命令。于是,每天早上派一个年轻貌美的丫鬟给师爷送早点。不久师爷被美色所吸引,两人相好并私通。一次县官谈完公事后对师爷说:"听说师爷品学兼优,现在看来先生学问优秀而品行不端。"听罢,师爷不禁耳热脸红。但他很快发觉是县官的设套,如果轻言辞馆,此事传出去恐对自己名声不利,于是转而一想,顺水推舟:"君作一日官,我作一日幕。"县官大喜,就做主把丫鬟嫁给了师爷,但要求其报酬减半。从此这位师爷跟定了县官,从南到北,风风雨雨。到了县官退休时,他找幕友谈话:"君性情孤傲,不善理财,我把你的一半报酬在你的家乡为你置买了田产。现我辞官回乡,你也可安居乐业。我们从此分别,前途珍重。"这位师爷听罢,感动不已,连连叩头。

幕友之间为了集团利益,也自然结帮成派,组成一个小宗派。如嘉庆年间云南的绍兴师爷王立人,在云南执业多年,又有衙门亲家,于是云南全省的师爷们就推举他为首领"立翁"。凡各地到云南的师爷都要到王府报到,听他安排与调度。此外,下属官员有时也愿聘一些上级幕友推荐来的"座幕",其目的不言

---

① 张鹏展上疏之语。

而喻,与上级搞好关系。若拒绝,则有"好果子"给你吃。清末有个徐赓陛的州县官在某省得一官缺,赴任前,总督的一位师爷向他推荐一位自己的门生。徐赓陛婉言拒绝,不料到任后,那个师爷又接连来信强行推荐,并威胁说如果不聘此人,将来你的公文就不能"顺手"。徐赓陛是一位"硬骨头",马上回信答复他说:"前两次婉言推辞,并不是因为怕你。你如此狐假虎威,真把总督大人当作了摆设的木偶?幕友以才干受聘,你的门生如此走门路托关系,其人品如此,其才学也就可知了。我与你不过一面之交,延请幕友之事不必代劳。"说得他哑口无言,只得作罢。① 更为严重的是,属员与上司同用一位幕友。光绪九年邓承修上奏,揭发广东惠州知府徐桂华的刑名幕友。广东巡抚刑名幕友沈彬,强迫东莞知县聘他不懂刑名的儿子为该县的刑名幕友。当时,广州附近府县的幕友,"非沈彬之亲戚,即系门徒"。②

幕友的职责是佐治,但有时个别的幕友却反客为主,自己作起了主人。如苏州人李炯,为乾隆十七年进士,获选茂和知县。在广东他聘请了一位绍兴师爷,可师爷在暗中受贿,后被李炯辞退。于是绍兴一帮师爷们联合起来,到知府衙中说李知县的坏话,告状弹劾,最后这位县官被知府所罢免。百姓纷纷上书,然无济于事。有的官职是官员用自己的钱捐出来的,因而到最后有时连上任的路费都没着落,于是只得找一个愿意垫钱的师爷和二爷(长随)。到任后该师爷大肆搜刮,民不聊生,官员也只能忍气吞声,无可奈何。这些师爷挟着资金,明为佐治实为还本还息,就如同马背驮着重物,清朝时把这种现象戏称为"带驮子",南方人戏称为"带肚子"。③

第三节　幕友与胥吏的掣肘关系

清朝行政体系的一个鲜明特征,就是官幕结合。各级胥吏是政府的官方秘书,在整个国家机器运转中发挥了不可替代的作用;然而幕友则是行政长官私下招聘的私人秘书,其作用则超过前者,甚至还是前者的督查者。顾炎武曾在《日知录》中说:"如今百官之权,而一切归之胥吏,是所谓百官者虚名,而柄国者胥吏而已。"但"铁打的衙门流动的官",这些流官基本上是外地(或外省)人,听不懂当地的话,对当地的情形也不甚了解;有的治理能力低下,不善管理衙门;有的土生土长的"胥吏"又不愿与某官员配合,等等。总之,强龙斗不过地头蛇。

---

① 《清经世文续篇》卷二十二。
② 《语冰阁奏议》卷四。
③ 《清代吏治丛谈》卷二。

所以,几乎清朝每个官员都要私下聘请一名或若干名幕友,作为他或文书,或司法,或财务,或行政等方面的助手。《钦颁州县事宜》中就一语中的:州县官"刀笔簿书既未习于平日,刑名钱谷岂能谙于临时？全赖将伯助兹鞅掌。"

胥吏往往由当地人充任,他们熟悉本地风土人情,又有一个庞大的关系网,盘根错节,世代相传。因此治吏成为州县主官的一大难题。汪辉祖在《佐治药言》中指出:"幕友之为道,所以佐官而检吏也。"他认为官虽大权独揽,统辖群吏,可是这么多胥吏各以其精力来与主官周旋,寻找官员的可乘之机,给官员布下种种圈套;而官员政事繁杂,要以一人之精力来提防胥吏,一一加以监察,实在是不可能的事。在这种情形之下,作为特别助理的幕友——师爷,则自然担负起监督胥吏的重任。汪辉祖认为:"幕友与胥吏的目标不同。幕友追求主人在任是平安无事,而胥吏则为了从中渔利,往往喜欢惹是生非、骚扰百姓。"所以,"约束书吏,是幕友第一要事"。

正因如此,尽管幕友并没有任何公职,却是政务的实际操作者,他们的作用远远超过了正式官与吏。无论是司法审判、赋税征收、公文批阅、考试管理、内外事务等各类公务,都有专门的幕友在幕后操作,甚至"刑名钱谷一切资之幕友,主人惟坐啸画诺而已"。皇帝设官治民,而官员则延请幕友治吏,胥吏则实际来操作繁杂的治民事务。

第四节　幕友制的作用与影响

幕友制使得官员有更多的精力投入到最要紧的事情之中,有一名忠诚于他的得力、可靠的密友,可一起商讨、切磋、谋划。州县一级的官员要受到上级的直接考核,还要受到省布政使司派出的"分守道",省按察使司令派出的"分巡道",中央朝廷派至各省的"巡按御史"的检查监督,稍微不慎,就被革职查办,所以清朝官场流行一句谚语:"州县官如琉璃屏,触手便碎。"为了保持住官位,官员就必须延聘一位师爷来佐政。

明清时期政府还要求官员是全能型人才,司法、税收、教育、军事、行政等都得管理。而这些官员大多是通过科举选拔出来的,他们擅长的是诵读经书,满嘴仁义道德。"代圣人立言""许言前代,不及本朝",尤其是"及登第入仕之后,今日责之礼乐,明日责以兵刑,忽而外任,忽而内调,是视八股朋友竟为无所不知、无所不能之人"。[①] 结果他们个个是门外汉,难以驾驭各种需要专业知识和

---

① 《经闻类编》卷四。

技能的事务运作与管理。所以《钦颁州县事宜》中评论州县官"刀笔蒲书既未习于平日,刑名钱谷岂能谙于临时?全赖将伯助兹鞅掌"。

　　幕友师爷虽然在明代就已产生,但真正盛行是清朝,因为明末小说戏剧中还没有师爷的形象。清初由于旗人武夫主官,但他们不通文墨,难以治理文书,于是延聘一些汉族读书人充任秘书。《清史稿·循吏传序》称:"清初以武功定天下,日不暇给,世祖亲政,始课吏治。"世祖亲政当年①,多次下诏要求各级官员必须亲自主政,因为州县不少官员"不识文义之人,益不胜任,文移招详,全凭幕友代笔"。可见,清初就开始盛行师爷,最后到清中晚期,逐渐形成"无幕不成衙"的局面。

---

　　① 顺治八年,即公元 1651 年。

第十七章　秘书礼制文化论

"礼起源于古代宗教仪式,是祭祀神灵时的仪式和程序,用以标识对神灵和祖先的敬意,后演变为一种社会交往原则和行为规范。因此,礼既有道德属性,也有制度属性。"①礼仪是秘书工作中重要的一个环节,是秘书工作和秘书人员素养高低的重要标志之一。因而礼仪的合礼程度直接影响着秘书个人的工作和单位的形象。随着社会的发展,秘书在职场中扮演的角色越来越重要,而秘书在工作中离不开礼仪文化的积累和礼仪行为的运用。秘书礼仪既反映了一个秘书是否合格,又是秘书素养的全方位体现。秘书礼仪之所以作为秘书人际交往中的行为准则,以及秘书工作的素养体现,是因为它传承了中国儒家文化的精髓。

中国以"礼仪之邦"著称于世界,礼仪是中华民族宝贵的精神遗产。礼仪在中国有着悠久的历史和深厚的文化底蕴。纵观中华五千年文明史,礼仪作为中华文化的精髓,是衡量个人品质和社会文明程度的重要尺度。礼仪素养是人类维系社会生活共同遵守的基本道德要求,礼仪素养是一个人道德修养的外在表现形式,是道德修养的重要组成部分。

第一节　礼制是儒学文化的核心

礼起源于古代宗教仪式。孔子非常重视礼仪礼节,在《论语》中说到"礼"的地方有 75 次,仅次于"仁"。"礼"是"仁"的外显,而"仁"则是通过"礼"得以实现的内核。

古代典籍中"礼仪"一词具有广泛的含义,它既包括了政治军事文化等典籍制度,也蕴涵了个人生活中的行为准则与道德规范。因此,"礼仪"一词可以作

---

① 　向怀林主编:《中国传统文化要述》,重庆:重庆大学出版社,2016 年,第 44 页。

为两个独立的概念理解：其一，"礼"是一种制度、规则或者称为一种社会意识，是以静态的形式所存在；其二，"仪"是一种行为表现，它指的是个人对于制度具体的做法和行为，是一种动词的形式所存在。因而学者周何认为："儒家礼学的形成就是建立在此含义基础之上。"①"礼"的强调，代表了稳定的社会生活秩序诉求，"礼"的作用使社会各行各业各尽其职，各守其业。《论语》曰："礼之用，和为贵"，"和"即指社会生活和谐，秩序井然。

追溯距今 50 万年前的北京山顶洞人，已用贝壳、石头串项链，用树皮和动物的皮毛遮挡隐私部位；为逝者办墓葬仪式、放置陪葬品作为送别；按照逝者生前的身份排列墓地的位置以表尊卑关系。到尧舜时代，人们开始继承已延续几千年的重要礼节，如拜、拱手等礼节行为。《通典》认为："自伏羲以来，五礼始彰，尧舜之时，无礼咸备。"②所谓的"五礼"就是吉礼、凶礼、军礼、宾礼、嘉礼。这些礼仪行为为上古社会的政治礼仪、宗教礼仪、婚姻礼仪等仪式规范奠定了坚实的基础，同样也为日后儒家礼学的诞生提供了榜样源头和精神食粮。

夏商周时期，礼仪的雏形开始形成。周公旦提出了对君臣、父子、兄弟、尊卑、贵贱等进行等级划分，制定和推行了"制礼作乐"，以维护君臣统治和区分上下阶层。除了在制度上对礼仪推行外，文化上也形成了系统化的典籍守护。这也自然形成了《三礼》③，对当时政治制度中的行为规范，并对"礼"在各个方面的运用做了详细的阐释与说明，标志着完整的礼仪系统发展进入成熟阶段。

春秋战国时代，学术界百家争鸣，以"孔、孟、荀"为代表的儒家文化兴起，礼仪文化的发展达到前所未有的巅峰。孔子仰慕周公，对其礼学思想的学习中，形成儒家礼学。身为我国历史上首位礼仪学的集大成者，孔子提出"克己复礼"主张，要求人们自觉约束自我，将一切言行都归于"礼"的范畴之内，做到非礼勿视、非礼勿听、非礼勿言、非礼勿动，将感官、行为统合于礼的境界；强调"不学礼，无以立"，把礼仪礼节上升到做人的重要指标。在中国传统的儒家文化中，礼学是它的核心组成部分。儒家经典六经中《仪礼》是其中的重要一部，后《礼仪》与《周礼》、释文《礼记》组成著名的"三礼"。后世的孟子主张"以德服人"、荀子强调"国无礼则不宁"、董仲舒倡导"三纲五常"等则丰富了儒学的礼学思想库。传统儒家礼学存有多部礼学典籍，如《仪礼》《孝经》，其中专用来说明解释《仪礼》的就有《冠义》《昏义》《乡饮酒义》《射义》《燕义》《聘义》《丧服四制》等用来诠释相对应的各种礼制，所以我们说，传统儒家文化中的礼学经典被传承记载于一部部的历史典籍之中。

---

① 周何：《儒家的理想国·礼记》，北京：中国友谊出版公司，2013 年版，第 45 页。
② 杜佑：《通典·礼一》，杭州：浙江古籍出版社，2007 年。
③ 《周礼》《仪礼》《礼记》。

　　宋代程朱理学维护宗法制度,因此宋代礼制大多服务于政治。如朱熹所制定的《家礼》,大力提倡贵贱区分,用"名分"来约束人们的欲望,用礼制抚慰宗法社会制度。现代礼仪在继承了儒家礼学精华的同时,摈弃了儒家后期演变出的"礼制为政治服务"的传统,不再受某一阶级的统治者所利用,而日益成为全社会各阶层交流交往的规范准则。由此,从儒家礼学的形成中可以看出,儒家礼学是对于前期经典礼仪文化的高度总结和升华,这对于后世号称"礼仪之邦"国家而言,儒家礼学成为国人学礼、仪礼、用礼的最重要的礼典。

　　儒家首先提出"先学礼而后世",强调礼仪礼节是士人面对社会的第一个环节,或者是第一堂必修课。因为儒家倡导做人要成为"君子",而做好一名君子首先要先学好礼仪与礼节。儒家思想人格为"文质彬彬"的君子,文质互补,内在人格与外在礼仪和谐一致。礼学可以培养秘书健康的心理素养与高尚人格,儒家文化的"仁礼"和"三纲五常"中的诸多观点及主要思想与礼仪礼节中的"礼""让""信"行为方式之间存在密切的联系,"不学礼,无以立""恭而无礼则劳,慎而无礼则葸,勇而无礼则乱,直而无礼则绞"。《礼记》:"礼者,体也。"体是指本体,就是说做人的根本要讲礼,做事的基本要有礼。"我国古代反映经济关系的阶级关系非常模糊,而反映政治身份的等级关系则要清楚得多。……由于等级制在古代中国的顽固存在和发展,在意识形态方面,从观念上论证等级合理的理论也就十分发达,这集中反映在关于礼的理论中。"①礼学、礼治、礼制等是儒学的核心。所谓"礼",其本质就是讲"分"、讲"别"、讲"贵贱",其基本精神实际就是等级制,体现在爵位、官品、门第、户籍、种族、职业等方面。但反过来学而优则仕,这也导致中国官员和秘书们缺乏主体意识,失去了独立的人格,把自己沦落为官僚机器中的一颗螺丝钉。这种"优"某种意义上就是如何去满足统治者的政治要求和文化品位。人身的臣仆化,秦始皇在诏令中说:"六合之内……人迹所至,无不臣者",但这仅仅是初级形式,到后来实行精神观念的臣仆化,使大批的官员和秘书们丧失了自我精神,以致不让其当臣仆,反而感到无地自容,难以适应。其中精神人臣化始作俑者为礼学。在礼的束缚下,秘书们的认知被礼所局限,不能超越自己的地位去探索社会问题,事事讲规矩,人人尊礼教。由于礼的基本规定性是"分",与此相适应,要求秘书处处"克己复礼",安于本分,安于等级。通过修己、约己、自戒、自责、知足、不争、养心、修身等一系列克己的办法,去回避现实,教导秘书时时处处都要把自己作为斗争对象,"不怨天、不尤人",礼让在先,循规蹈矩,唯唯诺诺。

　　《礼记·冠义》曰:"凡人之所以为人者,礼义也。""礼者,……所以别嫌明

---

①　刘泽华等:《反思专制权力与中国社会》,长春:吉林文史出版社,1988年,第97页。

微。"①"夫礼者,所以定亲疏,次嫌疑,别同异,明是非也。"②周代大司徒就有十二项礼制(礼治)内容:"一曰以祀礼教敬,则民不苟;二曰以阳礼教让,则民不争;三曰以阴礼教亲,则民不怨;四曰以乐礼教和,则民不乖;五曰以仪辨等,则民不越;六曰以俗教安,则民不偷;七曰以刑教中,则民不(武虎);八曰以誓教恤,则民不怠;九曰以度教节,则民知足;十曰以世事教能,则民不失职;十有一曰以贤制爵,则民慎德;十有二曰以庸制禄,则民兴功。"③清康熙颁布上谕"十六条":"敦孝悌以重人伦;笃宗族以昭雍睦;和乡党以息争论;重农桑以足衣食;尚节俭以惜财用;隆学校以端士习;黜异端以崇正学;讲法律以儆愚顽;明礼让以厚风俗;务本业以定民心;训子弟以禁非为;息诬告以全良善;诫窝逃以免株连;完钱粮以省催科;联保甲以弭盗贼;解仇忿以重身命。"雍正皇帝对这十六条逐条详加诠释,全文长达万言,称为《御制圣谕广训》,颁发各省督抚学政。

第二节　礼仪礼节是秘书的规范

儒家礼学是中国传统文化的瑰宝,它是中华民族精神面貌的外在展现,向世界展现了中国人"君子有礼"的风貌;又是经典文化重要组成的内在基础,对现代各领域的礼仪文化发展起到促进和启迪作用。同时,秘书礼仪文化的广泛运用也反映了儒家礼学博大精深、包罗万象,虽受历史的洗礼,但其精妙之处无法被时间取代,依然作为指导性纲要指导着秘书的行为规范和道德准则。

《礼记·经解》曰:"礼之教化也微,其止邪也于未形,使人日徒善远罪而不自知也,是以先王隆之也。"说明周公早先采取礼治在先,然后才实行礼制兼容法治的治国政策。礼仪是一个在特定的地理环境和历史条件中形成、发展、继承、沿袭下来的礼仪文明规范,是文化形态的一种象征和体现。礼仪文化作为一个民族的精神瑰宝,它不仅是民族文化的重要组成部分,同时也是一种民族文化的外在表现形式。随着社会的发展,秘书在职场中扮演的角色越来越重要,秘书工作离不开礼仪礼节。秘书礼仪礼节的恰当运用妥否,很大程度体现出秘书职业的合格与否。礼仪的存在,经历了一个从无到有,从零散到系统,从自发行为到自觉行为的发展过程。礼仪从最初单一的某一举止、某一言谈,发展到如今,已成为一个覆盖在各领域、全方位的规范系统,且成为一个可以约束人们生活工作的行为模式。秘书人员的礼仪在秘书工作中的重要性日趋上升,

---

① 《礼记·礼运》。
② 《礼记·曲礼》。
③ 《周礼·地官·司徒》。

形成一个相对完整的规范体系,即秘书礼仪。

秘书礼仪与政权的巩固和各诸侯国紧密联系在一起。汉高祖建汉初期,认为建国是马背上得天下,而非由士子们;而大臣陆贾认为:你虽能在马上得天下,但你能骑在马上治天下? 这时刘邦发现马背上不能治天下。那么如何治天下呢? 大臣博士孙叔通建议"定朝仪",并"臣愿征鲁诸生于臣弟子,共起朝仪。"后来建立了一套完整的封建朝廷等级礼仪,同时也降低诸大将军、大诸侯们僭越的欲望。"就这样,历史就将儒家思想、秘书职能与政权建设紧密地联系在一起了。"①秘书工作从产生那时起,朝廷礼仪便成为了它的重要职能,秘书工作与礼仪礼节相辅相成,密不可分。秘书若拥有规范的礼仪修养,便会在工作和日常事务中言行恰当、举止得体,从而树立了良好的个人形象,进而为组织和个人赢得良好信誉和形象;反之,若秘书人员在正式场合中言行举止肆意而为、缺乏规范,则会毁坏自己的个人形象,进而导致组织的信誉和形象打折,造成不必要的损失。

秘书礼仪伴随秘书地位日益提升,构成了一个庞大而完整的系统,并成为引导秘书工作的理论体系。现代秘书礼仪是指秘书在工作和社会交流中,所表现的行为姿态、言语态度中具备的礼仪修养,它既体现了秘书人员的个人文化素养、精神风貌、道德品质;又展现了领导的工作态度和工作要求,以及一个部门单位的整体形象。一般而言,它主要包括个人礼仪、社交礼仪、外宾礼仪、会务礼仪、接待礼仪等。现代秘书的礼仪之所以形成了一个相对独立完整的理论文化系统,是在具体行为上事实上受到儒家礼学精华的影响而发展的结果。儒家礼学的人伦思想以及《论语》蕴涵的伦理学说,不仅约束着现代秘书的道德行为,更是规范了现代秘书日常人际交往礼仪的行为准则。我们认为主要影响在三个方面:

其一,仪容。秘书人员的仪容往往是作为最先进入对方视野的感知内容,这个"第一印象"在人际互动中起到了重要的作用,它鲜明而深刻,直接影响到双方日后的交往程度。在儒家文化中,对于服饰着装有一定的规范和要求。孔子在《论语·雍也》中言:"质胜文则野,文胜质则史。文质彬彬,然后君子。"这里的质,为质朴;文,为文采、文饰;野,为鄙野。大意是没有合乎礼仪的服饰,就像没有文化修养的凡夫野子,文采和文饰(服饰)要质朴,这样的人才能配得上"君子"的称呼。对此,《弟子规》作了进一步详解:"冠必正,纽必结,袜与履,俱紧切。"就是要求人们衣冠戴正、纽扣结好,袜子和鞋子穿戴整齐。荀子《劝学篇》中提出:"见人不可不饰,不饰无貌,无貌不敬,不敬无礼,无礼不立。"换言

① 杜军:《现代秘书素养》,长春:吉林人民出版社,2014年,第14页。

之,秘书既要考虑自身的性别、年龄、身份等个人因素,又要符合自身职业要求和角色身份,做到男秘书前发不覆额、侧发不掩耳、后发不及领、面洁履净;女秘书妆容自然适度、衣着得体,过短的裙装和过低的领口都是大忌。干净而不失神采,美丽而不失自然。

其二,言谈。孔子云:"可与言而不与之言,失人;不可与言而与之言,失言。知者不失人,亦不失言。"就是说该讲话时错失机会没讲话,会失人心;不该说话时却滔滔不绝、口无遮拦就是错话。聪明人既不会失人心也不会说错话。因为传统文化中,言论谈吐涉及心灵,"言如心声",反映出内心修养和人生境界的高低。对于我们现代秘书而言,懂得看讲话的对象,既不错过人,也不浪费言语,正确并适时的言论给自己提分,又可以促成工作上的进步。不失言亦不失人,更不失人心。孔子在《论语》中又说:"侍于君子有三愆:言未及之而谓之躁,言及之而不言谓之隐,未见颜色而言谓之瞽。"说明侍奉君子的人要注意三点:没问及到就说是急躁;问到而不说是隐瞒;不看君主脸色而说话是瞎子所为。这就告诫我们,秘书在交谈时要做到不该言时勿焦躁,抢着说话;该言语时不隐瞒,实话实说,即使有需要保密的情况下也要委婉解释;说话时要时刻观察对方的神情,灵活地转化话题缓解气氛,所以言语的时机、内容甚至于一个语气词的表达都是秘书职业水平的体现。秘书除了形象佳、颜值高外,还需口齿伶、言语雅。

其三,会客。孔子在《论语》中曾说:"不知命,无以为君子也。不知礼,无以立也。不知言,无以知人也。"说明知礼同知命、知言同样重要,知送礼而不行礼,在社会上无处安身立足。会客一般而言离不开三个环节,首先是"迎",起身相迎,以礼相待,口头问候,营造氛围。其次是"问",询问来访意图,尽力帮助客人解决难题。古人提出主人"不窥密、不旁狎、不道旧故、不戏色"。换言之,不要窥视对方隐私、不相互取笑逗闹、谈话时不要一味絮叨旧事,神情庄重严肃。最后是"送",古人曾"十里相送"、"出迎三步,水身送七步"的要求。《论语·乡党》中提到:"君召使摈,色勃如也;足躩如也,揖所与立,左右手,衣前后,襜如也。趋进,翼如也。宾退,必复命曰:'宾不顾矣'。"就是说国君在命孔子接待宾客时,孔子立即庄重快步地与人作揖,分别向左右拱手,衣服整齐地前后摆动,像鸟儿展翅一样快步走。宾客走后,必定向君王汇报说:"客人已经不回头张望了。"这一案例启示我们,现代秘书当宾客告辞时,起身随行相送至门口后,还需目送客人离去,必要时还要与客人握手或挥手致意。

礼仪素养是敬人、律己的一种行为规范,是表现在他人理解的手段和过程,是人们在社会交往过程中形成的,以建立和谐关系为目标的、符合礼的精神的行为准则和规范。礼仪作为中华文化的精髓,在中国有着悠久的历史和深厚的文化底蕴,礼仪素养是每个秘书道德修养的外在表现,是道德修养的组成部分,是衡量秘书品质和秘书文明程度的重要尺度。礼仪表现为律己、尊重他人的一种行为准则,是秘书素养和社会观的外在体现。在西方,礼仪一词源于etiquette,本意是法庭上的通行证。古代法国的法庭,为了显示法律的尊严,保证司法活动的正常运转,制定了许多法庭规定,将这些准则和规定印在长方形的通行证上,分发给进入法庭的每一个人,作为旁听、回答、举手、落座的重要行动依据。

礼是祭祀神灵时的仪式和程序,用以表示对神灵和先祖的敬意,后演变为一种社会交往原则和行为规范。因此,礼既有道德属性,又有制度属性。

第十八章 秘书反腐文化论

　　反腐防变是关系到我们党和国家的前途、命运的大事，每一个关心国家前途命运、关心社会主义事业、关心人民群众根本利益的人，都应该而且必须是立场坚定、旗帜鲜明地站在党和人民利益一边，站在反腐防变斗争的第一线，坚决抵制和反对腐败，坚决反对和抵制和平演变。这是我们广大秘书人员应该具备的政治态度和政治表现，也是衡量我们秘书人员政治方向上合格与否的重要标志。习近平同志最近指出，反腐倡廉必须常抓不懈，拒腐防变必须警钟长鸣，关键就在"常""长"二字，一个是要经常抓，一个是长期抓。我们要坚定决心，有腐必反、有贪必肃，不断铲除腐败现象滋生蔓延的土壤，以实际成效取信于民；要从严治党，惩治这一手决不能放松。坚持"老虎""苍蝇"一起打，既坚决查处领导秘书违纪违法案件，又切实解决发生在群众身边的不正之风和腐败问题；要防止和克服地方和部门保护主义、本位主义，决不允许"上有政策，下有对策"，决不允许有令不行、有禁不止，决不允许在贯彻执行中央部署上打折扣、做选择、搞变通。总之，要坚持标本兼治，综合治理，惩防并举，注重预防方针，更加科学有效地防治腐败，坚定不移地把党风廉政建设和反腐败斗争引向深入。

第一节　秘书角色异化导致腐败

　　所谓贪污，是秘书官员利用职务上的便利及手中的权力强索他人的钱财、收受贿赂、侵吞国家财产、假公济私、违法谋取经济利益的行为。据史书记载，早在西周就已有受贿的现象，《尚书·吕刑》有"五过之疵"，其中有"惟货局势"一疵，指秘书官员接受贿赂。春秋就出现了更多，《左传》均有记录。战国时代贪污现象更为普遍。韩非子说："为奸利以弊人主，行财货以事贵重之臣者，身尊家富,父子被其泽。"①秦汉愈演愈烈,左雄谓"乡官部吏……廉者取足,贪者充家"。② 魏晋南北朝时期也同样"求纳财贿,不知纪极;生官死赠,非货不行"。③ 宋代"廉平之吏,所在鲜见,而贪利无耻、敢于为恶之人……四面而起,以求逞其欲"。④ 明清贪污愈发严重,如明朝邹辑上疏永乐皇帝时(1421)评论道:"贪官污吏遍布内外,剥削及于骨髓。"⑤降之清朝,大贪官和珅通过贪污却累积了约10亿两银子的历史高度。

当然历史上各朝代均对贪污现象进行了不同程度的斗争。我国历史上首部封建法典《法经》(李悝)中就有惩治贪官受贿的"六禁"内容。秦律规定对于"不廉"恶吏,"不可不为罚"。⑥ 甚至朱元璋在州县衙门的左面建一座剥人皮的"皮场庙",在官府公座各悬挂一个填满草的人皮袋,还是难以遏制。这样看来还是制度出了问题。如明清州县的私征"耗羡",既无花册报部题销,也无由单载明份数,完全是一笔糊涂账。事实上师爷的收入大多来自于这种"耗羡"所得。明朝曾流传一首打油诗:"来书萧索去时丰,官(奴币)民财一扫空;只有江山移不出,临行写入画图中。"⑦高士奇本来是杭州一个依靠教书糊口的穷举人,出身卑微,徒步来京,觅馆为生,只因写得一笔馆阁体好字,受人举荐,供奉内廷,擢补翰林,令入南书房,转眼就变成了数百万富翁,在家乡平湖县购置了田产千顷,大兴土木,修建花园;还在杭州西溪广置园宅。清康熙郭珍弹劾高士奇曾说:"以觅馆糊口之穷儒,而今忽为数百万之富翁,试问金从何来? 无非取给于各官。然官从何来? 非侵国币,即剥民膏。"康熙十八年(1679)罗人琮上疏曰:"今之督抚司道等官盖造房屋、置买田园,私蓄优人壮丁不下数百,所在皆有。"⑧中国古代检察制度由两大部分所组成,一是御史监察制度,台官监督百官;另一是监官、谏官言谏制度,纠正皇帝之过错。这一职位通常由官员身边的秘书加以补之。谏官又叫言官,职责是"讽议左右,以匡人君",方式有廷净和上封净。由于中国古代几乎没有民权、民主观念(有民本思想),制度化的民主与平等观缺失,所以在反腐败中民众永远处于缺失状态。

现在我们党内,尤其是在一些党员干部身上滋生了严重的以权谋私、行贿受贿、道德败坏、贪污腐化等腐败现象。在党领导下的党政机关、企事业单位的

① 《韩非子·奸劫弑臣》。
② 《后汉书·左雄传》。
③ 《册府元龟·卿监部·贪冒》。
④ 《宋史·李心传传》。
⑤ 《明史·邹辑传》卷一百六十四。
⑥ 《睡虎地秦墓竹简》,北京:文物出版社,1978年,第14页。
⑦ 《明史·邹辑传》卷一百六十四。
⑧ 光绪版《桃源县志》卷十三。

秘书队伍里，也同样存在着大小不等的腐败现象，比如有的秘书借首长之名，盛气凌人，以势压人、训人；还有的秘书借领导之名以权谋私，大搞不正之风；更有甚者，有的秘书竟然欺世盗名，伪造领导人的签名或仿照领导人的字迹擅自批办文件。秘书腐败，指秘书官员由于考虑私人的利益而偏离作为一个秘书角色所具有职责的行为。从"河北第一秘"李真到"上海第一秘"秦裕，再到近年网络热议的冀文林"秘书五人组"等，秘书腐败现象引人关注。作为领导干部助手的秘书，为何能成为一些人眼中的"二号首长"，堕入腐败的深渊？通观秘书腐败案件，我们发现一般有三大特点：其一是角色异化，不仅是助手，还扮演着"办事员""勤务兵"等角色，成为"大管家"；其二是"狐假虎威"，利用工作便利大肆腐败；其三是与领导结成"腐败共同体"。被戏称"河北第一秘"的李真在任秘书期间作风恶劣，对地位比自己略高的人也呼来喝去，甚至伪造与中央领导合影挂在办公室。后来他在接受采访时说："我做秘书时，虽说有人管，但没人能监督。"许多人当秘书主要是从个人仕途上考虑，领导强势的能给秘书落实个实职，弱势的也能给落实个待遇。

虽然名义上没有权力，但在许多公职人员眼中，当秘书是一条快速升迁的"捷径"。秘书直接服务对象是领导，这种工作上的特殊性，使秘书被认为是领导"身边人"，在一些人眼中更是领导的"自己人"，称其为"二号首长"。一些曾任秘书的落马领导干部，都有被"火箭提拔"的经历。例如，海南省副省长冀文林曾有过 10 年秘书经历，其间从一名部委办公厅助理调研员，一路升迁为正局级干部。有些领导干部把配专职秘书当成一种待遇，甚至是炫耀的资本。按有关规定，只有省部级干部以上领导才能配专职秘书，而实际中不仅市级领导有专职秘书，县一级也"照猫画虎"，只是对外叫法不同。按理我国党政机关只有工作秘书，如今却有些秘书给领导办私事，如帮着接送孩子、买机票等，这是不正常的。许多地方和部门对秘书岗位职责尽管有规定，但比较模糊，也没有得到很好落实，使一些秘书被视为领导的"化身"，为腐败提供了"生存土壤"。

秘书原本是助手的角色，但是很多时候却因为和领导走得近，身份变得模糊而特殊。所谓"宰相门前七品官"，本来手中无权却狐假虎威，摇身一变被人视为领导的"化身"。这其中有些是领导有意的，挑选和指定对自己忠诚的秘书，于是就成了利益共同体；有些则是秘书本身的问题。秘书是领导身边最亲近的、最信任的人，是领导的智囊，又有处理问题的权力，人们对他们都敬畏三分，凡事要先给他们叩头烧香。要是得罪了秘书，想见领导他可以挡驾，你送的文件他可以扣压，没有给你穿双小鞋，也让你吃不了兜着走。秘书的特权使其成为特殊的人物，为此人们称秘书为二首长。秘书是职员而非官员，我们必须使秘书与领导之间的关系正常化，进一步细化秘书岗位职责。

关键的问题是从制度上厘清领导与秘书之间的关系。秘书不能认为"机关牌子大,领导靠山硬"而有所依仗、有恃无恐,更不允许滥用领导和办公室的名义牟取个人私利。要深入开展理想信念和宗旨教育,筑起思想上拒腐防变的堤坝,加快实现"不想腐"的步伐。

现阶段我国的秘书职业体制不够完善,秘书人员的职业道德素质参差不齐,"部分秘书人员在工作中摆不正自身的位置,权欲恶性膨胀,为权而腐败;部分秘书对领导的权威盲目遵从,一旦遇到腐败的领导,这种服从心态会使秘书无条件地接受领导的腐败指令,与其同流合污。"①在我国的社会发展过程中就出现了多个秘书以权力利益为导向,贪污腐败、滥用权力、狼狈为奸的案例,这种现象的出现严重损害了党和国家的形象,严重损害了人民群众的切身利益,严重损害了社会的和谐风气。例如曾经号称"河北第一秘"的原河北省国税局局长李真,就是一位极其典型的秘书腐败分子。在他的仕途生涯中,曾经风光无限,担任过省政府办公厅秘书、省委办公厅秘书,最后官至正厅级的重要岗位。然而,就是这位风光无限的政坛"新星"却依仗特殊的权力背景,漠视法律、阳奉阴违、假公济私、摒弃道德准则,运用政治手腕不断捞取权力和金钱,走向腐败的深渊。

"又如原上海某负责人的秘书余某利欲熏心,无视党纪国法,利用职务之便,假借市委主要领导的名义,干预本市外贸、公安、房管等部门的正常工作,为他人谋私,先后从中收受贿赂高达 3 万余元。在当时,余某受贿案是建国以来上海市领导机关中发生的一起罕见的大案,是上海改革开放以来反贪案中'惩处官员级别最高、案发时间最早'的,被称为'上海反贪第一案',余某受到了党纪国法的应有制裁。这是一个典型的反面教材,是我们秘书队伍中的一个败类。"②

第二节　官秘结成"利益共同体"

随着经济市场的发展,面对一度出现的"一切市场化、一切向钱看"的倾向,有些秘书开始调换角度、转变观念,仅用经济观点,从个人利益的角度看待自身工作。认为"理想理想,有利就想""前途前途,有钱就图",有的甚至认为自己是"肯吃苦、白吃苦;流汗水、没油水"。原中央秘书局局长李欣曾归纳出秘书工作的"六难":一难,工作辛苦,无日无夜,无节假日,家人埋怨,长期熬夜,体质下

---

① 朱永新:《新形势下秘书职业道德问题探讨》,《漯河职业技术学院学报》2013 年第 7 期。
② 杜军:《现代秘书素养》,长春:吉林人民出版社,2013 年,第 150—151 页。

降。二难,精神紧张,如履薄冰,批评多,表扬少,"无功就是功,不批评就是表扬"。三难,婆婆多,众口难调,关系难处,工作如走钢丝,在夹缝中求生存。四难,工作忙,待遇低,提职晋级难。五难,收入低,生活清苦。六难,常年坐机关,很少外出增知识,见世面。这"六难",几乎概括了秘书人员工作、待遇、关系、心理、学习等各方面的艰难困苦。还有人编了一个顺口溜:秘书工作是"抄抄写写,收收发发,起草文电,还要印刷,打打电话,上承下达,稍有不慎,还要挨刮,忙忙碌碌,头昏眼花,无人知晓,无人奖夸"。尤其是当前,我国秘书的职称制度尚未纳入序列,干部考核也不健全,秘书人员是"一无家,二无会,三无职称,四无位"。结果讲崇高理想少了,讲奉献精神少了,追求享乐,追名逐利,崇洋媚外。在这种资本主义腐朽思想侵蚀下,有些秘书开始谋私利,不顾党和人民的利益,行贿受贿,搞钱权交易,既影响了党的声誉,离散了群众关系,也削弱了秘书队伍的革命意志。"诚然,秘书工作是辛苦的,而且待遇偏低,无名少利。但我们都清楚地知道,在领导的每项政绩中,无不闪烁着秘书劳动成果的光辉;在领导上台宣讲的每篇文稿中,无不渗透着秘书的心血与汗水;在单位兴旺发展的征途中,无不印染着秘书人员辛苦奔波的足迹。台上与台下,领导与秘书,这只是职务的区别、分工的不同,目标只有一个,为加快发展经济这个中心任务努力奋斗。"①

在中国步入市场经济后,当权力和经济利益、金钱挂钩时,领导和秘书的关系也发生了变化,从原来的工作搭配者变成利益共同者。领导成了秘书的保护伞,秘书成了领导的马前卒,一损俱损、一荣俱荣。不良秘书一般是贪官的心腹和宠信,掌握着贪官的第一手材料和秘密,他们既是贪官的左膀右臂,又是贪官的致命软肋。秘书是贪官的影子,看一个贪官如何,只消看他的秘书,拿下一个贪官,只消先拿下他的秘书。秘书与贪官的关系:没有败露之前,狼狈为奸;败露之后,唇亡齿寒。

中纪委原书记吴官正退休后曾发表《闲来笔潭》一书。书中有吴官正爱人写的一篇文章,透露了吴官正狠批秘书的一件小事。吴官正在江西工作时,到筷子厂视察,临走时,厂里拿了四扎筷子②给秘书,秘书实在推辞不了,把筷子放进包里。不料被站在远处的吴官正看见了,"你拿了什么东西?赶快送回去。"秘书挨了一顿狠批。对于秘书的操守,1986 年的《规定》要求:"秘书工作人员协助领导同志处理问题,必须实事求是,公道正派。秘书工作人员不得违背组织原则插手人事问题。要维护领导机关之间和领导同志之间的团结,不得传播、泄露领导同志讨论工作过程中的各种意见和尚未正式做出决定的问题。"但与

①　杜军:《现代秘书素养》,长春:吉林人民出版社,2013 年,第 77 页。
②　一扎十双。

国家高层领导对秘书的严格要求相比,一些地方领导的秘书不仅表现得有所依仗、有恃无恐,甚至成为"权力掮客""贪腐掮客"。

秘书人员的特殊角色,决定了他在廉政建设中负有十分重要的职责。"尽管秘书部门是清水衙门,不直接管钱管物,但由于所处的地位特殊,在领导身边工作,最接近权力中心,说话有一定的权威性和影响力。因此要求秘书人员在廉政、勤政上率先垂范,不谋私、不谋官、不为名、不为利,甘清贫,保廉洁。"①

第三节　落实秘书工作制度为本

随着社会主义市场经济体制的不断完善和改革开放的不断深入,当今社会对秘书人员的职业道德提出了新的要求。秘书人员的职业道德建设离不开科学体系的道德体制,而相关约束机制是规范秘书人员管理和服务行为的最终保障。现阶段存在秘书职业道德建设不够理想问题,一个重要的原因就是缺乏规范性的管理制度,没有完善的道德建设体制和相关约束权力机制,从而使秘书职业道德建设流于形式,得不到社会的重视。因此,不能用呼喊"口号"的方式来推动秘书职业道德的建设,唯有将秘书职业道德建设体制和相关约束机制建立健全,才能取得新突破。党中央在 2014 年 3 月发布《党政领导干部选拔任用工作有关事项报告办法(试行)》规定,提拔任用领导干部的秘书,在做出决定前应征求上一级组织(人事)部门意见,这就尽可能杜绝一些领导喜欢亲自提拔指定秘书的现象。

腐败产生的根源是国家相关规定的"落空",党的十八大以来,中央多次对秘书配备提出要求。2013 年 6 月中央政治局专门提出,"统筹制定领导干部秘书配备标准"。十八届三中全会《全面深化改革若干重大问题的决定》要求,"规范并严格执行领导干部工作生活保障制度,不准违规配备秘书"。1980 年中办发布《关于中央领导同志机要秘书工作的暂行规定》明确,正省部级以上领导可以配专职秘书,而正省部级以下领导配备专职秘书皆为违规行为。但现实中,副省级、厅局级以至于县处级官员,都大量配置了专职秘书。在 2003 年四川就规定,市县领导不配专职秘书,仅半年内,全省就取消了市、县领导专职秘书近2000 名。2005 年四川省委办公厅又发通知,要求再次清理领导专职秘书。其后,安徽、内蒙古也出台了相同规定,其中内蒙古赤峰市红山区一次性就取消了区内 11 个县处级党政领导的专职秘书。

---

① 杜军:《现代秘书素养》,长春:吉林人民出版社,2013 年,第 80 页。

　　对于挑选秘书的标准,1980 年的《暂行规定》提出要求:"必须挑选成分好,政治历史清白,社会关系单纯,政治上绝对可靠,作风正派,身体健康,具有一定工作经验和一定政治、文化水平的党员干部担任。"1986 年的《关于加强县以上领导机关秘书工作人员管理的规定》明确要求,"领导同志的秘书,应由组织部门会同领导同志所在部门的办公厅(室)审查调配。领导同志也可推荐,但要经过上述部门审查同意,个人不得指定自己的亲属和不适合做秘书工作的人员担任秘书。"中央层面秘书配备很正规,但地方层面有时是名义上由组织配备、审查,实际上由领导自己挑选,领导看上谁,就选其到身边担任秘书。如陈希同的秘书陈健,起初只是一个机要通讯员,学历不高,但乒乓球打得好,经常陪陈希同打球,加上办事机灵,被陈希同选为领导秘书。

　　最典型的是"河北第一秘"李真。《半月谈》曾撰文指出,李真可"分享"时任河北省委书记程维高的决策权,有能力左右河北省官员的升迁,甚至涉及省级干部的升迁。有位老干部揭露,李真在位时,让谁当厅级干部,写个条子就能解决;让谁当处长,打个电话就行。不少落马秘书都是"贪腐掮客"。如淮南市原市委书记陈世礼,据中安在线报道,其秘书王传东多次安排他人与陈世礼见面,为他人在工程承包、产品推销、企业并购、项目规划、招商引资等方面提供便利,自己从中获得好处,先后七次非法收受他人人民币 46.8 万元、美元 0.2 万元、购物卡 2.4 万元。还有副国级干部成克杰的秘书周宁邦,央视《新闻调查》曾披露,当年成克杰和李平的不正当关系被成克杰的爱人发觉后,周宁邦安排二人在自己的车里密谈,商量各自离婚后再结婚的问题。周宁邦还为李平出谋划策,"现在结婚不现实,没有什么经济基础,不如趁成克杰在位时赚些钱,为将来的生活打好基础。"

　　为个人谋取私利的秘书更不在少数。新华网的报道指出,深圳市原副市长王炬将两个原秘书蔡建辉和张焱分别晋升到市国土局规划处处长、市政府办公厅正处级干部岗位。以王炬为靠山,二人为开发商审批"排除障碍",收取"关照费"。还有王宝森秘书闫振利,曾以私人名义从北京市海淀区财政局拿走 20 万元的支票,说"到时候由市财政局还"。领导干部的配偶、子女、秘书、司机等"身边人"在近几年的反腐斗争中逐渐暴露出来。"落马官员"走向贪污腐败之路,往往离不开"身边人"的影子。

　　官员与秘书常前后脚落马。不少领导将提拔秘书作为对其服务多年的奖励,而提拔过程则采用"空降",规避组织审核、监督程序。近年来,官员与其秘书前后脚落马的例子也时常见诸报端。比如陈希同与秘书陈健、王宝森与秘书闫振利、陈良宇与秘书秦裕、谷俊山与秘书乔希君、刘铁男与秘书王勇等。持续多年接连发生的高官秘书贪腐案件,引发了对"秘书腐败"的关注。不少学者撰文指出，秘书成为"升迁捷径"等乱象，不少领导将提拔秘书作为对其服务多年的奖励，而提拔过程则采用"空降"，规避组织审核、监督程序。"上海第一秘"秦裕就是"空降"，2006年7月6日"空降"到上海市宝山区，任区委副书记，7月25日正式就任该区区长。他但正式上任后就被调查、免职，被称为"一个月区长"。海南省原副省长冀文林、四川省原省人大常委会副主任郭永祥，也是"空降"。2010年10月，冀文林从国土资源部办公厅主任岗位，"空降"海口，任市委副书记、副市长（正厅级），2013年1月升任海南省副省长，时年仅46岁，而10年前，他还只是一名正处级秘书。20世纪70年代中期到80年代，郭永祥曾担任胜利油田党委办公室秘书。2000年1月，他也是从国土资源部办公厅主任"空降"四川，任省委副秘书长（正厅级），2002年12月就升至四川省委常委、秘书长，其后担任四川省副省长、省人大常委会副主任等要职。与其他岗位相比，秘书岗位接触面广，很能锻炼干部。因此不少秘书出身的官员，转型后都在所在岗位发挥了重要作用。不能独立地看待、分析秘书腐败现象："一些领导秘书腐败，一方面在于领导，比如领导个人违纪违法，放任秘书的行为；一方面在于秘书个人，蒙蔽领导，拉大旗，作虎皮。事实上，还有很多领导对秘书严加要求，还有大量秘书出身的优秀领导干部存在。"

据统计，秘书出身的现任高层领导干部有山东省常务副省长孙伟（曾任吴邦国秘书）；国家税务总局副局长丘小雄（曾任温家宝秘书）；国务院发展研究中心主任李伟（曾任朱镕基秘书）等。国家体育总局原局长伍绍祖就曾当过国家副主席王震的秘书，他撰文回忆说，"虽然在这个岗位（王震秘书）的时间不长，只有三年零两个月，但受到的锻炼却不少。王震同志是我的第二位社会老师，也是政治老师。1975年，张爱萍同志回到国防科委工作，王老把我推荐给他，还亲自写了一封信，说让我去了以后不要当大官，要从最低的职务干起。"许耀桐强调，早些年秘书腐败不在少数，但十八大后反腐力度超过以往，秘书群体并非腐败多发、高发群体，"究其根源，秘书腐败的本质问题还是对领导干部的权力如何约束，秘书的所有权力都来自于领导。随着我国反腐力度的加大、反腐的制度化建设，秘书腐败现象也会淡化，得到治理"。

如何防止秘书腐败现象的蔓延？首先要把好闸门，筑牢思想防线的基础。一些腐败秘书说，本不想腐，可诱惑来了还是把持不住，缺乏应有的定力，诱惑之风一吹，自然动摇。没有理想信念，秘书容易"缺钙"，得"软骨病"，很难把好世界观这个"总开关"。其次，要树立警惕意识。很多秘书放松了警惕，被糖衣炮弹所击中。因此秘书在高官身边，就需像高空作业一样，有一套自我防护制度和办法。第三，要确立规矩意识。没有规矩不成方圆，要防腐，秘书必须时时遵纪守法，尤其是遵守党纪国法，决不容许在党内另搞一套，培植私人势力，搞非法组织活动；更不允许秘书干政，牟取私利。第四，保持名节意识。"尚名节而不苟取"，是从古至今秘书为人的一大法宝。秘书需要修身养性，"忽以善小而不为，忽以恶小而为之"，强调慎微，"道自微而生，祸自微而成""不虑于微，始成大患"。最后，提高敬畏意识。古代秘书们在位置上，战战兢兢，恪守职责，"畏法律，保禄位而不敢取"。秘书敬畏誓言，敬畏名誉，敬畏组织。公则民不敢慢，廉则吏不敢欺。公生明，廉生威。"其身正，不令而行；其身不正，虽令不从"。

清末何启、胡礼垣曾说："中国于受贿一节，办法为天下之至严。而终无以清其源、绝其流者，则非意之不美，而实法之未良。"①秘书反腐，必须从制度上加以改革，使他们不敢腐、不能腐和不想腐上下功夫，着力健全选用秘书管理秘书的有关制度。

第四节　增强秘书法制意识为用

公共权力只要存在，就有异化的可能；公共权力失去监督和制约，就必然异化。《周礼·天官冢宰》曰："以听官府之六计，弊群吏之治：一曰廉善，二曰廉能，三曰廉敬，四曰廉正，五曰廉法，六曰廉辨。"那时就开始关注和重视官吏们的廉政问题。对于每日要处理大量政务的齐国宰相管仲而言，廉政反腐更有深层次的体会与感悟，他总结道："礼义廉耻，国之四维，四维不张，国乃灭亡。"目前秘书公共权力异化主要存在以下几方面：（1）监督主体的多元化，有人大、司法、党内、群众和舆论监督，多管处理，甚至形成监督漏洞；（2）注重事后监督、采取追惩监督，没有从事前预防和事中监督入手。（3）监督机关缺乏应有的独立性，有些监督部门属于地方政府，没有人、财、物的调配权和任命权。当然，国家法律威慑力的降低，一方面是司法权力的异化造成的，另一方面也是国家法制不够健全的结果，但是无论何种原因，由此而助长了秘书官公共权力异化现象的增加却是有目共睹的事实。

"有这样一个事例，一位政府秘书长因受贿触犯刑律，受到党纪国法的应有惩处。他在铁窗之内，对党的建设和干部管理工作提出了三点'抱怨'：一是领导干部的组织生活不正常，失去来自党的基层组织的监督、帮助；二是缺乏谈心机会，大量的思想活动没有一定的方式和机会谈出来，没有说心里话的场合和气氛；三是组织部门对干部的考核流于形式，不对有问题的干部及时提出忠告，

① 《新政真诠》；《戊戌变法》第 1 册，第 190 页。

出了事才找,太晚了。他这三点'抱怨',如从各级党组织的角度考虑,怎样切实有效地做干部的教育、管理、调配、考核工作,如何加强组织建设,是有参考价值的。"①

　　加强廉政制度建设和法规建设,是防止和克服党内腐败现象的重要保证。在廉政制度建设上,要建立并完善公开办事制度;建立并完善权力分解和权力交叉制度;在职能相关部门建立相互交叉制度等,最终使权力的行使规范化、制度化,对已有的廉政法规要坚决贯彻,切实做到依法办事。"当前还有必要制定并完善一些行业法规,以便于行业管理制度化、法制化,减少以至避免人治堵塞权力滥用的空子。同时也要通过法规建设对一切腐败行为实施严厉的法律制裁,以利于提高全党和全社会反腐败的整体社会功能和综合效应。"②在实施上述制度和法规的过程中,我们秘书工作人员须以身作则,切不可帮倒忙,一定要切实发挥为各级领导当好参谋助手和监督执行作用,可以肯定地说,在这方面我们广大秘书工作人员是大有用武之地的。秘书人员除了要管好自己,还要管好服务对象。

　　积极探索并解决党内外群众直接或间接参与反腐防变斗争的途径和方法,采取多种行之有效的举报、检举等传统方法,充分发挥群众监督、参与及威慑作用,还有党内若干年采取自上而下的反腐专项内容的整党整风活动。加强社会主义民主法制建设,建立并完善人民群众对人民公仆直接行使监督制度,使群众的监督、检举逐步形成制度化、法制化。各级秘书人员,除了管好自己外,还有一项重要任务,就是管好服务对象的上司,切实保证自己和领导均不腐败,凡是要求下级和群众做到的,自己首先应该做到。

　　正确处理权力与权利的关系,是法治解决的核心问题,也是坚持严格执法公正司法、提升法制公信力的首要问题。当前在"三办"过程中,有一些秘书和秘书官吏仍然存在特权思想、滥用权力、损害群众合法权益的问题。权为民所赋、权为民所用,是我们秘书应当树立的权力观。一切权力属于人民,权力是由体现人民意志的法律授予的,行使权力决不能超越法律底线,凌驾于法律之上。规范权力运行、依法保障权利,这是民主法制的基本要义,也是反腐的关键所在。权力运行要遵循"法无授权不可为,法定职责必须为"的原则。有的秘书认为自己办的是公事,只要出发点是好的就没有关系,不顾法定的依据、程序、规则,结果导致违法乱纪。法律制度面前无例外,没有因公因私的区别,绝不允许任何人以任何方式任何形式以言代法、以权压法、徇私枉法。有权必有责,用权受监督、失职要追究,不受制约的权力是任性的。秘书要坚持把主体责任和监

---

①　杜军:《现代秘书素养》,长春:吉林人民出版社,2013年,第109—110页。
②　杜军:《现代秘书素养》,长春:吉林人民出版社,2013年,第156页。

督责任牢牢抓在手上,扛在肩上,切实增强落实"两个责任"的思想自觉和行动自觉,细化分解任务,完善反腐制度机制,强化监督执纪问责,全面加强党的纪律建设、作风建设和反腐倡廉建设。秘书也要加强理想信念教育,筑牢党风廉政建设思想之基,严明党的政治纪律和政治规矩,以高度的政治自觉模范践行党章和党内政治生活准则。

　　领导规范秘书角色行为,对一些原有规范不合理不完善之处,要逐步进行清理,建立一套秘书行业认可和严格履行的规则,包括秘书的权力、权限职责和处理各类问题的程序等。规则是秘书工作中最高权威,秘书有权拒绝执行不合规则的合理化建议,但须无条件地服从合乎规则的决定。建立职能分工、分层权力结构,每一位秘书处于某一权力层次上,既接受上级管理,又监督上级管理;既拥有管理下级的职权,又接受下级监督,以此增加组织内部的权力控制点。此外,秘书还要严格区分公务与私事的区别,将权力依附于职位,而不依附于具体个人,维护规则的尊严,保障规则的实施。秘书除了必须具备政治规范外,还要执行秘书廉政规范。要提高秘书的法律素养,其中包括法律知识、法律意识、法制观念、法律践行等。作为秘书本身,属于管理阶层,理应掌握一定的法律法规知识,在法律内行使职权,成为一名忠实的守法、护法、执法者。

第十九章 秘书心理文化论

对于秘书人员来说,他们了解自己的气质特征,认清自己气质的长处和短处,有利于他们在工作中扬长避短,展现自己气质中优良的特质,从而获得良好的工作实效。由于当前在机关企事业中,秘书往往所处枢纽中心,事务繁忙、信息聚集、文山会海,再加上是各种矛盾、纠葛的汇聚点,因此秘书们极易引发各种职业心理问题,这已成为当今我国秘书行业中普遍存在的问题。为了适应时代的发展和秘书工作发展的需要,提高秘书人员的心理健康具有十分重要的现实意义。

第一节 秘书必备的心理素质

气质是一个人心理活动和行为动作的强度、速度、稳定性、灵活性、敏捷性以及对外界刺激的耐受程度等心理特征的综合,是人的稳定、典型的个性心理特征。心理学把人的气质分为四种类型,即胆汁质、多血质、黏液质和抑郁质,这四种气质分别呈现出不同的心理特征,并对人的行为方式、情感态度、工作效率和社会交往等产生着不同的影响。秘书工作是一种较为特殊的职业,秘书人员是各级领导的参谋和助手,其工作是整个领导工作的一部分,其工作质量直接关系到领导工作的实际效果。因此,秘书人员要求有较高的心理素质。

秘书人员的气质是其心理素质的重要组成部分,不同的气质特征,对其所从事的实际工作有着不同的影响,并能产生不同的效果。秘书人员要思维敏捷、反应灵活、情绪稳定、耐受力高、应变能力强、精力充沛、善于交际等,这些气质特征往往能使秘书在复杂、艰难的实际工作中应付自如,并常常能使工作取得出色成就。然而在现实中,许多秘书的气质并没有达到以上所述的完善程度,他们所具有的气质类型中,既表现出该气质类型的优点,也表现出该气质类型的弱点,有些甚至综合了两种以上气质类型的弱点,这些弱点影响了他们的工作热情和能力的发挥,增加了工作的阻力,降低了工作效率,有的甚至不适应社会的需要,使秘书工作成效不尽如人意。要改变这一局面,秘书应充分了解自己,根据自己气质类型的实际,主动地扬长避短,加强锻炼,使自己的气质不断完善,使之有利于秘书工作的高质量完成。

秘书人员的气质优化,应根据不同的气质类型提出不同的具体要求。一般而言,胆汁质的秘书应发扬工作上精力充沛、热情高涨、雷厉风行、敢想敢干的优点,并保持不怕困难、勇于拼搏的可贵精神,但要努力克服粗枝大叶、工作不细、方法简单粗暴等缺点,工作中要学会多动脑筋,"三思而行",讲究工作方法,增强工作耐力,自始至终地干好每一件事情。秘书在情绪上要戒骄戒躁,不狂不怒,尽力保持心境平和,性情稳定,增强意志控制力。秘书与人交往时尽量避免感情用事,意气用事,遇事冷静思考,不可盲目"放炮",伤害他人。此类型的秘书有时难与上司协调合作,使工作无法开展,应注意加以克服。

多血质属活泼型的气质类型。此类型的秘书一般思维敏捷,反应灵活,工作能力较强,较容易适应新的环境,接受新的事物,并容易产生具有独到之处的新思想、新观念,是上司的好参谋,在接受上司交给任务时很痛快,千方百计地积极完成,并时常出现创造性成果。但是该类型的秘书,在工作遇到困难时,不易坚持到底,缺乏持久性。因而此类型的秘书,应注意培养持之以恒的精神,培养兴趣的稳定性和工作上的专注性;不能忽冷忽热,凭兴趣和情绪干事;在人际交往上,应发扬积极主动、乐于助人、热情大方的优点,建立起秘书工作所必需的公关网络;但要注意克服喜出风头、妒嫉心强、瞧不起人等缺点,注意与上下级、同级之间保持良好而稳定的关系。

黏液质是一种平稳、安静型的气质类型。黏液质的秘书容易养成自制、镇静、安静、不急躁、忍耐力强的品质,但也容易对周围事物冷淡,不够灵活,不善交际。黏液质的秘书人员,在工作上一般兴趣专注持久,思想稳定,责任心强,能吃苦耐劳,扎实能干,这些都是秘书工作所必需的优良品质。但是黏液质的秘书必须克服保守思想,增强创新意识,要注意多学习新知识和新观念,多接受新事物,增加对外界事物的感受性和思维的敏捷性与灵活性;要既当"老黄牛",也会做"智多星",尤其在当下新媒体时代,更应有意识地培养自己的社会适应能力和灵活应变能力;在人际交往上,要宽容大度、谦和谨慎,但要注意主动交往,热情待人,学会在集体中做到热情开朗,落落大方,学会在交往中丰富知识,获取信息。

抑郁质的秘书在工作上要发扬观察事物敏锐、思考问题深刻、想象力丰富等优点,并保持认真负责、一丝不苟的优良作风。但应注意学会全面、灵活、辩证地看问题,避免陷入狭隘、刻板的思维方式,在秘书工作中还要注意开拓进取,富于创新精神,及时和大胆地向上司献计献策。抑郁质气质类型的秘书,一般感情丰富,观察细腻,多愁善感,情绪体验深刻,容易因一点小事而陷入忧心忡忡、疑虑重重的不良情绪中,内心较脆弱,易受外界的不良暗示,经不起挫折与打击;有较明显的胆小、孤僻的个性心理特征,不愿也不敢主动与人交往,有什么心事不愿说出来,常常独自忍受痛苦。这些都是抑郁质气质特性中的弱点,应注意加以克服。随着现代社会的发展,秘书人员的心理素质要求越来越强调智慧灵活、善于交际、乐观细致等品质。事实上,在庞大的秘书队伍中,仅具有某一种类型的秘书并不多见,大多数秘书的气质都是两种气质类型的混合体。

现在企业制度的建立,是现代经济高速发展的必须,同时也对企业秘书工作提出了更高的标准。与传统意义的秘书相比,现代企业秘书处于各级管理系统的中枢,由于其自身角色的特殊性、所从事工作的复杂性,因而自然对秘书素质提出"全才""通才"的更高要求。职场中愈加复杂的人际关系、公共关系等,常常给秘书带来沉重的心理负担与压力,若不及时调整,将影响秘书工作效率和工作效能,后果不堪设想。"心理健康包括这样一些因素,具有完整和谐的人格、稳定的情绪、较好的自控能力、充分的安全感、明确的生活目标和一定的上进心。"①一般而言,秘书心理有两大类型。其一是良好的秘书心理,能给企业秘书充分发挥知识技能的保证,它带来积极的效应,在秘书工作中成为一种巨大的推动力量。如果一个企业秘书的心理状态稳定,就会表现出镇定自若的情绪,即使在工作异常繁忙的情况下,也能有条不紊、高效地完成领导交给的工作任务。其二,当企业秘书出现不良心理时,他们如果不能及时调适,就会产生恶性循环,导致工作不能正常开展。秘书们工作上的不顺、受挫,又会使原有的不良心理加深,陷入心理情绪紊乱的泥淖中而不能自拔。

不良心理以消极性为特征,它会压抑秘书的感情、弱化秘书的生活和工作信心。如果长期得不到解决,就会产生内心矛盾冲突、人际关系不和谐、工作不如意等问题。一个心理不稳定、情绪低落的秘书是很难把某项工作坚持不懈地做好,因而从中可以看出心理素质具有何等重要地位。秘书不良心理主要表现在以下几方面:

首先,秘书的压抑、忧郁心理。企业秘书从事的大多是单调琐碎的工作,查资料、找内容、寻项目、接电话、写报告、提建议、答疑问……然而很多事情往往会出现意想不到的结局,甚至会出现事与愿违。同时会在遇到突发事件时不知所措,丧失随机应变的能力。有时秘书所处地位特殊,很容易接触到"高大富"

---

① 季水河:《秘书心理学》,上海:复旦大学出版社,2007年,第239页。

人群,结果处处与他人攀比,导致心理失衡。甚而有些秘书常常把自己与领导的政治待遇、生活待遇、办公设备、通信档次、交通车辆等进行攀比,造成"人比人气死人"的不良后果。"忧郁即忧伤郁闷,是一种消极心理现象,也是一种常见的心理疾病。"①当遇到领导不信任、群众不理解时,经常怨天尤人,无缘无故地自忧自叹,因微不足道的小事而烦躁不安,进而产生失落感。时间一长,态度冷漠、情绪低落、工作热情下降,严重者郁郁不乐、萎靡不振。

其次,秘书的焦虑、恐惧心理。秘书有些自身素质不高、能力不强而没有完成任务,容易形成焦虑心理;还有一些女性秘书在从事了一段秘书工作后,得不到升迁,结果就产生"我能一辈子从事秘书工作吗"的疑问,引起不安、情绪低落,产生危机感和焦虑感。"焦虑是个体对环境即将出现的变故或需要做出的努力,在主观上引起紧张和一种不愉快的期待情绪,包括自尊心的损伤、自信心的丧失、失败感、愧疚感以及相互交织的不安、忧虑甚至惊慌的情绪状态。"②

第三,秘书的疑虑、自卑心理。"疑虑是人对事物缺乏根据的怀疑及顾虑,是'想把事情做好并给他人留下美好印象,但又怀疑自己能否做到'的一种情感体验。"③疑虑是自卑的前提,心理上极度不安全,时常怀疑领导对自己的不信任、对自己的不理解等。疑虑造成秘书人际关系紧张,并使自己处于一种不安、惊慌的心理状态,精神上痛苦不堪。

第四,秘书的依赖、狂躁心理。依赖心理是一种完全依靠别人而不能自主和自立的不良心理。有依赖心理的秘书,往往唯上是从,对领导一味地顺从、依从和盲从,即使领导错了,也不会提出异议。秘书完全处于被动状态,不能正常发挥主观能动性,没有正确理解被动中有主动的秘书工作特征。个别秘书有时出现狂躁心理,常常出现激烈争吵、漫骂、推翻方案等,如 2006 年 4 月 EMC 大中华区总裁陆纯初和他的高级秘书瑞贝卡因工作上的琐事在邮件中发生了激烈的争吵,从而导致后者被迫离职。事实上瑞贝卡反应过激,近于狂躁,心里有阴影。

第二节　秘书夙愿科考不愿做幕友

中国文化的本质是重本土文化,安土重迁,这也是儒家文化的内在本质;除此之外,还有一种文化就是迁移文化,秘书在这两种文化现象中都做出了自身

---

① 季水河:《秘书心理学》,上海:复旦大学出版社,2007 年,第 289 页。
② 朱小旋:《试谈秘书的自我心理调适》,《广东工程职业技术学院学报》2009 年第 1 期。
③ 戴维·迈尔斯:《社会心理学》(八版),侯玉波等译,北京:人民邮电出版社,2006 年,第 429 页。

贡献。尤其是后者,往往被正统的历史学家所忽视。明清之季大量科考不第者由于自身难以承担养家糊口的重任,就不得不加入了文化人流民的行列,或做私塾学馆教员,或远离他乡佐治入幕。幕友就是一种文化人自愿从事流民生活的模式,它不属于主流文化,难以登上大雅之堂。

秘书职业的特性在于充当配角,为上司服务,然他们中不乏才气者,为难以金榜题名、出人头地而悲抒空怀抱负之恨叹。他们选择幕友这一职业,大多属无奈之举:有的为生计所迫,有的依傍权势,有的作投靠亲友糊口之地,有的作复习迎接科考之栖地。然而,隐藏在人生表象背后的那颗跃跃欲考、不安躁动的心,便是文人们不甘于幕友平庸、金榜升官张扬的曲折心态映射。

科举制这个深刻地改变了文人命运的制度,虽创建于隋,但实施起来是唐,大盛于两宋及明清。科举制的出现,标志着贵族政治趋于终结和官僚政治趋于完善。它以考试面前人人平等的原则,将孔子"学而优则仕"的尚贤主张变为现实,从而对中国古代士人的命运发生了决定性影响。所谓"朝为田舍郎,暮登天子堂",以及"大登科金榜题名,小登科洞房花烛",既是迷梦,也是现实。少数士人因为科考而扬眉吐气并施展抱负。

科举制乃是一种国家统一文化考试选拔官吏的制度,它在原则上是以文化考试成绩为唯一的标准。正是这一点,它既有别于两汉察举之重德甚于重才,又不同于魏晋南北朝九品官人法之重门第甚于重德才,从而造成中国古代选官制度划时代的变革。唐开元二十六年唐玄宗下敕:"孝悌力田,风化之本,苟有其实,未必求名。比来将此同举人考试词策,便与及第,以为常科,是开侥幸之门,殊乖敦劝之意。自今已后,不得更然。"①唐武德四年始下敕开进士科取士。因文学词科取士,任秘书省成为"常制",此后改为进士科为"常制"。科举制下,士人命运具有极大的可变性。一般而言,在贵族政治和商品经济不发达的社会条件下,人们的命运相对变化小些;而在科举官僚政治和商品经济比较发达的社会条件下,人们的命运相对多变,这就造成唐以后社会上颇多变态发迹的新世局。我国古代小说,唐以前多写神灵怪异,唐以后多写世态人情。这是因为在科举制和商品经济发展的历史条件下,人的命运遽然多变;而在贫富贵贱的变化中,世情之淡薄尤为令人心寒。故从唐宋以后,人情世态逐渐成为小说家关注和描写的重心。盖一切人皆在命运轮转中和世情冷暖中深受煎熬之苦也。

古代不少文人在考科失意、生活困顿、无所适从时,都纷纷离乡出走,受聘幕宾,以求得生路,这是古时士者为摆脱贫困而选择的较佳途径。我们若细心地审视蒲松龄前期所走过的道路,就会发现他有一段从事幕友的经历和薄游的

---

① 《登科记考》卷八。

录载。那是康熙九年(1670)蒲松龄在科考无望之下,再加上生活困顿,"况遭天年凶,粟粒等夜光,谁肯当此机,剜肉医人疮。"面对窘况,他接受同乡并比他年长 10 余岁的好友孙蕙之聘,先后到宝应、高邮两县府去做短期幕宾至次年秋谢聘,时间正好一年。探究蒲松龄一年秘书的经历,折射出文人入幕的心迹情态,对我们不无启迪,引人思索。

首先,古代文人虽然可以去做幕宾、学馆,但这仅是中策抑或是下策,而上策仍然是重视科举进仕。古代文人认为这才是士人唯一的出路,从而构成对待幕宾的真实心态与取舍的价值之原委。蒲松龄在《诗集》中就反映了他做幕友的心态,"江湖万里泪沾襟""羁旅经身清心减";但科举之心依然未泯,"消磨未尽抵雄心"。据史料记载,有次蒲松龄与主官孙蕙在宝应县府里交谈时,孙蕙问他:"在古人中你可以和谁相比?"蒲松龄顺口拟制一诗以做回答:"重门洞豁见中藏,意气轩轩更发扬,他日勋名上麟阁,风规雅似郭汾阳。"足见他终身的愿望就是"勋名上麟阁"。

在古代士中,科举入仕成为政府官员,就处于主动、支配他人的地位;而作幕则处于下势位置,为上司服务,其工作具有从属性、被动性。幕友既是国家政治权力的一部分,又不是真的领导者。他们既周旋于统治者、领导者眼前,为他们服务,又置身于统治者与被统治者之间,是一种主宾朋友关系,也是金钱雇佣关系。清代有一个不成文的规定:各级地方官员均可自己出钱聘请师爷。清代 1358 个县、124 个州与 18 个省的布政司、按察司、巡抚、总督各个地方衙门,以及朝廷六部、大理寺、理藩院、詹事府、都察院等中央机关衙门中,每个衙门均请了大小不等的师爷,形成了不亚于正式官僚队伍的庞大群体。幕宾是清代政治的参与者,他们又是附着在封建政治肌体上的吸血者。官员延聘幕友的岁脩支出,依靠不合法的耗羡①,养廉银②而滋生。有些幕友本人虽然洁身自好、体察民情、抗灾救赈,如蒲松龄等;但总的情况看,不少幕友实为主人腐败贪污的帮凶。幕风是由该时代官风所决定的,清代政论家包世臣《说储》所云:"夫幕友,大抵刻薄奢侈,贪污无耻之辈,长恶图私,当事人莫不知也。"清末思想家郑观应在《盛世危言》中曾说:"其刑名幕友中,劣多佳少,往往亦把持公事,串通差役,挟制居停,作威作福之处,不可胜言。"可见一个正直的士人是不愿在不良幕风之下从事幕宾工作的,蒲松龄不到一年就匆匆告退,虽主官一再挽留,然其去意已定。一些立志科举的有才华者不屑于作幕,觉得寄人于篱下,大材而小用。

其次,入幕的经历对准备科举考试的文人来说,并无多大益处,而且从某种意义上说,浪费时光,耗费才气。蒲松龄的入幕经历并没有对他温习科考、夺摘

---

① 指外快。
② 多余征收。

桂冠产生多大的影响,而且当时虚浮滥制的公牍对他文学才气也无多大作用。他在《试读》一诗中谈道:"幕中不衡文,凭数为成败。"作幕除办公事外,还须会撰写公文。然而不管公文写得如何四平八稳、严密庄重,符合一套行文规则,但与科举考试要求还有相当一段距离,这也造成了清代幕友大多默默无闻、甘愿做配角,甚而老死其幕宾职位的悲惨境地。所以古代有志向的文人,立志金榜题名,以实现自己的夙愿。

第三,因为上述两点原因,许多文人在晚年时对自己过去曾作幕的工作经历,都持有一种鄙弃的态度。譬如蒲松龄曾先后在宝应、高邮等县作幕,以及后来薄游扬州等经历,前后十年光景。对这十年他在晚年时常常长叹与喟惜:"浪迹十年湖海梦。"①"独上长堤望翠微,十年心事计全非。"②认为作幕,是与自己夙愿相违背,是一件"与心违"之事,蹉跎岁月,实乃无奈之举,感到悔恨与惋惜。

读书人"自古华山一条路"是做官,清代读书做官金字塔的基础是数以千万计的识字读书人。他们通过县官主持的每三年两次的"县试"成为生员,全国生员总数为300多万;知府主持的"府试"成为"秀才"。各省学政每三年主持两次"院试",若考取就成为一名"举人"。秀才就可免去差役,见长官可不下跪,成绩好者可有政府的赏银,进入"绅士"阶层。全国举人为近50万人,录取比例为1%—2%。以后他们若参加省府五贡考试③获胜者,就成为贡士,录取比例为1%,全国只有1400名贡士。贡士再经皇帝亲自主持的殿试就成为进士,每次只录取二三百人。全国历年进士的总人数大约在2500名,构成士大夫阶层的核心。而这个金字塔的顶尖是每次会试、殿试中的佼佼者——十几名翰林学士。从几百万读书人只能出一万人左右的官吏,可见读书做官跳龙门之艰难。《儒林外史》中马二先生劝告匡超人云,读书人"总以文章举业为主,人生世上除了这件事就没有第二件可以出头。不要说算命、拆字是下等,就是教馆、作幕,都不是个了局。只有本事进了学,中了举人、进士,即刻就荣宗耀祖"。不过跳不进龙门,最佳的就只有教馆、作幕这两条路了。

《佐治药言》其首就称:"士人不得以身出仕,而佐人为治,势非得已。"大多数幕友都是功名不就才转而作幕的,自己不能"主治",只得为人"佐治"。虽然是不得已,但毕竟在衙门府第内办公做事,又收入稳定,故也是读书人所去之处。"吾辈以图名未就,转而治生,惟习幕一途,与读书为近,故从事者众焉。"

为从事"幕友"职业而惋惜,恐怕与中国几千年积淀的文化心理有关。中国古代士者大多怀抱经世之志,以天下为己任,把"格物""致知""诚意""正心"作

---

① 《舟过柳园同孙树百赋》。
② 《堤上作》。
③ 即恩贡、拔贡、副贡、岁贡、优贡。

为修身齐家治国平天下的基石,由己及人,自我塑造。换言之,士者要有远大的志向,有鸿鹄之志,有博大的胸襟。"鸿鹄高飞,一举千里;羽翼已就,横绝四海。"形成了士者"达则兼济天下,穷则独善其身"的精神内核。但是从传统社会来看,由于受孔子"学而优则仕"及"官本位"思想的影响,个人要实现治国平天下的人生价值,仿佛就只有走从政当官这条途径。从而影响中国古代众多的士者去科举考试,争得从政,把从政看作人生的最重要的价值取向。重科举、轻文牍;重官吏,轻幕友;重政务,轻技艺……这些经世思想历经千年之积淀,转化为一种士者的心理定式,这就是影响文人士者从幕、入幕的价值取向与鄙弃的心理。

第三节 秘书角色正负心理效应

秘书角色即秘书社会角色,是秘书在一定社会关系中所处的社会地位及其所要求的行为模式。秘书角色主要包含秘书与领导的社会关系,以及秘书在领导活动系统中所处的社会地位。秘书角色的社会特征表明了秘书角色在领导活动中所处的服务地位,同时也揭示了秘书在其服务过程中对领导及领导活动产生不同程度的影响,从而构成秘书角色社会的特征是:为领导工作提供从属性、综合性、直接性和辅助性服务。

秘书在服务过程中必然产生不同的心理反应,包括正面与负面的心理效应。首先,我们探讨秘书角色行为的正面心理效应。一方面,秘书对领导可能起"叠加良性"的正面效应,从心理学的观点看,这种正效应是公众对秘书角色的期待与要求。因为秘书对领导工作能起积极补偿、促进作用的话,那么,秘书所从事的职业工作将会得到社会的认同和赞许。这一问题我们应从两个方面来看:其一,从秘书所处的特殊社会地位看,秘书是沟通职能部门之间的联系,搞好上下贯通、内外联络,是各部门下属机构同步运转的"总调度",对上是领导的参谋助手,所提建议将以大局为域;对下是领导的"代言人",讲话办事代表着领导的意图,具有优越性心理和代言人角色。其二,从秘书所起的特殊作用来看,秘书在上下级、领导与群众之间,单位与外部之间,起着桥梁、纽带和枢纽作用。他们是领导依靠的"外脑",事业的好帮手。如果处理得好,领导信任、群众满意、自己慰藉,进而在公众的心目中,形成心理上的"叠加良性"心理效应。

其次,我们从另一方面考察,其带来负面的心理效应作用。秘书与领导、群众、各部门、外部公众等的正负效应是从服务对象来划分的。其实,秘书对这些对象都是采取服务的态度,具有特殊的角色身份。之所以产生秘书的负效应,主要是由于秘书的角色定位不当、角色功能发挥不正常所致。从总的情况看，秘书角色的负效应主要表现在两个方面：其一，角色的冲突。有些秘书自视甚高，眼高手低，对领导的事指手画脚，私下非议，这不是做好助手补台的工作，而是在做拆台、对手的工作。时间一长，势必造成秘书与领导的冲突，这种冲突有时是正面的，有时是非正面的。结果往往是以秘书的调换、撤职、辞退而告终。其二，角色的混乱。当秘书对本职工作驾轻就熟后，尤其是在取得领导信任后，有些秘书就开始有意或无意越权处理某些问题。当出了纰漏或铸成大错时，秘书们往往拍拍屁股溜走了，而承担责任的又是领导。其中个别秘书因政治素质不高，便借手中部分代办委托之权力，中囊私饱，为所欲为，损害了单位或机构的整体形象。

秘书的心理素养尤为重要，它可以使秘书工作得以更有效、更出色完成。为此，秘书必须具备以下心理素养：

1. 合作心理，也称为"配合心理"。秘书必须与领导、领导群、各种各类人群合作，才能完成组织目标。评价秘书工作，关键是看秘书与领导合作密切的程度，以及合作后产生的直接效应。事实上，秘书与领导可以看成是一个团队，它们是有共同的目的，在心理上有彼此的心理趋同，在行为上能相互合作、相互影响和相互依赖而构成的集体。这里所谓的团队不是个体的简单组合，而是一种有凝聚力的人群结构。团结协作就是不同的单位和个体在同一目标、同一旗帜下凝聚一起，同心同德、协力合作。这就要求秘书在处理单位内外、左右、上下关系时，必须做到和谐、融洽、协调、互助；有气量、能容人，相互宽容，彼此尊敬，相互谅解，不计前嫌；顾大局、识大体。

2. 乐观心理。心理健康的秘书能经受顺境和逆境的考验，胜不骄、败不馁，能顶住各方面的压力，沉着冷静，镇定自如，勇往直前，心胸开阔，充满信心，积极向上。

3. 克制心理。秘书要具有自我反省能力和自我克制能力，控制自己的心理与情绪，自行排解不良心理的影响。

4. 换位心理。这就是要求秘书要常常站在对方的角度来理解问题，设身处地地来思考。如果我们采取换位思考，那么，很多矛盾、纠纷、争执等都容易化解。角色互换后会发现各自存在的不足，从自己角度出发，容易走极端，也没有双方共同接受点，换位心理解决了每人因职业、岗位、经历、背景等而造成的差异与片面。秘书正确行使秘书权力，熟悉并正确理解秘书行为规范的内容与标准，严格身体力行，经常检查自己的行为，反思偏差并寻找原委，真正做到自律、自责、自改、自省。

5. 平等心理。平等事实上是一种民主意识的落实，不低于人，也不高于人，不卑不亢，用商量的口吻、平等的态度、合作的意向来办文、办会、办事。这就要求秘书心平气和、平等相待、一视同仁，工作中同等协助、组织上同等服从、感情上同等尊重、生活上同等照顾；相互尊重，分清职责，掌握分寸，不争权力、不推责任、不越权限；正确处理好领导群之间的矛盾，妥善处理多头领导、多头指示、分歧命令。秘书绝不能感情用事，对待每一位领导都要一视同仁，对他们之间的分歧矛盾，要认真分析，对于无原则的，就采取"和稀泥"方式，独立不倚，不介入、不参与、不表态；对于有原则性的，如拉党结派、封官许愿、培植亲信、帮派斗争、瓜分权力等就要立场分明；有时可采取积极主动方式向上级反映，以求得到有效解决。

尾编

秘书物质文化篇

秘书除了思想文化、制度文化外，还包括了大量的物质为外壳的文化因子，如秘书著作、文房四宝、文书版式、酒茶饮料等，以及师爷博物馆实体、秘书公文写作作品等。这些文化的实物结晶与成果也是秘书文化的主要部分之一。事实上，秘书是一门面向现实、涉及实际的实务性工作与职业，因此它离不开博大精深的秘书物质性文化。本篇我们将注重从酒茶饮料、文房四宝等七方面阐释秘书物质性文化的内涵与意蕴。

第二十章 秘书茶酒文化论

在中国几千年的历史进程中,有两种性质截然不同的饮料先后得到充分的发展并对秘书们的生活产生了深刻影响,即酒和茶。酒的起源甚早,它几乎与文字一样古老,仪狄造酒、杜康造酒等传说,如同仓颉、沮诵造字一样,古老与久远。而茶是我国独创的一种保健饮料,也具有几千年的历史,影响东亚乃至全世界,具有博大精深的文化蕴涵。

第一节 秘书酒文化

其实历代的秘书,在终其一生职业时,往往唏嘘不已,感慨万千。因为秘书作为一种辅助配角,正如常言所说的"红花少、绿叶多",支持、陪衬、辅助、助手……有时甚至遭到诬告、戕害、移罪。此时此状,秘书们每每在不得意、不被理解的情形之下,把平时隐藏在意识深处的"活"的思想,通过"酒"这种特殊饮料释放出来。饮酒能使秘书们心旷神怡,也能使他们忘却现实的烦恼。"但愿长醉不愿醒",表面看来是一种放纵行为,实质是一种自我麻醉的方式。秘书们目睹朝廷的昏暗、无序,以及是非不辨、良莠不分的朝代,表现出一种无可奈何的反应;同时,冷眼观看官场上尔虞我诈、勾心斗角、你死我活的政治权力斗争,显得寒冷而悲凉。他们躲进小楼喝浊酒,以期世上烦事尽已休。

正因常常嗜酒,所以历代美扬的秘书饮酒奇事、趣闻传延下来。譬如唐朝的苏颋,任中书舍人,担任专替皇帝起草文书的重要职员。凡是在朝廷中轮到他值班时,不管需要拟写的文稿数量有多少,他都能应付从容,毫无差错,反倒是替他誊清文稿的抄写者因为来不及工作,往往还请他把口述的速度放慢一点。苏颋唯一的嗜好就是饮酒。唐玄宗刚刚平定国内动乱,欲发布诸多安定民心、治国理政的文告,然一时却找不到合适的撰稿人。苏瓌说我儿苏颋可以胜任,但他嗜酒,不知昨夜有否喝过酒。唐玄宗于是命人找来,苏颋竟然宿酒未醒,被人架着来到皇帝面前,勉强行礼朝见,却在殿前呕吐起来。玄宗没有动怒,吩咐左右让他躺下,还亲手为他盖上被子。苏颋醒后得知撰写公文任务以及题旨,即刻拿起大笔,飞笔走蛇,顷刻一篇文辞清丽、结构严整的公文赶制了出来。玄宗见文大加赞赏,拍着他的后背说:"了解儿子莫过于父亲,就像这件事一样。"从此,皇上对他很器重,苏颋醉酒写公文的名声被传播开来。①

再如隋末秘书王绩,担任秘书省正字、扬州六合县丞等职,唐初在京都长安等候分配官职。此时他遇到担任唐高宗侍卫官的弟弟王静,两人相约喝酒,在酒席上王绩就感叹起自己在长安少酒的生活现状,叹曰:"收入有限,不过每天发三升美酒。"唐门下省侍中陈叔达和王绩是老朋友,听说此事后,便说道:"三升美酒怎能留住王先生呢?"遂下令每天发给王绩一斗酒。事情传了开来,宫廷的秘书们便称王绩为"斗酒学士"。

唐代首创翰林院,用文学之士充当皇帝的亲近侍臣、顾问秘书,形成皇帝的机要秘书处之后,这一机构便被后继者所沿袭。然而在五代后晋天福五年,这一机构曾被皇帝所废弃,为何? 我们发现这是由醉酒引起的一件怪事。《资治通鉴》后晋高祖天福五年九月载:"翰林学士李澣,轻薄,多酒失,上恶之,丙子(十四日),罢翰林学士,并其职于中书舍人。"四年后该机构又恢复原样,皇上敕令:"翰林学士与中书舍人,旧分为两制,各置六员,偶自近年,权停内署,况司诏令,必在深严,将使从宜,却仍旧贯,宜复置翰林学士院。"②二十四日,后晋出帝任命李慎仪、李澣等五人为翰林学士,李慎仪为承旨(院长)③。事实上在文莹《玉壶清话》卷二中记载,后唐长兴四年(933)翰林学士和凝任主官科考,录取了李澣等24人为进士。尔后,李澣与和凝一起当任翰林学士。和凝将出任宰相,于是打算请李澣担任翰林学士院长官。和凝任命宰相的公文是由李澣拟写,按理两人应皆大欢喜,弹冠相庆。可是李澣作为和凝的门生,想与和氏开一个玩笑,第二天他擅自在翰林学士院里,把和凝办公室值钱的东西(图书笔砚等)一洗而空,还在桌上留下一首诗:"座主登庸归凤阁,门生批诏立鳌头,玉堂旧阁多珍玩,可作西斋润笔不?"可能此事做得太过,和凝当然也愿意拿出润笔费,恐怕李澣这种方式太唐突、太粗蛮,仅仅过了九天李澣就被罢免了翰林学士职位,同时还废置了整个翰林院机构。表面看来是李澣想要和凝的润笔费,事实上是他嗜酒所致,皇帝和和凝都想通过此事借机整治秘书办公和生活制度,希他能改掉嗜酒误事的陋习。

曹操曾发布过禁酒令,然而尚书郎徐邈却没有遵守这一禁令。有一天他喝

① 《明皇杂录》。
② 《旧五代史·职官志》。
③ 《资治通鉴》卷二百八十四。

得烂醉,恰遇曹操派人向他询问军事,他醉眼惺忪地说:"中圣人。"来人回去汇报,曹操大怒,要严肃处理他。度辽将军鲜于辅替他求情说:这些喜欢喝酒的人,平时把清冽的酒叫"圣人",把浊酒叫"贤人","中圣人"就是喝了比较好的酒了。徐邈为人一贯谨慎端正,这次是偶尔喝多了。曹操也念他一贯表现不错,才没有处理他。曹丕当了皇帝后,徐邈忠心耿耿,被赐爵关内侯。有一次魏文帝曹丕到许昌考察工作,遇到徐邈就开玩笑说:"颇复中圣人不?"徐邈回答说:"昔子反毙于谷阳,御叔罚于饮酒,臣嗜同二子,不能自惩,时复中之。然宿瘤以丑见传,而臣以醉见识。"大意是:"以前子反因喝了谷阳敬的酒而大醉,结果被逼自杀;御叔因酒后妄言而受到惩罚。我和他俩差不多,管不住自己的嘴巴,见到酒忍不住还要喝一点。不过,齐国的宿瘤因为长相丑陋而名垂青史,我却是因为酒后胡说才被皇上记住!"曹丕听后哈哈大笑,对左右随从说:"徐邈真是名不虚传呀。"还有南朝宋中书舍人虞整,公元 477 年萧道成决心杀掉宋朝后废帝①,清晨便叫值班秘书虞整起草敕命。不料虞整昨夜喝酒太多,处于酣睡状态而无法执笔。萧道成非常恼火,立马叫来另一秘书刘系宗,不久刘氏就完成了"诸处分敕令及四方书疏"的撰写公文任务。后来萧道成废宋建立齐朝后,因刘氏撰拟公文有功,不久便封刘为建康令,而虞整因酒误事而晾晒一边,得不到重用。②

秘书作为文化人,当然离不开酒。尤其是唐朝以前,酒舍肆横。先秦、汉季时没有区分学科,所以当时的秘书既是一种官职,又是一种文化职业;同时还是实权人物。魏晋时,出现了文与笔的分野:有些人继续从事文学,如竹林七贤、谢灵运等;有些人则转而从事笔学,如江淹、任昉等。诚然,文学离不开酒的发酵、催性、生情;但笔学有时也需酒的微醉、麻痹、超脱与逍遥。

酒是秘书追求精神、张扬个性、舒展自由的酵母,也是独立人格的有力支撑和表现者。"白日放歌须纵酒,青春做伴好还乡。""醉后乾坤大,壶中日月长。"秘书与文人饮酒的最大不同在于,前者是清醒的醉,后者是忘却清醒的醉。秘书不能猖狂,操守德行,循规蹈矩,是一批现实主义者。即使喝酒,也是睁大着双眼,竖起双耳,洞悉一切细微的变化,故"浅酌一杯酒""时倾一盏酒",小户浅量,浅酌低吟。不能做酒仙、酒星、酒翁;更不许长醉、酣醉、深醉,否则要误事开除的。

酒不仅要误事,而且还伤身。宋朝的王著嗜酒,仅活过 42 个春秋;而同为宋朝的苏易简每日沉湎于酒壶之中,宋太宗曾特意召见他,言辞恳切地进行劝谏,还亲自书写《劝酒》《戒酒》二诗送给他,"令对其母读之"。然恶习难改,39 岁

① 即苍梧王。
② 睦达明:《秘书生活》,南昌:江西人民出版社,2009 年,第 209 页。

就暴病而亡。"易简竟以酒败,深可惜也。"[①]

　　酒的根本特性在于"醉",醉是一种执着的极境,意味着醉所体现的是一种终极关怀。"李白一斗诗百篇,长安市上酒家眠。天子呼来不上船,自称臣是酒中仙。"[②]作为中国古代秘书来说,醉的人生,即是对儒家社会理想的执着追求和向往与对社会人生的崇高责任感,并为实现理想和履行责任感而挺身以赴,以整个生命相投入,虽死不悔。醉,是秘书追求人生终极价值而与恶势力进行斗争与对抗的最佳精神状态;醉,可以焕发斗志,健旺精神;醉,也可以壮大胆子,傲霜斗雪。

　　然而,秘书为追求人生终极价值而与权势直面抗争,其结果往往是屡屡遭受挫折。理想不能实现、恶势力膨胀,使秘书心中更充满了忧患感;而巨大的愁恨和忧愤,在秘书们的胸中郁结成如山般厚重的块垒。这些块垒沉重地压在秘书的心头,时时折磨着他们的精神和情感,使他们感到痛苦与难堪。如此巨大沉重的痛楚和忧愤,用什么办法来消解? 只有"醉",以醉消愁,表现了秘书对人生理想追求的执着与对抗精神的顽强。他们宁可在酒中醉死,也绝不妥协,绝不调和,直道而行,宁折不弯。

　　一种生活形态,如饮酒,上升为文化现象时,必须有伦理的、哲学的诸种文化因子的渗透、积淀,并凝结为核心和灵魂。酒神精神是一种彻底的追求自由、张扬个性的生命精神,从思想深层中更体现出一种"尚力"的刚性精神。而中国,由于乐感文化与文化理性的渗透主宰,作为崇高感受的悦志达神主要表现为一种生命力量的正面昂扬奋发。秘书是中国文化的主要传承者,求实、保实、守实、全实、真实,便成为秘书一种精神境界。通过饮酒来守实养性,留诚去伪。秘书们一旦遭到冷落时,或放弃人生终极追求时,便回归到尘世之中。此时,大多纵情山水、放浪形骸、醉生梦死,或选择结束自己的生命。两者都离不开酒,借酒浇愁,把心中郁结如山的"万古愁""千年怨""百年恨"释放出来,气冲如虹。

第二节　秘书茶文化

　　我国是世界上种茶、制茶和饮茶最早的国家,种茶的历史几乎与古长城的年龄相同。《尔雅·释木》称:"木贾,苦荼。"学者孙机在《中国古代物质文化》一书中指出:茶大约在战国时就已被古人所认识与利用。西汉至六朝时,盛行粥

----

①　《续资治通鉴》卷十九。
②　杜甫:《饮中八仙歌》。

茶法,就是茶与葱、姜、枣、茱、萸、薄荷等一起煮汤。唐朝陆羽①时,以煎茶为主,茶还与盐混合煎煮。宋时由煎茶逐渐发展到煎茶与散茶混用。宋徽宗赵佶的《大观茶论》及附图《文会图》,又进一步把制茶工艺细分为若干环节,名茶品种发展到数十种。在所绘图中我们发现,八九文士坐于树下案旁,儒衣纶巾,意态闲雅,案前设有茶床,上有茶盏、茶托、茶瓯等物,陈列有序,床旁设有茶炉、茶箱,炉上有茶瓶,炉火正旺。一童子手提汤瓶,正欲点茶,另一童子手持长柄茶杓,正在将点好的茶汤盛入茶盏。宋代唐庚在《斗茶记》中描写道:二三人聚集在一起,拿出各自所藏的珍茗,烹水沏茶,互斗次第。斗茶的茶品,以新为珍,斗茶用水,以活为贵。而最终胜负,是以茶"色白沫多"为胜。南宋时期流行点茶法,将茶饼或散茶碾碎成末,置入盏内,直接向茶碗中注入沸水,同时慢慢搅动,茶末上浮,形成粥面。元代后期,散茶流行于全国。

　　唐中叶,呈现出酒的退潮现象,而到了宋代,酒的退潮已成定局。在酒退潮、退消的同时,茶风在中唐蓬勃兴起。秘书的生活习尚由嗜酒转向了嗜茶。酒仙不见了,代之以"茶痴""茶仙""茶癖"纷纷出现。

　　　　　"不寄他人但寄我,应缘我是别茶人。"
　　　　　　　　　　［唐］白居易
　　　　　"平生茶炉为故人,一日不见心生尘。"
　　　　　　　　　　［唐］卢仝
　　　　　"谁知病太守,犹得做茶仙。"
　　　　　　　　　　［唐］杜牧

以前秘书们因常常饮酒而折身、伤体,当茶出现后,他们则把心中忧愤块垒用茶细细地冲淡,然后从毛孔中缓缓地散发出去。

　　具有文人志士气息的秘书,明事理、诵文牍,常常埋头案卷典册,手捧字书法帖,紧握三寸竹笔,故最具文化内涵与精神气质。秘书由于所从事的职业特点,与酒、茶两种饮料打交道最多。酒的根本特性在于"醉",茶的根本特性在于"醒"。酒代表了醉的人生,茶代表了醒的人生。这两种饮料都蕴涵着深厚的文化韵味,是叩开秘书心灵之门的一把钥匙。但对秘书们的作用而言,后者显然要大大超越前者。

　　中国的茶文化经过数千年发展演化而形成了一种独特的文化模式和规范,也是历代秘书们创造和丰富了它的文化内蕴。茶是秘书日常生活、工作和精神

────────────

　　① 《茶经》撰写者。

领域中不可或缺的一部分,而秘书的介入、使用、推广,对茶文化的丰富完善起到了添砖加瓦的放大功效。秘书,整日与"书"打交道。书自然需要书卷展读,书香墨气,是秘书文化品位的突出体现。黄庭坚曾说:"三日不读书,便觉语言无味,面目可憎。"读书要苦读,挑灯夜读,有时劳形案牍,披星戴月。这时秘书们会常常出现目眩、耳鸣、口干、神散等情状,因此古代我国就有"烹茶读书"之习俗。晚上熬夜读书或撰拟文稿时,烹(煎)一炉清茶嚛之,便困意全消,神态清醒。秦观收到友人惠寄的茶叶,便认为"从此道山春困少,黄书剩校两三家"。另外,秘书公文写毕后,还须完成校勘、校对等后续工作,而古时则有吟咏诵读文章之习惯。若遇到长文时,秘书们常感到口干、舌燥、喉涩,所以案几上须放置一盏清茶,以便润喉清唇。

古代秘书们生活较为简便,日常生活离不开笔、床、茶、酒、盐、醋,而茶却是最能代表秘书文化与情结的物结与具象。秘书与茶有着一种天然的亲密关系,细嫩明前茶,一经冲泡,即可透过莹亮的茶汤,观赏茶的沉浮、舒展,端起茶杯,闻其茶香,然后呷上一口,让其慢慢在舌尖唇齿间游走。俗言:"酒多误事,茶多误时。"酒的暴饮、多饮,容易产生一种混沌的精神状态。如魏晋之酒徒刘伶,一醉三秋;阮籍一醉累月;盛唐的李白也是"但愿长醉不愿醒""笑杀山翁醉似泥"……都追求一种长醉、酣醉、深醉的境界。这种精神状态与秘书静守、勤慎的职业特点是格格不入的,何况嗜酒还伤脾侵肝、损害身体。所以,嗜酒的人不宜做秘书,更适宜做诗人。酒是浪漫主义的话,那么,茶将是现实主义。

茶对秘书养生的益处甚多。秘书读书伤目,而茶可明目;秘书伏案伤胸,而茶有清肺舒肝之功效。茶性阴寒,寒则能清火气,火气清则心性明,心性明则行止清。茶能清火,心清则性明,性明则仁智,因而正直的秘书用茶来求得心灵的平静和平衡,保持一块精神的净土。秘书要学会静,静能制动,守静方动。《大学》曰:"静而后能安,安而后能虑,虑而后能得。"诸葛亮告诫说:"夫君子之行,静以修身,俭以养德,非淡泊无以明志,非宁静无以致远。"曾国藩要求自己每天需独坐二时,为"日课",安静反省。然而在当今瞬息万变、风起云涌的网络时代,某些秘书气虚、心燥、耳热、口谗、眼浮……害怕寂静,整日处于灯红酒绿的交际之中,迷失在石榴裙下,结果铸成大错、酿成人生悲剧。新时期的秘书须学会享受安静、自赏独处,于安静中汲取精神养分和正能量。追求安静,不是要秘书心如死灰、万念俱灰,而是在寂静中参悟出秘书工作意义出来。而秘书要达到静,最好办法莫过于静思、默读、沉思、独处,唯有诗书气自华。

茶所代表的生活方式,就是调节、闲适的生活方式,即通过饮茶来表现一种闲适的人生。周作人在《喝茶》一文中说:"茶道的意思,用平凡的话来说,可以称作'忙里偷闲,苦中作乐',在不完全的现世享乐一点美与和谐,在刹那间体会永久。"秘书在写作之余、午餐过后、秉烛夜读时,常常啜一盏清茶,顺顺肺、舒舒肝、润润喉、提提神、清清脑……茶成为秘书工作与生活朝夕相伴的一位益友,也成为一服治心的疗效剂和调节剂。

秘书们整天伏案急笔,劳心伤神,茶不但可以消除疲乏、明目提神,有助文思;而且还可保健养生,从而提高秘书工作效率。排除烦恼、磨砺志向、修身养性、完善人格。它汲取了道家的"清、寂、净、美"精髓,又兼得儒家的"俭、洁、性、明"真谛,两者在茶饮中得到完美的统一和再现。秘书写文章要讲格式,做事要按条例,生活要有规律……讲究方圆、中规中矩,虽属国家管理阶层但无实际发令权,有时要担当不应有的责任,替上司解难,甚至要被误解、被撤职、被查办、被戕害。在矛盾中,秘书要常常化解心绪,在无我与自我之间,用茶来求得心灵的平衡与宁静,细品香茗,既执着严谨又不拘一格。茶具有雅心静谧、陶冶情操、净化心灵之功效,是一种雅静、健康的物具文化,它能使秘书绷紧的心灵得以松弛,倾斜的心理得以平衡。

对于中国历代秘书们而言,茶仿佛成了一位朝夕相处的挚友、益友:得意时用以怡情、养性;失意时则可慰藉人生、平衡心灵。茶既让秘书神清气爽,又能感受到精神生活的存在,"道心"与"文趣"兼而备之。历代秘书在作品中留下了大量涉及茶的诗句,如白居易的《山泉煎茶有怀》、苏轼的《汲江煎茶》、陆游的《雪后煎茶》等。曾担任朝廷中书舍人的苏轼在《叶嘉传》中就由衷盛赞茶的那种"清白可爱"的容貌、"恬淡"的风味、"如铁资质"的刚劲,最后不由自主地得出"从来佳茗似佳人"的结语。秘书们参与茶事的种种佳话趣闻,以及创作有关茶主旨的诗文,增添了秘书文化的生活气息,也提升了茶文化的深厚内蕴。

以茶寄傲,是秘书表达其人生态度的一种独特而委婉的方式。许多秘书一生坎坷,屡遭挫折,但为了心中那盏永不消退的心灵之光,[①]追求高洁、刚正的品格而委婉相处。面对社会世俗、官场污浊、上司贪赃枉法、草菅人命等丑恶现象,不愿同流合污,心中常积有些许郁垒和不满。梅尧臣诗云:"惟能剩啜任腹冷,幸免酩酊冠弁斜。"袁榷又诗云:"齿寒意冷复三咽,万事无言归坎止。"秘书常常被人使唤,处于辅助服从地位,寄人于篱下,要周旋于管理圈各种复杂关系与矛盾,因此,在处世哲学上需保持平和调中的态度。这样,人格形态上保持一种退守式的人生态势。酒傲是大傲,茶傲是小傲。酒傲是欲人知,茶傲但求己知。酒傲气势凌人,意气昂扬,容易招致与对立面的冲突;而茶傲心平气敛,但求内心的平衡与调适。秘书们饮茶,要求敛气约性,不再企盼"气蒸云梦泽"式的豪情坚意。秘书们的傲不是对上抗衡、冲突、骄视权力的傲气,而是表现为自

---

① 即"职业锚"。

守一隅式的孤傲、自傲。苦寒自守,清贫乐道,守时尽职。傲味,是消磨了;但傲意、傲骨依存。特别是遭受上司无端的詈骂、不公正的打击、不合理的待遇时,更是处于"气无处可消,话无处可言"的境地。

　　秘书处于各种复杂的政治关系和人事矛盾之中,秉持一种平和调中的处世哲学,勤行俭德,怡情养性,和诚相处,敬尊为人。儒家文化代表着一种中庸、和谐、积极入世的现实精神,它宽容平和、勿施于人的心态,在人与人和与天地之间相融相处,共存共生。秘书与同僚之间,也时时以茶待友。文征明诗曰:"十载论交似饮茶。"这表现的是一种平平淡淡而亲亲切切的友情,君子之交淡如水,唯其平淡,便真、便实,故而能长久。以茶待友,较之以酒待友,似乎更接近于"近世"人交友的氛围与真谛。以茶敬客,以茶交友、以茶示礼、以茶洗尘……都是为了使人际关系的"和",而"和"是"礼"的核心。总之,秘书文化精神与茶文化内蕴有着天然之契合:一方面秘书的善用、常用、活用茶饮料丰富了茶文化的蕴涵,扩大了茶的用途与功效;另一方面,茶文化也相应丰富了秘书的精神气质、工作环境与生活条件。

第二十一章　秘书文房文化论

秘书历代以来属于文官体系或文人僚友范畴,所以中国古代秘书们时时与笔、墨、纸、砚等文化用具打交道,同时也建立了文房四宝与秘书职业之间互依互促的亲密关系与深厚情谊。江南是我国文化发达之地,对文房用品制作与使用尤为重视。作为江南文房四宝的宣纸、徽墨、歙砚、湖笔,在历史发展过程中逐渐成为文人墨客与科考者喜好至宝的文书工具。我们若要了解中国古代秘书文化,可以说不能不了解作为秘书重要工具——文房四宝的文化意义与解读。同时,文房四宝也是我国秘书文化的重要物质载体之一,并在发扬秘书优秀文化传统上谱写了辉煌灿烂的篇章。

第一节　秘书纸文化

纸是我国古代科技的四大发明之一,它与指南针、火药、印刷术一起,给我国古代秘书文化的繁荣提供了坚实的物质基础与文书载体的条件。纸的发明结束了古代简牍笨重繁复的历史,大大地促进了汉字书写文化的传播与发展。"纸这个字从偏旁就可以看出,是属于缣帛一类的丝织物,它原本就是用来指称缣帛的,所谓'其用缣帛者谓之纸'。所以,后人将植物纤维制成的书写材料称之为'纸',说明古人就是模仿缣帛来造纸的。从这个意义上说,中国人最早发明纸张绝非偶然,只不过是这个丝绸大国丝织技艺的一个必然的副产品。"①

造纸术是我国古代劳动人民的一项卓越创造,它的发明者为东汉(公元2世纪初)的蔡伦。他用树皮、麻头、破布和旧渔网造纸,被当时称为"天下咸称蔡侯纸"。纸的发明是一个长期过程,最初纸是生产丝绵时的副产品,附着竹席面上的絮渣,经晾干后称为丝絮纸,但产量有限。只有到了用破布、旧渔网造纸

① 李军:《传媒文化史》,北京:北京大学出版社,2012年,第101页。

后,纸张才大规模地生产。到东晋末年,桓玄下令停止使用简牍,从此竹简帛书渐渐让位于纸张书写载体。

1957 年在西安市郊出土的"灞桥纸",为汉武帝时遗物,经鉴定这种类似纸的薄片可能是铜镜的圆形衬垫物,不能以纸定论,因为原料没有经过打浆和臼捣。1973 年在甘肃居延地区发现了汉宣帝时的"居延纸",化验表明它是由旧麻絮、绳头、线头、布头制成,原料经过切断纤维,长时期浸泡和打浆工序,但没有经过压榨或贴在平面上定型干燥处理,是一种原始状态的纸,不宜于书写。1977 年在陕西又发现汉宣帝时的"扶凤纸",与"居延纸"质地相似。可见在东汉蔡伦前 150—170 年间,中国已经有了造纸工艺,但纸的质量粗糙,尚不能用于书写。蔡伦便是在这类纸的基础上加以改进,利用为皇家服务的能工巧匠的手艺,制造出一种性能很好的"蔡侯纸"。这种造纸工艺很快推广开来,1974 年在甘肃武威发现时间稍晚于蔡伦几十年,且写有文字的东汉麻纸。从上得知,两汉时代造纸工艺正逐步强进,而将纸张作为主要书写载体则是魏晋以后的事。

据史书记载,魏晋时书写就主要采用纸张了。《抱朴子》载葛洪"家贫,伐薪卖之,以给纸笔,昼营园田,夜以柴火写书"。王隐《晋书》记载:"陈寿卒,诏下河南,遣吏赍纸笔,就寿门下。"《初学记》卷二十一引《桓玄伪事》说晋桓玄曾下令说:"古无纸,故用策,非主于敬。今诸用简者,宜以黄纸代之。"说明东晋时社会上已经基本上用纸张取代了简牍。隋炀帝时,"秘阁之书限写五十副本",有了抄写 50 份副本的规定,这需要建立在纸张大规模使用的基础上才能实现。纸给中国秘书文化的繁荣提供了坚实的物质基础,促使我国图书由"简牍"时代迅速迈进到"卷轴"时代,再由"卷轴"时代迅速发展到"典册"时代。由于有了纸的出现,古代大量文献、木版善本书籍得以保存下来,成为我国秘书文化遗产中的珍品。

魏晋时出现了藤纸(淡溪)、鱼卵纸(东阳)、棉纸、网纸(蔡伦)等。唐朝时宣纸诞生了,后来名纸迭出,如益州的黄白麻纸,杭州、婺州、越州的藤纸,均州的大模纸,蒲州的薄白纸,宣州的宣纸、硬黄纸,韶州的竹笺纸,临州的滑薄纸等。据史书记载,江南造纸的原料主要是麻、竹、桑皮、稻杆等,其中成都、宣州、杭州、池州、婺州、吉利等地,均为全国重要造纸中心。总之,我国纸的文化源远流长,历代名纸琳琅满目,举不胜举。明清时,安徽的"宣纸",江苏的"粉蜡笺",浙江的"竹纸"等都是名纸。纸之绝品为宣纸,秘书文人爱不释手,同时书画家也争相用之,被称为"纸中之王",具有细薄、紧密、均匀、洁白、坚韧、耐久等特点,享有"纸寿千年"的美誉。时至今日,有些秘书在工余之暇,仍舒展宣纸,翰墨执管,泼洒自如,水墨落纸,如雨入沙,得心应手,尽其如意。

自公元 6 世纪起,造纸术开始向东南亚国家流传;8 世纪传到了中东阿拉伯国家;公元 12 世纪传入欧洲,但直到 16 世纪欧洲人才普遍用纸。纸的发明,对世界各国的文化、教育的发展提供了有利条件。到清嘉庆年间,我国出产的宣纸制品,曾远销欧洲。当时英国的公主荷罗蒂,曾以 70 个基尼(英国当时的金币,折合约为 500 个双鹰墨西哥银元)的高价,在伦敦市场上购得一束用宣纸制成的纸花。纸是一种廉价得易的书写材料,是文献的重要载体。纸的发明,无疑是书写材料史上的创举,也是人类历史上划时代的大事。中国发明的造纸方法,经过六七百年以后流传到中亚,后又传播到欧洲,为世界文化的繁荣兴旺起到了不可估量的作用。

第二节　秘书墨文化

墨的发明,是中国古人对秘书文化发展的一大贡献。东亚诸国历代大量珍贵的著名书画作品,不仅因此被完整地保存了下来,而且皎如日月,光耀千古。墨的特殊性能,可以淡妆浓抹,刚柔相济,得心应手,因而成为历代秘书们发挥聪明才智的主要工具之一。我国很早的典籍及拓片,大都依靠墨流传于世,因而丰富了秘书文化的宝库。同时它又是印刷术的一个必要前提,为我国雕版印刷的发明做了必要准备,用它印出的汉字,字迹清晰,无模糊不清之弊。

墨与笔、砚的发明几乎同时发端于新石器时代的晚期,在甲骨文中就出现了墨书的痕迹。春秋战国时,用竹木制成的简牍、方版或尺牍就是用墨写成的。后汉李尤墨砚铭曰:"书契既造,墨砚乃陈。"《管子》有"于是命百官有司削方笔墨"的说法;《庄子》也有"宋元君将图画、众史皆至,受揖而立,舐笔和墨"之说。从长沙发现的战国竹简上的漆黑墨色看,说明先秦已用墨了。湖北云梦出土的秦代墨块,便是例证。与此同时,还发现了自然产物——石墨。由于用这种石墨可以磨汁染笔,比竹漆液流利灵活,所以当时受人欢迎。《茅山记》曰:"费长房得壶公术,寓茅山,书符救人。一日出山倾砚水涧中,其石变色,因号石墨,至今取以书符。"黄质在《宾虹犀抹》中评价这种石墨为"天然黝黑,不假工作,皇古澈穆,取材未精,按于踪迹,可揣而得……人事单简,取墨已足"。先秦时墨成粉末状,要像和面一样"和墨",而不是后来的"研墨"。

到了汉代,出现了一位为后世所传颂的善于造墨又兼秘书出身的田真。据《汉官仪》和《云麓漫抄》载,当时宫廷里每位秘书每月可获得大小阿糜墨各一枚。所谓"阿糜墨",便是陕西阿糜县(陉阳县)所制的贵重之墨。汉哀帝时,杨雄曾奉诏旨观书石室,即当时的中央档案馆,皇帝向尚书们赏赐若干笔墨。这种赏赐墨因用松烟糜角制成,故成本较高,成为秘书们的喜爱之物。汉献帝时,秘书陆云在洛阳三台发现石墨数万片,并一部分赠送给其兄、文学家陆机。汉代墨粒虽然没有绝迹,但墨锭开始出现,墨腻如漆,烟细胶清,手感轻而坚致。

　　魏明帝时,出现了一位大书法家韦诞,字仲将,他在总结前人基础上研制佳墨,被人称颂为"仲将之墨,一点如漆"。韦诞对明帝说:"夫欲善其事,必欲利其器。若用张芝笔,左伯纸及臣墨,兼以三者又得臣手,然后可以逞经丈之势,方寸千金。"这一时期基本上以漆烟松烟夹和面而成。曹植诗云:"墨出青松烟,比出狡兔干。"郑众也说:"九子之墨,藏于松烟。"到了晋朝改用胶配制,墨的质量也有所提高。陶侃曾献给晋帝笺纸三千枚,墨二十丸,皆极精妙。晋武帝时的秘书张永,据陈耀文的《天中记》以及沈约的《宋书·张茂度传》载,他"涉猎书史,能为文章,善隶书,晓音律,骑射杂艺,触类兼善,有巧思,益为太祖所知,纸及墨皆自营造"。

　　唐代是文化艺术大繁荣的年代。李阳冰不仅字写得好,而且也是一位制墨高手,他所造的墨被誉为"坚泽如玉"。唐明皇时为了抄写四部书,太府拨给秘书们的上谷墨①竟达三百六十九之多。唐代中书令李峤在长安时友人赠送给他一些好墨,他随即赋了一首《墨诗》:"长安分石炭,上党结松心。绕画蝇初落,含滋绶更深。悲丝光易染,叠素彩还沉。别有张芝字,书池幸见临。"唐时人们常在墨中加香粉,如李白诗云:"上党碧松烟,夷陵凡砂末。兰麝凝珍墨,精光乃堪掇。"五代十国时社会动荡,此时易水著名墨工奚超带着儿子奚廷桂逃到江南歙州,终于研制出"丰肌腻理,光泽如漆"的徽墨。全家得到南唐后主李煜的赏识,得到"赐给国姓"的奖励,从此奚家改为李家。孙子李惟庆还担任了李煜的墨务官,从此出现了以歙州为中心的制墨业。

　　宋代是群星璀璨的年代,名匠辈出;文化事业发达,用墨量与日俱增。苏东坡诗云:"一朝入海寻李白,空看人间画墨仙。""墨成不敢用,进入蓬莱宫。"南宋定都杭州,中书门下尚书三省为了解决大量用墨的供需,决定取西湖九里松做松烟,在宛中起灶做墨,然未能成功,主要在于松树质地与歙州不一。墨匠吴滋改进方法,制作甚佳,奉送三省秘书部门,宋孝宗曾特"犒劳"他缗钱二万。1978年祁门茶叶研究所建房时发现了一处宋墓,其间出土了"文府"墨,历千年而不化,足见技艺之高超。《歙县志》载:"至宋时,歙州每年以龙凤墨千斤为贡。"明代,制墨技术上的那种"传子不传女"的家传世袭被打破了;同时墨匠朱鹭采用了桐油制墨技术。明代罗小华原是一个墨匠,后得明世宗赏识,并做了严嵩之子严世蕃的师爷,最后当了"中书舍人"秘书大官。后因严世蕃被杀,被连累而同样惨遭杀身之祸。

――――――――――

　　①　即当今的易水。

　　清代制墨事业大为发展。如墨匠吴拭做制之墨，康熙年编《歙州府志》说他"生平制墨及漆器精妙，人争宝之。其墨值白金三倍。""天下之墨歙州，歙州之墨推曹氏。"曹素功在52岁时被授布政司，然未就高职却回故乡制墨，康熙南巡时，素功献墨，颇得赏识，遂赐"紫玉光"三字，于是声名鹊起，著有《墨林》一书。他死后，子孙继承了他的墨业。他们曾为曹寅制"兰亭精英"墨、为刘墉制"柳订仙舫"墨、为李鸿章制"封爵铭"墨等。桐城姚鼐的《论墨绝句》说道："除却廷桂夸乃翁，几家绝艺后能同。来男作相虞儿匠，何怪方今曹素功。"清代除了曹素功、汪近圣、汪节庵三家外，还出现胡开文第四家，号称"清代四大墨家"。

　　清时政府秘书机构常常到歙县去收墨，有时派人去那里的制造坊去监工，这样出现了内务府监造"御制墨"。起初只是征召歙州的墨匠用宫内残缺不全的明代原料，重加新胶，制成"再和墨"。乾隆六年（1741）政府召歙州墨匠汪惟高和吴庆禄两人入京，教习监名墨。直到乾隆末年，前后50余年制出了大量的精品。

　　秘书书写离不开墨，研墨的手力要轻柔，力道重了，会伤"砚之肤"。古人云："研墨如病夫，下笔如壮士。"就是说研磨需要柔柔地、缓慢地细磨，但是写字时却要像壮士一样有力道。南宋词人姜尧章曾说："凡做楷，墨欲干，然不可太燥；行书则燥润相杂，以润取研，以燥去险。浓则墨滞，燥则墨枯。"方端生在《墨海》云："墨全在于用，用得其法，同是一墨，而精彩焕发；不得其用，虽洗研提膘，亦复无益。"我国自宋以来，名墨逐渐成秘书们书案上的陈设和赏玩之物。

第三节　秘书笔文化

　　笔和砚、墨的诞生好比是孪生兄弟，它们几乎同时出生，互为影响，互相促进。它们发端于新石器晚期，成形于商周，成长发展于秦汉，兴盛于唐宋，明清为其鼎盛时期，并一直沿用至今。

　　在殷商的安阳中，出土的陶器里有"祀"字笔迹，笔锋清晰。1936年当地又出土一些用墨笔和朱笔写成的甲骨卜片。古代制笔的原料是兽毛，其中以秋冬的山兔毛为最佳，质坚而健平，目前最早的实物为1974年湖南长沙左家公山的战国墓中发掘的一支毛笔。笔身套在一支小竹管内，笔杆竹制，长18.5厘米，径0.4厘米，笔毛长2.5厘米，用野兔箭毛制成。1975年湖北云梦睡虎地秦墓出土的笔也与上述相同。司马迁在《史记》中载："蒙将军拔中山之毫，始皇封之管城，世遂有名。"所以"管城"又成了笔的别名。秦朝大将蒙恬以枯木为杆，鹿毛为柱,①羊毛为被②制成新型毛笔,更耐看好用,故民间把蒙恬尊为造笔之父,加以膜拜。

战国时,笔的称呼不一,楚称"聿",吴称"不律",燕称"弗"。秦统一六国后,才统一称为"笔"。王羲之著过《笔经》。清代乾隆年间的唐秉钧在《文房肆考图说》卷三《笔说》中说:"汉制笔,雕以黄金,饰以和璧,缀以隋珠,文以翡翠。管非文犀,必以象牙,极为华丽矣。"表明笔不仅是书画的工具,而且已成为艺术品了。

曹植在《求通亲亲表》中说,战国时文书人员都有插毛笔于帽上,以便随时记录和拟写文稿的习俗,称"珥笔"。秦汉之际秘书们将毛笔簪戴在头上,以作装饰之用。因笔杆较长,有 20 厘米,杆上刻有工匠的姓名,笔尾削尖,并髹之以漆,称之"簪白笔"。汉代的秘书为奏事之便,常在自己的头发上簪戴毛笔。魏晋时笔杆变短,三国时魏国的韦诞所制之笔名噪一时,又称"韦诞笔",著有《笔经》一卷留世。宋欧阳修对宣州的毫笔推崇备至。

到了元代,宣州制笔声誉让位于湖州之笔。湖笔用山羊毛、野兔毛和黄鼠狼尾毛精心搭配,经过浸、拔、并、配等七十多道工序精制而成,笔锋坚韧,浑圆饱满,修削整齐,具有"尖、齐、圆、健"之四大特征。因极宜书写馆阁体,故被广大科考学子所追捧。时至今日,不少秘书工作者仍然手不释笔,泼墨挥毫,孜孜以求。

第四节　秘书砚文化

砚,《释名》曰:"砚者,研也,可研墨使之濡也。"可见砚是一种研墨的工具,它是伴随着墨和笔的发展而发展,对我国文化艺术的发展和传播起到了极其重要的作用。古人的笔墨纸砚,其中砚台的分量最重。秘书们把砚台比作村民赖以生存的地亩田产,苏东坡还曾亲切地把砚台叫作"石君""石友",甚至秘书们夜晚值班或书写至半夜时,常常把砚台当作枕头小憩。隆冬时节,秘书们就在砚台下放置一个金属底座,内存炭火以保持温度,或者在盒子里蓄以热水。这种暖砚在清代北方很盛行,主要是为了防止冬季墨汁冰冻。砚又是历代秘书的亲密伙伴,所谓"一日相亲,终身为伴"。砚的性质坚固,具有"传万世而不朽,历劫难而如常,留千古而永存"的特点,被誉为"文房四宝之冠"。

砚的历史很悠久,早在五千年前仰韶文化时就有石砚。当时用研石研磨颜

---

① 中毫。
② 副毫。

料进行书写绘画。唐代重视楷书法帖,以书法取进士,①这样促进了书法艺术的繁荣,相继出现了端砚、歙砚两大专用砚材,红丝石砚和澄泥砚也接踵出现。从造型上看,隋唐时期的砚还是以实用为主。宋代出现雕砚,明代砚从实用转而艺术为主,迨至清代呈现出各具特色的制作雕砚流派。

铭是刻在器物上记述生平、事业或警句自勉的文字。砚铭是铭刻于砚表面的文字,如唐杜甫有《石砚铭》,奉为自己行为的规范,并劝勉自己要躬身力行。到了宋代,人们喜欢用它来抒发自己的思想感情和道德情操,如岳飞的端砚铭:"持坚守白,不磷不淄。"文天祥的砚铭为:"砚虽非铁难磨穿,心虽非石如其坚,守之弗失道自全。"明清时赏砚日盛,不少秘书在工余之暇自己动手作铭并自己书写和雕刻。但由于受砚面和雕刻过程的限制,往往短短数言。或咏物言志,或警言自勉,或馈赠留言,或记事怀情……均为以砚言志,以砚抒怀,给人以美的享受。

现藏于山东博物馆的清高凤翰雪浪金星淄石砚,长方形,两侧有铭,一侧为隶书"雪浪金星"四个大字,下小字行书"笔山世老先生属识于青箱馆世小弟高凤翰",另一侧为楷书铭:"淄川之石,郁林之意,东海袖中,春风问字,周文泉夫子由城武令调繁莅掖多善政,归无长物,因出家藏旧砚藉以重舟即以志别,是在癸丑嘉平月吉受业王仲英谨书。"从历史的角度来讲,砚是文房四宝中的首品,而端溪(广东肇庆)石砚又是我国四大名砚之首。距今约有 1300 多年,它始于唐高祖李渊。苏东坡在自己的端溪水岩砚的背部写下"千夫挽绠,百夫运斤;篝火下槌,以出斯珍"的铭文。

砚,它既是实用的书画工具,也是典雅的工艺美术品。名贵佳砚的质地应该是细腻温润、纹理致密华丽,具有坚而不脆、刚而不钎、柔而不绵、滑而不淄的特点;同时要求造型生动,雕刻精巧,因此历代以来备受秘书们的珍爱。明代高濂称砚具有:"质之坚润,琢之圆滑,色之光彩,声之清铃,体之厚重,藏之光整"的美德。②

近百年来由于书画工具的不断变革,硬笔的广泛使用,使砚的实用性已逐渐淡化和淘汰,就是中国的书画家也都普遍使用起瓶装墨汁,这是时代的进步;同时计算机无纸化的突飞猛进,使得秘书们越来越远离砚这一工具,砚仅成为秘书书桌上把玩的收藏品。

---

① 包括秘书官。
② 《遵生八笺》。

第二十二章 秘书作品文化论

秘书工作离不开文字与文书,人们往往把秘书称为"笔杆子""笔秀才",可以说写作对于秘书工作的优劣影响重大。秘书工作的重要职能就是办文,它的本质在于用"笔"写文章,以及运转公文、整理文书和管理档案等实务,为此毛泽东曾把笔杆子视同枪杆子一样重要。邓小平也反复强调,"拿笔杆子是实行领导的主要职能""不懂得用笔杆子,不会拿笔杆子,这个领导就是很有缺陷的"。笔杆子讲起来重要,但真正拿起来却不容易。好的笔杆子考验的既是文风作风,也是思想深度。没有扎实的理论功底,没有解决问题的实际举措,文章即便写出来也很难吸引人。"深入群众,不尚空谈",这句话来自毛泽东题字,刻写在延安新闻纪念馆大厅里的话,对我们秘书们而言,是无声的提示,转作风、改文风、正学风。无论时代如何发展变化,无论文章是出自笔下还是出自鼠标,写好文章的能力素质,都是秘书们需用心用力修炼好的一项基本功。

第一节 古人对写作的理解

古代中国把写法与作法进行区分,写法是泻(泄)法,侧重在精神上的写法;而作法则体现在载体上的制作工具和文本加工两个方面。中国文化的根本点是"道",不管是儒家和法家,以及上古文化,道生天地万物,为宇宙之统。"人法地,地法天,天法道""朝闻道,夕死可矣",故"道"成为一种世界观和人生观总和。早期不分道器,行知合一。到了《周易》时道器分离观出现。《系辞上》:"形而上者谓之道,形而下者谓之器。"老庄与孔孟均是道器分离观的倡导者,涉及形上时用写法,涉及形下者用作法。形下又分为多种,器有自然与人工之分,自然之器为有形之万物,人工之器为生产工具、生活器具与自卫武器。因道器是不对等的,强调"道"说而摒弃器说,也相应盛行起来。如老子认为器可以消除,只需道就行了,小国寡民,遵循上古遗留下来的生活状态和水准,可坐而论道,不需行而论道,并在道中分成大道与小道。在这些所谓哲贤们的影响下,人们开始重视写法,而忽视作法。孔子述而不作,也强调坐而论道,当时一切写作均是阐释道理、理清思路,而非说明、叙述、描述,结果中国求证术极为发达,春秋战国时代可以说最发达的写法是求证法,为了求证需要常常使用些许比喻、排比、夸张等修辞手法。强调"道"必然出现玄学,其中固然与东汉末期流传于我国的佛教有关,但归根结底是中国元思想产生的结果,并进而产生禅诗,但对于写法并没有起到促进作用。"道"不讲技,"泻(写)法"不追求技巧;而"器"讲技,"作(制)法"重在追求技巧,如谋篇布局、表情达意、运用技巧等。具体而言,技巧可分为章法与技法两种:所谓章法,是谋篇布局的方法,主要包括定线、剪接、理序、破理、伏应、波澜、悬念、点睛等具体形式;所谓技法,是指运用语言表情达意、记事论理的基本方法,主要包括白描、对比、比喻、巧问、节奏、气势、传情、映衬、象征、含蓄、渲染、工笔等具体形式。写作慕其形而因得其神,形神兼备,文字首先有形,然后才得义。汉字之美,在于形美。

我国历来重视"道",轻视"技"。几千年来,中国人构成了自己独特的思维模式与表达方式,构筑起天命、道、礼、和、义等观念,上至天文道统,下至地理人文,这些具有生命探究之义,但无终极意义。古人培养的是士人,追求修身养性之学、完善人格,打通天人性命的本体之智、体道悟性之智。

写作是人类一种"改造自然社会及人本身"的制作文本的能力。能力通常有两层含义:一是指在人物或情景中表现的一组行为,即能力素质;二是指做事情的技巧。在我国古代,能力主要指能顺利完成一定活动所具备的稳定的个性心理特征,如"民进则欲其赏,退则畏其罪,知其能力之不足也"。[①] 能力是在运用智力、知识、技能的过程中,经过反复训练而获得的,各种能力的有机结合,引起质的变化能力称为"才能"。才能的高度发展,创造性完成任务的能力称为"天才"。

写作技法又表现为"技法""技能""技巧"等不同层次。所谓"写作技法",是指存在于写作活动或文章中的各式各样的写作;所谓"写作技能",是指写作主体掌握和运用各种技法的能力;所谓"写作技巧",是指写作主体对写作技能的巧妙运用。因而写作呈现出各种各类的层次性,体现在作文与制作、写作、创造、拟写、仿写、抄写等层次上。作文是初级阶段,模仿、克隆为主,但也不失灵性;制作,基础扎实,功力深厚,技巧娴熟,它通常要借助机器、物器、体式等来加以完成。一般而言,秘书写作常被人们称为"秘书制作",公文也被称为"公文制作",这主要是秘书和公文写作常需借助版头、格式、体式、印刷机、复印、电传、

————————
① 《吕氏春秋·适威》。

印章等加以完成。创作,常被文学界所运用,甚至他们更喜欢使用"原创"一词。因为忌统一、模式、套路、格式等,并非刻意能奏效,光努力刻苦很难完成,气质恐是核心所在,如李白诚乎中而发乎外,得之心而应之手,在看似漫不经心率性而为之中一气呵成,浑然天成。天然为首,雕琢为次。

汉代王充提出秘书能力与学者能力,两者之间使用的能力各不相同:"通书千篇以上,万卷以下,弘畅雅闲,审定文读,而以教授为人师者,通人也。抒其义旨,损益其文句,而以上书奏记,或兴论立说,结连篇章者,文人鸿儒也。"同时在技能上又偏重于实用理性,《庄子》的大匠碟轮,"不徐不疾,得之于心而应于手",就是实用理性的范例。精湛的技术来源于丰富的经验,达到"凭感觉"即可入神的境界。但是,要达到"大匠"水平殊为不易,多数人只是"跟着感觉走"。现代观念崇尚"给感觉添上灵魂",认识要从感性、知性上升到理性,对认识客体有一个宏观把握。

技能,优化智能、增长才干,根本途径就是实训与实践,所以秘书培养的关键是培养撰写各种应用文体的写作技能。写作能力必须通过实训、实践的途径才能完成,舍此别无他途。这里的实训、实践有两层意思:一个是多参加社会实践,如参加某项中心工作,经常深入基层了解情况,参加一些讨论会、研究会等,这可以丰富阅历、增长知识、增强才干;另一层是多写作,不要怕辛苦。文章之道,非一日之功,靠的是平时刻苦磨炼出来的。秘书必须读万卷书,行万里路,缺一不可。秘书学科的特征主要在于它的应用性与综合性,与秘书工作实践密切相关,故我们必须注意实训实践环节,强调能力的培养和训练。务实求新,注重实效。现代秘书之道在于实践经验的总结、升华。爱因斯坦曾指出:"纯粹的逻辑思维不能给我们任何关于经验世界的知识;一切关于实在的知识,都是从经验开始,又终结于经验。"任何一项秘书事务都是一项实实在在的事务,这中间都有学问,也有技巧和艺术。我们既需要理论的点拨与指导,又需要实践经验的提升和总结,乐学、巧学、苦训、历练。

第二节　应用与文学写作之别

应用文体与文学文体是写作作品的两大类型,它们具有完全不同的属性。康德在《实践理性批判》中曾提出:"有两种东西,我们对它们愈是经常地、反复地思考,它们就愈给人心灌注时时更新的、有加无已的对它们的赞叹和敬畏。

这两种东西就是：头上的星空和内心的道德法则。"①这里的星空和道德都属于人学范畴，前者是想象世界，后者则是规则世界。天空在人类的眼中，出现了自然性质和人工性质的双重图景展示，而写作作为前者构成社会客观意义上的应用写作，后者组成了人学意义上的主观文学写作：即前者揭示明晰性，后者展现模糊性。文学写作最早是从应用（秘书）写作母胎中孕育出来的，但在发展过程中，各自建立了自己一套写作体系，尤其是魏晋南北朝时期，文学写作从应用写作中正式分离，成为文学写作的自觉期。

第一，文学写作与应用写作在文类上辨析，可从静态来考察：

（1）从目的来看，文学写作的目的是陶冶性情，接受美悦的感悟，具有灵空性、神情性之特点；而应用写作却是为了处理公私事务，解决实际问题而写作，具有明确、实在的实用目的。按常规写作方式的四分法来比较与分析，也可感受和体会到它的目的与功效的真实作用：记叙文通常"以事感人"，意在使人通过一件事而受到感动；说明文是"以文说物"，通过文字的叙述使人明晓某种事物；议论文是"以理服人"，意在让人懂得某种道理；应用文则是"以实告人"，把某一客观存在的事实告知人们，以便解决实际问题。因此，应用写作具有实用、实效和理性的特点。

（2）从格式来看，文学写作通常无固定格式和模式，文无定法，随意性大，情随事迁，文随情移；而应用写作却有一套严格的体式要求和固定的写作模式。

（3）从对象来看，文学写作对时间性的要求不强，可以任意和随意写作，兴致所然，情随所愿；而应用写作对时间要求很严，既有立意写文的时限，又有写文修改誉清的时限，需及时书写，及时处理和及时发布。

（4）从语言上来看，文学究其本质而言是一种语言艺术，文学创作的语言具有形象性、间接性、丰富性之特点。文学写作的语言是以真、善为其具体形象的美及其艺术形态，是人的自由本质的外在显现，同时灌注了作家个人的灵气、生气，富有零散化和动感性；而应用写作语言强调实用，主要目的在于传递信息，因而多为程式化语言，限制语言翻新，大量使用专门术语、习惯语和文言文。

第二，可从两者本体论之比较。文学在人类生活中，对人类具有认识作用、教育作用和审美作用；然而应用文作为多种常见文体，具有应用的广泛性和实用性，它是社会交往和推进各项工作的重要工具。

第三，从两者写作的功能上比较。虽然从本质意义上讲，它们都是反映人及人所处的社会内容和生活，这一点是一致的，但还是存在较大差别：

（1）从真实性这个角度来看，文学写作中的人和事都是虚构的，但可按生活

---

① 　康德：《实践理性批判》，北京：商务印书馆，1960 年，第 164 页。

的逻辑来演绎;而应用写作则泯灭了最后一点浪漫色彩,它只是具有单纯记录性及对事物本质认识的理论性,因为它要求的是绝对客观的真实与现实。

(2)从内容表现的手段上看,文学写作是利用塑造形象去反映一定的主题思想;而应用写作则依靠论述客观现象去揭示社会生活中某些问题的本质。

(3)从反映生活的深度上看,文学写作是立体的、多元化的,对社会全方位的反映;而应用写作仅仅从一个方面或领域来评析、论理社会问题。

(4)从反映生活的目的来看,文学写作的作品其目的在于使读者得到精神上的愉悦,得到真情实感的宣泄,以及产生崇高的审美价值;而应用写作则是以生活中的种种现象去揭示其社会本质,除了使人在精神上、理性上得到满足外,还能得到实际感、真实感、实效感的现实目的。

(5)从作品的结构上来看,文学写作常常处于无序结构状态;而应用写作则处于有序性结构状态。

(6)从作品的语言上来看,文学写作的语言生活化、丰富化、多样化,即丰富、生动、多样、情感,而应用写作的语言却是公式化、明确化、条理化,即明确、简洁、庄重、严谨。换言之,应用写作具有实用性、有效性等特征,与文学写作是互为对立的。英国法官丹宁勋爵在《法律训诫》一书中指出,要培养自己掌握应用语言的能力,要有说服力,要简洁、明确,也就是说不能模棱两可,要观点鲜明、态度明确,宁可平淡,也要遵循准确、简洁法则,更不能追求奇异、怪诞、晦涩、歧义的语言。

第四,可从两者过程论中进行比较。应用写作与文学写作的过程有许多相同之处,如立意、起草、酝酿、修改等环节;但应用写作中有关过程、进程的主要和特殊环节以及本身应有的特质上具有自身的特点,主要体现在以下几方面:

(1)对象的特定性。应用文体的对象性明确和具体,包括主题的确定、表述的明确、材料的使用、载体的运用等,如应用文的立意[①]就是从不确定到确定主旨的过程。

(2)文意的确定性。以意为先,意在笔先,这是应用写作中的一条基本原则,应用文文意的最大特点就是"受命而作",也就是说它目标具体、任务实在、责任分明,因而其写作标准为准确、鲜明和集中。

(3)选材的恰当性。在应用文写作中,只有与主题紧密相关,充分反映主题的才能选用,材料的选取工作包括四个环节[②]。材料的占有和鉴别工作,实际上在确立主题以前就开始了。鉴别材料主要有两个标准:一是看材料真伪;二是看材料是否符合政策法规。在使用材料的过程中,要根据文体的不同要求决定

---

① 即主题的确定。
② 占有、鉴别、选择和使用。

对材料的处理方式；要根据文章主题需要，精心安排材料，做到观点和材料统一；要善于裁剪，主次分明，详略得当，有效地说明问题。

应用文种类繁多，但有许多文体在写作要求与格式上有相近之处，如请示与报告①、商品广告与商品说明书②等。人们之所以会产生误用、套用、混用现象，主要在于：撰写者应用写作知识匮乏，不了解文体与适用范围；同时尚未建立统一的标准和完整的应用写作体系。

第三节 秘书强调应用写作

现在人们使用"秘书写作"名称的较多③，借以表明写作的某一职业特性和写作范畴，而事实上使用这一名称是极不科学的。"秘书写作"，作为一个专有词语，从理论上表明秘书所从事的职业中必须涉及所有文体写作，当然其中还包括秘书的文学写作，因而秘书写作的概念庞杂、不严谨。事实上，秘书写作除了极小一部分为文学写作外，主要还是应用写作④。然而与应用写作相比，显然秘书写作的外延无法与此相对应，因为它仅仅是应用文中的一小部分。秘书作为一种职业、职务、身份，它又无法与军事、法律、新闻、经济等涉及社会大领域的名称⑤相比。如果我们使用秘书写作这一词组的话，那么，就会出现推销员写作、保安写作此类的名称。从科学的角度而言，"秘书写作"概念的学术性、科学性的价值不大，但作为一种社会广泛的职业而言，强调它的写作特殊性还是具有一定的指向性。"应用写作主要着重写作的适用范围和作用对象，而秘书写作则重视秘书写作主体；应用写作侧重文体，常常罗列文体，而秘书写作主要围绕常用文体，不追求面面俱到；应用写作侧重文体特点、文体结构格式、文体写作要领及注意事项；而秘书写作在重视常用文体的文体特点等的同时，更关注对相同或相近文体的特点归纳，强调秘书写作主体归纳能力、抽象能力的提升；应用写作侧重文体呈现，给人模仿借鉴效用，而秘书写作还要追求秘书写作主体感悟能力、创造能力的培养；应用写作侧重文体静态的分析，而秘书写作强调写作活动的动态思考。"⑥秘书写作具有强烈的作者意识，文学作者在主体上较为单纯，而应用文作者的主体构成极为复杂，包含有个人作者、法定作者、代言

---

① 均是上行公文。

② 均是针对某商品的叙述。

③ 如高等教育出版社 2011 年出版的全国本科秘书学系列教材中，就有一本教科书取名为《秘书写作》。

④ 公文写作包含应用写作范畴。

⑤ 如新闻写作、经济写作等。

⑥ 柳宏主编：《秘书写作》，北京：高等教育出版社，2011 年，第 9 页。

作者和群体作者四种类型,因而秘书写作中必须具有"入戏""转换角色"的意识与能力。站在他人(上司)的立场上,以他人的视角、眼光、思路看待问题。《颜氏家训·文章》云:"凡代人为文,皆作彼语,理宜然也。"①秘书写作是一种受命写作,遵命写作,必须正确领会与表达上司的真实写作意图与目的。

1. 中国古代没有文本观,只有写作文气观和文体观

先秦两汉写作以应用写作为领先,到了魏晋南北朝时,文学写作才真正进入自觉期。中国古代写作观中最重要和最精粹的是"文气观",中国古人在写作时很讲究"文气",认为文章高低之分、品位之别都由"气"所定。数千年来,秘书们孜孜以求,力图达到只可意会、难以言传的"气"标准,渐次形成了中国秘书写作中的"文气观"。上古先民和哲人就感知到,世界是由"气"构成。降之春秋时,把自然之气移植到人之体,提出"人气"概念,这是一种不以人的意志为转移的力量,它决定了秘书的性格、思维、气质、情态等,构成秘书的一种精神力量。曹丕在《典论·论文》中首先提出"文以气为先",提出是人的气质决定了文章的高低。唐代韩愈为此提出"文以载道"的观点。要写好文章,首先应养正气,宋明理学特别强调正气,如文天祥为此专门撰写了著名的《正气歌》。清朝大儒曾国藩曾对儿子曾纪泽说:"人之气质,由于天生,本难改变,惟读书则可变化气质,古之精相法者,并言读书可以变化骨相。"气是可以改变人的精神风貌,是一种文化含义的指物。"气"是古人创造的"人工世界"及其形式,"气"的多样性,就是古人自我感觉、自我审美的多样性。"气"是文化形态,人们需要感悟、内心去体会到它的存在。

文学写作强调自我,具有个性化,是写作对象主体化的具体体现,注重内气;而应用写作却是由外部之气所致,是一种被动所发、受命的写作,受他人意志所为,并为"功利动机目的"所驱使与支配,体现不出个人性格和独有价值,受外气所支配,所以魏晋南北朝时期开始轻视实用写作(笔学)。当然相对于气的主动与被动、内在与外在而言,文学写作与应用写作确实存在着两者的区别,但事实上不仅文学写作,就是应用写作——以接受方式启动写作动机,然而外在的动机最终一定要内化为作者的自觉写作意愿,因而应用写作也需要"气"的运就,不过以外气为主、内气为辅而已。写作风格是写作人格和文气的外在显现,俗谚"文如其人",文品即人品。文章讲求气韵,文质彬彬,内外兼修,既揭示以气韵道德来示范意义,又展示品藻气质的审美价值。中国古人写作观是一种把"道"意通过人自身管道后,利用某一种具有文化蕴涵的文体倾泻出来。传统写作观中,一般而言应用写作(外气)与文学写作(内气)均应强调"气"之作用。因

---

① 王利器:《颜氏家训集解》,上海:上海古籍出版社,1980年,第260页。

为中国传统文学中是把文章寄托于道中,侧重于文章的超越,所以确信价值之源内在于人心,同时外通于天地自然。人是无法把握那个超越人的世界,只有通过文学与艺术才能与那个"道"相通、相连,正因如此,韩愈提出"文以载道"的写作原则,文章不是"道",是一种管道,一种有效载体。中国古人写作观是一种把"道"意通过人自身管道后,利用某一种具有文化蕴涵的文体倾泻出来。文本在中国传统写作观中无甚地位,而道统与文气、文体却异常重要。前者为神经脊椎,而后者为运动之两翼。

2.上古秘书强调言说而非写作

有案可据,早在3000多年前中国官学就设立了口语课程,它与古希腊可以说几乎是同步进行。当时设立了一些教育机构,诸如庠、序、国学、乡学、官学、私学、书院等。《论语》就是当时口语课程所遗留下来的原始记录。西周的官学设有六艺①,其中"书"是书写、认字、析字等。古时人们诵、读、哼、唱、讽、言、说、辩等异常发达,言语是人们交流与表达情感的主要方式。同时先秦时期哲人们并不重视书面写作,"述而不作",述就是整理古籍、阐发圣人之意。孔子创建中国首个私立大学时,他把授课内容分为德行、言语、政事、文学四科,其中言语包括了口头论说与书面表达写作两种形式,且重视口头语言课程。郑玄注:言为"发端"的言辞,语为"答述"的言辞;但言语总体而言主要侧重在言说上。春秋战国之际人们关注言说、辩词和论述水准的提升,这跟当时说客、辩难的发展有着一定的关联,如《荀子·正名》揭示论说性言语的构成和思维规律,《墨子·小取》阐明论辩说理的逻辑和技巧,《韩非子·难言》从受众角度解说言语在交际方面的重要性,等等。荀子曰:"谈说之术,矜庄以莅之,端诚以处之,坚强以持之。"②古代论理、说事、游说等,重在口头表达,学以致用。

汉朝才转变为开始重视书面写作。东汉光和元年(178)设立最早的文艺专门学校——鸿都门学③,全国生员经过考试入学,当时主要有尺牍、小说、辞赋、字画等课程,而其中尺牍主要包括章、奏、表、驳、书等应用文体,除了实用文体外,还有审美文体如小说、辞赋等。汉代的推举制,主要考试对策与射策两科,所谓对策就是应对世事嬗变之举。对策要求用写文的方式来阐释自己对某一问题的建议与举措,从而使以前重说转到重写的轨道上来。汉朝的开文取士,客观上促使了秘书的对策、射策两科得到迅猛发展。

隋唐科举制兴起,主要考试仍为"策问",再加上试诗、赋各一篇,后来诗、赋

---

① 礼、乐、射、御、书、数。

② 《荀子·非相》。

③ 因校址设在鸿都门而得名。

渐渐变成与策问并列的考试科目,如唐代中晚期进士科考,就侧重诗、赋两科内容。宋代熙宁四年(1071)策问考试内容改为"经义",重点诠释圣人观点及运用。到明成化年间(1465—1487)把阐经述义规范化,衍化为一种固定文章结构模式,这就是后人所说的"八股文",而这种结构的出现其实也是为了批阅文章等次之实用举效,并一直流传到清末。

中国古代主要采取以读促写,而读书最重要的是读本。魏晋之后选本教材大量问世,较著名的有杜预的《善文》,挚虞的《文章流别集》和《文章流别志论》,李充的《翰林论》,谢昆的《文章流别本》,孔宁的《续文章流别》,刘义庆的《集苑》《集林》,沈约的《集林钞》《集钞》,丘迟的《集钞》等。《昭明文选》之前有十余部,现只剩下一些残篇,如挚虞的《文章流别论》和李充的《翰林论》等,现我们在清严可均编的《全上古三代秦汉三国六朝文·全晋文》中可窥见其略。影响最广的秘书读本当推《昭明文选》,它标志着秘书读本教材的规范化。南宋王应麟在《困学纪闻》中说:"李善精于《文选》,为注解,因以讲授,谓之文选学……故曰'《文选》烂,秀才半'。"可见,《文选》已成为唐宋秘书学习文章的最热门的读本教材。南宋谢枋得(1232—1289)编的《文章轨范》(7卷),选文共64篇,均为唐宋名家名篇,分两大类:放胆文(2卷)和小心文(5卷)。此外,真德秀(1178—1235)编的《文章正宗》,对后世也产生了很大的影响,该书正、续集各20卷,选文比《文章轨范》时间跨度大、涉面广,是最初文体分类编辑的秘书读本的教科书。它把选文分为辞命、议论、叙事、诗赋四类,而其中辞命与议论就是围绕秘书工作需要而展开的教科书。

当今留存下来最古典籍为《尚书》,对其篇名考察,发现文体大多由口言组成,如"典""谟""训""誓""命""诰",以声音文本为主。刘知几在《史通·六家》云:"盖《书》之所主,本于号令,所以宣王道之正义,发话言于臣下,故其所载,皆典、谟、训、诰、誓、命之文。"因而上古文体名称的来源有两个:其一是从声音文本中转化而来;其二是从文字各种载体的称谓中孳乳而来,如书、盟、策、牒、简、铭、箴等。现有文体名称中,还保存着不少文字载体的文体名称,如陶文①的痕迹,有竹子②的痕迹,有木头③的痕迹,有金属④的痕迹,还有绢丝⑤的痕迹……这就构成中国上古应用文体的总体框架。到了商朝时,这些声音文本才转化成文字文本,形成了中国古代首个文字文体系统。这个文字文体系统主要指行政和

---

① 盟、书等。
② 策、简等。
③ 牒、牍等。
④ 铭、鼎等。
⑤ 帛、绢等。

军事公文文体。如西汉伏生所传《周书》中有"誓""诰""范""命""刑""方""政"等篇名,相应就出现"誓""诰""命"的公文文体。其中"诰"相当于今天的公告;"誓"相当于今天的法规文书;"命"相当于当今公文的令。

3.魏晋南北朝形成文笔分野的文体观

汉魏六朝是各种文章载体产生和发展的兴盛时期。文章各体,至东汉而大备。文家承其体式,故辨别文体,其说不淆。从《后汉书》著录的文体看,应用文体主要有铭、诔、颂、书、论、奏、议、记、碑、箴、赞、吊、表、说、嘲、教、哀、檄、难、答、辩、祝文、荐、笺等。梁元帝萧绎在《金楼子·文言》中说:"古之学者有二,今之学者有四。"所谓"有二",就是指汉朝有文学文章之分;所谓"有四",就是从文学中分出"儒"与"学",从文章中再分出"文"与"笔"。把"文"与"笔"对举,且进一步说明它们之间的区别,始于南朝。

在曹丕之前,也有过关于文体分类的论述,如汉末蔡邕的《独断》,把天子令群臣之文分为四类,即策书、制书、戒书和诏书,把群臣上行文天子之文也分为四类,即章、奏、表和议,且指出了各类文体要求。《典论·论文》中把文章划分为四科八体。陆机在分类上比曹丕要详悉得多,他在《文赋》中细分为诗、赋、诔、铭、箴、颂、奏、说等十类,比《典论》更深入、愈明晰。而后挚虞撰《文章流别集》(41卷,现已失传)和《文章流别志论》(2卷),从现存的残片考察,其分类原比曹丕、陆机要细密得多,他把文章分为诗、颂、赋、七、箴、铭、哀辞等,有十余种。《文心雕龙》文体论是按文笔分类的,第6至第15篇所论的骚、诗、乐府、赋、颂、赞、祝、盟、铭、箴、诔、碑、哀、吊、杂文、谐、隐诸体,都是有韵之文;第16至25篇所论的史、传、诸子、论、说、诏、策、檄、移、封禅、章、表、奏、启、议、对、书、记等诸体,都是无韵之笔,共为34类。刘勰在分类中还创造了二级分类法,即在某一类文体中还分出更小的亚文体,如诏、策中据包含了戒、命、制、敕等文体;尤其在论述书信、戕记两类文体后面,附带论述到了不少应用文体,如谱、籍、蒲、录、方、术、占、式、律、令、法、制、符、契、券、疏、关、刺、解、牒、状诰、列、辞、谚等24种文体,所以刘勰的分类实际上涉及80余种文体。刘勰在《书记篇》中提出"虽艺文之末品,而政事之先务也",表明在他之前中国一直存在着尊笔贬文观。《论语》中存在"孔门四科":"德行:颜渊、闵子文、冉伯牛、仲弓;言语:宰我、子贡;政事:冉有、季路;文学:子游、子夏。"文学①居于末位。然而郭英德教授认为:"《后汉书》对传主所著各种文体的著录次序,一般先诗、赋、碑、诔颂、铭、箴等'有韵之文',后表、奏、论、议论、令、教、策、书、记、檄、说等'无韵之笔',这一著录次序则表现出汉末至刘宋区分文笔文体辨析观念已趋于明朗。"

---

① 即所谓的文章博学。

这说明在南朝时期,才正式确立尊文贬笔观,诚如刘勰在《文心雕龙·总术》中所言,"今之常言,有文有笔,以为无韵者笔也,有韵者文也。夫文以足言,理兼诗书,别目两名,自近代耳。"说明文笔分野仅仅是当时才流行起来的文体分类观,而且他本人在著作中也是采取这种分类法。至于《后汉书》成书年代与刘勰相近,故我们可以肯定这已成为当时文坛流行的时尚风气。此外,由于当时盛行雅俗观,加上佛教流入中土,带来声韵的研究,强调清丽典雅、婉转流调,使得尊文观渐渐流传开来。

在分类应用文体的过程中,我们需还探讨应用文体的特征。曹丕《典论·论文》曰:"夫文本同而末异,盖奏议宜雅,书论宜理,铭诔尚实,诗赋欲丽。"除"诗赋"外,"雅""理""实"在今天秘书写作中仍有指导意义。

(1)雅,是"正"之意。应用文是公事、私用的常用之文,在公事中固然需要"雅",因为必守于雅正,取言于圣贤,据理于经籍。南北朝的颜之推为此提出了"公事之应用文"的雅典模式,字正格严,体式雅典,扬正气之风也。

(2)理,陆机提出"禁邪""制放""辞达""理举"四个秘书写作要求,而其中前三项无甚价值,最后的"理举"才抓住了秘书写作的实质。

(3)实,应用文都是为处理公私事务,解决实际问题而写的,具有实在的实用目的。刘勰在《文心雕龙·定势》中提出了两点应用文体的本质特征:①实核,应用文的灵魂在于实核,所谓实,即求实;所谓核,即审核。②要约,文重在丽采、敷述;而笔贵在简洁、要言。要,即概括、简要;约,即节约、精炼,这是应用文写作的基本要求。

在区别文与笔的过程中,曹丕强调应用写作也要有文采。在探讨文学的文"气"时,自然讨论到应用文的笔"气"。《典论》云:"文以气为主,气之清浊有体,不可力强而致。"这样一来,气分清浊,不分文笔,它们之间的关系参阅图1。

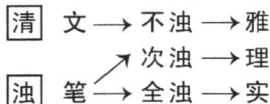

$$
\boxed{清}\ \text{文} \longrightarrow 不浊 \longrightarrow 雅
$$
$$
\qquad\qquad\qquad\nearrow 次浊 \longrightarrow 理
$$
$$
\boxed{浊}\ \text{笔} \longrightarrow 全浊 \longrightarrow 实
$$

图1　文笔清浊对比图

由于受汉代经学的正统思想的影响,颜之推、刘勰提出所有的文体均由经学衍化而成的观点,是认识上的偏差。这从另一角度说明,当时他们的头脑中还仍以经学为宗的思想,甚而得出文体的孽变都由经学的衍化而生成的结语。萧统以为应用文体的出现,乃是补阙所至,从应用上有些许之理,而功能上"弼匡""美终"等显得牵强附会了。有些应用文体界限不清,界定不明,比如章表、奏启、议对这六种文体,划分时有过繁之嫌。区分文与笔时,有扬"文"贬"笔"之意；同时，有混淆"讹体"与"正体"之界限。

4. 中国历来倡导实用写作观

中国是一个崇尚实用的国度，先人起先没有文学写作观，而是一种扬德养气的表现行为。从《尚书》中考察，我们发现它实际上是一本应用文的文集，《四库全书》的经、史、子、集，前三部分均是社会实用功能；《诗经》也并不纯粹为了诗歌，而是收集民风，用于政治管理①；《离骚》固然是文学性较强，但它也脱胎于宗教祭祀之用，并非是文学本身所需。根据历史文献记载，早期主要有符、言、质、剂、契等文体。《龙鱼河图》中记载黄帝大战蚩尤，就有了兵信神符。后来舜"五岁一巡狩，群后四朝。遍告以言，明试以功，车服以庸。"②其中"遍告以言"之"言"即治理之言，这是早期的命令或通告。《列子·说符》中"宋人有游于道，得人遗契者，归而藏之，密数其齿，告邻人曰：'吾富可待矣。'"这里的契就是早期的经济合同。安阳十几万龟甲骨片都是殷商时期的应用文书，其中不少是公务文书。

被后世称为《书》经的《尚书》，大部分为古代帝王向臣民发布的命令、向军队宣布的誓师辞，类似于当今的下行文；部分是朝臣向君王提出建议和规劝，相当于当今的上行文；小部分是关于历史传说记事文字，只有不多几篇。《尚书》共有典、谟、训、诰、誓、命六种文体，其中典，主要是帝王的政绩和言论的记载，因被史官奉为经典而得名，亦即简册。典，记事多于记言，用语庄重简朴，为后世典章制度的写作提供了范本。谟，是帝王和臣下议论政事时的谈话记录，它重记言，通篇是对话语录体；训，说古道今，训导感化君主，是谏净文的滥觞；诰，是在众人相会时发表的讲话，后成为祷神之辞；誓，是用兵征战时鼓励、告诫将士的誓辞，亦即誓师辞、进军令；命，是帝王向臣民发布的指令。这六体分合基本以典、诰二体孳发。前者侧重书面文书，后者强调口语文书，诰后来分化为训、誓、命、谟等文体。甚至后来的诏、策、檄移、章表、奏启等上下行公务文书，都能在《尚书》中看到它们的雏形。徐师曾认为："夫文章之体，起于《诗》《书》。"③袁宗道则更为具体："诏、檄、笺、疏、状、志之类，则源于《书》。"④孔安国在《尚书序》中首次提出六体，加上后来孔颖达提出的"四体：贡、歌、征、范"，组成古代的秘书写作"十大文体"。

---

① 如孔子诗言观中所阐明的"兴"，指文学作品"感发志意"的感染作用；"观"，指文学作品可"考见得失""观风俗之盛衰"的认识作用；"群"，指"群居相切磋"的教育作用。《论语·子路》曰："诵诗三百，授之以政，不达；使于四方，不能专对；虽多，亦奚以为？"

② 司马迁：《史记·五帝本纪》。

③ 《文体明辨序说》，北京：人民文学出版社，1962年，第77页。

④ 《白苏斋类集·刻文章辨体序》卷七，上海：上海古籍出版社，1989年。

《周礼·大祝》则有六辞区别:"作六辞以通上下亲疏远近:一曰祠①,二曰命,三曰诰,四曰会,五曰祷,六曰诔。"事实上这是我们最早见到的有关文章分类的论述。到了春秋时期,已有命、誓、盟、祷、谏、让、书、对等八种文体,还有辩论、诏令、箴铭、哀祭、纪事诸体。

晋代范宁《后梁传序》说,"左氏艳而富",表明左传文章文字艳美、材料丰富。《左传》中已包含了玺书、移书、载书、上书、国书、告、令、誓、命和策书十体。其中有的与《尚书》六体同名同体,如誓、命;有的同体异名,如上书、策书;有的同名异体,如诰;还有的则是新生体式,如玺书、移书、载书和国书四体。玺书为封玺文书,急用文书;移书是各国之间公务性往来文书;载书又称"盟书",是一种军事外交文书,其内容为"天盟之大体,必序危机,奖忠信,共存亡,戮心力;祈幽灵以取鉴,指九天以为正;感激以立诚,切至以敷辞;此其所同也"。② 盟书是一种条式式文书,国书是处理国与国之间关系的外交文书。

秦进行"书同文"政策,制定小篆为标准文字。同时严酷秦律,使得秦法律文书得到快速发展,其中代表作品是《封诊式》,它是我国最早一部法律文书的汇编,其中分为审视、调查案件、查封、抓捕、自首、惩办、勘验八类司法文书,具有程式性和文字单一性特征。同时秦代还制定了皇帝的专用文书,这是我国历史上首次把皇帝示下的书信确立种类和名称,即帝王制度之命曰制、帝王之令曰诏,臣下曰上书,在上书中又分为章表、奏驳文体。汉代衍生出折、书、启、牒、移等文体。汉代蔡邕在《独断》中把天子与群臣之间的上下行文分为八类,如策书、诏书、制书、戒书;章、奏、表、驳议等文体;同时从单一的叙事或论辩向论、叙、抒融为一体的方向转变。魏晋曹丕提出四科八类,陆机提出10种文体,而刘勰则提出六组22种文体等。他在《文心雕龙·宗经》中说:"故论、说、辞、序,则《易》统其首;诏、策、章、奏,则《书》发其源;赋、颂、歌、赞,则《诗》立其本;铭、诔、箴、祝,则《礼》总其端;传、铭、檄,则《春秋》为根。并穷高以树表,极远以启疆,所以百家腾跃,终入环内者也。"颜之推在《颜氏家训·文章》也说:"文章者,原出五经:诏、命、策、檄,生于《书》者也;序、述、论、议,生于《易》者也;歌、咏、赋、颂,生于《诗》者也;祭、祀、哀、诔,生于《礼》者也;书、奏、箴、铭,生于《春秋》者也。"唐代在公牍文中体现在文体繁多,仅下行之"王言"七种,上行文书六种,平行文三种,其中辞、牒、关、刺自种文体为唐代所独有。宋代进一步发展文体,出现了诰命、御札、敕、敕牒、公牒、呈状、申状、答子诸体。宋人陈叔进在《文则》中把文体分为8类,即序、说、问、记、解、辩、论、传。明代王志坚编选的《四六法海》选录魏晋至元的应用文体,如诏令、制敕、表章、笺启之类文体作品。清代姚

---

① 当作词。
② 《文心雕龙·祝盟》。

鼐在《古文辞类纂》中把文体分为 13 大类,即论辩、序跋、奏议、书说、赠序、诏令、传状、碑志、杂记、箴铭、颂赞、辞赋、哀祭。

汉朝扬雄提出"德之藻"说,认为"事辞称则经,足言足容(用),德之藻矣。"班固提出"讽喻"说,把美刺与讽喻作为秘书文章的重要标准。东汉王充在《论衡·自纪篇》提出有补说,认为"为世用者,百篇无害,不为世用者,一章无补"。在《论衡·定贤》篇中针对司马相如等人的赋"不能处定是非,辨然否之实,虽文如锦绣,深知河汉,民不觉知是非只分,无益于弥为崇实之化"。王充这一整套"为世用"的主张是对扬雄、桓谭等人"尚用"写作观的继承和发展,对后世产生了深远的影响。魏晋曹丕把秘书文章提到"经国之大业,不朽之盛事"高度,明确赋予写作以政治责任和社会担当。虞挚强调秘书写作的讽喻作用,"宜上下之象,明人伦之叙,以究万物之宜。"①梁代刘勰《文心雕龙·序志》中强调"唯文章之用,实经典枝条;五礼资之以成,六典因之致用,君臣所以炳焕,军国所以昭明"。颜之推认为:"朝廷宪章,军旅誓诰,敷写仁义,发明功德,牧民建国,施多用途。"②唐代魏征在《隋书·文学传序》中结合自身治理国策的经验,认为:"然则文章之为用,其大矣哉! 上所以敷德教于下,下所以达情志于上。大则经纬天地,做训垂范;次则风谣歌颂,匡主和民。"柳宗元指出:"文有二道,辞令褒贬,本乎著作者也;导扬讽喻,本乎比兴者也。"③白居易提出了著名的写作口号:"文章合为时而著,诗歌合为事而作。"他在《与元九书》中谈到自己切身的体会说:"仆当此时,擢在翰林,身是谏官,手请谏纸,启奏之外,有可以救济人病,裨补时阙,而难于指言者,辄咏歌之,欲稍稍递进闻于上。"从这里我们可以看到,白居易从政时首先采用公文、然后才使用应用文书,不得已才运用文学手法进行讽喻,效果依次递减、社会功效依次减弱。王安石提出写作"适用"说,"且所谓文者,务为有补于世而已矣。所谓辞者,犹器之有刻镂绘画也。诚使巧且华,不必适用;诚使适用,亦不必巧且华。要之以适用为本,以刻镂绘画为之容而已。不适用,非所为器也,不为之容,其亦若是乎? 否也。然容亦未可已也,勿先之其可也。"他强调,秘书写作的功用要"有补于世",要以"适用为本",要"以刻镂绘画"为容饰。不能适用,其文章的价值就失去效能,装饰未尝不可,不过不能把装饰放在首位。真德修提出"明理"说,他在《文章正宗纲目》中诠释"明义理切实用"的秘书写作观点,认为秘书写作要"发挥义理,有补世教"④的社会教化作用。

清代社交书信较为发达,如通候信、祝福信、庆贺信、邀约信、馈赠信、谢惠

---

① 《总论》。

② 《颜氏家训·文章篇》。

③ 《杨评事文集后序》。

④ 《跋彭忠肃文集》。

信、请托信、求救信、悼念信、慰问信等,几乎人际关系的各个方面都有书信的用武之地。同时书信的格式日趋规范,称呼、起语、正文、祝安语、落款、日期诸项具全。太平天国通过公文宣传革命思想,改造旧文体创造新文体,独创出议单、知照、田凭、通知、家册等十多种文体。

近代最主要成就是改变了自魏晋以来影响国人的尊文贬笔观,从实用的角度出发,把应用写作提到与文学写作并峙的地步。康有为、梁启超、严复等以应用文为武器,极力倡导应用文体的写作。"五四"运动后,改写了白话文,言语统一,真正走向生活化、大众化。辛亥革命后建立了南京临时政府,孙中山颁布了第二号令就是《公文程式令》,废除了几千年来封建公文文种,规定采用令、谕、批、示、公布、状、呈、咨、诏令等公文名称。国民政府期间规定公文文种为令、通告、训令、指令、委任状、呈、咨呈、公函、批答等十种。后规定下行文为命令、训令、指令、布告、批,上行文为呈、报告;平行文为函、通知。新中国成立后立即公布《公文处理暂行办法》,1987 年国务院办公厅颁布了《国家行政机关公文处理办法》,基本确定了十三种十三类行政公文文体的格局。

应用文体是适应社会发展需要并在长期写作实践中形成和发展的,如南朝梁萧统《昭明文选》分为 38 类,明朝徐师曾分为 121 小类①,清朝姚鼐《古文辞类篡》分为 13 大类等。应用文是一种概括的提法,实际上包括了几百种各自不尽相同的文体,它是应用写作的作品总汇,且随着社会的发展,少许文体将悄然消逝,更多的文体应运而生,它是为了适应社会上不同交际、交流。因此我们在研究应用文体的辨析时,就很难包罗所有的文体,只能择其现代生活中常用的、易见的通用文体而辨之,只能从文体的"大体"入手,在研究其共同性的基础上,注重探讨其各自的文体特点,这是掌握和了解各种应用文体的最基本核心,并在应用写作实践中察觉其细微差别,熟练掌握各种应用文体的特点。应用文体的抉用、选择很重要,但前提必须是辨析,尤其是似是而非的,更要细辨、明析,因为它不仅直接影响到应用作品的质量,而且会拖延工作、误传信息,因而我们有义务和责任去悉究、辨明、析释应用文体中常见、易淆的体式,尤其是对应用文体之间常常出现的套用、误用、混用、互用等混淆文体用法的现象,进行有的放矢,从而掌握应用文体中各自的文体特征,以适应当前现实与实际工作之需。②

秘书平时所写的大多为应用文体,而应用文写作目的的特定性和受体的专指性决定了其实用价值功能的实效性特征。因而应用文具有选材取事的现实性和写作目的的超前性,撰写过程的期限性和内容明确的时间性,文章传递与执行的时限性,语言表述的简洁性,以及文体流变的时代性。秘书使用应用文

---

① 包括诗赋。
② 何坦野:《应用文体辨析》,杭州:浙江大学出版社,2004 年,第 392 页。

主要起到指导工作、宣传教育、交流信息与凭证作用，其中，指导工作具有告示作用，宣传教育具有规范和约束作用。我国的应用写作有着悠久的历史，最早的写作与文章均为应用文，其中《尚书》是留存于今的首部应用文总集。"应用文"一词，最早出现于宋代。北宋苏轼在《答刘巨济书》中曰："向在科场时，不得已作应用文，不幸为人传写，深为羞愧。"南宋张侃在《拙轩集·跋陈后山再任教官谢启》中云："骈四俪六，特应用文耳。"但他们均没有对应用文进行诠释与界定。清代刘熙载曰："辞命体，推之可为一切应用之文。应用文有上行、有平行、有下行，重其辞乃所以重其实也。"①应用写作崇尚"经世济用、匡世济时、辅时及物、有补于世"观，强调应用写作的社会功用。

　　应用写作作为高校一门重要的基础课程，也是秘书学科的基础课程，在培养秘书学生的创新思维能力上有着不可替代的作用。因而利用应用写作教学的特点，培养秘书学生的逻辑和创新思维能力方面尤为突显。在应用文体本身的教学过程中，注入比较法事实证明是一种行之有效的好方法，如文体比较、文风比较、作者意识比较、语言比较、章法比较等。运用比较教学法，不仅可同中见异，异中见同，使比较的对象特征突出，还可在比较中进行应用写作知识的增值，从而全面提高秘书的应用写作能力。

第四节　秘书尤重公文写作

　　秘书写作的重心无疑是公文写作。公文是公务文书的简称，它是一个国家统治阶级在管理国家、处理各种公务时制作和使用的文字工具。在我国，公文是党和国家机关在领导党的事业和治理国家方面，用以表达意志、传达策令、沟通信息的文字工具和手段。在党的机关方面，公文是党的机关实施领导、处理党务的具有特定效力和规划格式的文书，是传达贯彻党的路线、方针、政策，指导、布置和商洽工作，请示和答复问题，报告和交流情况的工具；在国家行政机关方面，公文是国家行政机关在行政管理过程中形成的具有法定效力和规范体式的公务文书，是依法行政和进行公务活动的重要工具。我们通常采用狭义解释，即 14 种党的公文和 13 种行政公文。

　　公文与文件和文书的概念不同，文件概念的外延最小，仅指党的文件，而公文一般指党的文件外还包括行政文件，文书的概念最广，它不仅指正式的版头公文，还包括无版头公文和资料。

----

① 《艺概·文概》。

　　公文重在"公"，它性质是"公"。它是各种法定社会组织用以表达意志的文书，是用以传达策令、沟通信息、交流经验、推动公务活动开展的重要工具和手段，它一经制发，即显示出权力关系。因此社会上有些文书就不属公文范畴，如赠嘱、书信、意向书、合同、广播稿、新闻稿、会议记录、便条、请柬、演讲稿、值班记录等。公就是体现在社会性而非私人性。正因为具有"公"性，因此以情动人是无效的；公文的特征是工具性，体现在实用、利用之上，因而利弊分析是关键。公文的工具性体现在操作层面上，要有操作的方法、原则、意义和作用等。公文不是议论文，说服性是没有用的，公文不是说服、教育的地方。公文是讲操作的，主要指出所行的奖励与不行的惩罚。可行性是在理想与现实、愿望与实际之中尽可能找到平衡点。

　　社会是利害关系所决定的，要解决社会问题关键就是要处理利害上的平衡点。公文是传达命令、指示和答复问题、指导和商洽工作、报告情况、交流经验的重要工具，是由法定作者按照确定的程序和体式撰制的具有法定效用的公务文书。公文是实施组织管理的工具，公文应以组织目标、事业公利目标为依归，要表达组织意志和上司工作意图。因而秘书在撰制公文时不能像诗人那样随心所欲恣意任性，要有规范性、严肃性、准确性和严密性。它具有"经国之大业，不朽之盛事"①的社会管理效能。

　　我们论述公文写作时，一般喜用"制作"一词，而文学喜用"创作"、学生喜用"习作"一词，而写作是制作、创作、习作等的统称。为何公文要采用"制作"一词？事实上它与影视制作有类似之处，均需采用机器设备加以最后完成。所谓制作，就是要采用或依赖机器帮助这一类型的写作。影视写作当然离不开机器的制作，那么公文写作呢？事实上，公文开头的撰写仅仅是第一步，而后要靠印章钤印、复制印刷等来完成文件的最后制作，在电脑写作后就更加突出机器设备在公文写作中的重要作用，所以公文写作就是书写与制作的结合体。

　　公文写作与应用写作存在许多共性，诸如它们都是思维化意和成文相结合，都是表现技法与各种智力和非智力因素的综合运用，都有一定的操作行为，都是由主体、客体、载体、受体四个基本要素构成的行为系统等。但公文写作是一种书写加制作的结合体，它的制作成品不是文章而是制作成的文件（印刷品加印章），具有内在的一种权力影响力，所以是一种特殊的写作与特殊的文章，即遵循主事者立意与秘书完整准确相一致的写作原则。这就要求秘书既不能像个人学术论文和文学创作那样围绕自己的观点或感悟，根据自己的知识积累和生活经验用艺术手法来自由发挥，同时也不能照搬主事者的原话录音写作，

---

　　①　曹丕：《典论·论文》。

而必须在此基础上,重视表达主事者的精神原则。这也是对组织目标、主事者意图、有关政策法规和针对具体情况分析的过程,并在论述中加以科学的论证和逻辑性的条分缕析。其特殊性如次:

一是写作动机的制约性。一般文章的写作,是写作主体个人对生活的观察、感受和体验,从而引发写作冲动,通过写作来表情达意。公文的写作动机恰恰不同,之所以要撰拟公文,不是撰拟者个人的意愿,不是有感而发,而是完全受命于领导的指令授意,只许忠实地贯彻领导意图。总之,一般写作强调主体的"个人意识",写作是受作者的思想、感情、意志的支配,直接体现作者个人的活动,而公文写作则受社会集团意志的制约,强调写作主体的"群体意识",代集团"立言"。领导意图是社会集团的集中体现,所以公文写作注重准确体现领导意图,作为写好公文的前提。

公文写作是一种遵命写作,也就是由外气所引发的写作。这种写作与由内气所发的文学写作不同,它受到种种限制。作者在写作前必须得到领导人的授权,得到批准、填写审批单等。因而它就必然限制了作者应该写什么、持什么样的思想与观点、给什么人阅读、什么时候完成等。换言之,在起草公文过程中,公文表述什么主旨、运用什么材料、提出什么建议、汇报什么内容等,都是受到授意者(领导者)的指示,必须"代机关立言"。一般不能随心所欲、有感而发,更不能发牢骚、讲怪话、泄私愤。

公文写作由法定作者制发。所谓法定作者,是指依法成立并能以自己的名义行使职权和承担义务的国家机构和其他社会组织。公文的撰写者虽然是个人,但他必须代表机关组织的意志来书写,它是依照领导组织机构的集体意志来确定写作的主旨;同时公文写作是一项集体写作。虽然在初期草拟公文时,或许是某个人的行为,但他这样书写本身是受到集体意志的指导和贯彻,所言所写也是集体组织意志的内容;此外,在后期公文写作过程中,基本上均为集体参与性写作的产物,集体讨论、组织领导审阅、集体修改、反馈意见后再次修改,重大公文如政府报告等,就需要组成一个写作班子,集体讨论、集思广益、分工负责,然后由秘书人员执笔。公文写作是一个群体智慧共同发挥的过程,表达了集体组织的意志。

二是写作要求的规范性。公文写作是规范性写作,而文学写作是创造性写作。公文写作在行文格式中有固定要求,而且其基本要素构成,各部分的先后顺序,甚至开头衔接,承前启后,结束语等用语,都有一套模式语,有统一的规范。而文学写作,没有任何写作要求。也没有格式、套路、程序、用语的限制,重在创造,不重规范。

三是写作思维的抽象性。思维是对客观事物概括的、间接的反映。公文写作以抽象思维即逻辑思维为主,舍弃事物的表象,以概念、判断、推理来揭示事物的本质,所以公文写作要求概念运用准确、判断恰当、推理合乎逻辑。在写作过程中,主要运用分析、综合、归纳、演绎等逻辑手段,去概述事实,分析事理,从而提出解决问题的措施、办法、意见或要求,达到处理公务的目的。作为公文写作者的要求与文学写作也有不同,通常要具备一定的政治素养,较高的政策水平,强调抽象思维,抓住本质、概念清楚、推理严密、层次分明、合乎逻辑。同时还要有一定的调查研究能力。

四是写作体式的规范性。文须载体,即体成文,任何文章都有赖于一定体式来反映客观事物,通过一定的结构形态、表达方式、语言手段来体现写作意图。公文体式有自身独特的规范要求,主旨不能含蓄而要显露;结构不能多变而要单一,表述不能曲折而要直叙,语言不能描绘而要准确,风格不能藻丽而要平实。公文体式的规范性是由公文所特具的法定权威和行政约束力所决定的。

五是写作受体的确指性。一般而言,文学写作、新闻写作和学术写作的写作受体不受限制,具有不确定性和广泛性。然而公文写作的受体却是固定的、明确的,它有特定的读者对象,即收文机关。公文的受体是显在的、明确的,主送机关、抄送机关、表明的阅读对象等都一目了然,指向明确。正因如此,收发机关由于隶属关系不一,就形成了上行、平行和下行的行文关系。公文写作要根据确指的行文对象,按照不同的行文关系,选择相应的文种。

六是写作时间的时效性。公文写作是限时性写作。它受到时间的严格约束,尤其是遇到紧急公文的撰制,需要立马成文,不能长久酝酿慢慢书写。公文写作、处理和印制等,均要迅速及时,切忌拖拉延误。

七是写作内容的现实性。公文写作属于应用写作范畴,有很强的实用性和直接的功效性,它是为了解决社会上某一问题的直接书写。"文以载道"最早是宋代周敦颐提出,他认为:"文所以载道也,轮辕饰而人弗庸,徒饰也。况虚车乎? 文辞,艺也;道德,实也。"强调写作文章的目的,就是宣扬儒家爱的传统伦理道德。唐代柳宗元等则提出"文以明道"的主张,认为写文章的目的在于明道和切合实际。他在《答韦中立书》中说:"始吾幼且少,为文章以辞为工。及长,乃知文者以明道。"这就是说柳宗元不仅仅具有韩愈的仁义道德,同时还包括生民、世用等实际之效。晚清时以龚自珍为首的改良派则提倡"经世之用",继承柳宗元的文脉,认识到空谈义理的文章于事无补,主张文章必须联系实际,切合实用。

公文写作要求真实有效,力求真感,联系实际,直面现实;语言质朴,实在,真实,同时还需要严谨、庄重、书面语用语严谨、准确,杜绝多义性、歧义性,排斥朦胧、模糊,主要采取说明和议论表达方式,拒绝使用象征、夸张、比喻等修辞性手法。

第二十三章　秘书文字文化论

语言是文化的载体，是文化的代码、文化传播的媒介。语言文字的文化特征表现为，语言文字既是重要的文书事象，又是文化的载体。语言为文化事象指的是语言的诞生意味着人类文化的诞生，同时文化的发展也影响着语言的发展。语言文字本身就是一种文化，也是一种特殊文化。语言所造成的文化差异直接渗透到秘书工作之中，标准音的确立、词语的流行和限制、称谓的不同使用等。秘书的思想观念等只有通过语言才能交流与传播，同时语言的生产与发展又反过来促进了秘书文化事象的产生与发展。

秘书自古以来是与文字打交道最多的职业之一。汉字是一种在世界上独一无二、独自发展的文字体系。汉字中有关创造汉字的传说、汉字本身的各种构形，以及多样繁复的书体等，无不是秘书对中国文化的领悟观照的精神产物和洞悉秘书文化所形成的产物。1951 年毛泽东在审定《中共中央关于纠正电报、报告、指示、决定等文字缺点的指示》时，提出"五不要"要求："不要写错字、不要写草字、不要写怪字、不要写别字、不要写简字。"如果秘书没有很强的责任心、没有严谨细致的作风，要做到这五点是不容易的。只有秘书们常翻字典、不耻下问，善于学习，才能做到一名规范汉字的模范实践者。我们若能了解与明晰这些深邃而博大的汉字内涵本身，才能真正窥探到中国秘书文化蕴涵的深层结构与内核。

第一节　仓颉传说与秘书文化

文字是记录语言的符号。在世界四大文字体系当中，汉字是一种独立而自成系统的文字体系。"文字者，所以为意与声之迹也。"①中国文字的起源，最有

---

① 陈澧：《东塾读书记》卷十一。

影响的当为仓颉造字之传说。《吕氏春秋·君守篇》:"奚仲作车,仓颉作书,后稷作稼,皋陶作刑,昆吾作陶,夏鲧作城,此六人者所作,当矣。"传说仓颉造字后天下大雨而粟米,地出鬼蜮而哭泣,"故事曾闻天雨粟,与君一笑祝丰年。"①从诗句中我们可以看出"仓颉作书而天雨粟、鬼夜哭"的传说具有多大影响,亘古千年,代代流传。传说的流传过程中,往往掺入传者的各种主观意念;而上古是一个喜树圣人、英雄辈出的年代,人们自然地把某种事物的发明、创造等权利归结到一群圣人的手中。与此同时,仓颉也由最初的造字者演变成"王""帝""皇"等最高权威者,被罩上了一个神圣的光环。

仓颉是有历史记载的从事汉字规范的第一人,他是黄帝时期的史官。据传,轩辕黄帝的史官仓颉在"谷雨"时节创造了中国最原始的象形文字。上苍因仓颉造字而感动,为其降下一场谷子雨,这就是"谷雨"的由来。中国常驻联合国代表团与联合国新闻部协商,决定以中国农历"谷雨"之日作为"联合国中文日"。黄帝统归天下后,设立了五个国家行政机构(府),而各府之间用青、白、赤、黑、黄五种颜色加以标示。换言之,黄帝不以四方归降图腾为标示,而以五行配对的颜色为部门名称。其中苍府为青色,是一种深蓝色与暗绿色之间的颜色,它是一个预测判定的部门,带有综合性,类似于当今的秘书综合部;其余如黄府为观察天象部门,白府为测算历法部门,黑府为丈量土地部门,赤府为记录社会部门。造字传说的还有沮诵,事实上沮诵是诵讽口语职业之人,为黄帝五府之中的文祖,属赤府,他们是史事之人,所以仓颉是造字之人群,黄帝五府之一苍庙②的总称,其职责与功能是针对其他四府③呈送的观测现象进行分析解读,并予验未来,具有神灵之功效,故苍府内浸漫着肃穆、威严、神仰之感;而沮诵则是文字使用之人群,是黄帝五府中的文祖④所行之事,是一群诵讽礼数、事书记录为职业的国家行政人员,也是一个集合概念。

在上古政治体制中,由于社会分工,形成剩余物质,产生了劳力者与劳心者两大阵营,而且劳心者"治理"劳力者,因秘书属于管理阶层,是统治阶层⑤的可靠伙伴与得力助手,所以秘书无疑属于当时的文化"智者",处在精英阶层。那时有两类人群:一类是巫师、圣人、国王、贵族、首领等一类具有超凡能力的人,而另一类则是拥有较高文化知识和教养的智者,他们也食人间烟火,具有凡人的七情之欲。秘书不是从巫师中分化出来的,而是从"史"官中分离出来。最早

---

① 柯昌济:《常用古文字字典·序》。
② 灵府。
③ 白、黄、赤、黑。下同。
④ 赤府。
⑤ 依附贵族、国王。

史官是一批保存口语材料的人,利用超强记忆把先人的文明成果传诵给后人,形成口述时代。后来出现文字后,"史"就出现了分工,左史记言①,右史记事②,形成两套符号系统并列使用。到商初期,文字才渐渐崭露头角,显现出它特有的符号功能。有声语言是人类早期的代表特征之一,形成了大量神话、传说、寓言等,通过语音与语义特定关联与对应,构成了一套基于声音的意义符号系统。由于方言对交流的阻碍,人们开始提倡共同语。春秋时代,共同语被称为"雅言",汉代称为"通语",元代称为"天下通语",明清称为"官话",辛亥革命以后称为"国语",现在称为"普通话"。口语时代,大众是语言的共同发明者、使用者和传播者,语言媒介的交流能力为每个人所拥有,大众的言语表达成为日常生活不可剥夺的权力。声音时代,是大众平等使用传播的年代,而到了文字时代,人类形成了两大符号系统,同时相应也形成草根与精英两个不可跨越鸿沟的社会阶层。

　　文献中仓颉造字传说最早为战国末期。降至汉代,其传说任意添加,演化成"皇""帝""王"等神圣人物,于是建造祠庙,举行赛神会等,恭奉为汉字之祖。这不仅吻合上古喜树"圣人"之习俗,也表明中国人珍爱汉字与珍惜其载体的传统文化。仓颉不是某一个人,而是黄帝五府之一"仓(青)庙"的总称,因其机构内人员须在脸庞上画青色而取名,这是一个集合概念。仓庙的别名为"灵府",其职责与功能是针对其他四府机构呈送的观测景象进行诠释,并予以验证未来,具有神灵之功效。"仓颉作书"的"书",乃为"别事之义",是判别人们言行圭臬的教条"礼书"。《仓颉篇》不是字书,而是叙及伦理宗法之诵讽的读本,其所用字体为小篆。造字传说的另一人沮诵,也不是实人。沮当释为诅,沮诵是五府中的文祖(赤庙)所行之事,是一群诵讽礼书、事书记录为职业的国家行政人员,也是集合概念。沮诵是汉字使用者,而不是汉字的创字者。

第二节　汉字衍化与秘书文化

　　原始汉字的出现当在公元前 30 世纪中期③。1959 年在山东大汶口文化遗址(距今约 5000 年)中,发现在陶尊上刻有象形文字,每尊陶均有一字,共发现十个标本,四种字体。在贾湖文化中④发现了甲骨契刻符号,香港中文大学饶宗

---

① 口语。
② 文字。
③ 裘锡圭:《文字学概要》,北京:商务印书馆,1988 年,第 25、27 页。
④ 河南舞阳县贾湖村遗址。

颐教授认为"早于安阳殷墟的甲骨文卜辞 4000 多年,领先于素称世界最早的古埃及纸草文字",是迄今为止人类所知最早的文字雏形之一。① 原始人类赋予语言一种神奇力量,对它奉若神明,产生语言崇拜,如蝙蝠的"蝠"与幸福的"福"字同音,同时还产生避讳法,缺笔、拆字、删字等方法,如观世音与唐太宗李世民的"世"相同,就减改成"观音"。到了公元前 21 世纪建立了夏王朝,正式进入了阶级社会,并由巫、史等一批有文化的人来掌控。夏代是中国国家形态和政府秘书的肇始,秘书官员的出现,使中国至此进入行政管理的时代。

公元前 14 世纪商王盘庚迁都于殷,到前 11 世纪商纣王亡国的 270 年里,出现了殷墟甲骨文。目前出土的约占 10 万多片,此外还有钟鼎文,约有金属铜器 3000 余件。目前学者们整理出古文字图形 4000 余个,可识别的文字 2500 多个。这些文字是古人用刀刻在龟甲或兽骨上的意义符号,所以叫作"甲骨文"。汉字是世界上唯一还在广泛使用的表意性文字,用象征性的书写符号指代特定的事象。后来在象形的基础上创造出指事、形声、会意、假借、转注的造字方法。在甲骨文中已具有"汉子六书"的造字方法,展现出中国文字的独特魅力。商朝已开始使用毛笔,"笔"的繁体字为"竹子头聿",从"竹"从"聿";而聿字就是手执毛笔形态。从现在已出土的大量胛骨上还保留着当时秘书史官们写下的朱写和墨写的痕迹。商代文字确立了直行排列法,虽有横行的但数量极少,仅限于单行。中国书写从右至左从商代起,一直沿用了三千多年。直到 20 世纪中叶因采用西方书写,而改为自左而右、自上而下的横行排列法。

西周春秋战国时代,文字主要是金文,不少铭文达百字以上,如大盂鼎有 291 字、小盂鼎 400 字、毛公鼎 498 字。除了金文外,仍在使用甲骨文。与殷商甲骨文相比,西周甲骨文字细如粟米,刻写成熟,能在一块卜甲上刻 3 个字。1965 年出土的"侯马盟书",均为毛笔所写,多数是朱书,少数是墨书。这时文字趋于整齐方正,形体演变主要是线条化、平直化。换言之,粗笔变细,方形圆形的团块为线条所替代。春秋晚期我国南方出现了明显美术化的鸟书、虫书等。到了周宣王时,太史籀编辑了一部《史籀篇》,所用字均为大籀②,是一本教学童识字的课本。《说文》云:"今叙篆文,合以古、籀。"据《汉书·艺文志》载,《史籀篇》原本为 15 篇,建武时亡 6 篇。《说文》所收籀文仅为 120 余字。战国时期诸侯割据,文字的地方色彩越来越浓,形成了"文字异形"的情形。此外还有大量的不同材质刻写的金文、玺印文、陶文、简牍文、缣帛文等。六国文字形体上的最大特点是出现了大量简体,朝实用化方向发展,并在简化主流的过程中,出现了大量的异体字。

秦朝统一全国后,实行了"书同文"政策,即把原先大篆、六国文字都统一用

---

① 向怀林主编:《中国传统文化要述》,重庆:重庆大学出版社,2016 年,第 11 页。
② 又叫大篆。

改造过后的小篆文字,这是一个伟大的创举。小篆是由春秋战国时代秦国文字逐渐演变而成的,它不是大籀的"省改"。小篆的字形进一步规整匀称,有些字进行了简化。秦始皇统一中国,继而统一了文字,固然是一种进步;但是他为显示自己是商周的承统天子,鄙视各诸侯小国文字,用创立直接继承甲骨文、金文传统的大篆进行创立,并在此基础上进行改革,成为一种更为规范的字体小篆。且把小篆作为统一六国的官方文字,"罢其不与秦文合者"。事实上,秦始皇、李斯等人在创建小篆的同时,无疑也把六国文字中无数合理优秀的创新成分抹去了。而隶书的创建正是部分吸取了六国文字的部分精华,也是对早先各国文字体系的继承与发扬。

战国晚期出现了隶书,它是由篆文俗体演变而成的一种新字体。秦简是分化期,有的成为隶书,有的成为草书。汉代是隶书的成熟期,东汉许慎撰《说文解字》,展现出汉字形体的完整体系。隶书的出现,动摇了小篆的地位,到西汉时就自然取代了小篆。曹魏正始年间,魏政府把《尚书》《春秋》两经刻在石碑上,用古文①、小篆、隶书三种字体书写,这就是著名的正始石经,或称"三体石经"或"三字石经"。

古代"名实观"其实就是对"名"与"实"的关系探求,表明人类已认识到语言是对客观存在的反映,它仅仅是人类认识世界的中介、外壳,因而古人认为人的不同个性、品行、修养等会在语言上反映出来。《易经·系辞传下》:"将叛者其辞惭,中心疑者其辞枝,吉人其辞寡,躁人其辞多,诬善之人其辞游,失其守者其辞屈。"这就是说要背叛的人言语会流露出惭愧,心中有疑惑的人言语会枝蔓不定,善良的人话语简洁质朴,躁动的人话多,诬陷善人的人话语游移闪避,失意的人话语枉屈。古代非常重视言辞观——"修辞立其诚"。唐代孔颖达释为:"外则修理文教,内则立其诚实。"强调我们的任何语言均需表达真情实感。孔子提出"辞达而已矣",即文辞能表情达意就可以了,而老子则认为不许夸夸其谈,反对夸饰。王充要求实诚和文墨相称,文采与内容相称,反对文不符实。

中国文化的发源地在黄河区域,大约在山西、陕西、河南北及山东,主要是发明了当今仍在使用的汉字体系。而当时江南、岭南、荆楚还处在蛮荒之地,虽有楚的鸟文字等,但笔画烦琐、字数太略,有不易流播之弊。到秦始皇统一中国后,实行了书同文政策,这大大推动了中原文化的传播与应用,反过来也剪除了其他六国不规范、不成熟的文字。永嘉之乱,促使文化南移,大量士人迁居江南,使得江南成为文化的重地。安史之乱后,江南真正成为我国的经济与文化的双重重地,如唐朝中后期,江南科考人数与及第人数就已超过北方区域。南

---

① 即蝌蚪文。

宋立都杭州,使江南一直以来成为全国文化中心,可谓"自古江南出才子"。

第三节　程邈创隶与秘书文化

在汉字字体发展的演变中,与秘书文化有关的应数程邈创立隶书的传说。隶书又称"佐书",《说文》曰:在王莽时期存有六种字体,"四曰佐书,即秦隶书"。汉代人还常常把官府文书所使用的隶书书体称为"史书",如《汉书·王尊传》:"尊窃学问,能史书,年十三,求为狱小吏,数岁,给事太守府……除了补书佐,署守属,监狱。"过去人们由于《史籀篇》也称为《史篇》,误为史书俱是籀文,这是误解。段玉裁曾诠释:"或云善史书,或云能史书,皆谓便习隶书,适于时用,犹今人之工楷书耳。"史书,就是秘书史官所写、所用之书体。《论衡·效力》案:"治书定簿,佐、史之力也。"《后汉书·百官志》云:"郡史主录记事,催期会;书佐擗主文书。"启功教授在《古代字体论稿》中认为:佐书和史书的称谓上,隶书应以"今隶人佐书"为是。睡虎地秦墓《法律问答》中有一条:"何谓'耐卜隶?''耐史隶'?卜、史当耐者,皆耐以为卜、史隶。"[1]可知,所谓史隶就是当时官府秘书们常常使用的简易便捷的书体。

隶书的取名也与秘书有关。《汉书·艺文志》和《说文·序》都说是由程邈为秦始皇造隶书的传说。案载,程邈得罪下狱成了徒隶,在狱中他对当时官方确定的小篆字体进行了改革,进而创立了一种新的字体。秦始皇得知后,甚为高兴,为他免罪升官,擢为御史;同时把这种字体命名为"隶书"。当然这仅仅是传说,事实上是不成立的。从大量考古资料来看,早在战国晚期我国就出现了隶书的雏形,1975年湖北江陵凤凰山79号秦墓中,就出土了两枚玉印,其中一为篆体,另一为隶体,可见当时这两种字体均在流行使用。或许小篆多用在正式官方文书,隶书多用在一般文书和民间。所以隶书不是在秦始皇时期所创造的,更不是程邈所创建的。晋代卫恒在《四体书势》中云:"秦既用篆,奏事繁多,篆字难成,即令隶人佐手,曰隶定。"这里的"隶人"其实就是关押在监狱里大批六国文化知识"士"者们,这里的"佐手",就是这些"六国士者"辅佐长官撰拟、抄写文书的秘书助手。换言之,就是政府衙门中专掌文书的秘书们;所谓隶字(体),就是秘书在处理公务活动中常用的简易便捷的一种字体。云梦秦简全为隶体墨书,字体端正,笔迹清晰。郭沫若曾言:"秦始皇改革文字的最大功绩,是在于采用了隶书。"唐兰教授认为:"由于官狱多事,才建隶书,这是倒果为因,实

---

① 《睡虎地秦墓竹简》,北京:文物出版社,1978年,第234页。

际是民间已通行的书体,官狱事繁,就不得不采用罢了。"当然,在隶书的形成与规整中,像程邈这类佐手秘书做了整理、改进文字的工作,其作用是功不可没的。

整个汉代基本上是隶书的天下,现存的汉代石碑①均为隶书所写。在边塞出土的敦煌汉简、居延汉简、罗布泊汉简②大多也是隶书,甚至汉朝铜器所刻铭文也都用隶体。秦朝和西汉早期的隶书仍未成熟,西汉武帝时进入转折期。从字形繁简来看,隶书也经历了由繁到简的演化过程。汉隶也称"八分",有"割程隶八分取二分,割李篆二分取八分"之义。隶字对篆字进行了改造,如解散篆体,具体而言,主要采取了改曲为直法、省并法、省略法、偏旁变形法、偏旁混同法等。

隶书的出现,是对汉字构形的又一次重大调整,也是一次质的飞跃。汉字在隶变前,从商代的甲骨文到秦代的小篆,形体虽然发生过不小的变化,但总的说来,没有超出线条结构的范畴,无非是线条结构整齐化、抽象化而已。经过隶变后,线条结构变成了点画结构,使汉字更抽象化、意符化,从而改变了汉字的构形法则。如"水"字,小篆还有几分像水流的形态,而隶变后的"水"字,则一点水形的痕迹也没有了。

两千多年来,汉字的形体基本上以隶变后的汉字整体框架为基准,略有改动,但没有大的、实质性的变化,所以人们把隶变看成是古今汉字的分水岭。隶变后,大大增强了汉字的生命力,使古老的汉字焕然一新。如果司马迁用小篆来写《史记》、班固用小篆来写《汉书》的话,那么,要完成这些上百万字的长篇巨著,是很难想象的。隶变的直接效益,就是官府衙门内大批秘书书佐们的书写速度加快、文书制作的周期缩短,从而大大地提高了秘书工作的文字书写效率。

文字造就了一支新的舞文弄墨的秘书精英群体,正如约瑟夫·R.多米尼克所说:"(文字)创造了一个新的社会分界线。在文字之前,每个人都拥有几乎同等程度的传播技能——说与听。但有了文字,并不是每个人都能够读与写。那些能够读与写的人可以获得其余人无法得到的信息。并且,通常越能够获得信息就越能够获得权力。这种权力被集中到统治者及为统治者服务的文书手中。"③文字的复杂造就了一个庞大的秘书群体,如上古秘书称为"尹"字,在甲骨文中就是官员执笔办文之意。

---

①　西汉的寿刻石,巴州买山的记刻石,东汉的石门碑、乙瑛碑、孔庙碑、韩仁碑、曹全碑、张迁碑、熹平石经等。

②　又称"楼兰汉简"。

③　约瑟夫·R.多米尼克:《大众传播动力学》,北京:中国人民大学出版社,2004 年,第 74 页。

第二十四章　秘书书法文化论

书法是特指用毛笔书写汉字的艺术,是中华民族在汉字书写过程中形成的一门独特艺术。其特点是通过汉字的用笔用墨、点画结构、行次章法等造型手段来表达书写者的人格情趣、气质风貌,展现其独特个性和审美境界。形式上,它是一门追求线条美的艺术,在内容上,它是一门体现民族人文精神的艺术。

汉字的各种造型都是书法的丰富载体,而各种体裁的书法也都是汉字的寄生与分流。书法是汉字艺术化和装饰化的标志,是运用东方美学和哲学观念促使汉字形态艺术化的一门深奥学问,是历代承续下来的一项古老而优秀的文化传统,也是中华民族集体智慧所创立的文化精粹。中国书法历史悠久,源远流长,承载着中华五千年的灿烂文化。作为中国传统文化符号的书法艺术,融艺术欣赏、文化学习、健身养生于一体,得到了秘书们越来越多的关注和喜爱。

第一节　书法家与秘书家同源

秘书的日常工作离不开书写,几乎每天要与汉字打交道,成为名副其实的"书吏""佐手",故秘书中书法佼佼者比比皆是。其中一个有趣而耐人寻味的现象,就是中国书法史上所闪耀的那几颗"巨星""明珠",大多出身于秘书世家,他们均有从事秘书工作的丰富经历。主要如次:

1. 王羲之

魏晋时期的秘书人物中,书法造诣最高的当为被后人尊奉为"书圣"的王羲之了。他出身官宦之家,早年为秘书郎,又做过一阵子庚亮的幕府,后至右军将军,人称"王右军"。中年时因与扬州刺史王述政见不和,毅然辞官。

王羲之的《兰亭序》成为我国书法史上最早的一篇行书法帖,其书法创新水平已达到最优的艺术高度。这一"早"一"优",就是"天下第一行书"的两大基石。故此,《兰亭序》的造型思维、姿态审美、技法规范、风貌展现以及空间设置、动势节律等一系列鉴赏标志,昭示着王羲之成为历史上首位进入书法艺术殿堂的划时代人物。《兰亭序》不仅成为书法领域里的一件奇珍异宝,供人们千秋万代地观摩赏析,而且已经作为永久性的行书楷模在不断启迪后人进行临习和效法;还由此促进了行书艺术的继承与创新及多种风格的分流与繁盛。唐代李世民在《王羲之传论》中赞誉道:“详察古今,研精篆隶,尽善尽美,其惟王逸少乎!观其点曳之工,裁成之妙,烟霏露结,状若断而还连;凤翥龙蟠,势如斜而反直。玩之不觉为倦,览之莫识其端。心慕手追,此人而已。”斯言诚矣。

2. 王献之

王献之是王羲之的第七子,他共有六兄一姐。献之自幼聪慧,少有盛名。初为州主簿,继任秘书郎,后转丞。谢安与王羲之交厚,还是姻亲,又特别器重“七郎(献之)”。当谢安以中书监总揽朝政之时,便提携献之为长史,位在三公之列。在谢安为太保时,又提拔献之为中书令,掌管中央秘书事宜。献之任上勤奋过度,43岁便去世。

从历史上书法百家来看,其个人的造诣成因存在多种类型:有的是接受祖传家教,有的是依靠自习苦练,有的凭借聪敏机灵加勇于实践,有的遇到名师指教和博览碑帖,有的得益于广访名人与交友切磋,还有的通过观察舞剑、摇船、蛇行、云变等自然现象去悟通书理,从而使书法艺术迈上了一个高潮境界。如果说,在天赋、勤习、师导、博览、悟通之中具有其二三者,便可在学书艺道上获得相当成就的话,那么对王献之而言,可谓五者皆备。如果说米芾是帝王御赐封赏的“书画博士”的话,那么王献之则完全属于地道的“科班”出身而非天然培育而成的“书画状元”。

王献之之所以能与其父齐名,成为“二王”,是因为他有改革的思路,并付之以躬身实践。他认为历史上章草的最大缺憾在于未能“舒展”,故他提出要借助章草演变为今草,再拓展为一种新的草行书体。张怀瓘在《书议》中曾言:“子敬年十五六时,尝白其父曰:‘古之章草,未能宏逸。今穷伪略之理,极草纵之致,不若藁行之间,于往法固殊,大人宜改体。且法既不定,事贵变通,然古法亦局而执。’”简言之,他继承张草发展今草,继承王行书拓宽行书,并自行创立行草书体。虞和在《论书表》中称:“献之始学父书,正体乃不相似。至于绝笔章草,殊相拟类,笔迹流怿,宛转妍媚,乃欲过之。”张怀瓘在《书断》中称道:“幼学于父,次习于张,后改变制度,别创其法,率尔私心,冥合无矩,观其逸志,莫云与京。至于行草兴合,如孤峰四绝,迥出天外,其峻峭不可量也。”事实上,献之之学父已是青出于蓝而胜于蓝。

3. 欧阳询

欧阳询,系长沙人。从小就聪敏绝伦,才华横溢,尤精史书。曾任唐高祖李渊的幕僚,后任太子师,弘文馆学士等。询自幼工书,学"二王"及北齐三公郎中刘珉,书体险劲刻厉,自创一格,人称"欧体",为世所重。与虞世南、褚遂良、薛稷被颂为初唐"书法四大家"。与其子欧阳通称作"大小欧阳"。书名扬震海内,远播四方,书风影响后世千秋。

"欧体"的代表杰作是楷书体制。高简中寓浑穆,文静中显峻厉,平正中显险绝,纳古法生新意;凝重沉毅,挺拔刚健,集优而成,独具面目。张怀瓘在《书断》中曾评价道:"八体尽能,笔力劲险,篆体尤精。高丽爱其书,遣使请焉。……飞白冠绝,峻于古人,有龙蛇战斗之象,云雾轻浓之势。真行之书,虽于大令,亦别成一体,森森焉若武库矛戟,风神严于智永,润色寡于虞世南。其草书跌宕流通,示之二王,可为动色。"朱长文《续书断》云:"杰出当世,显名初唐,尽牍所传,人以为法,虽戎狄亦慕其声。"又"行书黝纠蟠屈,如龙蛇振动,戈戟森列,自成一家"。欧阳询举推"二王父子",楷、行皆学,但能出于师书之上,一反魏晋温润醇雅的神韵,而开一代险劲刚毅之风。

4.李邕

李邕,其父为编纂《文选》的李善。他自幼秉承家教,学业精优,初为左拾遗,后三次拜官,三次受挫,最后任北海郡太守。李邕被李林甫暗中杖杀,直到20年后代宗李豫继位,才为其平反,追赠秘书监。李白为他叹道:"君不见李北海,英风豪气今安在?"杜甫则以"长啸宇宙间,高才日凌替"诗句来悼念他。

李邕一改王羲之之书风,把行书用于志铭入碑之中。这得益于他的遒劲书体,浑朴挺耸,结子形方,顿挫以圆,主体紧密,周边开阔。黄庭坚在《山谷集》中说道:"北海字势豪逸,真复奇崛,所恨功力太深耳,少令功拙相半,使子敬复生,不过如此。"王世贞曾评说:"李北海翩翩自肆,乍见不使人敬,而久乃爱之。"李邕的名句为:"似我者俗,学我者死也。"这催人深思,启迪后人。

5.颜真卿

颜真卿,26岁就中进士,28岁任秘书省校书郎,40岁拜检察御史,后被杨国忠贬出朝廷。而后他又四次被贬,三度任刑部尚书,几度沉浮,然壮志未改,最后身冲虎穴,昂首而逝。

颜真卿是继王羲之之后在唐代书坛上可与王羲之并峙的一颗耀眼的巨星。他用大草法笔写行书,二次投师张旭的大草,最后自行改进,成为别具一格的颜体行书。首先,他在线形上,起笔藏锋逆入,收锋顺势断截,线条时有轻重,转折外拓时加大弧笔的跨度;其次他在线质上,行笔匀停厚重,转折遒劲婉通,以骨力为筋柱,显得有力与刚毅。代表作是他51岁书写的《祭侄稿》《祭伯父稿》和56岁的《争坐位稿》。

颜真卿晚年从行书又转到楷书,他把行草的笔势和运笔运用到楷书上。譬如在笔画上,横轻细,竖粗壮,显得沉实;在转折上,婉通圆钩,两竖上微带弧形,圆正气满。用行书笔法改革楷书,成为颜体楷书的独特风貌。颜体的强雄浑穆,丰伟遒劲,替代了王书精工隽雅、妍媚娟逸的风格。宋代朱长文在《续书断》中曾评价道:"刚毅雄特,体严法备""自秦代篆籀,汉用分隶,字有义理,法贵严谨;魏晋而下,始减损笔画以就字势。惟公合篆籀之义理,得分隶之严谨,放而不流,拘而不拙,善之至也。"同时对颜体的笔画特色论述道:"点如坠石,画如夏云,钩如屈金,戈如发弩,纵横有象,低昂有态,自羲、献以来,未有如公者也。"

6. 苏轼

苏轼少负才名,与父苏洵、弟苏辙进京赴试,同登进士科。始任大理评事、直史馆;后做朝奉郎、中书舍人、翰林学士,直至吏部尚书、翰林侍读等高级秘书官。苏轼为人坦荡豪爽,诚挚宽厚,是一位全能型的大家。

苏轼精通书法,用笔丰腴跌宕、筋骨内涵、体势宽博端庄、豪劲凝重,姿态横生,自创一格,为宋四大书法家之首。黄庭坚曾说:"东坡道人少日学《兰亭》,故其书姿媚似徐季海,至酒酣放浪,竟忘工拙,字特瘦劲似柳诚悬。中岁喜颜鲁公、杨风子书,其合处不减李北海。至于笔圆而韵胜,挟以文章妙天下,忠义贯日月之气,本朝善书,自当推为第一。"清吴德璇《初月楼论书随笔》称:"东坡笔力雄放,逸气横霄,肥而不俗。要知坡公文章气节,事事皆为第一流,馀事作书,便于俯视一切之概,动于天然而不自知。"苏轼屡遭打击,奸相蔡京还下令禁止苏文、苏字、苏画的传播。然而,事实却与当权者的愿望相反,士林及百姓甚喜苏的艺术作品,身价倍高。据说苏的文稿一时卖到五万钱,宦官梁师成竟花30万钱买下苏州石桥上东坡书写的碑文。

7. 黄庭坚

黄庭坚出身书香门第,幼时聪颖过人。22岁中进士,任国子监教师,后任授书郎、著作佐郎、秘书丞等秘书高官,为"苏门四学子"之一,并成为江西诗派所宗。黄庭坚不仅在文学方面是苏门四学子,而且在书法上也是宋代四大书法家之一。宋代有两大书法流派:其一为苏(轼)黄(庭坚)派;另一为米(芾)蔡(襄)派。清刘墉在《论书绝句》中称:"苏黄佳气本天真,姑射丰姿不染尘;笔较墨胭皆入妙,无穷机轴出清新。"这里足见他对苏黄书法派的赞誉。

黄庭坚自己常言:"随人作计终后人,自成一家始逼真。"就是说不要始终跟随在古人后面学步走,要勇于突破先人的陈规旧律,还应力求创新。黄的书法主要是圆健曲动的线条,长枪大戟式的笔姿和四面辐射型的体态。他惯经神韵控制笔墨,又用线律表达意向;点画变换显情趣,结体欹侧耀精神。宋徽宗称赞道:"黄书如抱道足学之士,坐高车驷马之上,横钳高下,无不如意。"明代陶宗仪说:"山谷工正楷行草,楷法妍媚,自成一家;草法尤奇伟。"

第二节　秘书在书法流变的作用

秘书自古以来是与文字打交道最多的职业之一。汉字是一种在世界上独一无二、独自发展的文字体系,汉字的各种书写流变,形成了蔚为壮观的中国书法艺术。秘书们在工作中运用书法艺术,而且在工作之余也常常赏析书法艺术之珍品,丰富精神生活,提高鉴赏艺术的文化品位。

从现已出土的大量甲骨文中,我们可以见到在若干胛骨上还保存着当时秘书史官们在其甲骨上写下的朱书和墨书的痕迹。从白陶片墨书的"祀"字看,可以窥见商代秘书的日常书写使用的工具为毛笔。春秋战国时,各国的秘书们都在文字上各自创新:如北方晋国出现了头尖腹肥的"蝌蚪文",其代表作品为《智君子鉴》铭文;又如南方楚国出现了鸟形装饰的"鸟形文",笔画多加曲折和拖长尾,其代表作品为《越王州勾剑》剑铭文等;再如齐国出现了"点形文",多用点子装饰,其代表作品为《陈曼簠》铭文。与此同时,西周的金文显示出一种圆柔敦厚的字形,一扫甲骨文修长清瘦的字态。其间还出土了不少秘书们拟撰的盟书文物。

秦代由于李斯主持了文字的统一工作,从大篆改为小篆,圆劲浑厚、笔画疏密、均匀流畅,如《琅琊台刻石》《泰山刻石》等。秦末的程邈在狱中创制了隶书,当然这仅是传说,事实上早在战国的楚国竹简中①就有"古隶"了。这种以蚕头燕尾为特征的隶书占据了汉代书坛的主导地位。同时形成三大派别:一派是以《礼器》《张景》为代表的偏于端庄;另一派是以《曹全》《刘熊》为代表的偏于秀丽;还有以《张迁》《衡方》为代表的偏于雄浑。汉代秘书们在文牍撰写中多用隶书,从出土的居延简牍上可以看出大多不求规整,多草率放任,具自然野趣之神韵。

汉代还出现了草书和行书。先有章草,而后才有今草。张芝是今草的创造者,被史学家称为"草圣"。行书的奠基者为王羲之、王献之父子二人。魏晋时堪称中国书法发展的高峰,书法理论著作层出不穷,如卫桓的《四体书势》等。王羲之作为"书圣",不仅精于行书,草书也俊逸超凡,他的书法重在"游心",强调一个"意"字,"点画之间皆有意,自有方所不尽。得其妙者,事事皆然。"如著名的千古名帖《兰亭序》。南北朝时形成了婉丽清媚、富有逸气的南朝书法与雄奇方朴、豪气逼人的北朝书法。魏晋以后,中国人的书法成为中国人标准的艺

---

① 四川青县郝家坪出土的《青川木牍》。

术,也是检验士林艺术的重要项目。可以说书法的受人重视,超乎其他一切艺术之上。

唐代书法处于鼎盛时期,二王书法盛极一时,同时雍容华贵的楷书、方圆并用的颜柳并重。欧阳询、虞世南、褚遂良与薛稷并称为"唐初四大书法家"。晚唐以颜(真卿)、柳(公权)为人推重。"癫张(旭)醉(怀)素"的"狂草"突起书坛,"乘兴而行,尽心而返",自然天成。

宋代书法,意气为先。有苏(东坡)、黄(庭坚)、米(芾)、蔡(襄)四大书法家。宋徽宗赵吉杂参诸家,独创"瘦金体",备受书家青睐。元代书法,崇尚复古。"元初三大家"赵孟頫、鲜于枢、邓文原以法求态,引领一代书风。明代书法,初期以"三宋",宋克、宋广、宋璲为代表的草书备受推崇;之后秘书们清玩风气盛行,流派纷呈。祝允明的草书、文征明的楷书、唐寅的行书,书风独具,驰誉天下。"明末四大家",董其昌、邢侗、米万钟、张瑞图,风格鲜明,各占胜场。清代书法,摹古出新,王铎、傅山、八大山人等风格独特,另辟蹊径。乾嘉以后篆隶书风并峙,同时延续明代以来主流的馆阁体,代表人物如高士奇等。清末康有为、吴昌硕、于右任、沈尹默等皆为书法名家。现代书坛,群雄竞奇,名家辈出,如沙孟海、林敬之、启功、赵朴初、郭沫若、毛泽东等。

文字在古代人看来,不仅是一种信息载体,更是一种艺术审美对象。书写汉字成为一种至高无上的艺术,并成为修道养性的重要手段,这是西方文化中所没有的。汉字起源时的图画特性和逐渐线条化、笔画化以后的构形特点,使之发展成一种完美的艺术形式。书法艺术美的基本精神就是中华民族自古至今所推崇的"中和之美"。通过构件位置的移位可造成离与合的变化,通过笔形曲直变化可造成刚与柔的效果;通过笔势的稳、险、缓、急可传达静与动的神态;通过用墨的浓淡湿燥可烘托肥瘦阴阳的境界。书法是描述性的符号形式,它使"神"现而可视,是超越现实、超越自我的一种精神的张扬与解放。因而,在我国境内汉字书法成为中国与东亚独有的一道艺术风景线。

从汉末至清末,书法一直是中国秘书们最主要的艺术爱好。为此秘书常常为别人写挽联、寿联、对联、墓志铭、碑文、序言、跋等,但决不收钱,不卖字。要求者一般会给撰写者一些辛苦钱,这叫"润笔"。"同僚之间有时索书,是雅事,不必送礼,备上纸张就可。"秘书对书法的喜爱与钟情,超过了任何其他艺术。梁启超曾说:"美术一种要素,是在发挥个性;而发挥个性最真确的,莫如写字。如果说能够发现个性,就是最高美术,那么各种美术,以写字为最高。"秘书对书法艺术无比推崇,在方寸之间、尺牍之内,字体多样,作为一种便捷艺术,多姿多彩;而且还成为人的一件文化外衣,一手好字,受益一生,给人留下良好形象,从而是品性涵养的体现。秘书们还往往对历代书法精品情有独钟,不惜重金购买,藏之书屋,鉴赏切磋。如毛泽东的秘书田家英建国后常常到北京琉璃厂购买一些名人字画。毛泽东的书房里挂着的那幅郑板桥手迹书法作品就是田家英购买的。毛泽东还派他去北京荣宝斋买字帖。毛泽东最喜欢的是怀素的狂草,因为毛泽东的书法属于"怀素体",所以田家英只要见到怀素的字迹,就必定为主席买下。同时,秘书田家英还为主席收藏了王羲之草书拓本、于右任的《标准草书范本千字文》以及《草诀歌》等。工作闲暇时,评论古人书法艺术与品位,常成为毛泽东与秘书田家英共同的话题。因为书法是秘书审美情趣的再现,体现出秘书们的人文价值取向。"书,心画也。"[①],书法这种心灵的艺术正是秘书精神美的体现,反映了内心情感变化的轨迹,故书法已经不单是写字,而且是一种高级的精神活动,通过书法来展现秘书们的心态和情感。

书法作为在闲暇、茶歇之时,随时可抒发感情的艺术形式,颇受秘书们的喜爱。它能再现秘书的独有个性,宣泄内在的情感,洗涤丰富的心灵,展现艺术品位。书法是利器,可凭书法展开想象的翅膀,在纸墨之间飞舞腾挪,丰富想象,活跃思维。书法是磨石,每天练字,持之以恒,磨炼意志。书法可以养生,能提升秘书心态的平衡,脑体并用,健身强心。书法可成礼品,亲朋好友,佳节祝贺,题写牌匾,相互赠送,悬挂厅堂,以表心意,以明心志。纵观秘书史,秘书们大多喜爱书法艺术,饱读诗书,深受传统文化的熏陶。书法是中国文化的解码,它的线条粗细,通篇的构图章法,疏与密、长与短,乃至用墨浓淡所表达出的意境,正如中国山水画一样,真正蕴涵了东方哲学的神韵。

书法对秘书者个体而言,带来的不仅仅是修身养性,更是一种人生智慧和处世哲学。书法中的黑白、虚实,就是对立统一的体现。书法有道,不仅仅在于书之法,书之艺,更是通过临摹书法碑帖,从而感受中国传统文化的深厚底蕴,以书法明己爱人敬天地。书法既是线条艺术,也是生活艺术,练习与临摹书法,是和身体的神经末梢相连的,精确与力度在大脑之下得到有效控制。同时,书法也与秘书的心境有关,既能张扬、狂放,又能和静、内敛。

第三节 书法意境与秘书文化

庾肩吾在《书品》中认为:"钟(繇)天然第一,功夫次之";"张(芝)功夫第一,天然次之"。表明书法美学中有两种审美标准,即功夫美和自然美。书法与秘书一样,需要苦练成真的功夫:秘书而言,讲究坐功、写功、口功等,如同书法一

———————————

① 扬雄:《法言》。

样,两者在艺术上有异曲同工之妙。任何艺术,无不是作者功夫磨炼的结晶。功夫的深与浅,直接关系到工作的优劣与书法的高低。例如,张芝布帛为书,池水尽墨;钟繇划地喻书,划指穿被;智永居楼习,秃笔数箩;怀素广植芭蕉,取叶练字等,无不是铁杵磨成针式的苦练成神的过程。

除了功夫美外,书法作品中还有一个"自然美"的审美观。如果说,"功夫"阶段还属毅力志向范畴的话,那么,"天然"就已跃入"灵性""气趣"的"无我"境地。清代王澍《论书剩语》中曾说:"古人稿书最佳,以其意不在书,天机自动,往往多入神解。"就是说,有些人的书法已升入到"机缘神助"的地步。事实上,秘书要做到一名服务上司优秀的助手与参谋,在常规之外还需超越常规,借助神力、定力。秘书们久伏案几,故想把身体之力、外来神力聚集在一个焦点上,形成一种书法、秘书工作之外的力——笔力。萧何在《笔法论》中说道:"书者营也、力也、通也、塞也、决也,依次遵妙矣。"秘书不仅是一事一行,而且胸装全局,顾全大局。因而秘书对书法的偏爱,也包含着书法中章法的巧布:流朗明快,旨趣调畅,神闲意浓,和谐自然。如《兰亭序》纵式有行,取左移右挪、摇曳摆动的风姿;横虽无列,却以左顾右盼、避犯就和的揖让为邻;长短笔画配合,高扁结构互掺,塑不求划一,但能浑然一体;大小字形和轻重笔调时而参差相间,使错落有致;字字独居,不作丝牵,然则笔断意连,上下气韵贯穿。因此,书法大家名帖本身就是雄与秀的调畅、力与美的和谐,以及神与韵的展现。

秘书与书法有着一种天然而互动的关系,主要体现在书法具有两重特性:一方面,它是语言思想传递工作——文字的书写,赋予秘书承担"运输"思想使命的文字形体;另一方面,它又具有秘书用以交流思想、表达感情、陶冶情操的重要艺术形式。汉字书法的线条不是纯粹的物理空间中运行,而是在物理空间与心灵空间的统一,既有线条的流动,也有心灵的波动。宗白华认为:"不由几何形线的静的透视的秩序,而由生动线条的节奏趋势以引起空间感觉。如中国书法所引起的空间感。"

古代秘书们为了实现个体生命的圆满之境,都要自然不自然地担当弘大义、宣教化、美人伦的使命。由秘书们特殊的社会角色所决定,对书法作品优劣,他们首先采用"德"的标准来评判、厘定。清李瑞清在《王梅苑庵书断》中指出:"学书先贵立品。右军人品高,故书入神品,决非胸卑怀污而书能佳,此可断言也。"古代秘书视天地人为一体,恪守天道、遵循人道,因此德高者书艺就高,下笔自然妍雅;德卑者书艺低,鄙野之气不能幸免。在书法作品的创作过程和书法作品的欣赏过程中,均蕴涵了中国传统文化的因子,这主要体现在两点:其一,书以载道。则是从"文以载道"中衍化而来的,《韩非子·解老》有云:"道者,万物之所以成也……圣人得之以文章。"韩非此处之"道",乃统论天地万物的本原及其运动规律。在书以载道中,其内之义也有一个发展过程:从最初的混沌模糊的"天道",而后又分离出主宰人文社会的人伦之道和统摄大千世界循回运载的自然之道。其二,书以天道。书法是秘书们抒发情感的媒介,"幽思入于毫间,逸气弥于字内"。① 秘书们注重人与自然的统一,在自然与心灵融合中沟通、互映。

秘书们整日伏案几席,囿于斗室之间,但他们心中填塞着圣人的道仁,又奔涌于山水自然间。书法实践与书法作品则是构成他们现实与理想矛盾的双重世界。在书法创作和书法鉴赏中,秘书们常融进自己的感悟、智慧与人格,在物我交融中领略到艺术美感的真谛。秘书们发挥主体精神,涵泳宇宙,披解万象,直取自然生命的精瑰,映现万物之灵的生命微光。书法审美需求是秘书在艺术中重温情感历程的需求。由于在政治社会冲突中,秘书们大多经历了痛苦、悲伤、无助、哀愁、冀望、喜悦、畅快等剧烈情感变化、情感发泄,从而酿出书法艺术这杯人生佳酿;同时,秘书之间又常常借书法而交流、交往、理解、醒悟,这一切又促成了秘书们参与、习练、喜好与情钟。从中,他们真正感到个体自我情感的抒发、社会矛盾冲突的再现,以及历史价值的重温与再估。

---

① 张怀瑾:《书断》。

第二十五章　秘书文体文化论

　　古人重文体,不重文本,认为文气有外在形式之气与内在内容之气两种。内在文气就是指写作中形象、情节、人物、环境或意义逻辑等要素是否流畅、连贯等;而外在文气主要指语音、语调、语气等声韵调的搭配和谐。文气不仅指立意文风品类,还涉及文体,古人把文体分为轻重两种文体类型。气成文,而文成体,文体便有了自身的"规矩",而确定诠释规矩就包含了人们对文体的评判。如由于骈文流行的影响,魏晋南北朝时公文大多崇尚镂金错彩的公文。原本质胜于文的应用文体,却硬要"骈四俪六"地刻意雕刻,造成似是而非,华而不实。刘勰提出"熔"和"裁"二字,前者要求"设文之体有常";后者则要求"变文之数无方"。表明对待文体均需要树立历史发展观,只有文体嬗变才能形成无数的属文体,任何文体均需一定的使用场合、历史条件,在一定范围内才能运用。

第一节　古代应用文体的流变

　　《尚书》的体式,对后世应用文体特别是公牍文的发展演变有着深远影响,后世的诏、策、檄、移、章、表、奏、启等公务文书,都能在《尚书》中看到它们的雏形。《左传》中有不少事务文书,计有玺书、移书、载书、上书、国书、告、令、誓、命和策书十体。这时期应用文体不断增多,范围不断扩大,整个行文方式已经逐步走向正规化。

　　现存最早的应用文是殷商甲骨文,虽然其记事已经比较完整,内容涉及社会生活的许多方面,但那时并未确立文种。文种的分类始于西周,它是随着国家行政制度的强化而产生的。当时仅仅对公文内部进行了初步的划分,如诰、誓、命等。而诰是君王对臣民进行训式的文告;誓主要用以誓告军旅,类似于今天的战斗动员令;命是君王用来赏赐、任命、传旨的文书。这三个文种都属于下行文。除此之外,西周时期还产生了一些专业文书,如记账文书、盟约文书、奴籍文书等。春秋战国时期,随着社会形势的急剧变化,诸侯纷争,政务繁杂,又出现了新的文书种类,如反映征战情况的军事文书"檄文";用于国家间相互往来的"移书";加封晋爵的"玺书";国家间订立盟约的"盟书";直陈己见、言事于主的"上书"等。至此先秦时期的应用文由占卜到记言,文种不断增多,使用范围日趋扩大,整个行文方式已经逐步走向规范化。

秦汉时文书制度全面确立,对应用文的发展起到了很大的促进作用,具体表现在文种的增加,文体内涵发生变化,行文关系开始有了明显区别,如改"命"为"制",改"令"为"诏"。在秦以前文种的基础上,确定了"制"和"诏"两种下行文,此外还确定了一种"秦"的上行文。

汉承秦制,并有所发展。下行文在秦的基础上,又增加了"策书"和"戒书";上行文也增加了"章""表""议"。汉代应用文体的发展处于孳发期,如《汉书·艺文志》分诸子、诗赋两种。刘歆分为铭、赞、连珠、箴、吊、论议、独断、劝学、释诲、叙乐、女训、篆隶、祝文、章表、书记等,后代文种的沿革都是在秦汉系统的基础上有所增换罢了。如魏晋南北朝时期,北朝的北周把"制"改称"天制",还增加了"令""符"两种针对不同行文对象的下行文。上行文如三国时期增加了"启"文体等。

秦汉时期公务文书的格式、用语发生了很大的变化,这种变化反映了封建等级制度对秘书应用写作的深刻影响。秦王朝是中国首个统一的封建帝国,为了加强皇权统治,秦始皇制定了一整套管理制度,上下等级森严,职责分明。反映在文书方面,首先,区分了行文关系,明确规定上行与下行的文种;其次,确立了公文的避讳制度和抬头制度,行文中凡遇到皇帝之名,包括其同音字都要回避,凡遇到本朝代名,帝号与皇帝言行有关的字,如制、旨等,都要换行顶格书写。再次,先秦用印,不论君王与百官,都可称"玺",秦始皇时"玺"是皇帝印章的专称,百官之印只能称印或章。此外,秦始皇对公文的用印制度也作了严格的规定。这一系列规定确保了皇帝至高无上的权威,秦以后的各个朝代都继承和发展了这种行文制度。大臣在行文时对皇帝的名字及有关字句都要采取避讳的态度,自称要谦恭,如开头称"臣某言""臣昧死言";结尾说"稽首上书谢恩陈某""谨奉表以闻,臣某诚惶诚恐"等。秦始皇统一天下以后,为了加强中央集权,制定了一整套国家行政管理制度,其中就包括文书制度。文书制度的全面建立,对应用文的发展起到了很大的促进作用。

唐代文种名称发生了一些变化,下行文有册书、制书、慰劳制书、发敕、敕旨、论事敕书、敕牒七种;上行文有奏钞、奏弹、露布、议、表、状六种。此外,还有一种君王以复臣下奏疏的批,又称批答,后世的批复就是由此发展而来的。宋代也有一些变化,下行文有御札、敕牒、诰命等;上行文中有裙子,平行文中有移、咨等。唐代起诉状叫"辞牒",由于"判"在官场和文坛的兴起,成为一种独立的文式,已有固定程式,而这正是司法文书的本质特征之一。

唐宋时期,公务文书的格式逐渐完善并且也比较固定,惯用的行文方式已经形成。据史料记载,宋代不仅对公文首末用语、避讳等作了严格的固定,而且对公文书写文字的大小、每行的字数、年月、件数等细节,都做了详尽的规定。从文风方面看,汉代注重铺陈,讲究文辞华美;唐代力去陈言,文风稳健;宋代开始浮词冗句又见兴盛。公文格式日趋严格,行文表达也越来越铺排烦琐。由宋代兴起的烦琐文风,到明清时期已发展到极其严重的地步。这一时期,公文种类名目繁多,重复混杂,多至几十种,其中平行文数种,上行文和下行文各有十余种。繁文缛节、陈词滥调已成为当时公务文书的一大弊端。

明朝自朱元璋以来,曾屡禁繁文,但收效甚微。针对这一情况,崇祯年间明政府开始实行公文"贴黄"制度,规定凡大臣上奏章,自己必须写出百字以内的文章提要,贴附在本文之上,以便皇帝查阅。因当时所用的纸是黄色的,故称"贴黄"。贴黄制度虽然无法从根本上制止繁文,但在繁文泛滥的情况下,却不失为一种提高办事效率的有效办法。清代继承了明代这一制度,只是雍正以后对文稿字数的限制不那么严格。

明清应用文体处于稳定期,把文体作为一种写作现象专门提出并进行研究者首推刘熙载。他在《艺概·文概》中书,文体分为上行、下行和平行三种。明清学者已不满足于对文体的简单分类,而是想从某一文体的使用范围、特征,以及相近文体的比较中来探讨文体的本身蕴涵。明人吴讷的《文章辨体》把判词列为文章体裁之一进行研究,还有李清的《折狱新语》等。除了判牍专集外,清代还有"批发呈词""详案""禀""驳案""详案"等文体名称。

随着历史的发展,社会繁复,文体不断增多。尤其是应用文,重在社会功效、讲究实用,其文体繁复达到了无以复加的地步,以至南朝梁萧统编撰的《昭明文选》33类,刘勰《文心雕龙》34类;到了北宋李昉、徐铉《文苑英华》55类、明代吴讷《文章辨析》59类,甚至到明代徐师曾《文体明辨》达到121类之多。褚斌杰在《中国古代文体概论》中分为10大类,把当今文体与古代文体进行对接:其中论说文与当今议论论文相近;杂记文主要指山水游记,应归类到文学;序跋文与说明文理应归入应用文;赠序文古代主要以唱和型为主,一般应考虑前文是属于什么文类,通常文学为多,故不应划归在应用文;其他6大类,即公牍文、书牍类、箴铭文、哀祭文、传状文、碑志文均属于应用文范畴。这样一厘析,我们发现除了杂记文和赠序文外,8大类均为应用文范畴。

长期以来由于受到南北朝时期的尊文贬笔之偏见,对应用文体研究一直鲜有涉及,或视为小儿科,或语焉不详。我国古代对应用文体的研究起步较晚,且研究工作长期停留在文类的细分上,没能宏观地对应用文体进行科学而系统的分类,更没有对各类特征和特点作具体而准确的理论阐释。其中挚虞的《文章流别论》是我国最早的文体学专论,它的后半部分列举了一些应用文体,现虽已失传,但从中可窥见,当时文体学研究的芜杂和烦琐。造成研究水准的缺陷之原委主要在于:一是历代秘书受传统哲学思想的影响,特别注重文章的伦理道德作用,"文以载道"是其至高无上的使命;二是中国语文史上的小学兴盛,训诂、音韵、文字、校勘、注经、文献诸学始终处于显学的地位,而这些研究常常拘泥于字词句读之中。正因上述原委,在很大程度上使历代秘书们没有投入更多时间和精力去研究应用文体。

第二节　现代应用文体的嬗变

清末是我国文体的大发展时期,文言文让位于白话文,世界各种思潮蜂拥而来,人们的观念得到一定程度的开放。国人纷纷打破陈规戒律,采用通俗自由的新文体,因而出现了大量杂体,如梁启超发起的"小说界革命"开创了一种杂糅式文体。当时霸占文坛的桐城派讲究文章的形式,重点强调气韵节奏等,而梁启超却倡导思想内容、层次段落和语言新意。

近代朱星教授是最早涉及应用写作文体的专家,他早在 1955 年出版的《新文体概论》专著中试图对新中国产生的新文体进行一次探索性的阐释,在书中对应用文体的种类进行细分,包括不被后人注意的匾额、标语、口号等也罗列其中。改革开放后,学者李景隆、高瑞卿主编的《应用文体写作概要》,把应用文分为 11 个部分,并归为三大类:一类是基本型文体;另一类是日常交际、学习型文体;最后是事务型文体。杨宗、聂嘉思主编的《中国实用文体大全》分为 11 大类。南京大学教授裴显生主编的《现代实用写作学》把文体分为管理类①和信息类②两大类。西方文学"三分法"传入中国后,被改造成注重文章体式、形态的"四分法",由此现代文学文体划分为诗歌体、散文体、小说体和戏剧体。而北京师范大学教授刘锡庆一改前人的"三分法"或"四分法",提出汉语文章文体的"六分法"。他从宏观上将文章分为"两体六类"。所谓两体,指文学文体和应用文体;所谓六类,是指叙事文学、抒情文学、戏剧文学的"文学三类"和记叙文体、论说文体、应用文体的"实用三类"。

按照我国现代文章分类,应用文与其他文章体裁即记叙文、说明文、议论文

---

①　包括通用公文、法律文书和经济文书等。
②　包括新闻宣传文体和广告启事文体、传记、方志文体、书信日记文体、科学研究文体。

并列,但这种划分法与文学体裁中的小说、散文、诗歌、戏剧的划分,属于两大范畴。西方没有应用文词条,如《不列颠百科全书》《大美百科全书》等。在我国《辞海》中有应用文词条,涉及的内容包括公务和私事两大范围。

第三节 当代应用文体的辨析

辛亥革命以降是应用文的大发展时期,一些带有封建社会痕迹的应用文体开始消退,一些具有资产阶级特点的应用文体悄然登上文体的舞台。1912 年南京临时政府颁布了辛亥革命以来首个公文程式条例,废除了旧有体式,确立了新的公文文体。在北洋政府存在的 16 年里,先后多次颁发《公文程式令》,对公文的名称和使用范围做出规定。1912 年 11 月 6 日袁世凯公布了《大总统政事堂公文程式令》《官署公文程式令》等。1927 年至 1928 年间国民党政府先后颁布了三个公文条例,冀望加强政务管理。

1949 年新中国成立后,中央人民政府为建立和统一公文制度进行了规范。1951 年政务院颁布了《公文处理暂行办法》,把国家机关的公文定为 7 类 12 种。1957 年对公文制作有了具体的要求。1981 年对《暂行办法》进行了重新审定。1987 年重新制定并发布《公文办法》,确定了 13 类 13 种公文。1993 年颁发了《公文处理办法》,迨至 2000 年国务院又颁发 23 号文件《国务院关于发布国家行政机关公文处理办法的通知》,明确规定自 2001 年 1 月起实施新公文,与此相应旧的《公文办法》被废止。

一、应用文体流变原委之考察

(一)某些应用文体因时代社会局限而在历史发展中消亡。具体而言:(1)不合时代发展需要的文体,如圣旨、制书、制辞、诏书、玺书、口诏、上谕、宪命、禅文等;下级官员上奏天子所使用的文体,如章表、奏议、疏、上书、万言书、答表等,这些文体随着封建帝王在历史上的消亡而渐失其作用。(2)不适应人们表达需要的文体随之废止。古代一些烦琐的文体消失了,如古代上行文称为"呈",包括上呈天子的公文,如章、表、奏、疏等;上呈官府的公文,如奏记、书疏、上书、折、手折等;用于下行文的,如简、劾、弹事等。(3)表示封建迷信活动的一些文体,随着科学思想的推进而消亡,如登帝位者的受命符、告神祈福的祝颂辞等文体,供佛时所使用的愿文、叹道文、青词、祝香文等,上匾时的祝颂辞、上牌文,建屋上梁时使用的祝颂辞①等文体也逐渐走向消失。(4)由于交通工具改变而消亡的文体,如驿传公文的证明文体邮驿、驿站乘马的证明排马牒、驿站递送军机处公文时填写的单子排单等文体。

(二)某些应用文体在历史发展中因自身演变和进化而被继承下来,并成为今天常用的应用文体。对这些文体可分为几种情况:(1)外延扩大的文体:书信、通告、请示、报告。(2)外延缩小的文体,如契约,在我国古代是一个包含比较广泛的概念,像合同、总账、案卷、具结等名称,统称为"契约",但今天契约的使用范围明显缩小了。(3)民主化社会条件下产生的新应用文体,诸如求职信、引荐信、招标书投标书等文体,它们反映了新时期的社会特点。(4)现代化的急速发展,也促进了一些新的文体产生,如旅游简介、声明、商品说明书等文体。

(三)应用文体也发生了许多深刻的变化,主要表现在:(1)政企分开后,一些机关应用文的文体和使用频率也随之发生变化,如国家机关的公文将减少"指示"文体,增加"议案"和"意见"等文体的功能。(2)"二告"将继续保留,但其功能将发生变化。(3)"函"将成为政府与企事业单位相互行文的主要文体。(4)计划和总结成为政府和企事业单位在管理的过程中不可或缺的环节与通用(事务)文体。(5)简报、调查报告、合同、协议书等文体的使用频率也将增大。

(四)由于人事制度的改革,一些事务文体变为日常文体,如自荐信、求职信、辞职书、述职报告、申请书等变成个人文书为主;同时,随着改革开放的不断深入,出现了新型的人事制度,其辞退书、聘任书、评价鉴定书等文体将成为日常文体。

二、两岸四地应用文之辨析

两岸四地②由于同祖同宗,所以应用文大致相近。譬如台湾公文的功能,在晓知、宣告、示禁、征求等方面与大陆公文的功能基本一致、且公文的格式、要素等也大致相近;再如香港、澳门的现代商函、索赔书、报价书、确认书、保险书、理赔书等经济文书传入内地,且已成为常用的经济文体。然而,海峡两岸与香港、澳门的应用文体因历史原因与政治影响,所呈现的文体体制、样式、种类等具有各自的特征,存有明显的差异。主要表现在以下方面:

首先,类型不同、文体不一。以大陆与台湾的应用文为例,大陆至今也无权威的分类,有的分为8大类,有的分为4大类,有的分为5大类,常用者有100余种文体;而台湾却分成12大类。

其次,执行的标准不同。以大陆与台湾、内地与香港为例,从分类与文种的

---

① 上梁文、宝瓶文。
② 两岸指大陆与台湾;四地指海峡两岸与香港及澳门。

差异方面我们可以发现以下问题：(1)分类标准不统一，这一问题留待未来学者去解决。(2)划分界限欠清晰。有的应用文如名片、便条、表格等，内地不作为应用文，而香港属于单独文类；这一方面，相对于大陆，台湾也属于单独文类。有的应用文如调查报告、工作总结、工作计划大陆普遍使用，并单独立类，而台湾却没有这样类型；将内地与香港相比，香港也没有这样的类型。(3)类型粗细不均。以公文为例，大陆的公文类型多、分工细密，比较繁杂，而台湾相对而言较为简单；与此同时，香港相较于内地而言，也较为简单。

再次，结构程式也不同。根据台湾 1985 年 3 月开始实行的"文书处理手册"第 11 条公文结构及用法说明，规定函、公告公文的结构采取主旨、书名、办法三段式。其优点在于使文件简洁、明确，少废话、少冗长。无论从公文发展和电脑使用来说，这都是一种进步。大陆的公文程式很具体，包括标题、发文字号、签发人、紧急程度等部分。由于大陆对正文部分的结构程式没有通过立法限制性规定，有许多公文越写越长，与此无不关联。

第二十六章　秘书版本文化论

秘书主要从事文书与档案工作,故对书籍的版本异常重视,它有时甚至关系到工作的优劣与成败。为此,历代的秘书们对文书的文本、版本等极为重视,并被认定为一名秘书须掌握的基本知识与职业技能。

第一节　秘书工作与版本档案

秘书主要从事文书与档案工作,故对书籍的版本异常重视,它有时甚至关系到工作的优劣与成败。古代学在宫中,到了孔子开始私设学校,提倡"有教无类",并编撰教材。《史记·孔子世家》云:"孔子以《诗经》《书》《礼》《乐》教,弟子盖三千焉。"清代章学诚说:"故夫子之述六经,皆取先王典章。"同时史记继续论道:"孔子之时,周室微而礼、乐废,《诗》《书》缺。追迹三代之礼,序《书传》,上记唐虞之际,下至秦缪,编次其事。悦曰:'夏礼吾能言之,杞不足徵也;殷礼吾能言之,宋不足徵也。足,则吾能徵之矣。'观殷,夏所损益,曰:'后虽百世可知也,以一文一质。周监二代,郁郁乎文哉! 吾从周。'故《书传》《礼记》自孔氏。"上述说明孔子编撰了《书》和《礼》两书。《汉书·艺文志》说:"《书》之所起远矣,至孔子纂焉,上断于尧,下迄于秦,凡百篇而为之序,言其作意。"这里明确说明了孔子对《书》仅仅写了序言,而对《礼》进行了修补增订。《记·儒林列传》云:"礼固自孔子时而其经不具。"说明当时典礼虽在实行,但并没有编纂成书。《乐》后来亡逸,故后人常常称为"五经"而非六经。《诗》为孔子对诗歌进行选诗,"可施于礼义",成为 305 篇。《易》为孔子晚年喜读之书,"读之韦编三绝,而为之传"。[①]《论语·述而》云:"子曰:'加我数年,五十以学《易》,可以无大过矣。'"颜师古注:"编所以联次简也。"在《论语》里没有提到孔子编撰《春秋》,而到了《孟子》书

---

① 《汉书·儒林传序》。

中明确讲述了孔子"作春秋",《史记·孔子世家》说鲁哀公十四年狩获麒麟以后,孔子"因史记作《春秋》",这是他逝世前两年的事。"约其辞文,去其烦重",修改、整理而成。

汉武帝时,国家安宁,政府开始重视流传下来的秘阁文籍,"建藏书之策,置写书之官,下及诸子传说,皆充秘府。"①《汉书·成帝纪》云:"河平三年(前26)秋八月,光禄大夫刘向校中秘书。"《汉书·艺文志》:"诏光禄大夫刘向校经传诸子诗赋……每一书已,向辄条其篇目,撮起旨意,录而奏之。"当时发动了全国整理文献的官方活动,皇帝任命刘向为总纂,每校一书完毕后,刘向便写成一篇介绍本书内容的总结性文章。这样每本书有"内容"外,还加上"叙录",共两部分所组成,后人把叙录汇集成《别录》一书。清《四库全书》每书写一篇"提要",后又汇集所有提要,编成《四库全书总目》,就是效法刘向之做法。钱大昕的《元史·艺文志》说:"自刘子骏(刘歆)校理秘文,分群书为六略。"

秘书版本文化主要包涵三大内容:其一是古籍版本文化问题;其二是当代版本文化问题;其三是少数语言和外国语言的版本文化问题。

我国继东汉发明造纸后,唐代又发明了印刷术,这样纸的作用越来越大,用途越来越广,与此相关的书籍版本问题就提到秘书的面前。掌握版本知识,是秘书文书工作的前提。

首先按刻印时代来分,可分为以下几种版本:(1)宋刻本。它有一个特征就是"纸坚刻软,字画如写"②。纸张多采用桑树皮、楮书皮、竹子等为原料。有肥瘦两种字体,肥者主要采用颜体,而瘦者主要采用欧体。③ 同时宋刻的风格而言,北宋质朴,南宋挺秀。

(2)金刻本。以平阳④为中心,如平水刻的《刘知远诸宫调》、运城刻的《大藏经》等。

(3)元刻本。元代雕版刻书超过两宋,它主要有黑口⑤、赵字⑥、无讳字、多简字四个特点,采用竹纸、皮纸材料。

(4)明刻本。明初至正德年间,黑口、赵字多;到嘉靖至万历年间,全面仿宋,多为白口;到崇祯为止,出现长形字体,白口。明代大多采用绵纸。

(5)清刻本。清初多为白口,字体瘦长,仿宋字。"其实与宋版的宋字毫无

---

① 　《汉书·艺文志》。
② 　高濂:《遵生八笺》。
③ 　谢肇制:《五杂俎》。
④ 　山西临汾县。
⑤ 　宋刻为白口相区别。
⑥ 　模仿赵子昂的字体。

相同之处"①,后人又称为"匠体字"。乾隆武英殿聚珍版枣木活字木刻版就是匠体字,称为"硬体";还有一种软体字,正楷书,如康熙时扬州诗局刻写的诸书。清代刻书的纸张种类繁多,绵纸、竹纸、开化纸、开化榜纸、太史连纸、宣纸、毛边纸、毛太纸、官堆纸、美浓纸、罗纹纸等。常见为竹纸,宫廷正规使用的多为开化纸。

其次,按版刻可分为:

(1)原刻本。初次刻印本,有称"初刻本"。

(2)重刻本。依照旧本再次刻印的书,重刻本与翻刻本不同,翻刻本与原刻本完全一样,而重刻本在行款、板式等与原刻本有时存在些许差异。

(3)修补本。加以修补后开印的本子。如果多次修补,字体板式不一的就称为"递修本"。

(4)百衲本。将同一种书的许多不同书版拼凑印成一部完整的书。衲原作"纳",指密针缝纫之意,旧时僧人为了表示苦修,用陈旧杂碎布片缝纳为衣,称为"衲衣"。而百衲,形容缝纳之多,如商务印书馆影印的《百衲本资治通鉴》等。

(5)书帕本。明代官员用一书一帕作为馈赠的礼品,所刻之书不重内容,注重表面装潢。

(6)巾箱本。板式很小的古书,压箱底的或藏于袖中,便于携带。清代巾箱本最小的长约 6 厘米(1 寸 8 公分),宽约 4 厘米(1 寸 1 公分),字细如蚁。

第三,可按印刷来分:

(1)朱印本、蓝印本。明清两代书在刻写以后常用朱色或蓝色试印供校对之用,定本当然使用墨印。

(2)套印本。用几种颜色印刷的本子,初期多采用敷彩印法,在雕好的版上刷上不用颜色敷印。后发展到分版分色套印。

(3)泥活字本。沈括《梦溪笔谈》中毕昇就是用胶泥刻字,它是最早的印刷活字。

(4)木活字本。用硬木刻字,采用轮转排字架,以字就入。

(5)聚珍本。木活字印本,乾隆时期编《四库全书》用了枣木单字 5 万余枚,因刻写考究、做工精细,故称为聚珍本。

(6)锡活字本。明代出现铜活字本,华燧于弘治三年(1490)印《会通馆印正宋诸臣奏议》,采用铜版锡活字。

(7)铜活字本。明代弘治、正德年间在无锡、南京出现铜活字印书,如清代《古今图书集成》等。

───────────────

① 张舜徽语。

（8）铅活字本。1436 年朝鲜最早出现铅活字排印《通鉴纲目》。我国明代中叶在江苏才出现。它与当代的铅活字不同，现在使用的是铅、锑、锡三者的混合物。西方使用打字机采用的是铅加锌的混合物。

第四，按加工形式可分为：

（1）校本。用同一种书的不同版本和有关资料校勘过的书。

（2）过录本。将名家批校文字移录在相同的另一部书上面，称为"过录本"或"过录校本"。

（3）题跋本。在书的扉页或其他空白处书写题跋识语的书。

（4）批点本。书上名家加上批语、评论、圈点的本子。

（5）增订本。原书刻印后，作者陆续有所修订增补，再次刻印时称作"增订本"。

（6）删节本。原书刻印后，由于某种原因，对书的内容作了删节，再次刻印时，称为"删节本"。

第五，按出版方式分类，可分为以下几种：

（1）唐卷子本。唐人抄写书，用长幅纸，成一卷，故称"唐卷子本"。

（2）抄本。照原本抄写的书。一般学术上，把唐宋时期手写传抄的书籍，称为写本；而元以后的则称为"抄本"①。乾隆以前称为"旧抄本"，明末藏书家毛晋汲古阁所抄的书称为"毛抄"。

（3）影印本。根据原书用照相制版方法印成的书本，它保持与原书大小原样，不过也有缩印。

（4）铅印本。现代用铅合金活字印刷的书籍，称为"铅印本"。

（5）石印本。用石版印刷的书籍，利用水油相距原理，以天然多微孔的石印石作版材，用脂肪性的转写墨直接把图文描绘在石面上，或通过转写纸转印于石面，经过处理，即成印版。印刷时，先用水润湿版面，只有图文部分能附着油墨，即可印出文字或图像。

印刷术是我国古代劳动人民的又一重大发明。早在唐代初期我国已出现了雕版印刷术。公元 8 世纪，雕版印刷术传入日本，明代胡应麟曰："雕本肇始于隋，行于唐世，扩于五代，而精于宋人。"宋仁宗时期（公元 11 世纪中叶），毕昇发明了活字印刷术，既节省了工料，又提高了工作效率，推进了我国印刷术的发展。公元 14—15 世纪雕版活字印刷开始盛行欧洲，成为人类共享的文明成果。雕版印刷术发明于公元 6—7 世纪初，元代出现双色套印，明后期创制木版色彩套印。13 世纪初，通过丝绸之路远播阿拉伯国家，最后影响到西方。吐鲁番回鹘人创字母活字。

---

① 雕版印刷盛行。

1405 年德国古登堡发明了铅合金活字版印刷术,19 世纪又从海外传到中国。"以页面文字所具有的物质性与口传文化中言词的稍纵即逝相比,印刷文化以一种相反但又互补的方式提升了作者、知识分子和理论家的权威。"①"与言说相比,书写是一种贮存语言的方式,语言固定,所以不是作者直接意指的人也能读到它。因此书写促进了文化的代际传输、促进文化作品转变为不朽之作,并促成作者向权威的提升。"②印刷术的发明,带来了我国明清文化的繁荣,促进了欧洲的宗教改革活动,推动了世界各国思想文化的大交流与大发展。

第二节　秘书作品与体式内容

在纸和雕版印刷发明之前,我国早就利用甲骨、金石、简牍、缣帛来刻写纪事,其中甲骨、竹木简和帛书都是近代才出土。甲骨文在清代光绪二十五年(1899)才被发现,约有 15 万片,目前可释为 1000 字左右。金文主要是青铜器铭文,约有万余件,单字有 3500 个以上,可释 2000 余字。光绪二十五年(1899)新疆塔里木河出土晋代木简,迄今为 7 次出土,如 1914 年敦煌汉简、1930 年发现的居延汉简与罗布淖尔汉简等。建国后出土的竹木简 30 批,约 4 万余枚,如湖南长沙、河南信阳、湖北江陵出土的战国楚简,湖北云梦睡虎地出土的秦代法律文书简。1973 年发现长沙马王堆 3 号汉墓帛书帛画及 600 多枚竹简。1942 年湖南长沙子弹库出土战国楚帛书③;1973 年湖南博物馆从中整理出"人物御龙帛画";1973 年马王堆汉墓出土 20 多种 12 万多字的帛书。《尚书·多士》说:"惟殷先人,有典有册。"说明只有商代才留下了先人的典册。"这典册不是甲骨卜辞,也不是铜器铭文,而是记录在竹简、木牍上的统治者的誓言、诰命、法令等。"④古书仅有篇名而无书名,如韩非的《说难》《管子传》等,现在大多是后人追题;古书不题作者,如《尚书》;摘首句二字以为书名,如《诗三百》;以人名为书名,如《晏氏》。春秋之前无私学,也无私人著作,皆为当时之官学。

许慎言:"著于竹帛谓之书。"东汉以后纸张才逐渐替代了缣帛。我国古代用竹、木简写字,编简成策(册),通常一策就是一编(篇),故称之为"篇"。在竹、木简盛行时,也用缣帛写书,并以"卷"计。因此按传统说法,认为"篇"源于竹简;"卷"则源于缣帛。对古文献的编缀、卷摺、包背和装订等,历代的秘书们发

① 欧文·佩基:《进步的演化》,蔡昌雄译,呼和浩特:内蒙古人民出版社,1998 年,第 41 页。
② K.扎努西:《我心目中的百周年》,《世界电影》1995 年第 1 期。
③ 又称"晚周缯书"。
④ 洪湛侯:《中国文献学新编》,杭州:杭州大学出版社,1994 年,第 242 页。

明和产生了不同的体式,如次:

1. 简策体式

我国古代用竹、木简为书写载体时,用麻绳、丝绳、牛筋编联多根竹木简札,成为一册,以便收藏,称为简策。如近代出土的东汉《永元兵器簿》,就是 77 根木简编辑而成,是现存最完整的汉代书籍。编简是用一根绳子在上下两端之无字上,逐简编联。先在简牍开头,加两根无字空白简,称为"赘简",也就是"护封"一词的来源;然后用一支尾简作为轴心,朝前卷起,装入布套内保存。

2. 卷轴体式

中国古代书籍大都是卷轴式,竹简编联成策,收卷起来,用最后的一枚简做轴,卷成后成为一卷书。帛书从尾端向前卷起,卷起一轴,称为"卷子装"。到纸张发明后,卷轴为纸本。章学诚认为:"唐、宋以来,卷轴之书,又变而为纸册;则成书之易,较之古人,盖不啻倍蓰已也。古人所谓简帙繁重,不可合为一篇者,今则再倍其书,而不难载之同册矣。故自唐以前,分卷甚短。六朝及唐人文集,所为十卷,今人不过三四卷也。自宋以来,分卷遂长,以古人卷从卷轴,势自不能过长;后人纸册为书,不过存卷之名,则随其意之所至,不难钜册以载也。以纸册而存缣素为卷之名,亦犹汉人以缣素而存竹简为篇之名,理本同也。"①到隋唐之际,由于纸张的大面积使用,这时采用书卷尾粘一根圆棍,两头稍稍露出,形如车轴,故又称"卷轴装"。《隋书·经籍志》曰:"炀帝即位,秘阁之书,上品红琉璃轴,中品绀琉璃轴、下品漆轴。"除了上述之外,还有轴、签、缥带。《大唐六典》案:"其经库书钿白牙轴、黄带红牙签;史库书钿青牙轴;子库书雕紫檀轴,紫带碧牙签;集库书绿牙轴,朱带白牙签。"卷子书宜破裂,需装潢。装,就是装裱、裱背,粘贴于字纸背后,以资保护,这种材料称"包首",用纸或绫罗为之。装潢,就是黄檗染过,可防虫蛀。

在卷轴体式中,还有一种旋风装引起秘书们关注,并经常使用,从卷轴式过渡到册页体式,这中间就是旋风装。它事实上就是经折装,每叶粘贴在上一叶的底下,从首向尾卷起。其书叶逐次朝一个方向卷旋转起,宛如旋风,故古人称它为旋风叶子。学者李致忠解释道:"是以一幅比书叶略宽略厚的长条纸作底,而后将单面书字的首叶全幅粘裱于底低右端。其余书叶因均系双面书字,故以每叶右边无字之空条处粘一纸条,逐叶向左鳞次相错地粘裱在每叶之外的底纸上。由于每叶都是粘在上一叶的底下,故右边粘连处看不出相错的粘连痕缝,而左边则形成上叶压下叶的错落相积的状况。收藏时,内部书叶朝一方向卷旋起来,故曰旋风装。"

---

① 章学诚:《文史通义》卷三。

3.折叠体式

折叠体式可分为梵夹装、经折装两种。其一,梵夹装,它采用贝叶重叠,以木板夹两端,用绳串结,古印度佛教教典中使用较多,又称为"贝叶经"。《资治通鉴·唐懿宗咸通三年》:"又于禁中设讲席,自唱经,手录梵夹。"胡三省注:"梵夹者,贝叶经也,以板夹之,谓之梵夹。"其二,经折装,就是把印好的印张经一定的尺寸来回往复折叠,折成一册,形同后世记账之经褶。此法佛经中常用,并认为是一种正规的体式。又称折本,它是从卷轴装演化而来。

4.册页体式

册页体式可分为蝴蝶装、包背装、线装三种,分别如下:

(1)蝴蝶装:将印好的书叶,以版心中缝线为轴心,字对字地折叠,按版口理齐,逐叶用浆糊粘贴,再用厚纸包裹作书面,翻阅时开展如蝴蝶的双翅,故名蝴蝶装。唐人写经就已有了蝴蝶装,盛行于宋代。《明史·艺文志·序》曰:"秘阁书籍,皆宋、元所遗,无不精美。装用倒折,四周向外,虫鼠不能损。"

(2)包背装:将印好的书页正折,版心向外,折叠起来后,书页左右两边的余幅齐向书脊,并在右边栏外余幅的适当位置打眼,用纸捻穿订成册,外用一张较硬的纸,包裹书背,用浆糊粘贴,即成包背装。此法起于南宋后期,元代普遍使用,如南宋刻本《文苑英华》残本。

(3)线装:印好的书页正折,版心向外,所不同者,包背装是以整张纸作为书皮(封面),而线装却用两张与书页相同的纸作封面,上下各一纸,然后打眼订线即成。此法唐末出现,盛于明代。

然西方在公元4世纪时才出现了册子本,羊皮纸折叠,按页码依次装订,加上封面的精装书。"册子本的发明对于书写文明的前途而言,绝对是根本性的事件,因为它为脑力劳动的所有未来发展开启了书面文献资料的新道路。"①佛教传入中国,出现了用贝叶做成,且中间穿孔穿线的折装书。到了宋代,真正的图书出现,有蝴蝶装、包背装等,线装书直到明代才出现。

西方的印刷术造成了大众的阅读高潮,文化普及的结果使西方的秘书后备生源源源不断,打破了精英与草根的社会藩篱。如在17世纪中叶英国妇女的识字率为10%,但到世纪末就上升为48%。②中国科举制固化了精英与大众两个社会阶层,但西方11世纪末出现了大学,打破了教会对图书和文字的垄断。书籍大众阅读的习惯在罗马帝国之后又重新回到民间,"尽管仍然属于少数特权阶级的专利,文字与图书在大众中的普及程度更高了,更重要的是文字满足了

---

① 弗雷德里克·巴比耶:《书籍的历史》,刘阳等译,桂林:广西师范大学出版社,2005年,第36页。
② 项翔:《近代西方印刷媒介研究》,上海:华东师范大学出版社,2001年,第127页。

大众的种种需要,日渐受到人民的重视。随着文字的世俗化和大众化,大量通俗语言顺理成章地涌入写作中。"①中国一直以来知识分子②控制文字材料,普通百姓很难跻身到精英秘书行列。西方直到近代都没有出现一个庞大的依靠文字而生存的社会阶层,而中国却渐渐形成一个庞大的秘书群体,如绍兴师爷,主要原因在于,汉字常用字在 5000 字,一般要掌握 1 万字才能构成秘书基本职业要求。换言之,秘书只有娴熟掌握近万汉字,才能得心应手,这就造成准入门槛的难度,故秘书常常作为科考失败者寻求谋生的主选之路。

中国明清、民国时期仍然没有改变这一现状,由于读书人的匮乏,秘书人员相对缺少,尤其是基层政权、军队、企业、民团等都缺乏大量的秘书专业人员。直到民国初期商务印书馆印刷了大量的中小学教材,中国才形成了一波义务教育的普及高潮。但时势动荡,完成初级义务教育者基本上从军,军阀混战,奋起反抗外敌入侵,结果造成又一批初级文化者的大量阵亡,这种情形直到 20 世纪50 年代仍未改观。

新中国成立之初,军队和民间存在大量的文盲③,不得已国家开始推行拉丁化字母、简化汉字运动,从实际效果看,确实提高了大量民众识字率。到了 20世纪末中国迎来了高等教育大发展,这才迎来了新一拨秘书高等教育的大发展时期。

到了 20 世纪末,随着科技的迅猛发展,出现了胶片等感光载体,以及磁盘、光盘等电子载体。主要如下:

胶片:凡见光能发生变化,经曝光和一定物理等加工处理后能得到固定影像的材料,称为感光材料。胶片是感光材料的总称,它有片基和感光层两个部分所组成。其中有黑白与彩色感光片。黑白感光片用于复制照相、制取拷贝、电传或照排机的文字图版等。彩色感光片又可分为正片、负片 2 种。磁带:凡涂有磁性材料的带子,称为磁带。在塑料薄带上涂敷一层粉状磁性材料制成。在磁性录音、磁性录像或数字记录中,磁带可用以记录声音、图像、数据或其他电信号,是一种简捷的新型载体。

采用胶片或磁带作为载体,利用音响、图像等方式记录知识的材料,成为视听资料。可分为 3 种:其一,视觉资料,包括图片、摄像胶卷、幻灯片、无声录像带、无声机读件等;其二,听觉资料,包括唱片、录音带等;其三,声像资料,包括电影片、电视片、录音录像片、声像光盘等。

---

① 弗雷德里克・巴比耶:《书籍的历史》,刘阳等译,桂林:广西师范大学出版社,2005 年,第 104页。

② 官、吏、士。

③ 未享受义务教育者。

第三节　秘书文档文化

秘书工作中包含不少文献档案工作,它们之间有着天然关系。历史悠久的中华民族,有着光辉灿烂的古代文化和极其丰富的文献典籍。自公元前 13 世纪的殷商以来,甲骨金石、竹简木牍、缣帛卷帙、纸墨文书等各种文献档案,其数量之庞大、内容之丰富、价值之珍贵,在世界上都是无与伦比的。几千年来,我国文秘工作者一直默默地在搜集、整理和收藏,取得了世人瞩目的成就。

甲骨为龟甲和兽骨的总称,它是刻在龟甲兽骨上的占卜记录和一些与占卜有关的记事文字。它事实上就是"属于王室的文书记录,是殷代的王家档案"①。春秋时代流传的古书很多,以"典"命名的有《事典》《政典》《祭典》《训典》《令典》《周公之典》等;以"书"命名的有《礼书》《刑书》《丹书》等;以"志"命名的有《军志》《前志》《周志》《史佚之志》《故志》等;以"法"命名有《周文王之法》《楚文王之法》《太公之法》等。除了甲骨档案、金文档案、简牍档案外,以明清档案所存为最多,大约存有一千多万件(册),主要保存在中国第一历史档案馆,共计 74 个全宗。其中明朝档案较少,只有三千多件,主要是天启、崇祯的兵部档案。从档案的文体而言,有制、诏、诰、敕、题、奏、笺、咨、移、札、片、禀、呈、照、单、函、电、图、册等百多种。

1. 甲骨文

因为出土于殷墟,故又称"殷墟卜辞""殷墟书契"。从内容上看,主要有祭祀文书、记事文书、军事文书、农事文书、经济文书、科技文书、外交文书等七个方面。甲骨文档案是我国目前发现的最早的文书档案。一片完整的甲骨,大体上包括有叙辞(前辞)、命辞(问辞)、占辞、验辞等几个部分,涉及内容十分广泛。除了卜辞外还有一些是记事刻辞、表谱,记载了殷商官制、世系、祀表谱、贵族家谱的文书记录。许慎言:"比类象形谓之文,形声相益谓之字,著于竹帛谓之书。"②《尚书》云:"惟殷先人,有典有册。"表明商代才有意识或采取正规方法进行文字资料(档案)的保管工作。研究甲骨文的著作主要有:1903 年拓印的《铁云藏龟》,它是首部著录甲骨的专书;1904 年孙诒让写成的《契文举例》(共二卷);罗振玉、王国维编印的《殷墟书契》《殷墟书契菁华》;王国维的《晋寿堂所藏殷墟文字》;前中央语言研究所编印的《殷墟文字缀合》;1965 年编辑的《甲骨文

---

① 陈梦家:《殷墟卜辞综述》,第 46 页。
② 许慎:《说文解字》。

编》等。目前总共发现甲骨约 15 万片,其中海外为 26700 片。

2.金文

在金铜器上铸刻的文字,称"金文";在石碑、石崖上刻写的文字,称"石文",合称"金石"。因战国前称铜为"金"而得名。《墨子·鲁问》曰:"则书之于竹帛,镂之于金石,以为铭于钟鼎,传遗后世子孙。"商代铭文较为简单,西周较为繁复,春秋又趋于简约。青铜器中多以钟、鼎为常见,所以又称为"钟鼎文"。青铜器多为天子和各诸侯国宗庙所用礼器,古代通称礼器为彝器,因此也称"彝器铭文"。青铜器是用红铜和锡合金铸成的器具,因其外貌呈青灰色,故称青铜器。商周金文单字共约 3500 个,可释为 2000 个,这些称为"大篆"。《说文·序》曰:"郡国往往于山川得鼎彝,其铭即前代之古文。"春秋晚期金文已渐趋尾声,其功能也从歌功颂德为主转而以颁录法典和记载文献为主,如郑国的刑鼎等。青铜器上的铭文,也有一定的程式和套语。商王朝已有"先祖之府",到了西周的"天府"就成为我国最早的管理文书档案的机构。《周礼》曰:"凡却之大盟约,位其盟书,而登之天府。"其基本职责是"掌祖庙之守藏与其禁令"。天府隶属春官,老子就曾担任柱下史。鲁国历史秘官保存的典籍文献成为当时诸侯各国查阅的重要文献来源。孔子曾抄录各国收藏的金文档案。

3.石文

商代无留存,目前最早出土的文物当为春秋初年。还有玉石作为材料,如"侯马盟书"。山西侯马春秋晚期晋国遗址上出土了记有盟誓辞文的玉石片,共有 5000 多片。最早现存的"石鼓文",为大篆,出土于陕西天兴县,十个形似大鼓,四面环刻四言文辞,共 600 余字,现存北京故宫博物院。秦始皇巡游全国后在峄山、泰山、琅琊、之罘、东观、碣石和会稽七处用小篆刻石。清代龚自珍在《说刻石》中说:"石在天地之间,寿非金匹也。其材巨形平,其徙也难。""古人以舍金刻石也。"说明刻石具有取材容易、传世久远、便于保存之优点,弥补了青铜器之不足。学者马衡在《凡将斋金石丛稿》中认为:"(秦)以文字为夸张之具,而石刻之文兴矣。"

4.简牍

简牍就是把竹简木牍作为书写文字、记录文献的载体,简牍现存最早的为战国时期。古代把书写的狭长竹片,称作"简";把木板称作"牍",因牍一般一尺见方,所以又称为"方";编连诸简为"策"。唐朝孔颖达在《春秋左传正义》云:"简之所容,一行字耳。牍乃方版,版广于简,可以并容数行。凡为书,字有多有少;一行可尽者,书之于简;数行可尽者书之于方;方所不容者,乃书于策。"晋朝杜预《〈春秋左传〉·序》云:"诸侯亦各有国史,大事书之于策,小事简牍而已。"

汉代简书一般长 23—28 厘米。1975 年在睡虎地出土了 4 万多字的战国秦简，其意义不亚于出土的楚简。汉简迄今为止发现的约有 4 万枚，内容可分为两类：一类是在汉代西北边塞第五遗址里发现的，称为"边塞汉简"；另一类是汉墓里发现的，可称为"墓葬汉简"。边塞汉简以敦煌汉简、居延汉简、罗布泊汉简为主。后人常称书信为"尺牍"，称文稿为"文牍"，称文书为"简策"等，盖源于此。

汉朝设石渠、天禄、麒麟三阁，专门收藏文献档案。晋武帝司马炎时发现"汲冢书"，这些竹简从魏王墓中出土，上面写的是先秦古字，俗称"蝌蚪文"。《晋书·束皙传》云："太康二年（281）汲郡人不准，盗发魏襄王墓，或言安厘王冢，得竹书数十车。……大凡七十五篇，七篇简书折坏，不识名题。冢中又得铜剑一枚，长二尺五寸。漆书皆蝌蚪字，初发冢者烧策照取宝物，及官收之，多烬简断折，文既残缺，不复诠次。武帝以其书付秘书，校缀次第，寻考指归，而以今文写之。皙在著作，得见竹书，随疑分释，皆有义证。"事实上当时晋武帝把这些简书交给中书监荀勖、中书令和峤、著作郎束皙校理，镇南大将军杜预也参与整理编次，改写今文，并编入荀勖编纂的《中经新簿》，列为典籍。整理工作从太康二年（281）始到太康元年（300）结束，前后共花费了 19 年。他们从出土的 75 篇竹书中，整理出 16 种古书，但很遗憾，现今大多已散逸。仅有《逸周书》《竹书纪年》《穆天子传》《琐语》四种还能见到一些篇什，但已不是原本。战国出土的简牍文字，"印证了前人（主要是宋代郭忠恕的《汉简》和夏竦的《古文四声韵》等书）著作的真实性，同时也提高了竹简的历史价值"。[①] 如过去一些秘书学者只按古书记载，认为战国时的蝌蚪文必定是"头粗尾细，状咬周围，似水中之蝌蚪，故名蝌蚪文。"连博学的束皙、孔颖达也如此认为。战国楚简的出土，才使我们真正明白，所谓蝌蚪文，就是古文俗名尖头篆，而非蝌蚪状，属大篆字体体系。

5. 帛书

帛书起源也较早，早在甲骨文中就有"帛"字。《墨子·兼爱》曰："何以知先圣六王之亲行之也？……以其所书于竹帛。"《晏子春秋·卷七》载齐景公对晏子说："昔吾先君桓公，予管仲狐与谷，其县十七，著之于帛，申之以策，通之诸侯。"帛质地轻柔，但价格昂贵，汉代一匹缯价为六百余钱，可购米六石（720 汉斤）；一尺白素值八百余钱。当时官府写好通知之类往往用帛来书写，然后张贴在城市的门板上或墙壁上，故留下了古代"布告"名词。现留存下来的主要帛书有：新疆楼兰古帛画、长沙楚墓帛画、长沙马王堆汉墓帛画等。

从帛书的出土情况和可靠史料考证，它最迟在春秋时已产生，盛行于公元前 4 世纪到 3 世纪，即战国到三国这一历史时期。虽然由于价格昂贵，始终只

---

① 罗福颐：《读长沙发现了战国竹简》，《文物参考资料》1954 年第 9 期。

是简牍的一种辅助性载体;但其性质和形态与后来的纸张较为接近,故纸张是在帛书的基础上模仿而创立出来。我们现在书籍中出现的形态,如界栏、边栏、卷轴线等都来源于帛书。

6.纸张

纸是我国四大发明之一,也是一个长期过程。最初,纸是生产丝绵时的副产品。附着竹席面上的絮渣,经晾干后称为丝絮纸,但产量有限。只有到了用破布、渔网造纸后,纸张才被大规模地生产。东汉发明了造纸技术,从此竹木缣帛渐渐让位于纸张。隋炀帝时,"秘阁之书限写五十副本",有了抄写 50 份副本的规定。

两汉时代造纸工艺正式逐步强进,而将纸张作为主要书写载体则是魏晋以后的事。纸是一种廉价易得的书写材料,是文献的重要载体。纸的发明,无疑是书写材料史的创举,也是人类历史上划时代的大事。中国发明的造纸方法,经过六七百年以后流传到中亚,后又传播到欧洲,为世界文化的繁荣兴旺起到了不可估量的作用。

7.秘书档案机构

秘书工作离不开档案机构,在历代中主要有如下机构名称:

(1)甲骨档案和天府。档案是历史的见证,甲骨档案是我国目前发现的最早的文书档案。周王朝的"天府"是我国最早的管理文书档案的机构。天府隶属春宫,老子就曾担任过柱下史。鲁国历史秘官保存的典籍文献成为当时诸侯各国查阅的重要文献来源,孔子曾抄录各国收藏的金文档案。

(2)西汉的太史令。汉朝设石渠、天禄、麒麟三阁,专门收藏文献档案。我国历史上政权割据,朝代更替甚为频繁,尤其是魏至隋唐的四百年间,处于大分裂、大动荡、大变迁中,因而这时期文献图籍损失惨重。永嘉之乱时,《晋书·惠帝纪》《怀帝纪》均有记载。《隋书经籍志》曰:"惠怀之乱,京华荡覆,渠阁文籍,靡有孑遗。""'周师入郢',梁元帝萧绎焚毁藏书。"《太平御览》卷 619 引《三国要略》云:"周师陷江陵,梁王知事不济,入东阁行殿,命宫人高善宝,焚古今图书十四万卷。"《隋书经籍志》记载:"至宋大明(457—464)中,始禁图谶,梁天监(502—519)以后,又重其制。及高祖受禅(隋开皇元年公园 581)焚之愈切。炀帝即位(大业元年公元 605)乃发使四出,搜天下书籍,与谶纬相涉者焚之,为吏所纠者至死。自是无复其学,秘府之内,并多散亡。"比秦始皇还要严厉,焚毁纬书,事实上也就毁了不少秘书。王明清《挥麈后录》卷 7 载:"炀帝聚书至三十七万卷,皆焚于广陵,其目中并无一页传于后代。"据来新夏学者《古典目录学浅说》(2 章 2 节)中考证,东晋李充编目时的存书数,"比西晋荀勖编目时的存书数减少了一半以上。"马端临《文献通考·经籍考·序》指出:"《汉书》所载之书,以

《隋志》考之,十已亡其六七。"在古籍中我们发现原来秘阁中存有大量的经书纬书等,如魏晋徐广的《义熙四年秘阁四部目录》;南朝齐国王亮、谢出的《秘阁四部目录》;任方《秘阁书目》;南朝陈国阙名的《秘阁图书法书目录》;隋炀帝时,"秘阁之书限写五十副本",有了副本的规定。

(3)唐代"史馆"。唐太宗李世民设史馆,专修国史,左相房玄龄受命监修。唐太宗后,宰相监修国史成为定制。两宋时期,档案文件由卷轴之间演变成折件。北宋设有龙图馆、天章阁;南宋设敷文阁、焕章阁等。

(4)明朝的黄册。明洪武初年在南京的后湖建立黄册档案库。北京在南池子大街南口路东建立皇史晟,又名神御阁。

(5)清代"方略馆"。清代建立内阁大库和军机处。清代每修一书,即设一馆,如实录馆、玉牒馆、国史馆、会典馆。

秘书非常重视文书、藏书、档案中有关书籍的版式,其中包括以下几类:

1.钤记:旧时机关使用的图章,多半是长形的,不及印或关防重要。

2.凡例:说明著作内容或资料编纂体例的文字,称为凡例,多置于资料、档案、文件汇集、工具书、公文主题词辞典等正文前面,也称"例言""发凡"。在我国凡例的起源甚早,杜预《春秋左传序》云:"其发凡以言例,皆经国之常制,周公之垂法,史书之旧章。"杜预认为是"史书之旧章",可见古人早有编写凡例的传统。它的目的是条理井然,体例一致、区分章节、合理编排、突出重点、精炼醒目、说明原委等。

3.目录:目录是汇编、书籍的总纲,具有概括性。目录的文字必须精炼,以列二级或三级为宜。目录体现内容,通过拟定目录,还可以检查内容是否疏漏、是否重复;同时目录要层次分明,便于查检。

4.序:书前的说明文字为序。序言内容,一是本书作者的情况介绍;二是本书内容、思想、艺术价值的简单述评;三是本书在学术上地位、意义,以及流播情况的说明;四是写作和整理者的经过说明。最后一般带有一段简要的结语,指出编撰中的不足,表示对协助者的谢意。当然这些内容应由序言者自行斟酌裁定,也可增添一些与本书无关的问题。序言的文字力求简洁。目前出版社为书籍所写的"出版说明""校点说明""编者的话"等也属于序的范畴。

5.跋:书后的说明文字为跋,一般情况,有序无跋的较多,有跋无序的极少。跋的写作要求与序无异。

6.注明出处:编纂图书资料,其中的重要引文,必须注明出处。重编的书,出处漏载、误载,都要复核、增补和修订。有关引文出处的注释,或附在每页下端,或集中起来附在篇卷之末,或全部排列于全书正文之后,这些都没有硬性规定,编纂者可以灵活掌握,总之便于对照、查检为宜。

7.附录:编制附录,附于书后。附录的内容比较广泛,诸如原作者的传记、本书历代刻本的序跋及书目著录,前人评论摘编,疑似难定存作备考的材料,作者的作品系年及作者的简谱,其他研究资料,本书索引,本书的引用书目等。现在书籍出版后,在书籍中常常出现序、跋、题、识、藏印、签名、落款,版本、印数、责任编辑、封面设计、责任校对、监印、出版发行、印张、版次、书号、定价、经销,以及中国版本图书馆数据核字号等。

8.藏印:在藏书上钤(图章之意)盖印章,俗称藏书印。最早为河南偃师出土的铜质阳文"渤海图书"印章,距今 1100 年。古人钤盖藏印,一般是从各卷下方盖起,或在卷末盖起。藏印一般刻有姓名、别号、藏书室(楼、阁)名,还有加上珍藏、鉴赏、寓目等字样。此外,有的还出现一两句名言隽语,称为"闲章"。

9.别称:我国古代秘书常常把自己读书工作的场所称为堂、室、斋、居、轩、亭、庵、馆、楼、阁、草堂、经舍等,并且加上一些幽雅别致或富有纪念意义的名字。于是这些堂名、室名也就成为秘书家们的别称。他们在自己的书、信笺、赠送书画等上,写上自己的堂名、室名。

参考文献

[1] 汪辉祖.佐治药言.佐治药言续.学治臆说[M].沈阳:辽宁教育出版社,1998.

[2] 万维翰.幕学举要[M].

[3] 汪龙庄.入幕须知[M].

[4] 佚名.刑幕要略[M].

[5] 许同莘.公牍学史[M].北京:档案出版社,1989.

[6] 徐望之.公牍通论[M].北京:档案出版社,1988.

[7] 文物组.睡虎地秦墓竹简·为吏之道[M].文物出版社,1987.

[8] 爱德华·伯内特·泰勒.原始文化[M].连树声,译.上海:上海文艺出版社,1992.

[9] 弗雷德里克·巴比耶.印刷书的诞生[M].刘阳,译.桂林:广西师范大学出版社,2005.

[10] 安娜·埃克丝蕾、安娜·约翰逊.韦氏秘书手册[M].严华,编译.北京:中国新闻出版社,1985.

[11] 田中笃子.秘书的理论与实践[M].谭一平,译.北京:高等教育出版社,2004.

[12] 钱穆.中国文化史导论[M].北京:商务印书馆,1994.

[13] 张岱年,方克立.中国文化概论[M].北京:北京师范大学出版社,1985.

[14] 庞朴.中国儒学(第3卷)[M].北京:东方出版中心,1997.

[15] 叶朗,费振刚,王天有.中国文化导读[M].北京:中国发展出版社,2003.

[16] 张舜徽,李致忠.古书版本学概论[M].北京:书目文献出版社,1990.

[17] 刘家和.先秦儒家仁礼学说新探.孔子研究论文集[G].武汉:武汉出版社,1990.

[18] 李昌远.中国公文发展简史[M].上海:复旦大学出版社,2007.

[19] 李凯源.中国应用文发展史[M].北京:中国商业出版社,1990.

［20］刘壮.中国应用文源流研究［M］.北京:北京图书馆出版社,2007.

［21］何坦野.中国写作观念史略［M］.北京:清华大学出版社,2014.

［22］杨广敏.文章文化学［M］.北京:海洋出版社,1998.

［23］王英玮主编.档案文化论［M］.北京:中国人民大学出版社,1998.

［24］苗枫林.中国公文学［M］.济南:齐鲁书社,1998.

［25］彭林.《中国古代礼仪文明》［M］.北京:中华书局,2005.

［26］葛晨红.中国礼仪文化［M］.北京:经济科学出版社,2001.

［27］杨剑宇.中国秘书史［M］.上海:同济大学出版社,1988.

［28］聂中东.中国秘书史［M］.郑州:河南古籍出版社,2000.

［29］费云东,余贵华.中共秘书工作简史(1921－1949)［M］.沈阳:辽宁人民出版社,1992.

［30］刘演林.中国秘书史［M］.长沙:中南工业大学出版社,1998.

［31］潘林衫.中国古代秘书通论［M］.合肥:安徽人民出版社,1990.

［32］邹家炜等.中国档案事业史［M］.北京:中国人民大学出版社,1985.

［33］方尤瑜.秘书礼仪［M］.北京:中国人民大学出版社,2011.

［34］季水河.秘书心理学［M］.上海:复旦大学出版社,2007.

［35］侯典牧主编.秘书心理学［M］.北京:首都经济贸易大学出版社,2008.

［36］孟庆荣.秘书工作案例及分析［M］.北京:清华大学出版社,2007.

［37］朱传忠,叶明.秘书理论与实践［M］.杭州:浙江大学出版社,1995.

［38］何坦野.秘书文化论［M］.北京:中国广播电视出版社,2002.

［39］王易.邱吉.职业道德［M］.北京:中国人民大学出版社,2009.

［40］吴欢章.秘书素养［M］.上海:上海文化出版社,2007.

［41］史玉峤.秘书素质与修养通论［M］.北京:中国社会科学出版社,2011.

［42］丁邦文.中国式秘书［M］.天津:天津人民出版社,2010.

［43］杨承华.秘书笔记［M］.长沙:湖南文艺出版社,2012.

［44］王晓芳.市长秘书［M］.北京:作家出版社,2007.

［45］王守福.中外高级秘书［M］.北京:天马图书有限公司,2003.

［46］董边.毛泽东和他的秘书田家英［M］.沈阳:辽宁人民出版社,2010.

［47］叶永烈.毛泽东的秘书们［M］.上海:上海人民出版社,1994.

［48］罗炳光,全向英.蒋介石首席秘书陈布雷［M］.长春:吉林文史出版社,1994.

［49］徐宪江.秘书的秘密［M］.北京:法制出版社,2013.

［50］何宝梅.秘书学基础理论探究［M］.杭州:浙江大学出版社,2010.

［51］王永.中国秘书［M］.北京:企业管理出版社,1999.

［52］廖金泽.中国秘书大全——秘书标准［M］.海南:海天出版社,2004.

［53］文博主编.秘书工作艺术［M］.北京:海潮出版社,2010.

［54］何智蕴.管理文秘理论与实践［M］.北京:科学出版社,2007.

［55］任群.中国秘书学［M］.重庆:重庆出版社,1999.

［56］王怀志,郭政.参谋助手论:为首长服务的艺术［M］.北京:世界图书出版公司,2012.

［57］郭建.绍兴师爷［M］.上海:上海古籍出版社,1995.

［58］项文惠.绍兴师爷［M］.南京:南京出版社,1991.

［59］钟小安.幕友·师爷·秘书［M］.北京:中国科学技术出版社,2007.

［60］李峤.中国的师爷［M］.北京:商务印书馆国际有限公司,1995.

［61］赵映诚.谏官与谏官制度［M］.香港:香港新世纪出版社,1993.

［62］郑崇田主编.中国当代100位秘书学者观点集锦［M］.延吉:延边大学出版社,1998.

［63］常崇宜.常崇宜秘书艺文选［G］.成都:成都出版社,1996.

［64］常崇宜.杂忆杂议集［G］.北京:中国文联出版社,2002.

［65］董继超.秘书学论文集［J］.北京:石油工业出版社,1995.

［66］潘瑞新.中国秘书辞典［M］.海口:海天出版社,1988.

［67］习进平.之江新语［M］.杭州:浙江人民出版社,2007.

［68］李军.士权与君权——上古汉魏六朝政治权力分析［M］.桂林:广西师范大学出版社,2001.

［69］刘泽华等.专制权力与中国社会［M］.长春:吉林文史出版社,1988.

［70］向怀林.中国传统文化要述［M］.重庆:重庆大学出版社,2016.

跋

　　秘书和秘书工作,如从黄帝左右的两位秘书为其记言、记事算起,已有数千年的历史;仅从新中国建立后秘书学的酝酿、探索和发展而言,也已经历了数十个春秋。历史的车轮已迈入 21 世纪,秘书作为一种文官公务员和文科应用职业在我国迅速兴起,秘书工作受到人们越来越多的关注,秘书学正式登上高等学校本科专业目录而迅猛扩展;特别是伴随国际化、网络化、高科技化的发轫,文化的多元化、平民化的呈现,以及转型期间道德与金钱的冲突、事业与职业的背离、异化与物化的失衡……如何培养具有高文化素养的现代化秘书职业人才,是一个值得研究和重视的课题。

　　为此,笔者进行深入思考与探析、潜心多年研究并完成了《中国秘书文化学》一书。著该书的目的主要为四:

　　(1)令读者能切实掌握关于文化、秘书文化及有关的基本概念,对中国秘书文化的内涵、外延以及具体的秘书文化本体内容有进一步了解,能运用这些文化知识来探研古今中国以及国外的秘书文化现象,从而在新形势下树立正确的秘书文化观,以之指导当下的秘书工作实践和提升秘书者本身的文化素养。

　　(2)秘书文化是历代秘书工作者在长期的秘书实践中形成的,并以秘书职业道德观为核心的精神文化和行为规范,以及与其相适应的秘书物质表现形式。通过本书的系统学习,学习者能树立正确的秘书文化观,热爱并继承我国优秀秘书文化遗产,促进秘书文化大发展。秘书作为社会文化的引领者、推动者,始终站在时代的潮头,推动文化的大发展、大繁荣;同时,各级各类秘书们是秘书文化的创造者、记录者、传播者与实践者。

　　(3)学习者能正确认识中华秘书文化的特征、内涵等,把握秘书职业文化的特质,运用这些知识来理解当今我国秘书学的现状,进而有效地把握其未来发展的大趋势。秘书文化是通过从业者的秘书心理、秘书观念、秘书意识、秘书制度和秘书精神的把握与理解,从而对从业者的秘书行为和社会秘书体系、秘书发生过程产生深刻影响和作用。故阅者须学以所思,融会贯通,吸纳前人有益的秘书文化精髓,了解当前的秘书文化现状,探索未来的新的秘书文化事象。

(4)了解秘书文化是国家党政机关、人民团体、企事业单位等组织内部的综合性办事机构与参谋性职能,在一定社会历史传统的影响下形成的某种特定的文化价值观念、文化心理和文化模式。它主要包括秘书主体对秘书体系、秘书活动过程、秘书职业精神、秘书职业道德、秘书职业成果等各种秘书现象,以及自身在秘书体系和秘书活动过程中所处的地位和作用的一种态度和价值取向。

笔者认为文化是一个民族的生活方式和生存哲学,是一种思维习惯和行为方式。秘书文化不等同于秘书知识,更不等同于秘书学科。后者以物为本,求真、求精,具有客观性、公正性、专业性和全球性;而前者则以人为本,求美、求善,具有主观性、经验性、历史性和民族性。秘书学内核小、外延大,各国虽设有秘书学专业,但不同民族的文化却具有不同文化范式和文化基因。博大精深的中国秘书文化深刻地烙印在我们每一个秘书人的骨子里,流淌在秘书人的血液中,内化为潜意识进而转化为特定的秘书思维习惯与行为方式,左右着秘书的言行举止,突显秘书职业所特有的文化气质。培育秘书未来从业者的文化素养、提高职业道德水准,是中国秘书教育事业的一项战略工程、固本工程,也是铸魂工程。

当下我们已进入 21 世纪新媒体时代,随着互联网、移动媒体的迅猛发展,世界文化的原生内容、传播模式和交互方式发生了巨大变革。新媒体不仅促进了文化的沟通、文化融合多向性和主动性日益突显,而且还打破了地域文化边界,推动形成新的世界文化版图。我们在这一新趋势下建构和发展中国秘书文化,既要继承与发扬优秀而独特的中华秘书文化精髓,又要以包容、开放的心态吸纳世界各国秘书文化的精华,融入世界秘书文化的发展洪流,借助新媒体力量面向世界传播、弘扬优秀中华秘书文化;同时,对西方秘书文化的吸收借鉴应保持清醒认识、批判态度和扬弃方针,防止盲目崇洋与全盘西化,使中华秘书文化在维护世界秘书文化多样性、多元化方面贡献出自己的独特的亮点与色彩。

秘书知识和秘书学可通过书籍、学校课程中获取,框架树图,条分缕析;而秘书文化则须通过民族历史、社会生活与人性人情中去感悟、参悟、省悟与顿悟。尤其是中国文化,特别强调从"修"到"悟"的历练过程。要读懂中国秘书文化,需要有一定的秘书实践经历、复杂的人情世故和洞悉中国历史社会中的感悟过程,仅靠秘书学科若干教科书学习,是很难领会秘书文化中的精髓和真谛的。秘书知识是器,秘书文化是道。秘书道德观、文化观决定着秘书运用知识的方向和矢量,故秘书文化观是秘书知识运用的方向盘,也是秘书知识配置的设计师,具有统摄与提领作用。作为 21 世纪的新一代秘书从业者,我们必须插上秘书知识体系与秘书文化新观两个翅膀,才能双翼展飞、翱翔秘坛。对于我们而言,秘书文化不是精神消遣,更不是要采取厚秘书文化新观、轻秘书知识体系的方针,我们需把两者融为一体、贯通起来,合力发作。过去秘书们只有"工具意识",缺乏自主认识与理解;而今秘书们已具备了"秘书意识",理解和认清了自身所特有的职业精神、职业道德、职业思维方式等秘书意识,而这恰恰是秘书学成为一门自觉性、自主性学科的关键。

"秘书文化学"就是构筑秘书意识大厦的重要基石。人的现代化是现代化中的"最后觉悟之觉悟",是现代教育的关键。十年树木,百年树人,在树秘书学专业人才中,树"技",就是掌握些许秘书技能(如电脑、外语、速记、文档等)和相关的专业知识(秘书学史、公文学、写作学等),相比而言较为容易一些;而树"心",则要困难得多,难就难在培养具有全面文化素养和高尚人生境界的现代意识的秘书工作者。爱因斯坦曾说:"用专业知识教育人是不够的,通过专业知识教育他可以成为一个有用的工具,但是不可能成为和谐发展的人。"秘书文化是现代莘莘学子求读秘书专业、实现人的全面提升的必由之径,也是培养刚健昂扬的人生境界、勤勉细致的工作作风、宽厚温静的为人方式、重义轻利的价值取向的唯一之道。

总之,中国秘书文化既是历史的,又是现实的。传统和现实虽然不等同,但也不是毫无关联的两极。传统积淀于现实中,现实又包容在绵久的传统之中。要了解秘书职业及其特点,做好秘书这一历史久远、各行均需、辅助上司的社会职业,我们不能不了解博大精深、幽静丰赡的秘书文化。发其微、申其义、明其理,本书用意,粲然此焉。

图书在版编目(CIP)数据

中国秘书文化学 / 何坦野著. —杭州：浙江大学
出版社，2016.12(2025.7重印)
ISBN 978-7-308-16431-3

Ⅰ.①中… Ⅱ.①何… Ⅲ.①秘书学－文化学－中国
Ⅳ.①C931.46

中国版本图书馆 CIP 数据核字（2016）第 280041 号

中国秘书文化学

何坦野 著

责任编辑	李海燕	
责任校对	虞雪芬	
封面设计	续设计	
出版发行	浙江大学出版社	
	（杭州市天目山路 148 号　邮政编码 310007）	
	（网址：http://www.zjupress.com）	
排　版	杭州青翊图文设计有限公司	
印　刷	杭州钱江彩色印务有限公司	
开　本	710mm×1000mm　1/16	
印　张	25	
字　数	513 千	
版 印 次	2016 年 12 月第 1 版　2025 年 7 月第 5 次印刷	
书　号	ISBN 978-7-308-16431-3	
定　价	58.00 元	